教育部人文社会科学研究
2010 年教育部青年基金项目“气候变化与美国贸易保护主义”
（项目编号：10YJCGJW004）项目资助

美国贸易保护主义的政治经济学分析

李淑俊◎著

时 事 出 版 社

图书在版编目（CIP）数据

美国贸易保护主义的政治经济学分析/李淑俊著. —北京：时事出版社，2016.2
ISBN 978-7-80232-888-4

Ⅰ.①美… Ⅱ.①李… Ⅲ.①贸易保护—政治经济学—研究—美国 Ⅳ.①F757.120.2

中国版本图书馆 CIP 数据核字（2015）第 229747 号

出 版 发 行：时事出版社
地　　　址：北京市海淀区万寿寺甲 2 号
邮　　　编：100081
发 行 热 线：（010）88547590　88547591
读者服务部：（010）88547595
传　　　真：（010）88547592
电 子 邮 箱：shishichubanshe@ sina. com
网　　　址：www. shishishe. com
印　　　刷：北京昌平百善印刷厂

开本：787×1092　1/16　印张：25.5　字数：479 千字
2016 年 2 月第 1 版　2016 年 2 月第 1 次印刷
定价：118.00 元

本书为教育部人文社会科学研究2010年教育部青年基金项目
“气候变化与美国贸易保护主义”（项目编号：10YJCGJW004）项目资助

序

自20世纪70年代，国际政治经济学出现在西方学术界，关于美国贸易政治的研究始终贯穿其中，这一议题也因美国在全球贸易中的地位以及各国经济合作的加强而越来越重要。目前，解释美国贸易政治的模式大致有两种视角：一种是政治学的观点；一种是经济学的诠释。前者主要从美国政治制度特别是府会（美国政府与白宫）关系解释美国贸易政策制定与运作程序所导致的政策偏向之争，后者多用经济学的经典理论模型以及实证分析探究选民、特殊利益集团所采取的策略对于美国政府制定贸易政策的影响。这些基于不同视角的研究成果也有共识之处，即认同自由贸易政策对于美国经济发展的重要性。也正因为如此，自由贸易一直是美国贸易政策的主导。但在美国贸易政策的现实中，我们却始终能观察到美国并没有采取完全的自由贸易政策，贸易保护主义始终拥有一席之地，并在冷战后以及时下金融危机后，得到进一步加强。如何理解这一问题呢？

李淑俊博士的这本学术专著《美国贸易保护主义的政治经济学分析》就是这一问题的研究成果。该书是在其博士论文的基础上进一步扩充、修改和完善而成的。在我看来，这本书具有如下四个特色：

第一，该书对美国贸易政策制定过程进行了全景式诠释，突出分析了美国贸易政策的政治逻辑。延续其“公众—国会—政府”的分析框架，该书重点研究了美国贸易政策制定的整个政治过程，围绕美国贸易政策的出台，各种政治力量展开了较量。简单地说，在这之中，作为选民，公众是最小的政治行为体，它是美国贸易保护主义的行使者，它影响了选区代表——国会议员——的贸易倾向，在宪法授权的主导下，国会放大也稀释了这种贸易保护倾向。通过议题关注周期，行政部门妥协了其主流的自由贸易偏好，输出了带有保护主义色彩的贸易政策。总之，美国贸易政策中的保护主义是公众、国会与行政部门之间进行的斗争、服从、协调与妥协的过程。这一研究视角不仅可以使我们了解美国贸易政策一些本身内容，也可使我们了解政策背后的角力与规律。这就是美国贸易政策出笼的政治逻辑。

第二，该书并非“象牙塔”的学术专著，而是一本试图关注现实且为中美关系决策提供思维框架的作品。《美国贸易保护主义的政治经济学分析》不仅对美国贸易政策中的贸易保护主义进行了学理分析，还用中美摩擦的案例进行了实证探究，这使该研究具有了现实意义。

关于美国贸易保护偏好的研究属于国际政治经济学。自20世纪70年代末乃至整个80年代，由于美国贸易逆差的一再递增，美国学界关于这一议题的研究兴趣日增并臻于成熟。自20世纪90年代以来，政治因素如何影响一国贸易政策的制定从而影响该国经济发展的绩效，成为国际学界，特别是国际政治经济学领域的热门研究课题。学者们多从理论上进行了纯学术的探究，此外也实证分析了日美两国的贸易摩擦。

在该书中，为证明自己的理论架构，作者选取三个案例从实证视角诠释“公众—国会—政府”的分析框架。中美纺织品贸易摩擦解释公众与美国贸易保护主义、国会涉华经贸提案分析国会与美国贸易保护主义、2007年中国制造危机与美国行政贸易保护主义。这使得该书脱离了纯理论游戏，具有了较强的现实意义。在这些案例分析中，作者通过深入而生动的描述剖析了美国对华贸易政策中的各利益攸关方：选民、公众、国会、议员、美国贸易谈判代表、美国国际贸易委员会总统。这些角色仿佛跃然纸上，折冲樽俎在我们面前。在时下中美经贸关系摩擦不断、纷争四起的时代，该研究对中国分析与制定对美政策提供了可供借鉴的思维视角。

第三，该书各部分均能自成体系。其中部分章节已经在权威学术期刊上发表。第一部分主要从历史的视角梳理了美国贸易政策的来龙去脉，特别分析了美国贸易保护主义学说的嬗变以及实际保护手段的变迁。第二部分从公众的视角分析美国贸易保护形成的动因与达到贸易保护的策略。第三部分主要诠释了国会在美国贸易政策输出中的沟通行为体作用。第四部分分析了行政部门的角色，其处于决定美国贸易政策偏好的终极地位。最后一部分，运用“公众—国会—总统”的分析框架诠释中美经贸关系，以检验前面部分所介绍的理论是否为真实世界的经验所支持。

在该书各部分单独成为体系的基础上，其中，“从公众—国会—政府互动看美国贸易保护主义”、“公众与美国贸易政策的制定”、“国会与美国贸易保护”以及“美国行政贸易保护主义”等已作为学术论文成篇发表，对该领域研究有借鉴意义。

第四，该书研究方法清晰。该书从美国国内政治基础考察美国贸易保护主义发生的必然性。根据学者斯蒂芬·科恩关于贸易政策的界定以及中国学界关于政治的界定，该书将美国国内政治基础简化为“公众—国会—政府”类似于线性的关系，这有助于将美国贸易政策复杂的制定程序简单化。在具体的章节中，为形成清晰的整体逻辑框架，作者在每一章都分理论与实践两大模块进行了分析。这有助于学习者与研究者的借鉴。

总而言之，这是一本兼具理论性与实践性的美国贸易政治学术专著，我相信它的出版将有利于提高我国对美国经济贸易问题的研究和教学水平。

在复旦大学攻读博士学位期间，该书作者孜孜矻矻，悉心钻研，打下了扎实的专业理论基础。作为她的导师，我很高兴她多年来在美国贸易政治研究方面不断有所收获，现在又有这部学术专著出版。是为序。

倪世雄

2015 年 8 月 12 日于复旦园

目　　录

导　论　美国贸易保护主义的研究视角与分析路径 ……………………（1）

第一部分　美国贸易保护主义的历史视角

第一章　美国贸易政策中的自由贸易与保护主义之争 ………………（25）
第一节　美国贸易政策的理论诠释 ……………………………………（25）
第二节　美国贸易政策的实证分析 ……………………………………（44）

第二章　美国贸易政策中的保护主义 ……………………………………（63）
第一节　美国贸易保护主义理念的嬗变 ………………………………（63）
第二节　美国贸易保护主义手段的变迁 ………………………………（95）

第二部分　美国贸易保护主义的公众视角

第三章　要素流动与公众贸易保护主义 ……………………………（113）
第一节　要素流动与公众贸易联盟 …………………………………（113）
第二节　要素流动下的美国公众贸易保护主义 ……………………（126）

第四章　进口竞争产业公众联盟贸易保护主义 ……………………（144）
第一节　美国进口竞争产业公众联盟及其诉求 ……………………（144）
第二节　进口竞争产业公众联盟的贸易保护主义路径 ……………（157）

第五章　中美纺织品贸易摩擦与美国对华公众贸易保护主义 ………（177）

第一节　美国纺织业要素流动程度与纺织贸易保护主义 ……………（177）
第二节　中美纺织品贸易摩擦与美国对华公众贸易保护主义 ………（183）

第三部分　美国贸易保护主义的国会视角

第六章　公众塑造国会贸易偏好的路径与国会保护主义氛围 ………（201）
第一节　路径点理论与国会政治结构 ……………………………………（201）
第二节　国会浓厚保护主义氛围的原因分析 ……………………………（215）

第七章　国会贸易保护主义氛围的稀释与最终形成 ……………………（219）
第一节　国会贸易保护主义氛围的稀释 …………………………………（219）
第二节　国会贸易保护主义的最终形成 …………………………………（229）

第八章　放大与稀释:国会与美国贸易保护主义的实证研究 ………（237）
第一节　美国国会主要涉华提案 …………………………………………（237）
第二节　美国国会对华贸易保护主义的放大与稀释 ……………………（251）

第四部分　美国贸易保护主义的政府视角

第九章　美国贸易决策阶段与公众、国会贸易保护主义的输入 ……（261）
第一节　美国贸易政策决策阶段与公众、国会保护主义的输入 ……（261）
第二节　公众、国会与美国贸易政策制定
——基于2007年《中国制造》危机的实证分析 ………………（275）

第十章　美国行政贸易保护主义 …………………………………………（285）
第一节　美国贸易政策制定中的行政部门 ………………………………（285）
第二节　美国行政贸易保护主义 …………………………………………（291）

第五部分　美国贸易保护主义的对华视角

第十一章　兼顾保护主义的美国对华贸易政策 ……………………………（315）
第一节　美国自由贸易为主的对华经济政策 ……………………………（315）
第二节　美国对华贸易政策中的保护主义 ………………………………（331）

第十二章　从“公众—国会—政府”的互动看美国对华贸易保护……（354）
第一节　美国公众的整体对华贸易认知 ……………………………（354）
第二节　作为对华贸易保护沟通行为体的美国国会 ………………（359）
第三节　输出对华贸易保护的美国政府 ……………………………（364）

结论 ……………………………………………………………………（373）

主要参考文献 …………………………………………………………（382）

附录　常用英文缩略语 ………………………………………………（392）

后记 ……………………………………………………………………（396）

导论　美国贸易保护主义的研究视角与分析路径

虽然2007年开始的全球经济衰退始源于美国，但自2010年起，美国经济开始了缓慢但平稳的回复。在2014年底和2015年初，美国经济复苏日臻明晰。制造业劳动生产率提高，就业人数增多。2013年和2014年，美国经济增长呈加速之势，平均增长率为2.8%，自贝拉克·奥巴马（Barack Hussein Dbama）就任美国总统初始的2009年至2014年底的9个月份中，创造了超过1180万的新工作岗位。2014年始自1999年以来就业市场最好的一年，创造了310万的新工作机会，失业率降至1.3%。①

与此同时，国际贸易在美国也获得了长足发展。2014年，美国进出口总值占美国国内生产总值（GDP）的比重远远超过30%，而在战后初期，这一数值仅为不足10%。②

人们一般认为，美国经济复苏意味着贸易保护的减少。但事实如何呢？尽管从全球范围看，美国是世界上最大的进口国，但这并不意味着，较之其他国家，它的市场是最为开放的。实际上它的市场开放度远不如其他发达国家，例如英国、德国、法国和澳大利亚。③ 1942年，蒂伯·西托夫斯基（Tibor de Scitovszky）曾断言说，虽然自由贸易已被证实对全球经济是有利的，但从来没有人证明过自由贸易对一个国家而言是最好的经济

---

① U. S. Council of Economic Advisers, 2015 *Economic Report of the President*, Washington D. C.: U. S. Government Printing Office, https://www.whitehouse.gov/administration/eop/cea/economic－report－of－the－President/2015.

② U. S. Council of Economic Advisers, 2015 *Economic Report of the President*, Washington D. C.: U. S. Government Printing Office, https://www.whitehouse.gov/administration/eop/cea/economic－report－of－the－President/2015.

③ Andrew H. Card and Thomas A. Daschle, Edward Alden and Matthew J. Slaughter, "U. S. Trade and Investment Policy (Updated)", *Council on Foreign Relations Report*, No. 67, April 2015, p. 2.

政策。应用到美国贸易政策上，也就是说，自由贸易虽已成为国际贸易学上的“金科玉律”，经济孤立主义对美国早已不合时宜，但保护主义并没有从美国贸易政策或行为中消退。① 2015 年 3 月，美国钢铁行业呼吁美国政府提高钢铁行业的关税。美国钢铁公司和纽克尔公司等钢铁生产商开始寻求对贸易行动的政治支持。一些美国大型钢铁企业的负责人称，他们于该月晚些时候将在国会钢铁核心小组作证。贸易律师们说，这一举动将会成为向美国国际贸易委员会提起反倾销投诉的前奏。② 中国有媒体甚至认为，“美国患上了贸易保护依赖症”。③

研究议题的提出与研究意义

一、研究议题的提出

尽管国际贸易在美国 GDP 中的比重愈来愈大，贸易取得了长足发展，但是，自冷战结束后，美国贸易保护主义日益甚嚣尘上④，贸易制度的钟摆一次次不断地朝着经济民族主义摆动⑤。保护主义内涵以及范围不断扩大。传统贸易保护主义典型特征是以一个产业为代价来保护另外一个产业的狭隘经济利益，⑥ 实施保护主义的国家贸易政策侧重关注经济收益与社会福利目标之间的平衡。冷战后，特别是 1995 年以来，美国贸易保护主义进入到了一个新阶段，贸易保护主义开始侧重强调经济问题与其他社会价

---

① ［美］C. F. 伯格斯坦：《美国新的对外经济政策》，［美］C. F. 伯格斯坦主编，朱民等译：《美国与世界经济：未来十年美国的对外经济政策》，经济科学出版社，2005 年版，第 5 页。林毅夫：《序》，载余淼杰：《国际贸易的政治经济学分析：理论模型与计量实证》，北京大学出版社，2009 年版，第 1 页。

② 《欧美钢企担心价格下跌抗议中国钢铁出口》，载《参考消息》，2015 年 3 月 17 日第 16 版。

③ 周小苑：《美国患上贸易保护依赖症》，载《人民日报》海外版，2014 年 3 月 31 日第 002 版。

④ I. M. Destler, *American Trade Politics*, Washington, DC: Institute for International Economics, 2005; Kenneth F. Scheve and Matthew J. Slaughter, "A New Deal for Globalization", *Foreign Affairs*, Vol. 86, No. 4, 2007, pp. 34 – 47.

⑤ ［美］罗伯特·吉尔平著，杨宇光等译：《国际关系政治经济学》，经济科学出版社，1989 年版，第 216 页。

⑥ Bruce Stokes, "The Protectionist Myth", *Foreign Policy*, No. 117, Winter, 1999—2000, p. 90.

值之间的合理平衡[①]，贸易谈判的议程充满了价值驱动（values - driven）的议题。保护主义已经变成了美国公众的共识：事关公平、国防、生活方式，贸易摩擦日益与政治敏感事件缠绕在一起[②]，美国政府动辄采用贸易制裁来凸现劳工、人权、环境和健康标准等。根据传统观点，这些包含社会价值的劳工、人权、环境和健康标准议题在1990年之前一直被排除在重大贸易辩论之外。但在全球化的今天，这些问题已成为自20世纪90年代以来各国贸易政策的关注焦点，美国亦不能自外于此。这些新增加的保护主义有时也被冠以“新问题”[③]，它们已经成为美国贸易政策的核心构成[④]。但不管是什么样的名称，它对贸易的限制结果是一样的，阻碍了国际贸易的通畅发展。[⑤] 此外，在实现保护主义的方式上，美国不仅依据其国内贸易法处理贸易摩擦，而且试图改变也已得到公认的多边国际经济组织中的贸易保护条款。

推究上述保护主义发展的新状况，学者们认为，这主要归因于冷战后，随着政治壁垒与科技壁垒的不断消除，国际贸易得到了快速发展，这使国际力量与国内政治交互影响。具体来说，也就是国际经济力量的快速发展与国内制度的缓慢调试造成了颇为严重的政治后果。一方面，这种跨国性的经济整合力量对国内政治行为体带来了前所未有的冲击。各国政治经济越来越多地被整合到一体化的世界中，国际力量强势介入并影响着国内政治、经济与社会的变迁。[⑥] 从学理上看，贸易虽然提供了价廉物品、消费者多种选择，以及为社会创造了最大经济产出，但与此同时，“贸易对于个体的生活具有破坏作用，它将个人的收入与国际市场的反复无常捆

---

① I. M. Destler, *American Trade Politics*, Washington, DC: Institute for International Economics, 2005, p. 253.

② ［美］罗伯特·吉尔平著，杨宇光等译：《全球政治经济学——解读国际经济秩序》，上海人民出版社，2006年版，第201页。

③ I. M. Destler, *American Trade Politics*, Washington, D. C.: Institute for International Economics, 2005, p. 253.

④ I. M. Destler, “American Trade Politics in 2007: Building Bipartisan Compromise”, *Policy Brief of Peter G. Peterson Institute for International Economics* (May), No. Pb07 - 5, 2007, p. 8.

⑤ Philippe Legrain, “The Truth About Trade”, *Foreign Policy* (Winter), No. 117, 1999—2000, p. 99.

⑥ 苏长和：《跨国关系与国内政治：导读》，［美］罗伯特·基欧汉、海伦·米尔纳著，姜鹏、董素华译：《国际化与国内政治》，北京大学出版社，2003年版，第1页。

绑在了一起”。[①] 另一方面，国内政治行为体也对贸易发展具有反作用，试图影响贸易发展的进程。这既可表现为支持开放经济，也可能是试图限制对外贸易。根据彼得森国际经济研究所（Peterson Institute for International Economics）的计算，自二战结束以来，来自贸易自由化的美国人实际收入增加了9%。以2013年为例，这9%意味着美国人总收入额外增加了1.5万亿美元；而出口每增加一个10亿，就创造5200个至7000个工作岗位。[②] 因此，从理论上看，美国公众应该支持自由贸易，但实践中，却走向了相反之路。总体而言，美国公众似乎在原则上是自由贸易者，但在贸易现实中则是保护主义者。

在此背景下，本书将对国内政治行为体对国际贸易的反作用进行探讨，国内政治行为体锁定为美国公众，它们对贸易的反作用主要集中于分析贸易保护主义。这其中包含两个问题：经济全球化是如何塑造了美国公众贸易保护主义偏好？公众（国会）贸易保护主义偏好又是如何成为美国政府贸易政策的元素，或者说美国政府贸易政策如何反映公众贸易保护主义偏好？[③]

二、研究意义

对上述议题的政治学研究具有学术价值和实践意义。

从学术上看，无论是在美国还是中国，对美国贸易保护主义的经济学研究已经日臻成熟，而政治学研究仍尚待完善。特别是在中国，由于对美国政治体制与经济政策制定结合的研究薄弱，此领域研究急需注入新鲜的血液。本书对美国贸易保护主义的国内政治基础进行了深入分析，以期归纳出普遍性结论，帮助人们理解美国贸易保护主义是如何产生的即其决定性的政治动因要素，以资预测美国贸易政策的可能演化方向。这些研究结

---

① James. E. Alt and Michael Gilligan, “the Political Economy of Trading States: Factor Specificity, Collective Action Problems, and Domestic Political Institutions”, in Jeffry A. Frieden and David A Lake eds., *International Political Economy: Perspectives on Global Power and Wealth*, Beijing: Peking University Press, 2003, p. 327.

② Office of the U. S. Trade Representative, “Economy and Trade,” May 31, 2015, https://ustr.gov/issue-areas/economy-trade; Office of the U. S. Trade Representative, 2015 *The President's Trade Agenda: Made In America*, https://ustr.gov/sites/default/files/President%27s%20Trade%20Agenda%20for%20Print%20FINAL.pdf.

③ 在我国，“政府”一词与行政机关相等同，与立法机构相对。在美国政治生活中，“政府”通常是指包括行政机关、立法机关和司法机关在内的统治机构的总称。本书遵循我国表达习惯，“政府”指以总统为首的行政体系。

论或可对今后贸易政治研究、贸易政策分析，乃至更加广泛意义上的政治经济学研究具有启示意义。

从实践纬度看，对这一问题的回答可以增加国际贸易环境的可确定性、透明度和预见性，以促进世界贸易的正常发展。一般讲来，贸易保护主义造成了某种不稳定性以及破坏作用。特别是这种保护主义如果发生在美国，其负面作用更为显著。因为在开放世界里，美国起到了中心作用。[①]如果这个国家对贸易表现出锁国的倾向，这就对世界发出了一个危险的信号：贸易保护主义是可以接受的。[②] 另外，由于美国“相对外国贸易伙伴的快速而持续的消费需求”[③]，美国贸易政策对世界经济和各国经济的发展具有重要的意义。美国是第二次世界大战结束以来世界最大的也是最为主要的开放经济体，最大的进口国、主要的出口国，那么“美国贸易保护主义将使全球贸易流量收缩，危害持续的经济发展”[④]。

从中国的视角看，研究美国贸易保护主义具有较大实用性。就贸易占一个国家的国内生产总值的比重而言，中国是世界上最开放的经济体。根据美国商务部的统计，2014 年，美国是中国第二大贸易伙伴，中国是美国第一大进口来源地。[⑤] 因此，中国经济对美国各种加强贸易保护主义的做法反应极其敏感。有鉴于此，从理论上探讨美国贸易保护主义的形成路径，具有极强的现实意义：如果消除或者削弱了美国对华贸易保护主义，中美经贸“压舱石”和“推进器”作用的正外溢效应将在中美关系中更加凸现。此外，有鉴于中美两国经济在世界经济发展中的地位，研究美国贸易保护主义就被赋予了新的意义。2014 年，美国商务部部长佩尼·普里兹克（Penny Pritzker）在中美商贸联委会上说：“中美商业关系的成功对全球经济的增长和稳定至关重要。美国和中国是全球最大的两个市场，最大的两个经济体，两国 GDP 占全球 GDP 的将近 35%。美国和中国的商品和

① Stuart E. Eizenstat and Marney L. Cheek, “Ending the Trade War in Washington: Saving the Trade Agenda by Protecting Workers”, *Foreign Affairs*, Vol. 86, p. 16.

② Stuart E. Eizenstat and Marney L. Cheek, “Ending the Trade War in Washington: Saving the Trade Agenda by Protecting Workers”, *Foreign Affairs*, Vol. 86, p. 16.

③ *Testimony of Treasury Secretary Henry M. Paulson on the State of the International Financial System before the House Committee on Financial Services*, Jun 19, 2007, http://www.ustreas.gov/press/releases/hp469.htm.

④ Stuart E. Eizenstat and Marney L. Cheek, “Ending the Trade War in Washington: Saving the Trade Agenda by Protecting Workers”, *Foreign Affairs*, Vol. 86, p. 16.

⑤ 中华人民共和国商务部：《国别贸易报告》，2015 年第 1 期，http://countryreport.mofcom.gov.cn/record/qikan110209.asp? id = 6883。

服务贸易加在一起占全部国际贸易的1/5左右。"①

美国贸易保护主义研究评述②

学界很早就开始关注美国贸易保护主义，不少学者对此进行了深入的探讨。大致上，可以把已有解释归结为纯贸易理论与政治力量两个模式。

一、纯贸易理论与美国贸易保护主义

主流国际贸易理论早已证明自由贸易能最大限度地增加世界福利；一国单边贸易自由化能最大程度地增加自身福利。如果在未来十年，美国持续地革除贸易壁垒，其国民生产总值每年将再增加4500亿—6000亿美元。③ 但已有文献研究表明，美国从来没有实行过真正意义上的自由贸易，即"单边贸易自由化"，而追求的是"全面互惠贸易"（或为"公平贸易"）。④ 纯贸易理论范式认为，一国不实行单边自由贸易政策主要依据如下几种典型观点：

第一，最优关税论。一国可以通过对进出口商品征收适当的进出口税提高本国福利，这种关税的最优化以能够最大化国内实际收入为标准。简言之，拥有足够市场权力的国家可以强行实施最优关税，从而使贸易条件对它有利。通过限制进口和减少对进口商品的需求，经济大国能够使进口商品的价格下降。但此种解释的前提是一国进出口此类商品在世界市场上占有较高比重，这导致了该理论适用的局限性。它既不能充分解释国际贸易的现状：至2012年，包括发展中国家在内的世界平均关税税率已降至

---

① "*Remarks from U. S. Commerce Secretary Penny Pritzker on the Importance of Stronger U. S. – China Economic Ties*", December 17, 2014, http: //www. commerce. gov/news/secretary – speeches/2014/12/remarks – us – commerce – secretary – penny – pritzker – importance – stronger – us.

② 此节部分内容已经发表。参见倪世雄、李淑俊：《从公众—国会—政府的互动看美国对华贸易保护主义》，载《美国研究》，2007年第4期，第82—85页。

③ ［美］斯科特·C. 布雷福德等：《美国在全球一体化中的收益》，［美］C. F. 伯格斯坦著，朱民等译：《美国与世界经济：未来十年美国的对外经济政策》，经济科学出版社，2005年版，第93页。

④ Jagdish N. Bhagwati, "The Return of the Reciprocitarians: U. S. Trade Policy Today," in Douglas A. Irwin ed., *Political Economy and International Economics*, Cambridge, Mass.: MIT Press, 1991, pp. 10—55.

3%左右[①]，也对分析美国贸易历史乏力——冷战结束前，美国对华最惠国待遇总是例行公事，没有采取最优关税措施。重要的是，在一个供给和需求急速变化的时代，计算和调整最优关税是困难的；这也容易引发贸易争端，如果每个国家都计算并征收对本国国内市场最优关税，关税的总体水平就可能会螺旋式上升，导致同军备竞赛情形无异的贸易战。[②]

第二，减少失业论。在中国融入世界经济体系后，美国学者大卫·奥特尔（David H. Autor）等2013年的研究表明，在过去的20年里，美国制造业失业中的44%受到来自于中国进口的影响。在戴龙·阿西莫格鲁（Daron Acemoglu）等2015年的研究中，中国对美国的出口提升直接导致美国在1999—2015年10%的制造业岗位流失。[③] 因此，实施贸易保护可以增加美国就业。[④] 这基于实行保护措施可以提高进口品价格，使得需求转向国内生产，从而可以创造就业机会。因为，“如果美国消费者将被迫消费国内产品，那么保留工作的政策就能够为美国人创造更多的、收入更好的工作，美国经济也会更加强健”。[⑤] 但这种观点不仅为许多经济学家从理论上所诟病：容易导致贸易战，使消费者承受损失，以这些进口产品作为中间产品的生产商的产品将不再具有竞争力；而且，实际实施效果也不尽如意：工作并不能保留，整体就业效果不佳，这种政策也导致贸易双方均受损。部分经济学家认为，美国制造业中的失业，绝大部分因素应该是技

---

① The Secretariat of Trade Policy Review Mechanism, "*Trade Policy Review* (*United States*)," Jun. 20, 2006, http://docsonline.wto.org/GEN_highLightParent.asp? qu = &doc = D%3A%2FDDFDOCUMENTS%2FT%2FWT%2FTPR%2FS160R1%2D00%2EDOC%2EHTM.

② Cletus C. Coughlin, K. Alec Chrystal and Geoffrey E. Wood, "Protectionist Trade Policies: A Survey of Theory, Evidence, and Rationale", in Jeffry A. Frieden and David A Lake eds., *International Political Economy: Perspectives on Global Power and Wealth*, Beijing: Peking University Press, 2003, p. 311; Jagdish N. Bhagwati, "Protectionism", in David R. Henderson ed., *The Concise Encyclopedia of Economics*, Indianapolis, IN: Liberty Fund Inc., 2002, http://www.econlib.org/library/Enc/Protectionism.html.

③ David H. Autor, David Dorn, and Gordon H. Hanson. "The China Syndrome: Local Labor Market Effects of Import Competition in the United States", *American Economic Review*, Vol. 103, No. 6, 2013, pp. 21212168; Daron Acemoglu, David H. Autor, David Dorn, and Gordon H. Hanson, Brendan Price, "Import Competition and the Great U. S. Employment Sag of the 2000s." *CEPR Discussion Papers*: 10677, 2015.

④ ［美］保罗·萨缪尔森、威廉·诺德豪斯著，萧琛等译：《经济学》（第十六版），华夏出版社，1999年版，第569页。

⑤ Cletus C. Coughlin, K. Alec Chrystal and Geoffrey E. Wood, "Protectionist Trade Policies: A Survey of Theory, Evidence, and Rationale", in Jeffry A. Frieden and David A Lake eds., *International Political Economy: Perspectives on Global Power and Wealth*, Beijing: Peking University Press, 2003, p. 312.

术的进步，而不仅仅归因于进口的增长。例如，前财长劳伦斯·萨默斯（Lawrence Henry Summers）。①

第三，“保护幼稚产业”论和战略性贸易政策。保护幼稚产业论肇始于美国，也最受贸易保护主义的追捧。所谓幼稚产业，是指在受到保护、不受国际竞争的情况下，这种产业可以发展到足够强大和有竞争力的水平，即使保护最终取消，也能继续生存。② 这种观点认为，如果直接面对国际市场上的强大对手，某些“幼稚产业”很难生存，而如果对其加以保护，它们就可能成长起来，进而可为国家带来工业溢出效益、熟练工人等。尽管实行保护在最初会使消费者承担价格上涨所带来的负担，但“如果一项关税使得消费者在后来的收益远远大于在保护期内价格上升所承担的损失，那么这项关税就是合理的”。③ 此种观点可以诠释美国早期经济发展，但对美国贸易现状解释乏力。安娜·施瓦茨（Anna Schwartz）对美国纺织业的实证研究表明，保护主义措施和政府补贴难以延长该产业的寿命，它们无法抵御低成本生产者的竞争。④ 幼稚产业保护论最大的问题是，我们无法判定某一幼稚产业在经过保护后最终能否成长为在世界市场上占据竞争优势的产业。⑤

战略性贸易政策是保护幼稚产业论的发展⑥，意指在不完全竞争和存在规模经济的市场条件下，政府积极应用补贴或出口鼓励等措施对某些特定的产业予以扶持，扩大本国厂商在国际市场上的份额，以期增加本国经济福利和加强在有外国竞争对手的国际市场上的战略地位。⑦ 虽然利润转移论和外部经济论为战略性贸易政策“提供了合理论证”⑧，但它也是“最

---

① “*A deal worth getting right*”, March 8, 2015, http://larrysummers.com/2015/03/09/a-trade-deal-must-work-for-americas-middle-class/.

② ［美］罗伯特·吉尔平著，杨宇光等译：《全球资本主义的挑战》，上海人民出版社，2001年版，第87页。

③ ［美］保罗·萨缪尔森、威廉·诺德豪斯著，萧琛等译：《经济学》（第十六版），华夏出版社，1999年版，第569页。

④ Anna J. Schwartz, “Dealing with exchange rate protectionism,” *Cato Journal*, Vol. 25, No. 1, 2005, pp. 97-98.

⑤ ［美］罗伯特·吉尔平著，杨宇光等译：《全球资本主义的挑战》，上海人民出版社，2001年版，第87—88页。

⑥ 幼稚产业保护论的根本目的是工业至上，战略性贸易政策是对具有先进生产力产业的重视。因此，后者是对前者的继承与发展。参见［美］罗伯特·吉尔平著，杨宇光等译：《国际关系政治经济学》，经济科学出版社，1989年版，第209—248页。

⑦ 樊勇明：《西方国际政治经济学》（第二版），上海人民出版社，2006年版，第200页。

⑧ Paul R. Krugman and Maurice Obstfeld, *International Economic: Theory and Policy*, New York: Harper Collins Publishers, 1994, p. 102.

具争议性”的理论，有学者甚至认为战略性贸易政策是与现实世界的贸易政策无关的理论游戏。[①] 首先，政府无法理性挑选获胜者。一方面，政治家主要处于政治考虑而不是合理的经济利益支持某些产业；另一方面，存在一些信息问题：政府必须评估各种行动的潜在效果，经济学在这方面的知识是有限的，还必须知道国外的报复行为。换言之，战略性贸易政策“很难操作”。[②] 其次，把利润从一个经济体转移到另外一个经济体的情况没有得到证实。同时，对某些“优胜”企业的支持是以牺牲其他企业和消费者的利益为代价的，而且为争取获得政府的支持会耗费大量的社会资源。最后，战略性贸易政策在“囚徒困境”中会诱发贸易战。

经济学家的研究遭到了众多非议。经济学家的分析通常立足于经济学上经典的比较优势理论，侧重贸易政策的最佳经济效率，忽视了政治限制。尽管他们的研究具有其强大解释力，但也导致了其理论的有限性，存在逻辑与经验不符，不能鞭辟入里地诠释美国保护主义。换言之，纯贸易理论诠释的贸易保护主义和美国贸易现实之间存在巨大的差距。同时，它们的研究方法侧重数理工具的运用，经常施以经济计量检验。诚如科学行为主义学派诠释国际关系方法论上的缺陷，纯贸易理论范式把美国贸易保护主义“变成了只有少数人才懂得的学术领地”。[③] 此外，这种研究方法忽视了政治的存在，“市场力量不会在一个政治真空中运行”，“政治和经济是一种互动的关系”。[④] 因此，罗伯特·吉尔平（Robert Gilpin）认为，“单靠经济学这个工具是做不到精确和充分。”[⑤] 从政治视角出发的各种解释走到了前台。

二、政治力量与美国贸易保护主义

一般认为，政治学家对贸易保护主义的政治经济分析大大早于经济学家。从政治视角考量美国贸易保护主义的核心思想认为，现实贸易政策中干预优于自由贸易的真正根源，必须从政治市场中寻找答案。美国国际贸

---

① ［美］罗伯特·吉尔平著，杨宇光等译：《全球政治经济学——解读国际经济秩序》，上海人民出版社，2006年版，第194页。

② ［美］罗伯特·劳伦斯：《美国90年代的贸易政策》，载［美］杰弗里·法兰克尔、彼得·奥萨格主编，徐卫宇等译：《美国90年代的经济政策》，中信出版社，2004年版，第211页。

③ 倪世雄等：《当代西方国际关系理论》，复旦大学出版社，2006年版，第117页。

④ Robert Gilpin, *U. S. Power and the Multinational Corporation: the Political Economy of Foreign DirectInvestment*, New York: Basic Books, Inc., Publishers, 1975, p. 60.

⑤ ［美］罗伯特·吉尔平著，杨宇光等译：《全球政治经济学——解读国际经济秩序》，上海人民出版社，2006年版，第88页。

易委员会前主席葆拉·斯特恩（Paula Stern）认为，贸易决定是高度政治考虑的结果。[①] 在这一框架下，学者一般从国际与国内两种政治力量探讨美国贸易保护主义。

国际政治力量分析美国保护主义主要依据现实主义理论，强调国际体系对美国贸易政策选择所施加的各种限制。在研究方法上，一般是把美国贸易保护主义放在国际政治经济关系的框架中考察，将国家或政府作为一个整体，假设国家是单一的、理性的，一国贸易政策追求的主旨是权力与利益的最大化。具体而言，这又可细分为两类：一类从国际体系总特征出发，另一类采用结构现实主义观点。

从国际体系总特征看，现实主义认为国际社会的无政府状态总特征从根源上形成了贸易保护主义。现实主义并不否认自由贸易对全人类福利的贡献，但认为这一结论的潜在假设是世界永久和平。自由贸易主义者的问题也就出在这里，弗里德里斯·李斯特（Friedrich List）认为："如果像流行学派所提出的那样，我们的确有一个包括一切国家在内的世界联盟作为持久和平的保证，那么国际自由贸易原则似乎是完全正确的。"而实际上，国际社会是无序的，并不存在保障这一假设的维护机构。[②] 因此，除非世界上出现一个全球政治共同体，否则政治将只会对国家利益的感知做出反应，完全没有壁垒或者只有极少壁垒的自由贸易根本不曾存在。与这种无序竞争状态对应的是"安全的优先位置"和"国际社会的自助体系"。应用到贸易政策上，前者导致保护主义的"国防论"，后者引发了"相对收益论"。国防论主张为了国家安全，政府必须保证具有国防意义产品的生产与销售。高科技产品位居要角。以中美贸易为例。根据比较成本理论，美国应大力生产并出口本国具有比较成本优势的产品，而进口本国不具备比较成本优势的产品。因此，美国应大量出口本国具有比较优势的高新技术产品，进口本国不具有优势的劳动和资源密集型产品。但是，多年以来，美国一直对中国实行歧视性的出口管制政策，配合美国所谓的国家战略，实际上就是美国所认同的国家安全，在高新技术产品、军事武器和技术等方面限制对华出口。《美国出口管理条例》将出口目的国分为 A、B、C、D、E 五类，管制程度依次增强，中国被列入 D 组，可见国防安全论的威力。普通商品，如纺织品，也属于国防安全的范畴。美国长期拒绝消除

① ［美］马丁·菲尔德斯坦主编，王健等译：《20 世纪 80 年代美国经济政策》，经济科学出版社，2000 年版，第 603 页。

② ［德］弗里德里希·李斯特著，陈万煦译：《政治经济学的国民体系》，商务印书馆，1997 年版，第 109 页。

服装补贴，尽管世界贸易组织（WTO）将其界定为不符合贸易规则。具体而言，虽然美国整体关税税率低，美国国内相关产业几乎已经消失，但对于特定关键消费产品，例如服装、鞋子与被褥依然保持着高关税。“相对收益论”提出，经济学家虽然就贸易自由化的好处达成了一致意见，但在国际上并不存在调节经济所得的跨国强制性机构；为了使相对收益最大化，各国政府都有内在动机利用贸易保护手段来改进其贸易条件，以获取更大的国外市场份额，同时又最低限度地开放自己的市场。历次中美贸易谈判中，美国均在有比较优势的金融、保险等行业推进中国市场，而在纺织品等行业则力保自己国内的市场不受蚕食。但这种逻辑阐释最大的缺陷是没有考虑到美国贸易保护主义特有情况，它忽视了保护主义的“美国性”。因此，美国的贸易保护主义必须从美国所处的国际体系中追寻答案，这就产生了另外一种类型的分析方法，即结构现实主义的研究视角。

结构现实主义的方法主要从国际体系结构层次诠释美国贸易保护主义的产生，其理论体现在霸权稳定论。根据该分析方法，自由贸易体系与霸权存在正相关关系，而霸权国“承担起这些责任是因为这样做有利可图”。[①] 随着从自由贸易中获益的经济伙伴的异军突起，霸权国越来越认定这些国家是对其霸权的挑战并由此采取保护主义。对霸权国来说，第一个最优化政策是实施最适当的贸易限制。[②] 这一分析方法最大的优点是分析了国际结构、国家间实力分布与权力分配三者的变化是如何催生了美国贸易保护主义，弥补了第一类的缺陷，但其缺失是过于宏观，容易流于理论的思辨，缺乏实证支撑。更重要的是，它忽视了国内政治力量，现实主义奠基人汉斯·摩根索（Hans J. Morgenthau）认为，国家利益就是相互冲突着的各种政治利益的一个妥协物。它不是抽象化、科学化以后的一种理想概念，而是国内不断的政治竞争的产物。[③]“霸权衰落时期，在决定对外经

---

① ［美］罗伯特·吉尔平著，宋新宁等译：《世界政治中的战争与变革》，上海人民出版社，2007年版，第144页。

② ［美］罗伯特·吉尔平著，杨宇光等译：《国际关系政治经济学》，经济科学出版社，1989年版，第106页。

③ Hans J. Morgenthau, “Anothe ‘Great Debate’: National Interest of the US”, *The American Political Science Review*, No. 4, 1952, pp. 971 – 978.

济政策的过程中，国内结构所起的作用是决定性的。”①

已有从国内政治力量研究美国贸易保护主义的文献认为，一国贸易政策的产生并不能仅从国际体系结构出发，国家行为的形成中国内政治力量不可忽视，国家并不是一个单一的整体。这种研究路径力图打破国家是单一的、自治的假设。但国内政治力量研究模式往往借用了太多不恰当的国内因素，因此，必须对此加以简洁，② 目前，对国内力量的分析主要集中于利益集团以及国内政治制度。利益集团分析主要集中于诠释利益集团对美国贸易保护主义举足轻重的作用。这种观点将关注美国贸易政策的集团分为支持与反对贸易保护主义的阵营，与进口产品相竞争的产业是支持者的代表，而消费者是反对者的代表，政策制定者为了追求自身利益最大化，要权衡从产业利益集团中获得的政治支持和由于消费者的不满而失去的选票，③ 这种权衡的结果通常是政府选择支持贸易保护主义利益集团的观点。这一视角是早期从政治纬度研究美国贸易保护主义的主要切入点，详细说明了利益集团如何促使对外经济政策偏离自由主义的道路。美国学者沙特施奈德（Elmer Schattschneider）开创了此类研究的先河，他的成就促成了“美国政府研究领域中的最佳博士论文”（“For the best doctoral dissertation in the field of American government”）的“沙特施奈德奖”（E. E. Schattschneider Award）。中国学者在分析美国贸易保护主义中也有采用此类方法，如王勇等。④ 这种方法的后继研究表明，仅强调利益集团不免失之偏颇，它忽视了其他国内因素的作用，⑤ 如，美国公众。虽然消费者并不能够直接对价格做出政治上的反映，但政府最终还是要对公众负责。另外，上述研究方法强调了利益集团的作用，而通常仅给予满足利益集团

---

① 海伦·米尔纳（Helen Milner）亦持此观点。她认为国内政治使贸易伙伴之间很难合作，并改变了很多协议的条款。See Peter J. Katzenstein，“Introduction：Domestic and International Forces and Strategies of Foreign Economic Policy”，in Peter J. Katzenstein ed.，*Between Power and Plenty：Foreign Economic Policies of Advanced Industrial States*，Madison：University of Wisconsin Press，1978，p. 11. Hellen Milner，Interests，*Institutions*，*and Information：Domestic Politics and International Relations*，Princeton，NJ：Princeton University Press，1997。

② Witold J. Henisz and Edward D. Mansfield，“Votes and Vetoes：The Political Determinants of Commercial Openness”，*International Studies Quarterly*，Vol. 50，No. 1，2006，p. 209.

③ George J. Stigler，“The Theory of Economic Regulation”，*Bell Journal of Economics*，Vol. 2，No. 1，1971，pp. 3－21.

④ 王勇：《最惠国待遇的回合——1989—1997 年美国对华贸易政策》，中央编译出版社，1998 年版。

⑤ Robert E. Baldwin，“The Political Economy of Trade Policy”，*Journal of Economic Perspectives*，Vol. 3，No. 4，1989，pp. 119－135.

诉求的国内政治制度简短的关注，[①] 或者忽视了“制度在政治变迁动态过程中的因果地位”，[②] 将国内制度以及政策制定者视为贸易政策供给的被动者，受制于社会中最有影响力的利益集团。[③] 实际上，制度一旦建立起来就比创造它们的利益联盟更加持久，开始时的被动在应对后期会转变为主动。

国内政治制度的研究方法体现为国内官僚政治研究。该方法认为，社会对贸易偏好的诉求以及贸易壁垒，都需要国内官僚政治制度来加以完成。这种解释尤为关注立法与行政部门等官僚因素对国家对外经济政策的影响，试图在国会与政府的全面互动中来把握美国贸易保护主义政策的产生，对美国的贸易立法、决策机构和决策过程进行细致和翔实的剖析。这种方法偏重美国对外经济政策的具体制定，最为美国学者所欣赏。[④] 罗伯特·鲍德温（Robert E. Baldwin）认为，“制度、理念和机构”方法对理解和领会特殊形式的机构和政治过程是有益的。[⑤] 我国学界亦有不少采用此类方法的学者，如金灿荣等。[⑥] 虽然上述分析有其优点，但这种解释比较生硬、粗疏、过于简洁；[⑦] 但其最重要的缺陷是仅囿于“政策制定的政治意图、过程、机制和结果”，[⑧] 将关注点过度集中于府会关系（Executive - Congressional Relation）的政治博弈而忽视了导致这种结果的社会行为体即

---

① Witold J. Henisz and Edward D. Mansfield, “Votes and Vetoes: The Political Determinants of Commercial Openness”, *International Studies Quarterly*, Vol. 50, No. 1, 2006, p. 191.

② ［美］杰弗里·加勒特等：《国际化、制度和政治变迁》，载［美］罗伯特·基欧汉、海伦·米尔纳著，姜鹏等译：《国际化与国内政治》，北京大学出版社，2003 年版，第 54 页。

③ Witold J. Henisz and Edward D. Mansfield, “Votes and Vetoes: The Political Determinants of Commercial Openness”, *International Studies Quarterly*, Vol. 50, No. 1, 2006, p. 190.

④ 代表性著作参见：已连续出版四次的 I. M. Destler, *American Trade Politics*, (1986, 1995, 1999, 2005); Robert A. Pastor, *Congress and the Politics of US Foreign Economic Policy*, 1929 - 1976, Berkeley: University of California Press, 1980.; ［美］杰里尔·A. 罗赛蒂著，周启朋等译：《美国对外政策的政治学》，世界知识出版社，1997 年版。

⑤ Robert E. Baldwin, “The Political Economy of Trade Policy: Integrating the Perspectives of Economics and Political Science”, in R. C. Feenstra, G. M. Grossman, and D. A. Irwin eds., *The Political Economy of Trade Policy*, Cambridge: MIT Press, 1996.

⑥ 金灿荣：《美国国会与贸易政策——以冷战后美国对华贸易政策为例》（未公开出版的博士论文），北京大学图书馆。

⑦ Sean D. Ehrlich, “Access to Protection: Domestic Institutions and Trade Policy in Democracies”, *International Organization*, Vol. 61, No. 3, 2007, p. 573; Witold J. Henisz and Edward D. Mansfield, “Votes and Vetoes: The Political Determinants of Commercial Openness”, *International Studies Quarterly*, Vol. 50, No. 1, 2006, p. 191.

⑧ 盛斌：《贸易保护的新政治经济学：文献综述》，载《世界经济》，2001 年第 1 期，第 46 页。

美国公众。此外，这种分析方法往往也缺乏严密的实证检验，与直接对贸易政策研究的结果存在矛盾之处，导致这些理论应用的相对有效性。①

有鉴于此，一些学者尝试将利益集团与国内政治制度两种研究方法加以综合。他们认为，利益集团以及国内政治制度在贸易政策的形成过程中是相互作用，互为先决条件的。社会力量对贸易政策特别是保护主义偏好依赖于国内政治制度，而政治制度对贸易政策的影响也依赖于社会力量。对这两个因素的诠释以及它们的运行规律是我们理解贸易政策政治经济学的关键。② 国内经济条件的变化促使了社会中对贸易保护主义的需求，这是贸易决策者输出贸易保护主义的必要条件，但是这种要求被满足的程度以及贸易壁垒的确立需要国内政治制度来加以完成，没有国内相应的政治制度，贸易保护主义的输出是不可能完成的。具体而言，利益集团的方法强调了选民利益的申诉，恶化的经济条件是形成保护主义主张的潜在源泉，这种状况导致了经济开放的萎缩，但其萎缩程度主要依赖于国内政治制度，正是通过国内政治制度，利益集团的压力被过滤并影响了最终的贸易政策输出。这种综合的研究方法在理论上学者们已经阐述得比较完善，但是极少对之进行直接的经验研究。③

分析思路与主要假设

一、本书基本思路与章节安排

国际经济变化是如何影响了国内行为体即公众的贸易偏好？国内政治

---

① Sean D. Ehrlich, "Access to Protection: Domestic Institutions and Trade Policy in Democracies", *International Organization*, Vol. 61, No. 3, 2007, p. 191.

② Witold J. Henisz and Edward D. Mansfield, "Votes and Vetoes: The Political Determinants of Commercial Openness", International Studies Quarterly, Vol. 50, No. 1, 2006, p. 209.

③ 有些学者对此进行了研究，如：Witold J. Henisz and Edward D. Mansfield, "Votes and Vetoes: The Political Determinants of Commercial Openness", *International Studies Quarterly*, Vol. 50, No. 1, 2006; Gene M. Grossman and Elhanan Helpman, Interest Groups and Trade Policy, Princeton: Princeton University Press, 2002; Hellen Milner, *Interests, Institutions, and Information: Domestic Politics and International Relations*, Princeton, NJ: Princeton University Press, 1997; ［美］杰弗里·加勒特等：《国际化、制度和政治变迁》，载［美］罗伯特·基欧汉、海伦·米尔纳著，姜鹏等译：《国际化与国内政治》，北京大学出版社，2003 年版，第 53—79 页；Edward D. Mansfield and Marc L. Busch, "The Political Economy of Non-tariff Barriers: A Cross-National Analysis", *International Organization*, Vol. 49, No. 4, 1995, pp. 723-749。

制度又是如何反映这种偏好的变化？在上述文献综述部分中，学界试图对美国贸易保护主义进行诠释，观点与方法不仅相同。本书参考这些学者的成果，试图构建一个用以研究美国贸易保护主义的公众—国会—政府的分析思路和基本研究框架。这种框架在关注政治制度因素的同时，注意到了社会力量的作用，并将这两种方法结合。在本书中，我们将社会力量锁定为美国公众，这是因为微观层面的个体行为者是美国政治生活的最根本的基础，输出美国贸易政策的决策机构深受公众的掣肘。

在美国对外贸易政策输出中，公众、国会以及政府之间贸易偏好变化存在一个类似线形的关系。图 1 反映了作者对此议题的基本认知，也是本书的主要研究思路与线索。在图 1 中，第一阶段（即 I 贸易收益）表述了通常伴随着产品要素流动水平的高低，不同要素的持有者自对外经济政策中的贸易收益多寡不同，公众贸易倾向发生分裂，有的支持自由贸易，有的赞同贸易限制。第二阶段（即 II 代议制）主要阐释公众偏好变化是如何通过美国政治制度影响政府的政策选择。在这一阶段，公众贸易保护主义倾向通过代议制传输给了国会立法者，引起国会议员贸易态度发生变化，形成了限制贸易的主张。在第三阶段（即 III 国会政治制度/快车道授权），集中分析政府如何回应公众、国会立法者的贸易保护主义的诉求。此时，国会一方面通过自身政治结构形成了国会保护主义，另一方面，在快车道授权下，将贸易保护主义的压力转移至政府。第四阶段（即 IV 快车道授权），有鉴于快车道授权是有条件限制的，政府被迫协调行政部门的自由贸易倾向与公众与国会的保护主义偏好，最终输出了行政保护主义。这样，国会保护主义与行政保护主义二者共同构成了美国贸易保护主义。

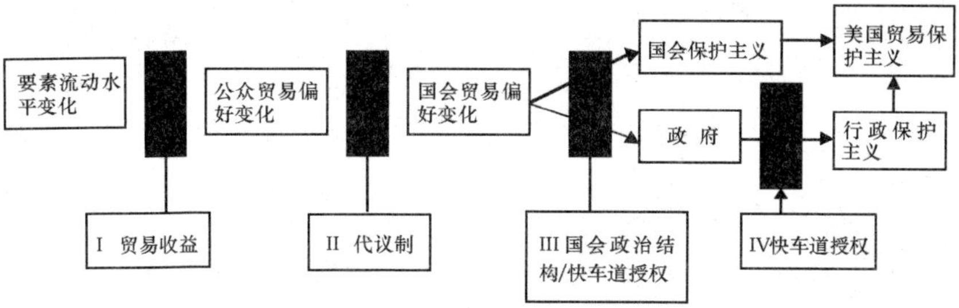

图 1 美国贸易保护主义形成路线图

资料来源：由笔者个人绘制

在公众—国会—政府的研究框架下，我们探讨了美国贸易保护主义的形成路径。全书分为导论、正文和结论三大块，正文为五部分：美国贸易保护主义的历史视角、美国贸易保护主义的公众视角、美国贸易保护主义的国会视角、美国贸易保护主义的政府视角以及与美国贸易保护主义的对华视角。

在第一部分美国贸易保护主义的历史视角中，分两章诠释了美国贸易政策中的贸易保护。第一章为美国贸易政策中的自由贸易与保护主义之争，第二章为美国贸易政策中的保护主义。

在第二部分美国贸易保护主义的公众视角中，分三章研究了公众与美国贸易保护主义的关系，分别是第三章、第四章和第五章。第三章为要素流动与公众贸易保护主义；第四章为贸易进口竞争产业公众联盟贸易保护主义，第五章为实证检验中美纺织品贸易摩擦与美国对华公众贸易保护主义。

第三部分为美国贸易保护主义的国会视角，具体包括三章介绍国会与美国贸易保护的关系，分别是第六章、第七章和第八章。第六章为公众塑造国会贸易偏好的路径与国会保护主义氛围；第七章为国会贸易保护主义氛围的稀释与最终形成；第八章为实证研究，以1997—2008年8月国会提案为例分析了国会对公众贸易保护主义偏好的放大与稀释。

第四部分为美国贸易保护主义的政府视角，分两章诠释了美国行政贸易保护主义，分别是第九章和第十章。第九章为美国贸易决策阶段与公众、国会贸易保护主义的输入，第十章为美国行政贸易保护主义。

第五部分为美国贸易保护主义的对华视角，分两章诠释了美国对华贸易保护主义，分别是第十一章和第十二章。第十一章为兼顾保护主义的美国对华贸易政策；第十二章为从公众—国会—政府的互动看美国对华贸易保护主义。

第十三章为结论。本章对本书内容进行总结并指出分析框架适用的局限性。

二、本书主要假设

所谓“假设”，有时也被称为“命题”，指两种现象间的猜测性关系。[①] 在本书中，我们提出了三个基本逻辑假设。支撑本书研究的核心假设是美国公众、国会与政府三者之间利益诉求一致之处产生了贸易保护主

① Stephen Van Evera, *Guide to Methods for Students of Political Science*, Ithaca and London: Cornell University Press, 1997, p. 2.

义。笔者称之为假设I。在此框定下，笔者又提出了两个次级假设，命之为假设II与假设III。假设II：在开放经济下，要素流动水平高低塑造了公众迥异的贸易偏好；假设III：美国政治制度安排最终输出了公众贸易保护主义。具体内容如下：

假设I：美国公众、国会与政府三者之间利益诉求一致之处产生了贸易保护主义。这是本书的关键命题。实际上，这三者所蕴含的实质是，公众的贸易偏好必须通过美国政治制度才能转化为美国贸易政策分配的现实。其中，公众贸易偏好与美国政治制度是自变量，美国贸易政策是因变量。进一步，这一命题包含三个关键次假设：在美国贸易保护主义的产生路径中，公众是自由贸易怀疑论者，国会是美国贸易保护主义的沟通行为体，而行政部门即政府是最终贸易保护主义政策的输出者。

总体而言，美国公众对自由贸易颇多疑虑。这可以从表层和深层两个层次推知动因。从表层看，美国公众收入的相对停滞与失业的存在是公众保护主义贸易观的直接触发点。自二战结束以来，尽管开放经济使美国权力与财富不断攀升，但也造就了赢家与输家，上层美国人受益，而中下层公众与此无关。伊曼纽尔·萨伊斯（Emmanuel Saez）等人认为，“假如经济在不断增长但只有很少的一部分人受益，这就超出了我们关于公平的概念，它能产生重要的政治后果。”[①] 同时，公众失业严重，再就业困难。但政府采取的贸易调整政策很少得到落实，给予的“补偿实际上很少兑现，而且从来没有得到完全兑现”。[②] 因此，自由贸易鲜少在美国公众中凝聚共识。据芝加哥对外关系委员会（Chicago Council on Foreign Relations）关于全球化系列调查报告，在贸易对就业的影响问题上，多半美国人认为贸易对美国工人的工作构成了威胁，超过90%的美国人认为在贸易协定中应该包括最低工作条件。[③]

从深层次来看，美国公众贸易保护主义偏好形成的决定性动因是开放政策下，产品生产要素流动具有分配效应，导致公众不同贸易倾向的形成。这也是我们的第二个假设。就肇始美国公众贸易观的这两个动因看，

---

① David Cay Johnston, “Income Gap Is Widening, Data Shows”, *The New York Times*, Mar. 29, 2007, http: //www. nytimes. com/2007/03/29/business/29tax. html? _ r = 1&oref = slogin&ref = business &pagewanted = print.

② Dani Rodrik, *Has Globalization Gone Too Far*, Washington, D. C.: Institute for International Economics, 2000, p. 30.

③ http: //www. thechicagocouncil. org/media_ press_ room_ detail. php? press_ release_ id = 63.

表层原因是外在的，深层变量是内在的、不易觉察到的。从一定意义上说，表层原因是深层原因的展现，深层原因决定了表层原因。

国会是公众贸易保护主义的沟通行为体（linkage agent），它为公众贸易偏好进入美国贸易决策提供了渠道。国会顺应公众保护主义诉求的依据是美国宪政设计，实现的工具是代议制和监管对外贸易的权力。宪法规定美国实行代议制民主，由人民选举的代表组成国会。作为代议公众的工具，在责任政治下，议员要对公众负责。一方面，议员认同公众的观点；另一方面，国会作为“最能体现民主理念的部门”，其贸易倾向必须“反映各种政治力量的利益和要求”。[①] 根据美国宪法，国会拥有至高无上的贸易权力，总统没有被授予处理任何贸易事务的权力。在“快车道”贸易授权之后，由于国会对此附加了一定的条件，“授权并不代表着弃权”[②]，国会通过反复限制总统的贸易裁量权、国会对总统决定的“反否决”（override）制度以及可信的制裁威胁等，有效地压缩了总统制定政策的空间。因此，国会仍旧能够影响美国贸易政策制定，国会往往也就借此成为贸易保护主义者齐聚的场所。

行政部门作为贸易政策的最终输出者，拥有的贸易权力包括贸易谈判权以及国会给予的“快车道”授权。依据宪法第二章所赋予的对外事务权，总统演绎出了管理国际经济政策的贸易谈判权。国会通过“快车道”授权将贸易裁量权赋予了以总统为首的行政部门，政府可以不经国会批准与外国贸易伙伴磋商贸易壁垒，国会必须在90天内对政府提出的贸易法案进行可否实施的表决，不得修正。总统在国际经济政策中的主导地位确立下来，国会的作用便是促进或阻拦总统的决议。但是，“快车道”授权是有条件限制的，国会可以随时威胁收回权利或者修改赋予总统此项权利的法律条文。因此，国会成为政府在对外经济政策上的达摩克利斯剑，为了推进开放经济，行政部门不得不对国会的态度有所顾忌，而国会担心的则是美国公众的态度。

综上所述，这三者对美国贸易保护主义的偏好与行动各有其逻辑根

---

① 郝雨凡：《美国对华政策内幕》，台海出版社，1998 年版，第 303 页。

② See Barry R. Weingast and Mark Moran, “Bureaucratic Discretion or Congressional Control: Regulatory Policymaking by the Federal Trade Commission", *Journal of Political Economy*, Vol. 91, No. 5, 1983, pp. 765 – 800; Mathew McCubbins and Thomas Schwartz, " Congressional Oversight Overlooked: Police Patrols and FireAlarms", *American Journal of Political Science*, Vol. 28, No. 1, 1984, pp. 165 – 179; Mathew McCubbins, Roger Noll and Barry Weingast, " Administrative Procedures as Instruments of Political Control", *Journal of Law, Economics, and Organization*, Vol. 3, No. 2, 1987, pp. 243 – 278.

据。美国公众是贸易保护主义产生的源头，它实现的工具是美国宪法赋予的人身权利以及选举权利。前者是其表达贸易观的法律依据；后者是其与国会互动的工具，可以促使立法者改变贸易偏好。国会是美国贸易保护主义产生路径的关键，它将公众保护主义观点传输给行政部门。实现国会这一诉求的工具是附有条件限制的“快车道”授权。“快车道”授权促使政府在贸易谈判中不得不顾及国内公众与国会的贸易倾向。

假设Ⅱ：在开放经济下，要素流动水平高低形成了公众迥异的贸易偏好。

在开放经济下，要素流动水平是不均衡的，存在高低之分。斯帕尔帕—萨缪尔森模型和李嘉图－维纳模型是从经济学角度阐释贸易与国内产品要素之间关系的典型理论。斯帕尔帕—萨缪尔森范式认为，贸易使出口产品的价格相对提高，进口产品的价格相对下降，这导致出口产品密集使用的那种生产要素（通常指资本）即国内供给相对充裕的生产要素的价格提高；同时，它也使出口产品生产中非密集使用的那种生产要素（通常指劳动力）即国内供给相对稀缺的生产要素的价格下降。换言之，劳动力要素流动处于低位，而资本则处于高位。斯帕尔帕—萨缪尔森范式假定了要素是可以在不同产业流动的，而实际上，资本和劳动力鲜少流动，李嘉图－维纳模型就解决这个问题。它假定了生产要素即资本和劳动力是静止的、属于某个特定产业特有，不能从效率低的产业转移到高效率的部门。这样，“特定要素的收益与它们所属产业的运气紧密相连”①，在这一范式下，社会只存在两个产业：进口产业和出口产业，两个产业都有特定要素。进口产业要素流动性低，而出口产业的流动性高。

这种要素流动水平的高低，导致了不同贸易偏好选民联盟的形成。在自由贸易环境下，由于选民来自贸易的经济收益不同，形成了不同的贸易偏好联盟。在斯帕尔帕—萨缪尔森模型下，由于稀缺要素的所有者即劳动力受损，组成了贸易保护主义选民联盟，而资本为丰裕要素，自开放经济中收益多，这些要素的持有者形成了支持自由贸易的联盟。李嘉图—维纳模型下，受到进口冲击的本地产业，由于进口增加，产品价格降低，产量减少，劳动力流出；这样，相比较出口和进口产品的价格，在受到进口竞争的产业中劳动力和资本要素的持有者收入减少。与此同时，劳动力涌向了出口产业，由于进口产品导致价格下降，出口产品价格的相对上升。出

---

① Michael J. Hiscox, “Commerce, Coalitions, and Factor Mobility: Evidence from congressional Votes on Tradelegislation", *American Political Science Review*, Vol. 96, No. 3, 2002, p. 594.

口产业的特定要素就变得更加多产（由于有额外的劳动力使用），相对于出口产品和进口产品的价格，收入更高。这种贸易收益的分配，导致出口产业选民支持自由贸易，而受到进口冲击的产业选民则选择贸易保护主义。

实际上，这两个模型是一种理论上的极端形式，生产要素被假定为完全的移动或者是具有完全的特定性。这仅仅是为了构建模型的原因。这二者之间的关系可以是“互补”而“非排斥”。① 确切的表达可以是：“如果要素具有流动性，在要素流动高时，广泛的阶级政治联盟会形成，而当流动低时，较窄的产业政治联盟形成。”② 根据来自贸易收益的多寡，形成了支持与反对贸易保护主义的联盟。总体而言，劳动力联盟和进口产业联盟支持限制贸易。但是，尽管从理论上讲，支持和反对关税立法的联盟，大致势均力敌，但它们向国会施加的压力却绝对不平衡。由于支持关税立法的压力如此之大，事实上，反对派的压力可以忽略不计。③ 因此，保护主义联盟处于凸现的位置。

假设 III：美国政治制度安排最终输出了公众贸易保护主义。这一假设包含两个子假设：子假设一，美国公众贸易保护主义偏好必须通过美国国会政治结构加以实现；子假设二，公众和国会通过贸易决策的过程影响了行政部门的贸易政策输出。

国会政治结构为美国公众实现贸易保护主义诉求提供了路径点。首先，国会实行两院制。宪法规定美国实行两院制，国会由参议院和众议院组成，均握有强势权力，宪法赋予参众两院相同的贸易立法权与监管权。简言之，二者平行牵制而又共享权力。与此同时，二者之间选举方式不同，参议院实行地域制，有助于一些联盟实现超越其人口的贸易诉求，而众议院实行人口制，这也使一些利益集团以人口优势挟持政府政策。其次，国会分工实行委员会。由于国会最重要的工作是在委员会和小组委员会中进行的，因此，事关贸易的委员会和小组委员会在贸易政策取向上至关重要。自 20 世纪 70 年代民主化运动之后，国会贸易委员会和小组委员

---

① ［美］杰弗里·A. 弗里登、罗纳德·罗戈斯基：《国际经济对国家政策的影响》，［美］罗伯特·基欧汉、海伦·米尔纳著，姜鹏等译：《国际化与国内政治》，北京大学出版社，2003 年版，第 30 页。

② Michael J. Hiscox，“Class Versus Industry Cleavages：Inter – Industry Factor Mobility and the Politics of Trade”，*International Organization*，Vol. 55，No. 1，2001，p. 4.

③ I. M. Destler，*American Trade Politics*，Washington，DC：Institute for International Economics，2005，pp. 3 – 4.

会逐渐增多。随着冷战后国会改革和贸易事项的不断扩大，所涉及的委员会和小组委员会处于膨胀状态。这就放大了委员会和小组委员会的数目，标志着贸易保护主义者在制度安排上游说路径点增多，贸易保护主义水平上升。最后，国会决策程序复杂，被誉为“障碍跑道”。① 一个法案提出后要经过诸多关卡、层层障碍，才有可能成为法律。这就为外界影响立法出笼提供了各个程序过程中的切入点。

公众和国会通过贸易决策的过程影响了行政部门的贸易政策输出。该假设的前提是经过“快车道”授权，国会将贸易权力转让给了以总统为首的行政部门，总统占据美国贸易决策体系的主导，国会在让权后处于从属位置。因此，公众和国会若想影响贸易保护主义政策，必须借助于行政部门。行政部门的贸易决策是一个相互关联的过程，经过五个阶段：问题呈现、产生选项、政策决策、政策执行和政策回顾。公众在这一过程中也经历了一个呈现倒“V”字型的关注周期，在决策阶段达到峰顶。在这两个过程的互动下，行政部门最终输出了贸易保护主义政策。

① 孙哲：《左右未来——美国国会的制度创新和决策行为》，复旦大学出版社，2001 年版，第 88 页。

第一部分

美国贸易保护主义的历史视角

致国民议会：

我们正在同国外对手进行一场令人难以忍受的竞争。这个对手生产光线的条件十分优越，可以用很低的价格占领我们的市场。这个对手不是别人，而是太阳。为此我们请求通过一项法律，关闭和堵塞所有的可以透光的窗户、通道和缝隙，使它无法损害我们这个国家谋福利的产业。

——弗雷德里克·巴斯夏：《蜡烛制造商请愿书》

第一章　美国贸易政策中的自由贸易与保护主义之争

第一节　美国贸易政策的理论诠释

对于以自由贸易为主、兼顾保护主义的美国贸易政策，结构现实主义理论具有较强的解释力。肯尼思·华尔兹（Kenneth Waltz）在分析国际现象产生的原因时，通常认为有两个变量，“其一是结构，其二是单位”。[①]如果我们视美国对外经济政策为一种国际结果，则其形成缘由并不只是在一个方向上，“一些原因处在体系结构层次上，另一些则处在单位层次上”。[②] 因此，美国贸易政策的形成既有国际体系结构原因，也有美国自身单位层次上的因素。

一、“贸易政策”与“美国贸易政策”：概念辨析

随着20世纪60年代至70年代国际政治经济学出现在西方学术界，有关贸易政策的研究成为重要议题，政治学家以及经济学家不断参与其中，“贸易政策”就成为最重要的一个术语。在美国，“贸易政策”（trade policy）有时也称为“对外经济政策”（foreign economic policy）或“国际经济政策”（international economic policy）。尽管称谓众多，关于“贸易政策”的概念仍就没有权威的界定，其含义也比较模糊。

① Kenneth Waltz, *Theory of International Politics*, New York: McGraw Hill Publishing Company, 1979, p. 79.

② 倪世雄等：《当代西方国际关系理论》，复旦大学出版社，2001年版，第140页。

经济学家曾试图就“贸易政策”给出准确的定义。由于认识到政治在此领域中的重要作用以及对外贸易政策是政治与经济相互作用的结果，经济学家用两种方法力求给予“贸易政策”以清晰的界定，即描述的方法（narrative approach）和专业的方法（professional approach）。描述的方法将“贸易政策”框定为国内经济政策不可分割的部分，而国内经济政策是国内政治的一部分，“而从一定程度上看，事实上，政治的真正含义包括着经济”。[①] 专业的方法，例如，查尔斯·金德尔伯格（Charles P. Kindleberger）认为“贸易政策”是国家选定的最优的对外经济政策，它是一个政治过程。[②] 通过对经济学家所界定的“贸易政策”的阐述，我们可以看出，在初步简约地给出了“贸易政策”的同时，描述的方法和专业的方法也导致读者对“贸易政策”到底是什么而产生更深的迷惑。这表现在：描述的方法犯了“绕圈子”的毛病，转了一圈，关于“贸易政策”的界定从开始的自变量“经济”最后又回复到自变量“经济”，对于关键性的干预变量即政治并没有加以解释。同样，专业的方法也没有明确表示出“贸易政策”的概念，反而引入了另外一个干预变量“政治过程”，但对于什么是“政治过程”或者“政治过程”如何展开并没有加以解释。概言之，描述的方法和专业的方法总起来的特征是力图回避对“政治”有关概念或者“政治过程”的介入与说明。这大概与经济学家的专业背景有关，一方面，他们鲜少既是经济学家，又是政治学家，在涉及到专业领域外的系统知识时，只能给出笼统的界定，或者将之放置一边；另一方面，这与经济学的惯性或者经济学家崇尚的研究理念有关。经济学认为“简约就是最美的”（Simple is the best）。因此，对一个概念的界定也要力求用最为精短的语言浓缩出。殊不知，这造成了更大的概念困惑。综上所言，经济学家并没有给予读者可以完全会意的“贸易政策”概念，政治学家与国际政治经济学者就担负起了将贸易政策精确化的任务。

政治学家本杰明·科恩（Benjamin. J. Cohen）被公认为首先对这个概念进行了定义。他认为“贸易政策”是一种混合体，为了影响本国管辖权范围之外的经济环境，一国政府所采取的所有行动的总和。“它也是一个

---

① William Smith Culbertson, International Economic Policies: A Survey of the Economics of Diplomacy, N. Y.: D. Appleton and Co., 1931, p. vii, quoted in Robert A. Pastor, *Congress and the Politics of US Foreign Economic Policy*, 1929 – 1976, Berkeley: University of California Press, 1980, p. 7.

② Charles P. Kindleberger, *Power and Money*, New York: Basic Books, 1970.

国家整体外交政策的组成部分，服务于共同的政策目标。”[①] 其他有关学者在本杰明·科恩的基础上进一步发展与修正了“贸易政策”的内容。

罗伯特·帕斯特（Robert A. Pastor）对“贸易政策”的界定包括两方面的内容：第一，帕斯特试图用具体解释美国贸易政策的方法来引领出“贸易政策”的概念。他认为，“美国的贸易政策”是指“美国政府试图影响国际经济环境的全部行为，或者是直接影响国际经济环境，或者是调整美国经济以适应外部环境”。[②] 第二，在第一方面的基础上，帕斯特冀望用列举的方法来说明“贸易政策”的涵盖内容。他认为，给“贸易政策”做出一个全面而系统的定义非常困难，也对人们了解实际贸易政策帮助不大。帕斯特建议用五种指标来描述“贸易政策”，每一种指标都可以找到相应的贸易政策内容框架。这五种指标包括：问题指标，如商品贸易、服务贸易、投资等；目的指标，如经济外交、安全外交等；对象指标，如对冷战时期东方国家的贸易政策等；决策形式指标，如国会通过的贸易法、行政决定等；决策领域指标，如总统做出的决定、国会做出的贸易决策等。[③]

斯蒂芬·科恩（Stephen. D. Cohen）修正与发展了上述学者的观点。他认为，使用一个名词“政策”（policy）来说明美国国际经济“政策”是一个基本的错误，因为术语“政策”掩盖了国际经济关系中的异质性（heterogeneous nature）和分散性（decentralized nature）。[④] 实际上，“国际经济关系”包括了国际货物贸易、金融关系以及援助等，各个领域有不同的决策者以及特点，尽管互相有所关联，但没有统一的模式和共同的诉求。虽然如此，但是作为学术，人们总是力求对其加以界定，为此，他发展了本杰明·科恩的观点，将“贸易政策”分为广义与狭义两种。广义的“贸易政策”是，“在非完全自由贸易占据主导下，政府用来调节货物、服务以及资本跨国流动所采取的措施”，其手段是“允许一个主权国家为了实现国家最优的利益，施加政治引导”。这些措施包括限制、改变或者扩大交易；国家引导的范围涵盖贸易、金融、投资、发展以及科技等涉及国际经

① Benjamin J. Cohen, *American Foreign Economic Policy: Essays and Comments*, New York: Harper and Row, 1968, p. 1, p. 10.

② Robert A. Pastor, *Congress and the Politics of US Foreign Economic Policy*, 1929 – 1976, Berkeley: University of California Press, 1980, pp. 7 – 9.

③ Robert A. Pastor, *Congress and the Politics of US Foreign Economic Policy*, 1929 – 1976, Berkeley: University of California Press, 1980, pp. 9 – 12.

④ Stephen D. Cohen, *The Making of United States International Economic Policy: Principles, Problems, and Proposals for Reform*, New York: Greenwood Press, Inc., 1988, p. 146.

济秩序的内容。[①] 在关于"贸易政策"狭义的理解上，斯蒂芬·科恩采用了本杰明·科恩的界定，视"贸易政策"为各种可以分解的要素的集合。[②] 进一步，斯蒂芬·科恩认为，最优的国际经济政策是最大化贸易双方本国的内部经济增长、扩大国际政治权力，而又不损害国际经济效率。最后，斯蒂芬·科恩给出了自己的界定，"一个国家的对外经济政策最好看作是一国为了处理国际经济关系的各个方面而做出的不同解决手段的集合"；"如果将这个集合体分解，我们会看到构成这个政策的各个参与者"。[③]

在本书中，笔者认同并采用了斯蒂芬·科恩关于贸易政策的界定，视美国贸易政策为各个政策参与者提出的不同贸易解决手段的总合。从这一角度看，美国贸易决策包括两方面的内容：贸易政策参与者与解决贸易问题的手段。依据我们在导言中对美国贸易保护主义的分析，美国贸易政策的内容涵盖公众贸易建议、国会贸易偏好以及总统贸易决策。

二、以自由贸易为主导的美国贸易政策

自国际贸易诞生以来，自由贸易就成为贸易政策最为核心的概念之一。但是，实际上，学者们并未就"自由贸易"给出明确的概念与内涵[④]，我们只能通过一些自由贸易学说的主张以及现实中的贸易行为加以归纳。从国际贸易学说的开山鼻祖亚当·斯密（Adam Smith）、大卫·李嘉图（David Ricardo）到当代自由贸易的支持者，他们对自由贸易具有一脉相承的看法与信仰，这就是比较优势（comparative advantage）原则：如果各国专门生产和出口其生产成本相对低的产品，就会从贸易中获利；或者反过来说，如果各国进口其生产成本相对高的产品，各国将从贸易中得利。简言之，即"两优取重，两劣取轻"。这是自由贸易不可动摇的基础。[⑤] 根据具体的贸易实践以及上述贸易理念，"自由贸易"就是指国家（或经济体）对贸易行为不加以干预，既不鼓励出口，也不限制进口，使产品和服

① Stephen D. Cohen, *The Making of United States International Economic Policy: Principles, Problems, and Proposals for Reform*, New York: Greenwood Press, Inc., 1988, p. 3.

② Stephen D. Cohen, *The Making of United States International Economic Policy: Principles, Problems, and Proposals for Reform*, New York: Greenwood Press, Inc., 1988, p. 146.

③ Stephen D. Cohen, *The Making of United States International Economic Policy: Principles, Problems, and Proposals for Reform*, New York: Greenwood Press, Inc., 1988, p. 5.

④ ［美］罗伯特·劳伦斯：《美国90年代的贸易政策》，载［美］杰弗里·法兰克尔、彼得·奥萨格编，徐卫宇等译：《美国90年代的经济政策》，中信出版社，2004年版，第223页。

⑤ ［美］保罗·萨缪尔森、威廉·诺德豪斯著，萧琛等译：《经济学》，华夏出版社，1999年版，第556页。

务不受限制的进出口，从而在国际市场上自由竞争。

美国奉行以自由贸易为主导的对外经济政策是国际体系与单元国家层次合力的结果，国际层次体现为美国霸权，单元层次则是国内公众有条件的自由贸易偏好。

（一）国际体系与美国霸权

第二次世界大战结束至今，国际体系结构确立了美国霸权地位，这一霸权结构是促使美国对外经济政策自由贸易占据主导的根本原因。所谓“结构”，即为经济整体中各部分在一段时间内与其他部分处于相对稳定的状态，这一结构为行动主体企图实现它们的目标提供了机会和制约，包括社会组织、产权分配、劳动分工、经济活动区位、特殊市场的组织、支配经济事务的规章或制度。[①] 二战之后的国际政治经济结构是以美国为中心建立的。

根据霸权稳定论，霸权国具有经济上的明显优势，通过自由贸易，它可以获得更高的经济收益。其中，“霸权国”指在政治、军事和经济上具有压倒优势的国家。[②] 20 世纪被称为“美国治下”的时代，足见美国是当之无愧的霸权国家。这种霸权与二战后建立的自由经济秩序之间存在正相关关系，“只有存在一个领导国，这个国家能够利用本国的资源和影响建立和管理以自由贸易、货币稳定和资本自由流动为基础的国际经济时，才可能存在自由国际经济”。[③] 换言之，自由国际经济需要一个能致力于自由经济原则的霸权国，“自由贸易经济的确立、维护和成功地运行，需要一个政治领导”。[④] 而霸权国之所以情愿如此，是为了“最大限度地获得经济利益”。[⑤] 在这个开放经济结构中，通过降低贸易及其他方面的壁垒，美国从贸易自由化中获益匪浅：经济实力在二战后一直占据优势，虽然冷战后有所削弱，但支配地位无人可撼。吉尔平认为，一国经济实力体现在三个

---

① ［美］罗伯特·吉尔平著，杨宇光等译：《国际关系政治经济学》，经济科学出版社，1989 年版，第 98 页。

② 樊勇明：《西方国际政治经济学》，上海人民出版社，2006 年版，第 59 页。

③ ［美］罗伯特·吉尔平著，杨宇光等译：《全球政治经济学——解读国际经济秩序》，上海人民出版社，2006 年版，第 86 页。

④ ［美］罗伯特·吉尔平著，杨宇光等译：《国际关系政治经济学》，经济科学出版社，1989 年版，第 407 页。

⑤ 约翰·科尼比尔（John Conybeare）对霸权国提倡自由贸易原因的概括语。转引自［美］罗伯特·吉尔平著，杨宇光等译：《国际关系政治经济学》，经济科学出版社，1989 年版，第 106 页。

方面：国家市场规模、货币与经济灵活性和流动性。① 就美国而言，首先，国家市场规模。美国是全球最大的消费国与进口国，是中国、加拿大、日本与墨西哥与德国的最大海外市场（参见表1—1）。一旦美国市场低迷或者经济陷入衰退，世界贸易量随之萎缩。自2007年下半年开始的美国金融危机已经使得世界贸易步履维艰，新兴市场国家也未能幸免，一度喧嚣的新兴市场国家济发展与美国经济衰落脱钩的说法成为某些学者与观察家的一厢情愿的美好设想。这从反面说明了美国市场之于全球贸易的重要意义。其次，货币。二战后，美国拥有世界上惟一完整的金融体系和唯一开放的资本市场，美元因之成为“强势中心货币”、“关键货币”或曰“支配性货币”，是美国世界地位的基石。② 作为国际货币的美元，它具有国际交易中介、国际价值储备、国际贸易会计单位和延期支付的标准等功能。③ 时下，美元虽受到挑战，但“仍然是国际金融领域的王者。”④ 它依旧是主要国际支付工具与国际储备货币，国际贸易依旧以美元作为计价货币，也是各种国际债券市场评定信用等级的标准（bench - mark）。最后，经济流动性和灵活性，即该国经济改造自己以及在全球经济环境中适应变化的能力。无论用这两个标准中的哪一个衡量，美国的经济实力都是世界上最强的。20世纪90年代，当其他工业国家陷入经济泡沫或增长乏力时，唯独美国经历了新经济，根据美国政府出版局（U. S. Government Printing Office）公布的2001年与2009年《美国总统经济报告》，1994—2008年，美国年均GDP增长率约为2.79%，二战后50多年来第一次大大超过欧洲和日本。⑤ 进一步，在全球经济体均经历了经济下行的2008年后，2009年1月，总部位于巴黎的欧洲工商管理学院（Insead）公布的一项最新研究发现，尽管美国目前发生了经济危机，但仍然是世界上最具创新力的经济

---

① ［美］罗伯特·吉尔平著，杨宇光等译：《国际关系政治经济学》，经济科学出版社，1989年版，第92—94页。

② ［美］罗纳德·I. 麦金农：《世界美元本位和东亚汇率困境》，载于《比较》，第1辑，2002年，第67—83页。

③ 美元延期支付的标准是货币的一项传统功能，主要指国际市场的私人和主权债券通常以美元命名。

④ ［美］罗纳德·I. 麦金农：《世界美元本位和东亚汇率困境》，载于《比较》，第1辑，2002年，第77页。

⑤ 数字系根据美国政府出版局公布的2001年与2009年《美国总统经济报告》B－112计算而得，其中，数据不一致的地方以2009年为准。参见 U. S. Council of Economic Advisers，2001 *Economic Report of the President*，Washington D. C.：U. S. Government Printing Office，p. 402；U. S. Council of Economic Advisers，2009 *Economic Report of the President*，Washington D. C.：U. S. Government Printing Office，p. 412。

体，拥有无可匹敌的商业成熟度和竞争力。① 2014 年，当其他西方经济体还没有从 2007 年开始的全球经济衰退中恢复时，自 2010 年起，美国已开始了经济复苏。由此可见，较之其他国家经济，美国经济流动性和灵活性仍为最优。总之，由于美国的霸权地位，自由贸易成为美国对外经济政策的主要目标。

表 1—1　2004—2014 年美国前五大货物进口贸易伙伴

单位：亿美元

国家	2004	2005	2006	2007	2008	2009	2010	2011	2012	2013	2014
加拿大	2563.6	2903.8	3024.4	3170.6	3394.9	2262.5	2776.4	3153.3	3242.6	3325.5	3460.6
墨西哥	1559.0	1701.1	1982.5	2107.1	2159.4	1766.5	2299.9	2628.7	2775.9	2805.3	2941.6
中国	1966.8	2434.7	2877.7	3214.4	3377.7	2963.7	3649.5	3993.7	4256.3	4404.5	4666.6
日本	1298.1	1380.0	1481.8	1454.6	1392.6	958.0	1205.5	1289.3	1464.4	1385.7	1339.4
德国	772.7	847.5	890.8	941.6	975.0	715.0	824.5	986.8	1092.3	1143.5	1231.8

资料来源：美国商务部，2015 年 6 月 4 日，网址：http：//tse. export. gov/TSE/TSEOptions. aspx? ReportID = 1&Referrer = TSEReports. aspx&DataSource = NTD。

（二）美国公众与美国有条件的自由贸易

自 20 世纪 60 年代开始，美国公众日益支持有条件的自由贸易。这些条件包括如下三个概念：互惠主义、贸易救济、民主贸易（或自由世界的贸易）。

首先，互惠主义。互惠主义思想是美国公众传统贸易主张并被战后关税与贸易协定（GATT，1995 年后为世界贸易组织，WTO）所接纳。但是，美国公众的“互惠”与 GATT/WTO 的互惠还是有所不同。美国公众的互惠是所谓“全面互惠主义”（full reciprocity），主要指一方给予任何第三方的一切优惠待遇并不是无条件、无补偿和自动地适用于对方，而是对方提供对等的减让。② 可以看出，“互惠主义”与经济学家倡导的有利于福利最大化的单边自由贸易相去甚远，是一种自利的贸易理念，它提倡的是权利

① 艾米·卡兹明：《研究显示美国创新能力全球第一》，载《金融时报》（中文网络版），2009 年 1 月 7 日，http：//www. ftchinese. com/story. php？ storyid = 001024065。

② 盛斌：《世界经济转变中的美国对外贸易政策》，载《美国研究》，1998 年第 3 期，第 31 页。

和义务的平衡。在一个经济实力并不对称的国际社会中，这实际上是使具有国际竞争力的美国获得更多贸易利益的规则。

其次，贸易救济。贸易救济是第二次世界大战结束以来，美国公众支持自由贸易的必要且充分条件；有些学者也认为贸易救济是美国贸易政策的组成部分。[①] 它包括免责条款与贸易调整援助（Trade Adjustment Assistance，缩写为TAA）等。具体来说，当美国政府向立法机构要求互惠削减贸易壁垒的授权时，美国行政部门通常向立法机构与国内公众做出贸易救济承诺，以换取他们的批准与支持。美国行政部门的目的是使贸易授权在促进国家自由贸易目标实现的同时，而又不伤及国内任何产业或公众，方法就是向那些受到进口冲击的国内产业或相关公众提供救济，以保证他们的利益在一揽子削减贸易壁垒计划中没有受到损失。借此，公众不会反对整体的贸易壁垒削减谈判。

最后，民主贸易或为自由世界的贸易。这主要指在面临着美国国家政治诉求以及安全需要时，公众可以忽视互惠主义以及贸易救济等种种条件，允许美国贸易政策目标调整次序或者甚至发生背离等情况。换言之，美国对外经济政策服务于美国总体外交政策。“进口政策同样被用来为外交政策服务，而不能仅仅强调重商主义的经济收入。”[②] 这种例外就是民主贸易或曰自由世界的贸易。1957 年，总统办公室（Office of the President）提出美国对外经济政策的三个目标：促进美国经济发展，促进自由世界经济发展，形成和维持自由世界的凝聚力。[③] 其中，有两条涉及美国贸易的伙伴国，政策锁定为自由世界。在这一目标下，美国贸易行为表现出两面性：一方面，对于与共产主义国家的贸易，美国在奉行隔绝政策的同时，如果偶有贸易，则如理查德·尼克松（Richard M. Nixon）所言，在美国的商品上不但要印上经济价码，而且要印上政治价码；另一方面，对于民主国家或曰自由世界的国家，美国在大力推崇自由贸易的同时，也奉行例外的原则。例如，美国允许西欧在关贸总协定 XXIV 条款下建立关税同盟，这事实上造成了对于美国产品准入西欧市场的限制和歧视。有鉴于上述原

---

① Stephen D. Cohen, *The Making of United States International Economic Policy: Principles, Problems, and Proposals for Reform*, New York: Greenwood Press, Inc., 1988, p. 5; Stuart E. Eizenstat and Marney L. Cheek, "Ending the Trade War in Washington: Saving the Trade Agenda by Protecting Workers", *Foreign Affairs*, Vol. 86, No. 3, 2007, pp. 15 – 22.

② Robert E. Baldwin, *The Political Economy of U. S. Import Policy*, Cambridge, Massachusetts: The MIT Press, 1985, p. 24.

③ Staff for the Subcommittee on Foreign Trade Policy of the Committee on Ways and Means, *Foreign Trade Policy*, New York: Greenwood Press, pp. 5 – 9.

因，罗伯特·鲍德温（Robert E. Baldwin）认为，这与其说是经济性的“自由贸易”，倒不如说是政治性的“民主贸易”。[①] 后冷战时代，美国贸易政策目标并没有发生根本性变化，民主贸易依旧大行其道。2008 年，小布什总统（G. W. Bush）的第二任国务卿康多莉扎·赖斯（Condoleezza Rice）在《外交事务》杂志上撰文认为，贸易是支持民主发展的最好方式之一，因为贯彻贸易协定或者双边投资的协议过程就是帮助了民主巩固和发展的过程。[②] 美国《总统贸易政策议程》（2015 年）提出，美国的贸易议程有三个战略目的，首要的目的是增强美国伙伴和联盟的力量……确保在全球实现美国的价值观。[③]

美国公众这种有条件支持自由贸易的理念既来源于经济学理论，也来源于第二次世界大战后美国贸易收益。根据经典自由贸易理念，自由贸易既有静态收益，也有动态受益。静态收益是基于现有生产能力可迅速实现的收益，一般可以量化。静态效益主要包括货物和资本的自由流动促进世界稀缺资源的有效配置、导致更大的产出、带来国民收入的增加与创造就业机会等。举例来说，2007 年数据显示，20 世纪 90 年代以来所增加的贸易自由度使美国国民经济总产值提高了近 47 个百分点；同一时期，美国经济新增近 1900 万个工作机会；美国制造业 1/6 以上的工作机会（约 520 万个）依赖出口，农业有 100 万个工作机会依赖出口；出口业的平均工资比全国平均工资高出 13 至 18 个百分点。[④] 2015 年数据显示，自 2009 年中期至 2014 年底，美国整体经济增长的近 1/3 来自于美国出口。2014 年，美国出口达到创纪录的 2. 35 万亿，这为 1100 万美国人提供了良好的工作。[⑤] 普通美国家庭也从自由选择全球进口商品中得到实惠。据估计，20 世纪 90

---

① Robert E. Baldwin, “The Changing Nature of US Trade Policy since World War II”, in Robert E. Baldwin ed., *Trade Policy in A Changing World Economy*, Chicago, IL: The University of Chicago Press, 1988, pp. 21 – 24.

② Condoleezza Rice, “Rethinking the National Interest: American Realism for a New World,” *Foreign Affairs*, July/August, 2008, http: //www. foreignaffairs. org/20080701faessay87401/condoleezza – rice/rethinking – the – national – interest. html.

③ Office of the U. S. Trade Representative, 2015 *The President's Trade Agenda*: *Made In America*, p. 8, p. 9. https: //ustr. gov/sites/default/files/President% 27s% 20Trade% 20Agenda% 20for% 20Print% 20FINAL. pdf

④ 克里斯蒂娜·塞维拉:《为什么要贸易自由化?》, 载《新交流》（美国驻华大使馆新闻文化处主编的中文杂志），2007 年，夏季刊，第 3 页。

⑤ Office of the U. S. Trade Representative, 2015 *The President's Trade Agenda*: *Made In America*, pp. 1 – 2. https: //ustr. gov/sites/default/files/President% 27s% 20Trade% 20Agenda% 20for% 20Print %20FINAL. pdf.

年代的两个主要贸易协定即《关税与贸易总协定乌拉圭回合协定》与美国、加拿大和墨西哥签署的《北美自由贸易区协定》，给美国四口之家每年平均增加1300至2000美元的购买力。[①] 进口贸易有助于中间产品和消费品维持低价，这可以使得美国公司以有竞争力的价格提供产品。20年前，美国出口产品中国内成分接近90%，现在约为77%，这意味着美国出口产品的成分中约包含有1/4的进口中间产品。进口产品也为消费者减轻了负担，初步的研究显示，自1992—2005年，来自于进口品的竞争使得消费品的价格降低了5.4%。[②] 动态收益是指贸易国与更大的全球市场相连接，可刺激本土企业创新并提高生产力，通常一般很难量化。[③] 人们公认冷战后美国企业高端的竞争力来源于美国经济的开放性。2015年5月1日，美国副贸易代表罗伯特·何礼曼（Robert W. Holleyman）在对新民主党网络（NDN）的讲话中，谈及二者之间的关系。“我今天要谈作为21世纪势在必行领导力的数字经济和贸易，因为我们正处于一个十字路口。我们现有的国际贸易体系规则（历史上由美国所倡导的，我必须补上一句）到目前为止已经让我们受益。他们帮助促进了因特网突飞猛进的发展和新技术的传播，带来了日新月异的变化使得我们彼此联系得更加紧密，能够进行跨境贸易，并让世界上一些最伟大的创新在我们的海岸应运而生。”[④]

三、兼顾保护主义的美国贸易政策

无论从怎样的假定出发，自由贸易总是比保护主义更加有利于一个国家的经济福利，可是，自由贸易总是难以长久。[⑤] 根据彼得森国际经济研

---

① 克里斯蒂娜·塞维拉：《为什么要贸易自由化?》，载《新交流》（美国驻华大使馆新闻文化处主编的中文杂志），2007年，夏季刊，第3页。

② Johnson and Guillermo Noguera，“Fragmentation and Trade in Value Added over Four Decades”，*National Bureau of Economic Research Working Paper* No. 18186，2012；Robert C. Feenstra and David E. Weinstein，“Globalization，Markups and the U. S. Price Level”，*National Bureau of Economic Research*，February 2010，p. 3，http：//www. econ. ucdavis. edu/faculty/fzfeens/pdf/Feenstra_ Weinstein_ NBER. pdf；Andrew H. Card and Thomas A. Daschle，Edward Alden and Matthew J. Slaughter，“U. S. Trade and Investment Policy（Updated）”，*Council on Foreign Relations Report* No. 67. April 2015，p. 2.

③ 杜大伟：《发展中国家需要相互开放市场》，载《新交流》，2007年，夏季刊，第11页。

④ 美国驻中国大使馆（北京）：《美国副贸易代表罗伯特·何礼曼对新民主党网络（NDN）的讲话：数字经济与贸易：势在必行的21世纪领导力》，2015年5月1日，网址：http：//chinese. usembassy - china. org. cn/2015ir/remarks - by - deputy - u. s. - trade - representative - robert - holleyman - to - the - new - democrat - network。

⑤ Robert E. Baldwin，*The Political Economy of U. S. Import Policy*，Cambridge，Massachusetts：The MIT Press，1985，p. 8.

究所（Peterson Institute for International Economics）的分析，多哈回合贸易自由化将为美国每年增加5000亿美元的收入。[①] 但是，现实总是与理论相背离，在国际经济活动中，参与国际贸易谈判的官员总是倾向于重商主义的态度，企图让对方大力削减贸易壁垒，而自己却一再反其道而行之。[②] 美国也不例外。在世界贸易组织多哈回合谈判中，美国贸易代表一再要求发展中国家开放市场、减少补贴，但美国自己却采取令人愕然的做法：国会创纪录地增加了美国农业补贴，使之超过了乌拉圭回合时期。美国如此兼顾保护主义的贸易政策原因究竟如何呢？为此，在本部分中，我们首先详细诠释本书的核心概念贸易保护主义，然后具体分析美国贸易政策兼顾保护主义的缘由。

（一）"贸易保护主义"：概念厘清

简言之，"贸易保护主义"即"政府保护本国制造商，使之免受国际竞争的做法"。[③] 它既包括狭义的限制进口的政策，也包括广义的促进出口的措施。但在通常意义上，人们关于"贸易保护"的指代更多的是狭义上的，仅指限制进口的行为。从这个意义上考察，保护主义最重要的特征是一国单方面地提高了在本国所卖外国产品的价格或者限制了这个产品的数量，其最终目标是阻止或延迟由于自由贸易导致的经济调整。[④] 这种调整的延缓包括抵制产品更换、生产线变化、重新安置劳动力等。

在研究贸易保护主义的文献中，除"贸易保护主义"这一称谓外，我们常常会看到"重商主义"、"经济民族主义"与"孤立主义"等措辞。在绝大多数经济学家、政治经济学家与政治学家看来，"贸易保护主义"、"重商主义"、"经济民族主义"、"孤立主义"可以视为等同的概念，是与自由贸易相对立的一种贸易理念。罗伯特·吉尔平（Robert Gilpin）以"经济民族主义"统称这四个范畴。"经济民族主义与经济自由主义很相

---

① Kenneth F. Scheve and Matthew J. Slaughter, "A New Deal for Globalization", *Foreign Affairs*, Vol. 86, No. 4, 2007, p. 36.

② ［美］罗伯特·吉尔平著，杨宇光等译：《国际关系政治经济学》，经济科学出版社，1989年版，第399页。

③ Cletus C. Coughlin, K. Alec Chrystal, Geoffrey E. Wood, "Protectionist Trade Policies: A Survey of Theory, Evidence, and Rationale," in Jeffry A. Frieden and David A Lake, eds., *International Political Economy: Perspectives on Global Power and Wealth*, Beijing: Peking University Press, 2003, p. 305.

④ Stanley D. Nollen and Dennis P. Quinn, "Free Trade, fair Trade, Strategic Trade, and Protectionism in the U. S. Congress, 1987 – 88", *International Organization*, Vol. 48, No. 3, 1994, p. 495.

似，在过去的几百年中经历了数次变革。从重商主义、中央集权下的阶级统治论、保护主义、德国历史学派直至今天的新保护主义等等；其名称在不断改变着。”① “‘经济民族主义’，或如过去所称的‘重商主义’……”②既然多数学者持此观点，这说明上述几个范畴拥有共性。

首先，“贸易保护主义”、“经济民族主义”、“重商主义”、“孤立主义”都是政策制定者在贸易政策上采取的偏好性行为；③ 这些理念的背后都是提高国内产业的位置，以与国外产品竞争；也均是对政府干预的描述。其次，经济活动要为而且也应该为国家建设的大目标服务。换言之，所有经济行为都服从于国家发展的目标。再次，这几个范畴均将工业化作为它们的首要奋斗目标。④ 这些理念的倡导者均认为工业对经济具有溢出效应；工业同经济上自给自足以及政治上的自主权联系在一起；工业是军事力量的基础以及国家安全的核心。最后，这些概念的背后都强调国家利益以及国家实力。⑤ “从古到今，经济民族主义对国家权力与独立性的奋斗目标始终是压倒一切的。”⑥

尽管有上述共性，但在微观处，“贸易保护主义”、“经济民族主义”、“重商主义”、“孤立主义”也有细微的区别。吉尔平分析了贸易保护主义的各种形态以及名称，得出结论认为：“不过从这些代表性学说中，看不出具有继承性的、系统性的政治经济学理论体系。”⑦ “在不同时期与不同场合，他们所追求的确切目的以及制定的具体政策确实千差万别。”⑧ 随着

---

① ［美］罗伯特·吉尔平著，杨宇光等译：《国际关系政治经济学》，经济科学出版社，1989年版，第40—41页。

② ［美］罗伯特·吉尔平著，杨宇光等译：《国际关系政治经济学》，经济科学出版社，1989年版，第42页。

③ 所谓“政策制定者”，指在某一个政策上拥有实际或者潜在权力的相关方，如在美国，主要指国会、以总统为首的行政部门。参见 Sean D. Ehrlich，“Access to Protection：Domestic Institutions and Trade Policy in Democracies”，*International Organization*，Vol. 61，No. 3，2007，pp. 571 – 605。

④ ［美］罗伯特·吉尔平著，杨宇光等译：《国际关系政治经济学》，经济科学出版社，1989年版，第42页。

⑤ 王正毅、张岩贵：《国际政治经济学——理论范式与现实经验研究》，商务印书馆，2004年版，第195页。

⑥ ［美］罗伯特·吉尔平著，杨宇光等译：《国际关系政治经济学》，经济科学出版社，1989年版，第44页。

⑦ ［美］罗伯特·吉尔平著，杨宇光等译：《国际关系政治经济学》，经济科学出版社，1989年版，第41页。

⑧ ［美］罗伯特·吉尔平著，杨宇光等译：《国际关系政治经济学》，经济科学出版社，1989年版，第41页。

国际关系研究方法的不断更新，建构主义者运用语言分析，亦探寻出了这几个概念的不同。

贸易保护主义。这是使用频率最多的概念。简单说来，“贸易保护主义”就是国家采取一系列措施限制商品或者服务自由进出口国境的流动。与“自由贸易”概念一样，它是贸易政策最为核心的概念。一般认为，较之“经济民族主义”、“重商主义”与“孤立主义”，“贸易保护主义”具有更多的中立性与客观性，含有更少的政治含义与感情色彩。从贸易保护主义的这个特点出发，经济学家、政治学家以及一些学者通常更乐于使用贸易保护主义，以说明自己观点或主张的客观性与科学性。

经济民族主义。经济民族主义常常代替“贸易保护主义”，用于国家干预经济的概念，或者是指关税及贸易总协定（GATT）/世界贸易组织（WTO）所允许的贸易保护主义措施的过度使用。但实际上，“经济民族主义”是一个具有感情色彩、带有评判国家行为的称谓，而“保护主义”更是一个中性概念。多数国际政治经济学者认为经济民族主义是对自由主义在全球泛滥的反应，但建构主义者反对这样的界定。建构主义者认为“经济民族主义”不能简单理解为上述含义，相反，它应被准确理解为“在国家认同与经济之间的典型关系”。① 他们认为，经济民族主义并不一定是挑战自由经济，因为“包含新自由主义的政策可能受民族主义者的想法感染，被归类于‘经济民族主义’”。因此，“经济民族主义可以、也会与新自由主义和谐地并存”。建构主义者认为，关键看经济政策的驱动力。② 在一个竞争性的经济系统中，如果一个政策旨在促进“国家与民族的生存、力量和声望”，那么它应该具有民族主义者的驱动力，因此它就是经济民族主义性质的。

重商主义。重商主义是贸易保护主义的源头。“重商主义”这个名称首先是由“现代经济学之父”亚当·斯密（Adam Smith）在其最为重要的著作《国民财富的性质和原因的研究》（简称《国富论》）中使用。他在其著作中提出：“不同时代不同国民的不同富裕程度，曾产生了两种不同的关于富国裕民的政治经济学体系。其一，可称为重商主义；其二，可称

---

① Latha Varadarajan, “The life and Times of Economic Nationalism”, *The International Studies Review*, Vol. 8, No. 1, 2006, p. 90.

② Latha Varadarajan, “The life and Times of Economic Nationalism”, *The International Studies Review*, Vol. 8, No. 1, 2006, p. 92.

之为重农主义。”① 重商主义经历了早期与晚期两个阶段，其政策主张主要有：货币即财富、国家干预经济。② 重商主义主要的理论观点有：生产力是国家经济的基础、工业是国家经济的支柱、关税是保护国内工业的主要手段。③ 从更细微处来看，有些学者也认为重商主义并不等同于贸易保护主义，贸易保护主义是一种行为，一种贸易政策实践，而重商主义是一种理论、理念，它是众多贸易保护主义理念或理论支撑的一种。

孤立主义。和字面的意思不太一样，孤立主义并不意味着闭关自守、与世隔绝。美国是个以贸易立国的国家，国际贸易自美国开启其历史就在美国经济中占有重要地位，因此，它所主张的孤立主义既不是闭关自守，也不可能是不关心国际事务。雷·杜勒斯（Rhea F. Dulles）指出，孤立主义是美国独立的一个组成部分，它认同美国在推动对外经济关系的同时，重视并强调美国在国际事务中政治上的独立性。④ 因此，相比较其他几种理念，它更是一个政治概念。但是，在现实中，孤立主义经常成为贸易保护主义者的托词，实质性为保护主义服务。

概言之，“贸易保护主义”、“经济民族主义”、“重商主义”、“孤立主义”的核心内涵均存在限制贸易自由的行为或者障碍。尽管这几个概念有着细微的差别，但是，它们的本质观点是一致的，因此，学者们有时为简单化或者研究起见，总是混淆使用这几个概念。本书也遵从这个习惯，将它们视为等同范畴，认为贸易保护主义为一国限制进口的政策或促进出口的措施。⑤

（二）兼顾保护主义的美国贸易政策

诚如自由贸易是美国贸易政策主流的缘由分析，兼顾保护主义的美国贸易政策其根源亦是国际体系与国内因素合力作用而成。

---

① ［英］亚当·斯密著，郭大力等译：《国民财富的性质和原因的研究》（下卷），商务印书馆，1996 年版，第 1 页。

② 详细参见王正毅、张岩贵：《国际政治经济学——理论范式与现实经验研究》，商务印书馆，2004 年版，第 43—46 页。

③ 王正毅、张岩贵：《国际政治经济学——理论范式与现实经验研究》，商务印书馆，2004 年版，第 50—56 页。

④ Forster Rhea Dulles, *America's Rise to World Power*: 1898 – 1954, New York: Harper & Row, 1963, pp. xvii – xviii.

⑤ 也有学者如王正毅等，从国家与市场的视角出发，将保护主义的各种形态冠以“国家主义理论”（Statist Theories），或者从国际关理论流派出发，称之为“经济现实主义”（Economic Realism），或者从历史视角出发，为与古老的重商主义理论区别，谓之以“新重商主义”（Neo – Mercantilism）。参见王正毅、张岩贵：《国际政治经济学——理论范式与现实经验研究》，商务印书馆，2004 年版，第 188 页。

第一，国际体系与美国霸权衰落。[①] 可谓“成也萧何、败也萧何”，霸权稳定论在为美国自由经济提供证据的同时，也预言了美国的衰落，为保护主义提供了体系层次上的理论支撑。

自20世纪70年代起，美国霸权相对衰落。这种衰落被认为属于情理之中。斯蒂芬·科恩认为，美国强大的经济霸权以及权力不对称是暂时的现象，霸权相对衰落是一种纠偏行为。[②] 但是，霸权衰落肇始了美国贸易保护主义。从自由贸易中获益的经济伙伴特别是新兴市场经济体崛起并冲击着美国霸权地位，这其中包括20世纪60年代日本与西欧的复兴、70—80年代东亚新兴工业国家的发展，以及90年代中国等国家的崛起。特别是70—80年代东亚国家的发展，真正使美国感觉到了其影响力的下降：曾经是全球领先的工业部门受到了贸易竞争的严重冲击：先是钢铁和电子消费品，然后是汽车、微电子。20世纪80年代中期，沉重的外债使美国从世界最大的债权国变成了世界上最大的债务国。1984年，日本取代美国成为世界上最大的债权国，而且取代联邦德国成为美国最重要的经济伙伴。更为重要的是，伴随日本经济的强大，日美两国心态各自发生了变化：1991年，石原慎太郎出版了《日本可以说不》一书，对美国霸权提出了挑战；美国则出现了哀伤的论调。东亚问题专家查莫斯·约翰逊（Chamers Johnson）评论道，“冷战是结束了，但胜者是日本。”[③] 进入21世纪，随着中国的快速崛起，美国的主导地位进一步受到削弱。根据霸权稳定论，一旦霸权国认为新兴国家是对自身霸权的挑战，霸权国就会采取贸易保护主义，企图强行改善自己的贸易地位。尽管这些措施一方面会引起贸易国的报复，另一方面也削弱美国在霸权结构中的领导地位，然而，“由于霸权国实力下降，它越来越想到利用自己的有利地位”，抵制新兴国家，使

---

① 关于美国霸权是否在20世纪70年代衰落，王正毅认为有两种截然相反的答案。给出肯定答案的以美国学者查尔斯·金德尔伯格（Charles P. Kindleberger）为代表。他在其著作《1929－1939年世界经济萧条》（1973）通过分析英国在1929－1939年经济萧条中的作用，认为英国不愿也不能发挥霸权作用是导致当时经济萧条的主要原因，依此类推，20世纪70年代世界经济萧条也反映出美国霸权正在衰退；英国学者苏珊·斯特兰奇（Susan Strange）是反对者的代表，她在《国际政治经济学导论》（1988）中认为，世界市场中存在着权力结构，这种权力结构决定了各国的实力，由于美国仍然在世界权力结构中处于主导地位，所以美国的霸权并没有衰退。在本书中，作者认同金德尔伯格的观点。详细参见王正毅：《超越“吉尔平式”的国际政治经济学——1990年代以来IPE及其在中国的发展》，载《国际政治研究》，2006年第2期，第23页。

② Stephen D. Cohen, *The Making of United States International Economic Policy: Principles, Problems, and Proposals for Reform*, New York: Greenwood Press, Inc., 1988, p. 13.

③ I. M. Destler, *American Trade Politics*, Washington, D. C: Institute for International Economics, 2005, p. 234.

结构变得对自己有利，企图确保自己的霸权地位。[①] 比如，美国对中国实行的贸易保护政策很大程度上就是防止中国崛起挑战它的霸权地位，有的美国议员甚至认为："一个非民主的、工业现代化的、拥有尖端洲际弹道导弹的新成员出现在世界舞台意味着一个恶兆。"[②]

上述霸权衰落首先造成美国决策者无法制定出合适的贸易政策来应对新的国际结构，贸易保护主义成了速效且适宜的解决方案。首先，美国霸权相对衰落，新国际结构令美国决策者感到无所适从，"真正的问题是国际社会还没有为体系结构的变换做好准备"。[③]《华尔街日报》在20世纪70年代曾评价美国没有明确的对外经济政策，罗伯特·帕森特（Robert A. Pastor）也认为这一时期是"美国对外经济政策中最复杂、最模糊和最混乱的时间"。[④] 弗雷德·伯格斯坦（C. Fred Bergsten）在经过周密地研究后提出，自1962年以来，美国贸易政策稳步地离开了自1934年以来一直为其特征的自由贸易路径。[⑤] 其次，日本、西欧以及东亚其他国家的贸易政策引起美国各界反思自由贸易。受到进口冲击的产业行动起来，钢铁与纺织业尤以为甚。1982年1月，美国7家钢铁企业联合提交494箱、装有300万页文件的132宗反倾销与反补贴申诉，状告外国（主要是欧共体）供应商。欧共体被迫"自愿"限制钢铁出口，出口量限制在占美国市场的5.44%这一水平上。国会在这一时期制定了众多的保护主义法规。此外，20世纪80年代正在工业化国家的亚太地区，其出口由初级产品向制成品转变，这进一步加剧了美国的贸易保护主义。巴西、韩国就成为美国贸易保护主义的首选。进入20世纪90年代，新兴市场经济体取代发达国家成为美国夕阳工业以及其他一些行业的竞争对手，劳工问题、环境问题以及人权问题也成为贸易保护主义的新薪火。21世纪的前十年，美国见证了崛起国家包括中国国际权力的增大，美国担心这些国家（经济体）从过去贸

---

① ［美］罗伯特·吉尔平著，杨宇光等译：《国际关系政治经济学》，经济科学出版社，1989年版，第107页。

② *Congressional Record*, Nov. 20, 1993, p. S16655.

③ Robert A. Pastor, *Congress and the Politics of US Foreign Economic Policy*, 1929 – 1976, Berkeley: University of California Press, 1980, p. 117.

④ Robert A. Pastor, *Congress and the Politics of US Foreign Economic Policy*, 1929 – 1976, Berkeley: University of California Press, 1980, p. 117.

⑤ C. Fred Bergsten, "Crisis in U. S. Trade Policy", *Foreign Affairs*, Vol. 49, No. 4, 1971, p. 619.

易规则的接受者成为制定者,[①] 美国贸易政策调整加快，上述新问题逐渐成为其贸易协定的核心内容。所有上述内容，都使美国提供公共产品的能力与以往进一步下降，保护主义逐渐成为最佳选项。2012 年 6 月监测组织“全球贸易预警”（Global Trade Alert）发表报告称，保护主义政策正在抬头。[②] 时下正在磋商的美国自由贸易协定正逐渐成为美国贸易保护的新路径。[③]

第二，国内因素与美国贸易保护主义。经典经济学理论早已证明了自由贸易对于一国经济发展与繁荣的益处，为什么如此明显的道理但国内政策制定者却一再满足保护主义者的要求呢？这主要是由于国内政治的原因，“贸易政策一再成为政客摆政治姿态的牺牲品”。[④] 2015 年研究奥巴马政府获得“贸易促进授权”的过程可以充分证明这一观点。学者们认为，人们对关税的讨价还价仅仅用经济学的理论来解释是不够的,[⑤] 保护主义的拥护者想要在自由贸易的社会中实现某些政治、经济和其他一些目的，而不仅仅是经济利益的考量。[⑥] 因此，尽管有经济驱动的现象，但贸易保护主义是由于政治。[⑦] 基于国内政治视角的答案不尽相同。

公共选择理论下的贸易保护主义。经济学家绝大部分时间投身于经济活动中市场运作的研究，很少进入社会选择的研究领域，公共选择理论就是此领域研究的精品。约瑟夫·熊彼特（Joseph A. Schumpeter）的《资本主义、社会主义和民主》（1941 年）开创了公共选择理论研究的先河，詹姆斯·布坎南（James Buchanan）和戈登·图洛克（Gordon Tullock）的《赞同的计算》（1959 年）将这一理论推上了高潮，并因之获得了诺贝尔

① Stewart Patrick, “Irresponsible Stakeholders? The Difficulty of Integrating Rising Powers”, *Foreign Affairs*, November/December 2010, https://www.foreignaffairs.com/articles/south-africa/2010-11-01/irresponsible-stakeholders.

② http://www.ftchinese.com/story/001049916.

③ 郭增栋、李淑俊：《跨太平洋伙伴关系协议与美国贸易保护的新路径》，载《山东师范大学学报》（人文社会科学版），2014 年第 5 期，第 98—111 页。

④ 《FT 社评：国会失灵损害美国经济政策》，载《金融时报》（中文网络版），2012 年 8 月 14 日，http://www.ftchinese.com/story/001046011。

⑤ Harry G. Johnson, “An Economic Theory of Protectionism, Tariff Bargaining, and The Formation of Customs Unions,” in Forrest H. Capie ed., *Protectionism in the World Economy*, Vermont: Edward Elgar Publishing Company, 1992, p. 19.

⑥ Robert E. Baldwin, “The Political Economy of Trade Policy: Integrating the Perspectives of Economics and Political Science”, in R. C. Feenstra, G. M. Grossman, D. A. Irwin, eds., *The Political Economy of Trade Policy*, Cambridge: MIT Press, 1996, p. 56.

⑦ Judith Goldstein, “The Political Economy of Trade: Institutions of Protection”, *American Political Science Review*, Vol. 80, No. 1, 1986, p. 161.

经济学奖（1986 年）。公共选择理论能够解释国际政治学的某些方面，在某些特定的政治或经济领域给出真知灼见，贸易限制就是其中之一。[①] 在贸易政策方面，公共选择理论的核心结论有：（1）公共选择理论考查了不同选举机制运作的方式，指出没有一种理想的机制能够将所有的个人偏好综合为社会选择。[②]（2）政府的决策者们本质上都是追求效用最大化的，他们的满意水平取决于再度当选，且他们的行为都是为了使再度当选的可能性达到最大。[③] 根据这两个结论，我们可以推导出如下两方面的内容：一方面，作为一种公共政策，贸易政策不可能公平地综合国家中所有个体的贸易偏好，它必定重视了国家中一些个体的偏好，而轻视或者忽视了另外一些个体的倾向；另一方面，公共选择理论的这一结论可以说明个体偏好和政治输出之间的关系。作为个体，政治家的偏好是最大化其当选或连任的可能性，将会以大多数公众的利益为己任。这样，通过提供深受公众欢迎的贸易政策，政治家赢得选举，实现的工具是为选民提供一揽子的政府支持选项。许多研究表明，尽管在国家财富中来自贸易中的经济收益超过了经济投入，但政治人物面临的是不同的个体投入和收益。因此，从选举的角度看，政治家遵从的是政治逻辑而不是经济逻辑。作为政治家贸易偏好的输出结果，保护主义政策是政治市场上的商品，是政治家基于自己竞选与连任的结果。

传统自由贸易弊端诠释下的贸易保护主义。传统自由贸易只关心国家的收益，忽视了国家内部个体的收益。例如，在每一个年度，国际组织或者每个国家公布的均为国家年度进出口额，鲜有公布国际社会或国家中个体自其中的收益。实际上，在许多国家里，国内适应比较利益格局变化的社会成本，超过了贸易进一步自由化的好处。考虑到自由贸易对个体就业和福利的影响，理查德·布瑞袠（Richard A. Brecher）提出了极端的观点：有贸易还不如无贸易；[④] 自由贸易只能增加国家的财富却不能增加一国所有个体福利。因此，道格拉斯·欧文（Douglas A. Irwin）认为，最好

---

① 王正毅、张岩贵：《国际政治经济学——理论范式与现实经验研究》，商务印书馆，2004 年版，第 27—28 页。

② ［美］保罗·萨缪尔森、威廉·诺德豪斯著，萧琛等译：《经济学》，华夏出版社，1999 年版，第 232 页。

③ ［美］丹尼斯 R. 阿普尔亚德、小艾尔弗雷德·J. 菲尔德著，龚敏等译：《国际经济学》，机械出版社，2003 年版，第 276 页。

④ Richard A. Brecher, "Minimum Wage Rates and the Pure Theory of International Trade", *Quarterly Journal of Economics*, Vol. 88, No. 1, 1974, pp. 98 – 116.

的自由贸易必须证明其益处既涵盖国家财富，也包括一国公民的福利。[①]

基于贸易壁垒与贸易政策二者之间关系研究下的贸易保护主义。对于贸易壁垒与贸易政策二者之间的关系，激进的自由贸易捍卫者贾格迪什·巴格沃蒂（Jagdish N. Bhagwati）曾对此进行了详尽分析。他比较了四组行为关系：（1）初始存在扭曲性关税，最终贸易政策亦为扭曲；（2）初始存在扭曲性关税，但最终贸易政策效果并不扭曲；（3）初始不存在扭曲性关税，但最终贸易政策为扭曲；（4）初始不存在扭曲性关税，但最终贸易政策效果并不扭曲。经过对这四组情况的分析，巴格沃蒂发现，如果从政策结果看，非扭曲的关税行为导致矛盾的结果本来是第一流的、最好的经济政策，却导致了最差的政策效果；而扭曲的却正好相反，它不能产生最好的经济产出，但却能产生次优的福利。[②] 从这种结果来看，非扭曲壁垒的情况得出的结果是最差的政策产出，这种损失实际上是一种社会损失，导致了整个社会的贫困；当扭曲壁垒发生时，由于它是从次优情况出发，所以也就产生了较小的社会损失，从而使社会整体福利提高。有鉴于此，巴格沃蒂认为，虽然扭曲性关税将直接导致进口产品的减少，但是，它却具有政治的合法性，被珍视为健康、多元民主社会的构成要素。[③] 这就是贸易保护政策深受欢迎的原因。

沿着巴格沃蒂的上述研究思路，有些学者进一步对于贸易保护主义根源展开了分析，主要集中于国内政治基础方面，因为国内政治基础对于营造支持自由贸易的国内氛围具有奠基石的作用，“完全的自由贸易将导致国内政治不稳定”。[④] 埃萨·卡普斯坦（Ethan B. Kapstein）认为，自由贸易将导致两种负面效果的出现：第一，重新分配财产，这使资本逃逸，导致投资和国家经济增长的降低；第二，伴随着投资和增长的降低，社会将变得日益不稳定。在这两种情况下，社会中贫富加剧、不公平和失业大量

---

① Douglas A. Irwin, *Against the Tide: An Intellectual History of Free Trade*, Princeton, N. J.: Princeton University Press, 1996, p. 183.

② Jagdish N. Bhagwati, “Directly Unproductive, Profit－seeking (DUP) Activities”, *Journal of Political Economy*, Vol. 90, No. 5, Oct., 1982, pp. 988－1002.

③ Jagdish N. Bhagwati, “Directly Unproductive, Profit－seeking (DUP) Activities”, *Journal of Political Economy*, Vol. 90, No. 5, Oct., 1982, p. 993.

④ Jagdish Bhagwati, “Protectionism,” in David R. Henderson ed., *The Concise Encyclopedia of Economics*, Indianapolis, IN: Liberty Fund Inc., 2002, http://www.econlib.org/library/Enc/Protectionism.html.

存在，这一状况会成为政治不稳定的根源。[①] 或者，自由贸易的这种负面效应可以表述为：随着国家之间相互依赖的发展，贸易在适应者即拥有技能、可以自由流动的人群与失败者即非熟练工之间划出了鸿沟，威胁了社会的稳定。非熟练工人常常在劳动密集型或替代性较强的部门工作，来自贸易国家的进口产品使生产这些产品的本国非熟练工人受到了严重伤害。实证研究也支持了这个结论，贸易确实影响到发达国家的非熟练工的收入。威廉姆·克莱恩（William R. Cline）研究了1973—1993年之间的贸易与收入情况，认为贸易应该对工资不平等的20%—25%负有责任。他进一步认为，随着贸易的发展，这种趋势只会加剧，而不会削弱。[②] 2013年与2014年有些美国学者研究中国出口产品对美国工人就业的影响也支持了克莱恩的观点。也就是说，自由贸易的负面效应有可能摧垮支持自由贸易的国内政治基础。“这种发展产生了政治恐惧：不断加深的收入不平等可能绑架自由贸易和新自由经济日程”。[③]

总之，从单位体系层次出发，学者们给出了影响美国贸易保护主义的不同因素。为平衡这些因素，美国贸易政策制定者必须设计一种政治机制，这种机制在倡导自由贸易的同时，必须具有使社会和个人的收益率接近相等的作用。[④] 这种机制在促成进一步自由贸易实施的同时，也能兼顾贸易保护主义，因为贸易保护主义向受到市场开放体制损害的人提供了出路，成为政策制定者摆脱压力以及民众泄气的工具。

第二节　美国贸易政策的实证分析

在第一节中，我们的研究表明，从理论视角看，美国对外经济政策总体导向是自由贸易，但保护主义是其有机组成部分。对美国自第二次世界大战结束以来的贸易实践的实证考察亦证明了这一结论（参见表1—2）。

① Ethan B. Kapstein, “Winners and Losers in the Global Economy”, *International Organization*, Vol. 54, No. 2, 2000, p. 374.

② William R. Cline, *Trade and Income Distribution*, Washington, D. C.: Institute for International Economics, 1997, p. 1.

③ William R. Cline, *Trade and Income Distribution*, Washington, D. C.: Institute for International Economics, 1997, p. 360.

④ ［美］罗伯特·吉尔平著，武军等译：《世界政治中的战争与变革》，中国人民大学出版社，1994年版，第104页。

表1—2　二战后美国主要贸易行为比较（部分）

时间	贸易行为	
	自由贸易	贸易保护
二战结束—20世纪50年代	1947—1961年，最初几轮GATT谈判削减了73%的关税	1950年，国会的消极态度使得拟成立的国际贸易组织夭折；1955年，美国制定了一些违背关税总协定的农业政策；1957年，《日美棉纺织品协议》
20世纪60年代	1962—1967年，GATT肯尼迪回合谈判	1962年，肯尼迪宣布对比利时地毯和玻璃加征关税；1967年，国会拒绝了约翰逊政府取缔美国售价制的建议；① 1969年，美国与日本、西欧就钢铁自动出口达成协议。
20世纪70年代	1973—1979年，GATT东京回合谈判；1973年，美国劝说欧共体对美国农场品开放更大的市场	1971年，美国放弃了固定汇率制，美元贬值10%－12%，同时美国对进口商品临时征收10%的附加税；1973年，美国宣布对其出口的大豆实行出口管制；1973年，美国发起并签署了《国际纺织品协定》
20世纪80年代	1986－1994年，GATT乌拉圭回合谈判	1981年，美国开始实施汽车进口配额；1985年，里根批评其他国家进行“不公平”贸易；1985年，广场协议，日元升值；1986年，日美两国签署了为期5年的“半导体协议”；1987年，美国根据301条款，向日本电子产品征收了100%关税

① 美国售价制（American selling price system）是美国海关法中一个长期以来一直令美国贸易伙伴不满的条款，在计算对某些产品（包括苯类化学品、橡胶鞋类）征收的关税时，它规定不是按照通行做法，用税率乘以进口价格，而是乘以更高的美国同类产品的销售价格。这样一来，大大提高了实际关税。由于受到其他国家的强烈反对，美国不得已在1981年废止了这种估价制度。在各国专断的海关估价制度中，以“美国售价制”最为典型

续表

时间	贸易行为	
	自由贸易	贸易保护
20 世纪 90 年代	1990 年，乔治·布什（G. H. W. Bush）总统倡议从阿拉斯加到火地岛建立西半球自由贸易区；1994 年，北美自由贸易协定签署；1995 年，美国国会同意美国加入 WTO；1999 年底，中美两国达成关于中国加入 WTO 的协议	1997—1999 年美国第 105 届国会拒绝授予克林顿政府贸易促进授权；1999 年 11 月，WTO 西雅图部长级会议，美国公众出现大规模的抗议活动
2001—2007 年	2001 至今，多哈回合谈判	2000 年至 2010 年，中美贸易经历了钢铁贸易战（2002 年 4 月）、纺织品贸易战（2003 年 11 月）、家具贸易战（2004 年 11 月），以及其他一些持久的经贸纠纷，如知识产权、人民币等。2004，WTO 判决巴西起诉的美国棉花扶持计划非法，美国国会至今未批准中止这个计划
金融危机—至今	2009—2012 年，美国分别与阿曼、秘鲁、约旦、韩国、哥伦比亚、和巴拿马签署的双边 FTA 生效；TPP 与 TTIP 至 2015 年 7 月正在磋商中。2013 年 3 月，美国等 WTO 其他国家开始磋商多边服务贸易协定（TiSA）；2013 年 11 月，美国等谋求更新《信息技术产品协议》，使其增添免税产品品类。2014 年，43 个 WTO 成员国最终确认签署《政府采购协定》	2009 年 9 月，美国决定对中国输美所有小轿车和轻型卡车轮胎产品实施为期 3 年的惩罚性关税，涉案金额达 22 亿美元；2009 年 11 月，美国对从中国进口的油井管征收 29.94%—99.14% 的反倾销税，涉案金额达 27 亿美元；2012 年 5 月，中国就美国对华油井管、铜版纸、钢制轮毂等 22 类产品反补贴调查中的错误做法，在 WTO 向美国提起磋商请求，认为美方滥用贸易救济规则的行为损害了中国企业的合法权益；2014 年 7 月，WTO 裁定，美国对来自中国和印度价值 72 亿美元的进口钢铁和太阳能电池板征收关税的做法是不恰当的；2014 年 5 月，中集集团与胜狮货柜遭美双反调查

资料来源：作者自制。

表1—2列出了美国自二战以来的主要贸易行为。选中的有些贸易事件是大家熟悉的美国贸易政策转折点；其他事件被选中是因为在回顾中它们可被看作未来美国贸易政策趋势的指示器。从表中可看出，美国在总体上倡导自由贸易，表现为积极推进关贸总协定或世界贸易组织历次回合的谈判以及一些双边或诸边自由贸易谈判，这说明“自由主义在美国贸易政策中已经根深蒂固”。[①] 与此同时发生的是一些贸易保护主义行径，表现为20世纪50年代的日美纺织品摩擦、60年代美国对日本、西欧的贸易指责、70年代美国贸易保护主义达到了高潮、80年代日美贸易摩擦白炽化、冷战结束后中美贸易摩擦凸现、自金融危机以来中美贸易日益与其他议题关联（例如网络安全）。这表明贸易保护与自由贸易一样，一直存在于美国贸易政策之中。

下文以第二次世界大战结束以来美国贸易政策的历史沿革，从实证的视角，详细阐释自由贸易与保护主义之争。

一、二战后至20世纪60年代初期：自由贸易主导

第二次世界大战之后，美国贸易政策变得更加开放，“世界再次经历了一个贸易自由和贸易扩张的时代”。[②] 具体表现为自由主义在美国决策层中的神圣不可侵犯。[③] 这一时期的经济政策是鼓励自由贸易、资本流动以及有效的国际分工，并且纠正从20世纪30年代早期实行并仍然严重存在的大量悬而未决的贸易保护主义措施。这一方面是由于战后美国经济处于上升时期，一支独秀，美国成为超级霸权国家；另一方面是冷战的爆发，美国为了团结自由世界、遏制共产主义的扩散。

这种开放性表现为两个方面：一方面，为了战后国际经济重建以及避免20世纪30年代以邻为壑的国际贸易政策，美国发起并领导了布雷顿森林体系，规划了战后国际经济规则和结构。自1947年开始至1961年结束的最初几轮关税与贸易总协定谈判，西方国家削减了73%的关税。[④] 另一方面，战后美国援助的重点集中于西方盟国。美国慷慨地将自己庞大、强

① Judith Goldstein, “The Political Economy of Trade: Institutions of Protection”, *American Political Science Review*, Vol. 80, No. 1, 1986, pp. 164 – 165.

② ［美］罗伯特·吉尔平著，杨宇光等译：《全球政治经济学——解读国际经济秩序》，上海人民出版社，2006年版，第86页，第178页。

③ ［美］杰里尔·A·罗赛蒂著，周启朋等译：《美国对外政策的政治学》，世界知识出版社，1997年版，第237页。

④ 数据来源于王正毅、张岩贵：《国际政治经济学——理论范式与现实经验研究》，商务印书馆，2004年版，第190页。

大且没有遭受破坏的经济帮助西欧和日本恢复战前经济，自1947—1951年，美国每年都将大约2%的国民生产总值分给欧洲盟友，如此大规模的财富转移是前所未有的。① 并且，在这之后的15年，为了最大程度地满足国家安全的需要，美国也认同了西欧国家对美国产品的临时性歧视以及相对美元偏低的币值；另外，美国也允许一些国家在多边贸易谈判中“搭便车”，享受自由贸易的好处。

但是，贸易保护主义并没有销声匿迹。1950年，倡导自由贸易的《国际贸易组织宪章》由于国会的消极态度，行政部门没有将其送交国会批准，国际贸易组织胎死腹中。1955年，美国制定了一些违背关税总协定的农业政策；20世纪50年代，服装业真正出现了强劲的世界贸易，主要出口国是日本，这严重冲击了美国在此领域中的主导地位。1957年，美国强迫日本签订了《日美棉纺织品协议》，这是20世纪50年代美国纺织品保护主义的高潮。这一协议影响深远，从短期看，它直接促成了1958年的纺织品短期安排协议（Short－Term Arrangement）；从长期看，这是直到今日仍在限制全球纺织品贸易自由发展的特殊保障措施的源头。

需要特别说明的是，总起来说，这一时期的美国贸易政策中，与自由贸易相比，贸易保护主义显然处于劣势。曾先后在艾森豪威尔政府和福特政府供职的菲利普·阿里达（Phillip Areeda）认为，20世纪50年代的美国保护主义情绪只存在于经济生活的边缘，很少有政界人士公开宣扬保护主义主张；行政部门的保护主义行为基本都是为抑制不时爆发的政治狂热。②

二、20世纪60年代至冷战结束前：贸易保护主义凸现

这一时期，美国贸易政策的主要特征是保护主义处于显著位置。自20世纪60年代中期起，美国社会中经济孤立主义回潮。70年代，美国带头推行贸易保护主义。③ 至80年代里根政府时期，美国的对外经济政策变得眼光狭隘、注重本国利益，因而从多边贸易战术转变为多轨战术，表现为里根政府开创的“重结果、轻规则”的管理贸易。随着管理贸易政策的发展，各种政策战术都是为了达到美国的经济和政治目标。“当一个国家失

① 罗伯特·吉尔平著，杨宇光等译：《全球资本主义的挑战：21世纪的世界经济》，上海人民出版社，2001年版，第57页。

② ［美］马丁·费尔德斯坦主编，王健等译：《20世纪80年代美国经济政策》，经济科学出版社，2000年版，第585页。

③ 王正毅、张岩贵：《国际政治经济学——理论范式与现实经验研究》，商务印书馆，2004年版，第190页。

衡地过多考量国内经济时，这个国家的贸易政策就倾向于保护主义，对自由贸易加以限制。”①

究其原因，可以归结为两方面。一方面，这一时期美国霸权相对衰落。三项指标可以说明这个问题：人均收入、实际年均经济增长率、美国在世界贸易中所占的份额。1960 年以前，美国的主要竞争对手——法国、西德、日本和英国——的人均收入只是美国的 30%—68% 不等；20 世纪 60 年代，美国与日本的实际年均经济增长率之差高达 7. 9%；1950 年，美国国际贸易额占美、西欧与日本三边贸易额总量的 1/3。② 但是到 20 世纪 80 年代，这一切都发生了变化。在人均收入方面，到 1979 年，西欧国家与日本的人均收入上升到了美国的 64%—86% 之间，③ 再到 1989 年，如果按当时的汇率折算，日本的人均收入已经超过美国。④ 实际年均经济增长率方面，美国与日本之差在 1970—1990 年间只有 1. 7%，⑤ 到了 1988—1997 年，这个数字竟然只有 0. 1%。⑥ 美国在世界贸易中所占的份额也在不断下降，1980 年只占到了 22. 1%。⑦ 这些数字的变化为 20 世纪 80 年代的美国打下了深厚的保护主义的基础。另一方面，美国对外贸易形势恶化，贸易赤字不断增大并带来了严重的政治后果（参见表 1—3）。1971 年，美国出现了贸易逆差，这是美国自 1888 年以来首次出现贸易赤字，并且在此后的 20 年里，除了两年（1973 年、1975 年）外，年年如此；而且，赤字的增长速度惊人，以几何倍数递增，至 1987 年达到了最高峰，是首次出现逆差的 1971 年的 65 倍多。其中，美国与日本的逆差增长飞速，1972 年为 40 亿美元，1978 年为 116 亿美元，1987 年则达到了 563 亿美元。⑧ 贸易赤字的快速

---

① Stephen D. Cohen, *The Making of United States International Economic Policy: Principles, Problems, and Proposals for Reform*, New York: Greenwood Press, Inc., 1988, p. 13.

② 以上数据来自美国商务部、1991 年《总统经济报告》与世界银行。

③ I. M. Destler, *American Trade Politics*, Washington, D. C: Institute for International Economics, 2005, p. 48.

④ I. M. Destler, *American Trade Politics*, Washington, D. C: Institute for International Economics, 2005, p. 52.

⑤ Table B－107 & B－110. See U. S. Council of Economic Advisers, 1991 *Economic Report of President*, Washington D. C.: U. S. Government Printing Office, p. 402.

⑥ Calculated from Table B－112, See U. S. Council of Economic Advisers, 2007 *Economic Report of President*, Washington D. C.: U. S. Government Printing Office, p. 354.

⑦ Robert O. Keohane, *After Hegemony: Cooperation and Discord in the World Political Economy*, Princeton, NJ: Princeton University Press, 1984, p. 199.

⑧ 美日贸易失衡的数据来源于 I. M. Destler, *American Trade Politics*, Washington, D. C: Institute for International Economics, 2005, p. 51.

增加和缓慢下降造成不利于自由贸易的氛围:[①]（1）它被解读为反映美国加速衰落的现象；（2）商品贸易赤字使政界更加容易接受所谓美国企业和工人正在面临不公平外国竞争的说法；（3）主张自由贸易立场的人士在美国国内处于守势位置。这迫使美国公众“承认自由贸易的理想既不可行，又落后于时代”。[②]

表1—3　1970—2014年美国商品出口额、进口额和贸易差额

单位：10亿美元（当年币值）

年份	出口额	进口额	差额
1970	42.5	39.9	2.6
1971	43.3	45.6	-2.3
1972	49.4	55.8	-6.4
1973	71.4	70.5	0.9
1974	98.3	103.8	-5.5
1975	107.1	98.2	8.9
1976	114.7	124.2	-9.5
1977	120.8	151.9	-31.1
1978	142.1	176.0	-33.9
1979	184.4	212.0	-27.6
1980	224.3	249.8	-25.5
1981	237.0	265.1	-28.1
1982	211.2	247.6	-36.4
1983	201.8	268.9	-67.1
1984	219.9	332.4	-112.5
1985	215.9	338.1	-122.2
1986	223.3	368.4	-145.1
1987	250.2	409.8	-159.6
1988	320.2	447.2	-127.0
1989	359.9	477.7	-117.8
1990	387.4	498.4	-111.0
1991	414.1	491.0	-76.9
1992	439.6	536.5	-96.9
1993	456.9	589.4	-132.5

① 李淑俊、郭增栋：《美国贸易保护主义中的国会因素》，载《当代世界与社会主义》，2007年第4期，第95页。

② I. M. Destler, *American Trade Politics*, Washington, D. C: Institute for International Economics, 2005, p. 83.

续表

年份	出口额	进口额	差额
1994	502.9	668.7	-165.8
1995	575.2	749.4	-174.2
1996	612.1	803.1	-191.0
1997	678.4	876.8	-198.4
1998	670.4	918.6	-248.2
1999	684.0	1031.8	-347.8
2000	772.0	1226.7	-454.7
2001	718.7	1148.2	-429.5
2002	682.4	1167.4	-485.0
2003	713.4	1264.3	-550.9
2004	807.5	1477.1	-669.6
2005	894.6	1681.8	-787.1
2006	1023.1	1861.4	-838.3
2007	1148.2	1956.7	-808.8
2008	1287.4	2103.6	-816.2
2009	1056.0	1559.6	-503.6
2010	1278.5	1913.9	-635.4
2011	1482.5	2208.0	-725.4
2012	1545.8	2276.3	-730.4
2013	1578.4	2268.4	-690.0
2014	1620.5	2347.7	-727.2

资料来源：U. S. Census Bureau，www. census. gov/foreign - trade/statistics/highlights/annual. html。

这一时期的国会与政府表现出了贸易保护主义偏好。

就国会方面而言，戴斯勒（I. M. Destler）认为20世纪的这30年（20世纪60年代、70年代与80年代）是国会最关注贸易问题的时期，美国重要的保护主义法律条款均在此阶段形成。[①]《1962年贸易扩张法》（Trade Expansion Act of 1962）重点关注调整性援助与免责条款。《1974年贸易法》（Trade Act of 1974），反映了单边主义的精神，尤其以301条款为甚，体现了从贸易自由化向贸易保护主义和单边主义的重要转变。该法402条款即著名的杰克逊—瓦尼克修正案（Jackson - Vanik Amendment）规定，如果美国给予社会主义国家最惠国贸易待遇，则这个社会主义国家必须符

① I. M. Destler, *American Trade Politics*, Washington, D. C: Institute for International Economics, 2005, pp. 88 -91.

合一定前提条件。《1979 年贸易协定法》（Trade Agreement Act of 1979）修订了行政救济程序，以方便提出申诉的产业。《1984 年贸易与关税法》（Trade and Tariff Act of 1984）包含了限制性条款，并修订了贸易救助条款。《1988 年综合贸易和竞争法》（Omnibus Trade and Competitiveness Act of 1988）是继《斯穆特—霍利关税法》（Smoot – Hawley Bill，即 1930 年关税法，Tariff Act of 1930）之后第一个由国会提出的综合贸易议案，把 301 条款扩大应用到更多不公平贸易行为中，形成“超级 301 条款”和“特别 301 条款”。在贸易代表办公室的两位高级官员看来，国会加强 301 条款的行动是“1988 年贸易法的核心”。[①]

就美国政府而言，行政部门也全面投入到了贸易问题之中。1962 年 3 月，肯尼迪总统宣布对比利时地毯和玻璃加征关税，这是美欧贸易摩擦的开端，引发了 20 世纪 60 年代的鸡贸易战（Chicken War），标示着美国的保护主义也开始针对铁杆的西欧盟国，而不仅仅是亚洲的日本。20 世纪 60 年代也被誉为钢铁保护的年代，1969 年 1 月，美国与日本、欧盟就钢铁自动出口达成协议。面对持续恶化的贸易状况，1971 年，美国放弃固定汇率，美元贬值 10%—12%，同时对进口商品临时征收 10% 的附加税，尼克松声称其目的是“不使美国产品因不公平的汇率而处于劣势”。[②] 这使得国际汇率机制从固定汇率转变为浮动汇率。匪夷所思的是，1973 年，美国一方面试图使欧共体对美国农场品开放更大的市场，另一方面，美国总统却宣布对美国出口的大豆实行出口管制。这是典型的美国贸易政策两面性的写照。同年，美国发起《国际纺织品协定》，这被称之为保护主义“最臭名昭著的事件”，[③] 它限制从发展中国家进口纺织品和服装。1985 年 9 月 23 日，里根总统在白宫发表了以“公平贸易”为题的讲话，表示决心为维护美国生产商在海外市场中的权益而斗争，并且宣布将就几个不公平贸易的案例向日本、欧共体、韩国和巴西进行交涉，这标志着美国贸易政策的重大变革。与此同时，美国贸易代表办公室第一次对不等产业部门提出申诉就主动展开了“超级 301 条款”调查，目标是巴西的信息技术（计算机和电信）政策、日本对烟草的进口限制和韩国对其保险市场准入的限制。

---

① I. M. Destler, *American Trade Politics*, Washington, D. C: Institute for International Economics, 2005, p. 124.

② I. M. Destler, *American Trade Politics*, Washington, D. C: Institute for International Economics, 2005, p. 42.

③ 王正毅、张岩贵：《国际政治经济学——理论范式与现实经验研究》，商务印书馆，2004 年版，第 191 页。

1986 年，日美两国签署了为期 5 年的“半导体协议”，日美共同分割市场，大多数美国经济学家批评这个协议是侵略性单边主义的典范，但后来成为克林顿总统经济顾问委员会（Council of Economic Advisers）首席顾问的劳拉·泰森（Laura D. Andrea Tyson）却认为这是个“实实在在的一个胜利”。[①] 1987 年，日本成为美国最大债权国，美国随即以国家安全保障为由，采取措施限制日本对美国投资。在这一时期，自 1980—1988 年，美国对日本提出了 51 项反倾销、26 次对西德、25 次对中国台湾省。[②]

但是，做出如许之多的贸易保护主义行为，并不意味着美国贸易政策有了彻底的转向，只是表明美国在这一时期的贸易政策与战后时期的政策有所不同，更强调公平性，偏离了真正意义上的自由贸易，但整体上仍就是自由贸易为主。概言之，正如俗语所言，“旧船被破坏了，但并未倾覆。”[③] 表现在两个方面：一方面，美国依旧推动多边贸易谈判。这一时期 GATT 举行了三轮多边贸易谈判：1962—1967 年的肯尼迪回合、1973—1979 年的东京回合、1986—1994 年的乌拉圭回合；另一方面，关于自由贸易的核心共识即“华盛顿共识”（Washington consensus）形成。它包括四方面内容：第一，追求宏观政策稳定，减少政府干预；第二，开放的重要性，贸易开放，参与世界市场竞争；另外，还有资本市场的开放；第三，私有化，强烈要求将国有化企业私有化；第四，保护产权，即建立一种个人投资能够得到保护的制度。[④]

三、冷战结束至 2007 年金融危机爆发：贸易保护主义加强

冷战后，较之 20 世纪 60 年代至冷战结束前，美国贸易政策中保护主义进一步加强，但自由贸易仍就是主导。

---

① ［美］罗伯特·吉尔平著，杨宇光等译：《全球资本主义的挑战：21 世纪的世界经济》，上海人民出版社，2001 年版，第 233 页。

② Wendy L. Hansen and Thomas J. Prusa, “Does Administrative Protection Protect? A Reexamination of the U. S. Title VII and Escape Clause Statutes”, *Regulation*, Vol. 16, No. 1, 1993, pp. 35 – 43.

③ ［美］J·戴维·理查森：《20 世纪 80 年代美国贸易政策的转变及其未采纳的方案》，载［美］马丁·费尔德斯坦主编，王健等译：《20 世纪 80 年代美国经济政策》，经济科学出版社，2000 年版，第 575 页。

④ “华盛顿共识”系美国国际经济研究所高级研究员约翰·威廉姆森（John Williamson）于 1989 年的一次会议上最早提出。参见 John Williamson, “What Washington Means by Policy Reform,” Chapter 2, in John Williamson, ed., *Latin American Adjustment: How Much Has Happened?* Washington D. C.: Institute for International Economics, 1990。

这一时期的保护主义进入了一个新阶段，不仅内涵与外延拓展，而且表现出了新的特点。较之传统保护主义，新阶段的保护主义更加侧重社会价值或曰社会正义的实现，表现为对劳工工作条件、自然环境以及人类健康安全的推崇。它在许多方面都是非正式的、不透明的。换言之，保护手法隐蔽，难以辨认。保护主义有时表面上采取行政决定形式，假之以维护经济兴旺和安全的名誉。同时，手段上也更加强调双边贸易谈判。虽然GATT体制基于透明原则、多边主义和正式贸易壁垒的取消，但新阶段的贸易保护主义却大大增加了非正式贸易壁垒、单边主义和行政决定。

推究这一现象出现的原因，冷战的结束是首要因素。东欧剧变以及苏联的最终消亡为美国公众与国会贸易保护主义的勃发卸去了政治上的包袱和安全上的隐忧，因此，美国推行起保护主义就更加理直气壮和毫无顾忌。美国公众在传统上是保护主义的贸易观，而国会作为一个整体，在历史上，就存在着保护主义的惯性，加之国会以及议员特点都与贸易保护主义特点契合，[①] 在可以选择的条件下，公众和国会偏离了二战后的自由贸易政策，趋向于重视国内经济。其次，冷战后新兴国家如“金砖四国”（BRICs）与“新钻11国”（Next－11）的兴起与迅速发展，使美国感觉到自身竞争力的进一步下降。[②] 美国从这些崛起国家的成就中汲取的最重要的教训是：变化中的比较利益概念以及它对国家政策、贸易活动、经济理论的影响。崛起国家已经确切无疑地证明了，通过有利于生产要素积累的适当产业政策，可以形成宏观意义上的比较利益，这有别于经典贸易理论中传统的比较利益概念。借此，国家必须对跨国贸易进行干预。

具体美国此阶段主要贸易保护主义行为包括：1999年11月，WTO西雅图部长级会议，美国公众出现大规模的抗议活动；2000年4月，WTO华盛顿会议，示威者亦举行了抗议活动。在1991—1992年的102届国会中，贸易成了主要的政治问题。在共和党执政的105届国会中，先后两次没有批准授权给予克林顿总统的快车道授权。自1993—2006年12月期间，

---

① 关于国会特点与议员特点是如何与保护主义契合的分析，参见李淑俊、郭增栋：《美国贸易保护主义中的国会因素》，载《当代世界与社会主义》，2007年第4期，第95—96页。

② 2005年，根据劳动力成长、资本存量与技术成长三项指标为主的预测模型，美国高盛集团分析师推估出新兴市场的GDP增长率，认为巴西、俄罗斯、印度和中国属于佼佼者，被称为“金砖四国”。2006年，基于上述相同的标准，高盛公司创造了“新钻11国”概念，认为墨西哥、印度尼西亚、尼日利亚、韩国、越南、土耳其、菲律宾、埃及、巴基斯坦、伊朗和孟加拉国等11个国家，在经济发展潜力上仅次于“金砖四国”，不仅目前在经济发展上有良好表现，其前景也非常乐观。

在15次重大自由贸易投票中，国会众议院民主党10次选择了否定。[①] 在这期间，国会长期推迟批准给予IMF的180亿美元拨款。特别需要指出的是，随着中美贸易额的不断增大，美国对华贸易保护主义也愈燃愈烈：2000—2007年金融危机爆发，中美贸易经历了2002年4月的钢铁贸易战、2003年11月的纺织品贸易战、2004年11月的家具贸易战，以及其他一些持久的经贸纠纷，如知识产权、人民币和中国市场准入等。

美国贸易保护主义势力在冷战后的加强得到了相关贸易数据的支持（参看表1—4）。表1—4给出了冷战后1997—2014年美国与世界货物进出口贸易额。表格共提供了三方面内容：（1）出口方面。美国出口额（E_a）、世界总出口额（E_b）、美国出口额占世界出口总额的比重（E_a/E_b）；（2）进口方面。美国进口额（I_c）、世界总进口额（I_d）、美国进口额占世界进口总额的比重（I_c/I_d）；（3）贸易总量方面。美国进出口总额（T_e）、世界总进出口额（T_f）、美国进出口总额占世界进出口总额的比重（T_e/T_f）。根据上表所计算的数据，就货物贸易而言，在出口方面，虽然从绝对数量上看，美国出口额是不断上升的，但是从相对数值上看，它占据世界出口总额的比重即E_a/E_b呈现出缓慢下降的趋势。这说明了两个问题：其一，较之其国家，美国制造业的国际竞争力是在不断下降的；其二，鉴于E_a/E_b比值趋于变小，美国出口产业自国际贸易中的收益就相对收窄，因此就导致它们对自由贸易支持力度的力不从心。换言之，相比较于进口产业的贸易保护主义，出口产业自由贸易的偏好在美国处于守势位置。从进口方面看，虽然美国进口数额从绝对数额上看，呈现出上升的势头，但是，如果从相对数值上看，美国进口额占据世界进口总额的数值即I_c/I_d是不断平滑下行的。在2000年，I_c/I_d数值达到最大，随后调转方向下滑。这一趋势说明了一个问题，美国贸易保护主义在不断加强。就贸易总量方面

① 根据戴斯勒的统计，这15次投票行为分别是：北美自由贸易协议（1993年）、乌拉圭回合（1994年）、快车道授权（1998年）、对华永久性正常贸易关系（2000年）、贸易促进授权（2001年）、新加坡自由贸易区协议（2003年）、智利自由贸易区协议（2003年）、澳大利亚自由贸易区协议（2004年）、摩洛哥自由贸易区协议（2004年）、退出世界贸易组织（2005年）、中美洲自由贸易协议（2005年）、巴林自由贸易区协议（2005年）、阿曼自由贸易区协议（2006年）、对越南永久性正常贸易关系（2006年）、对安第斯各国和海地的贸易优惠措施（2006年）。其中，民主党整体对下述投票持否定态度：北美自由贸易协议、快车道授权（1998年）、对华永久性正常贸易关系、贸易促进授权（2001年）、新加坡自由贸易区协议、智利自由贸易区协议、中美洲自由贸易协议、阿曼自由贸易区协议、对越南永久性正常贸易关系、对安第斯各国和海地的贸易优惠措施。资料来源：I. M. Destler, "American Trade Politics in 2007: Building Bipartisan Compromise", *Policy Brief of Peter G. Peterson Institute for International Economics* (May), No. Pb07-5, 2007, p. 4。

看，同样，仅从绝对数值上看，美国是奉行自由贸易的，但是，从相对数值即 T_e/T_f 上看，美国进出口贸易总额占据世界进出口总额的比重趋势是，稳步下行。在 2001 年之前，基本保持在 15% 左右，自 2002 年开始，T_e/T_f 比值变小，美国进出口贸易总额占据世界进出口总贸易额的份值减少。这种趋势说明了一个现象，那就是美国贸易保护主义加强。总之，从以上美国货物贸易进口额、出口额、贸易总量看，冷战后，美国贸易保护主义加强。

表 1—4　1997—2014 年美国与世界货物进出口贸易额比较

单位：10 亿美元

年份	出口			进口			总额		
	美国（E_a）	世界（E_b）	E_a/E_b	美国（I_c）	世界（I_d）	I_c/I_d	美国（T_e）	世界（T_f）	T_e/T_f
1997	689.2	5592	12%	899.0	5739	16%	1588.2	11331	14%
1998	682.1	5503	12%	944.4	5683	17%	1626.5	11186	15%
1999	695.8	5719	12%	1059.4	5926	18%	1755.2	11645	15%
2000	781.9	6458	12%	1259.3	6725	19%	2041.2	13183	15%
2001	729.1	6195	12%	1179.2	6484	18%	1908.3	12679	15%
2002	693.1	6499	11%	1200.2	6743	18%	1893.3	13242	14%
2003	724.8	7590	10%	1303.1	7869	17%	2027.8	15459	13%
2004	814.9	9223	9%	1525.7	9574	16%	2340.6	18797	12%
2005	901.1	10509	9%	1732.7	10870	16%	2633.8	21379	12%
2006	1026.0	12131	8%	1918.1	12461	15%	2944.0	24592	12%
2007	1148.2	14023	8%	2020.4	14330	14%	3168.6	28353	11%
2008	1287.4	16160	8%	2169.5	16572	13%	3456.9	32732	11%
2009	1056.0	12555	8%	1605.3	12782	13%	2661.3	25337	11%
2010	1278.5	15301	8%	1969.2	15511	13%	3247.7	30812	11%
2011	1482.5	18333	8%	2266.0	18508	12%	3748.5	36841	10%
2012	1545.7	18408	8%	2336.52	18615	13%	3882.2	37023	10%
2013	1579.6	18826	8%	329.1	18904	12%	3908.7	37730	10%
2014	1623.2	18935	9%	2409.4	19024	13%	4032.6	37959	11%

资料来源：WTO：2015 International Trade Statistics，http：//www.wto.org/。

但是，保护主义加强，并不意味着自由贸易的主导位置销解。罗伯特·劳伦斯（Robert Z. Lawrence）认为，20 世纪 90 年代是美国经济史上最为开放的时代。[①] 在事关贸易导向的问题上，无论国会还是行政部门，都极力回避保护主义的压力，维持二战后自由贸易在美国经济政策中的地位。在国会方面，1995 年，国会批准美国加入新成立的 WTO；2000 年 5 月，国会支持给予中国永久性正常贸易关系地位；2001 年，国会批准了总统贸易促进授权，使后者可以参加 WTO 的多哈回合谈判。在行政部门方面，克林顿政府所定的贸易基调为“竞争而不是退缩”，因为“开放和竞争的市场能使国家富裕”。[②] 1992 年 12 月 17 日，北美自由贸易协定签署；1993 年，克林顿总统又推动了亚太经合组织（APEC）首届领导人非正式会议的召开；1994 年，克林顿决定和西半球国家在 2005 年建立美洲自由贸易区（FTAA）。在克林顿政府第二任期内，中美达成了中国加入 WTO 的协议；2001 年至今，美国参与并推动了多哈回合贸易谈判。

四、2007 年金融危机至今：日益制度化的贸易限制措施

2007 年，肇始于美国的金融危机蔓延全球，美国经济首当其冲，其经济状况也成为自大萧条依赖最为严重的衰退。在这样的背景下，美国贸易政策依然延续了其惯有的自由贸易传统，但是，保护主义日益泛滥，贸易限制措施日益制度化。

在金融危机后走上美国政府前台的奥巴马总统，面对 WTO 多哈回合僵局，延续了克林顿政府和小布什政府的贸易政策，加快诸边自由贸易磋商，减少传统以及服务贸易壁垒，试图以区域贸易协定推动自由贸易的发展。这一时期，签订与正在磋商的区域贸易协定共有 8 个。这主要包括：2009 年 1 月生效的《美国—阿曼自由贸易协定》、《美国—秘鲁自由贸易协定》，2010 年 1 月生效的《美国—约旦自由贸易协定》、2012 年 3 月生效的《美国—韩国自由贸易协定》、2012 年 4 月生效的《美国—哥伦比亚自由贸易协定》、2012 年 11 月生效的《美国—巴拿马自由贸易协定》，以及两个正在磋商的《跨太平洋伙伴关系协定》（Trans – Pacific Partnership Agreement，缩写为 TPP）和《跨大西洋贸易与投资伙伴关系协定》（Transatlantic Trade and Investment Partnership，缩写为 TTIP）。正在磋商中的 TPP 和 TTIP 被学界公认为已经超越了传统意义上的双边或诸边自由贸易协

① ［美］罗伯特·劳伦斯：《美国 90 年代的贸易政策》，载［美］杰弗里·法兰克尔、彼得·奥萨格主编，徐卫宇等译：《美国 90 年代的经济政策》，中信出版社，2004 年版，第 207 页。

② 1993 年 2 月，克林顿在美利坚大学（American University）首次就贸易政策作演讲时的演说词。转引自［美］罗伯特·劳伦斯：《美国 90 年代的贸易政策》，［美］杰弗里·法兰克尔、彼得·奥萨格编，徐卫宇等译：《美国 90 年代的经济政策》，中信出版社，2004 年版，第 213 页。

定，形成了超大区域性（mega - regional）自由贸易协定。美国设想这些超大区域性贸易协定可以制定新的贸易规则，解决农业、服务、知识产权以及边境内的国家壁垒。

此外，美国也推进 WTO 下的关税减免。2013 年 3 月，美国和欧盟等 WTO 其他国家开始磋商多边服务贸易协定（Trade in Services Agreement，缩写为 TiSA），2013 年 11 月，美国联合其他国家诉求更新《信息技术产品协议》（Information Technology Agreement），使其增添 256 个免税产品品类。2014 年，43 个 WTO 成员国最终确认签署《政府采购协定》。

奥巴马政府也推出了很多具体政策，支持自由贸易的发展。上任伊始的 2010 年，奥巴马在其年度国情咨文（State of the Union）中就提出了国家出口计划（National Export Initiative，缩写为 NEI），放松出口管制条件。为平衡美国出口管制政策，2010 年 12 月，美国政府颁布的战略贸易许可例外授权法案规定，在向 164 个国家和地区出口一些受控产品时提供不必办理出口许可证的特权。

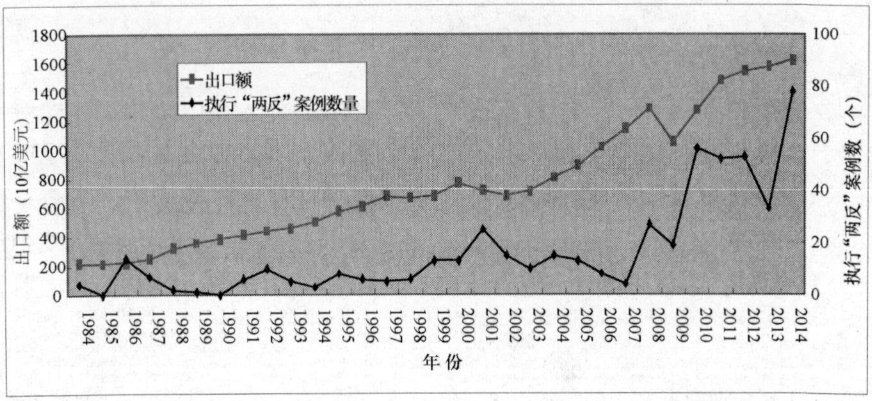

图 1—1　1984—2014 年美国出口额与执行“两反”案例数量的趋势图

注：案例计数时，将同一案例的第一次执行计数为 1 个案例，当该案例重新续执行时，也单独计数为 1 个案例。

资料来源：两反案例执行数来自美国国际贸易委员会网站，数值截止到 2015 年 6 月，网址为 http：//www. usitc. gov/secretary/fed_ reg_ notices/service_ lists/serv_ lists_ antidump. htm；出口额总值来源于美国人口普查局（U. S. Census Bureau），网址为 www. census. gov/foreign - trade/statistics/highlights/annual. html。

美国对自由贸易的支持可以通过图 1—1、图 1—2 得以直观看出。图 1—1给出了美国 1984—2014 年的出口额趋势图，我们由这可以看出，整体上，美国出口始终处于上升状态，出口额不断扩大。尽管2009年有所下滑，但是，仍旧比危机爆发前的2007年进口额大。图1—2给出了同一时期美国进口额的增长情况。从长期看，同出口额一样，在这20年里，美国进口始终处于不断累年提升的状态，当然，2009年亦是下降。这种状况主要是危机给予国家经济的创伤是有时间上的滞后性，2009年可以看作是此次金融危机的最低谷期，但依然比危机前进口额数值高。

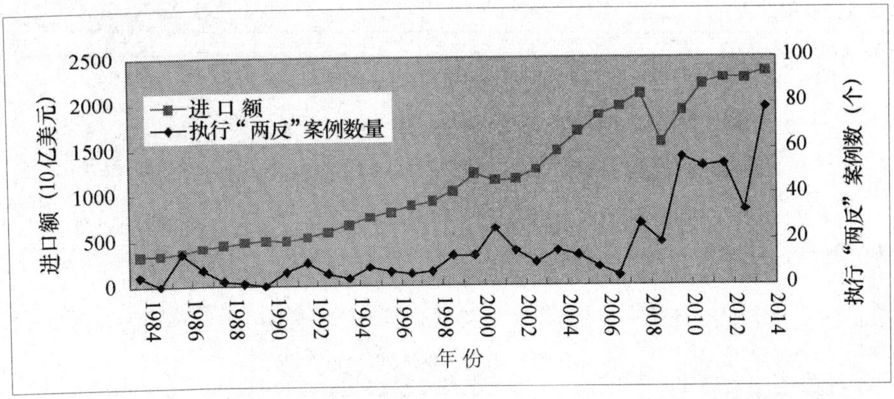

图1—2　1984—2014年美国进口额与执行“两反”案例数量的趋势图

注：案例计数时，将同一案例的第一次执行计数为1个案例，当该案例重新续执行时，也单独计数为1个案例。

资料来源：两反案例执行数来自美国国际贸易委员会网站，数值截止到2015年6月，网址为http：//www. usitc. gov/secretary/fed_ reg_ notices/service_ lists/serv_ lists_ antidump. htm；进口额总值来源于美国人口普查局（U. S. Census Bureau），网址为www. census. gov/foreign – trade/statistics/highlights/annual. html。

这些措施直接给美国公众带来了经济收益与工作机会。美国《总统贸易政策议程》（2015年）以出口贸易对例，对此进行了总结。自2009年至2014年，美国出口增长了48%，为美国增加了180万个工作岗位。[①] 部分是在这些事实的说服下，美国公众对于对外贸易，尤其是出口，更多认同为机会而非威胁。根据盖洛普（GALLUP）2015年3月的调查，在受访人群中，有高达58%认同出口贸易为机会而非威胁，这是自1993年以来的

① Office of the U. S. Trade Representative, 2015 *The President's Trade Agenda: Made In America*, p. 4. https：//ustr. gov/sites/default/files/President% 27s% 20Trade% 20Agenda% 20for% 20Print% 20FINAL. pdf.

最高值，但仍有33%受访者认为是威胁而非机会，这也是自1993年以来的最低值。①

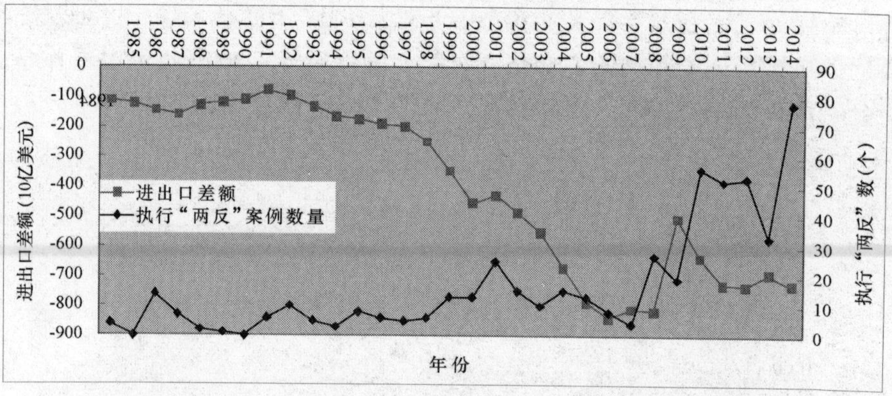

图1—3　1984—2014年美国进出口差额与执行"两反"案例数量的趋势图

注：案例计数时，将同一案例的开始执行时为一单独计数单位，当这一案例重新续执行时，也视为单独一案例。

资料来源：两反案例执行数来自美国国际贸易委员会网站，数值截止到2015年6月，网址为http：//www. usitc. gov/secretary/fed_ reg_ notices/service_ lists/serv_ lists_ antidump. htm；进出口数额来源于美国人口普查局（U. S. Census Bureau），网址为www. census. gov/foreign – trade/statistics/highlights/annual. html。

图1—1、图1—2、图1—3以美国1984—2014年的国际贸易数据与美国国际贸易委员会（The United States International Trade Commission，缩写为USITC）判决执行的"反倾销""反补贴"（以下简称"两反"）案例数为例，说明了美国贸易保护主义行为的激增。图1—1、图1—2、图1—3分别给出了美国出口额与USITC执行"两反"案例数量的情况、进口额与USITC执行"两反"案例数量情况以及进出口差额与USITC执行"两反"案例数量情况。总体观察这三个图，我们基本看不出规律，只有进出口差额与美国国际贸易委员会执行"两反"案例大体成反比关系。这说明，随着美国进出口差额或贸易逆差的不断扩大，美国贸易保护主义愈演愈烈。但单从美国国际贸易委员会执行"两反"案例数量上看，非常明显的是"两反"案例执行数量一直呈上升态势，虽然在2007年前后有所下降，为

① "Majority in U. S. Still See Opportunity in Foreign Trade", March 9, 2015. http：//www. gallup. com/poll/181886/majority – opportunity – foreign – trade. aspx? utm_ source = TRADE&utm_ medium = search&utm_ campaign = tiles.

1984—2014 年“两反”执行案例数量的峰低，2006 年为 8 例，2007 年有 4 例。但是在这之后，已经超越了二战后美国执行这一措施的最高峰值，2014 年达到了历史最高峰值，有 78 个“两反”案例。从“两反”的视角看，这说明美国贸易保护主义呈不断上升之态。进一步说，较之冷战结束至 2007 年之间，美国贸易保护主义不断没有减弱，而且呈力量不断壮大的态势。

具体而言，美国的贸易限制措施摩擦不断。2009 年 9 月，美国决定对中国输美所有小轿车和轻型卡车轮胎产品实施为期 3 年的惩罚性关税，涉案金额达 22 亿美元；2009 年 11 月，美国对从中国进口的油井管征收 29.94%—99.14% 的反倾销税，涉案金额达 27 亿美元；2012 年 5 月，中国就美国对华油井管、铜版纸、钢制轮毂等 22 类产品反补贴调查中的错误做法，在 WTO 向美国提起磋商请求，认为美方滥用贸易救济规则的行为损害了中国企业的合法权益。2014 年 7 月，WTO 裁定，美国对来自中国和印度价值 72 亿美元的进口钢铁和太阳能电池板征收关税的做法是不恰当的。2014 年 5 月，中集集团与胜狮货柜遭美双反调查。2015 年 2 月，美国就中国政府支持的特别产业集群“示范基地”，在 WTO 提起诉讼。

在美国政府内部，奥巴马的《总统贸易政策议程》(2015)，内容近乎全部是扩大美国出口，鲜少提及进口贸易。而在美国国会，贸易促进授权 (Trade Promotion Authority，缩写为 TPA) 在 2007 年到期后，民主党控制的四届国会（2007—2015 年），参议院均拒绝重新授权。在共和党控制国会后，2015 年 5 月 13 日，TPA 在美国参议院的第一次程序性表决中未获通过，在第二次程序性表决后方涉险过关。在众议院，6 月 12 日的众议院投票中，奥巴马遭遇逆袭。以南希·佩洛西 (Nancy Pelosi) 为代表的众议院民主党议员借否决贸易调整援助计划 ((Trade Adjustment Assistance，缩写为 TAA) 而反对 TPA，6 月 18 日，众议院第二次投票时对 TPA 单独表决，该项议案方得以 218 ：208 险获通过。

时下，美国贸易限制措施有制度化和合法化趋势。这可在美国超大区域性贸易协定正在磋商的条款内容中得以体现。如果得以正式实施，这些昨天的贸易保护措施就将成为未来的贸易规则。表 1—5 给出了正在磋商的 TPP 条款内容，从中我们可以看出这些即将制度化的贸易限制措施。

表 1—5　TPP 业务磋商主要议题内容一览表

议题性质	议题内容	
核心议题 （Core Negotiating Issues）	市场准入	商品和服务的市场准入 纺织品、服装和鞋类 服务贸易 政府采购 农业市场准入
核心议题	规则（Rules）	知识产权（IPR） 原产地规则 技术贸易壁垒 卫生保健技术和医药品透明度 外国投资 竞争政策 贸易救济 劳工 环境
水平与交叉议题 （Horizontal and Cross－Cutting Issues）	监管一致议题 国有企业议题 电子商务议题 竞争和供应链议题 中小企业议题	

资料来源：Ian F. Fergusson *et. al.*，"*The Trans－Pacific Partnership Negotiations and Issues for Congress*" *CRS Report for Congress*，January 24，2013. http：//www. fas. org/sgp/crs/row/R42694. pdf。

第二章　美国贸易政策中的保护主义

第一节　美国贸易保护主义理念的嬗变

美国是最早从理论上阐述贸易保护主义思想的国家之一。美国第一任财政部长、被很多经济学家视为“美国史上最出色的经济决策者”[①]的亚历山大·汉密尔顿（Alexander Hamilton）乃为古典重商主义的重要代表人物之一，其《关于制造业的报告》（1791 年）是最早从理论和政策方面阐述贸易保护主义思想的著作，被誉为“设想了美国成为世界最伟大的工业国家的宏伟蓝图”,[②]影响深远。他的名言广为人知：不仅是国家富裕，而且国家的独立与安全，在物质上都与制造业的繁荣密切相关。汉密尔顿认为应该建立关税壁垒以保护美国制造业，以使之免受外国竞争之苦。汉密尔顿阐述了任何一个重商主义者都会坚持的论点：在发达农业基础上建立制造业的国家和全部或几乎全部依赖农业的国家相比，前者获得贸易顺差的概率始终要高于后者；由此推论，前者可能比后者拥有更多的资本财富，即金钱。[③]从某种视角上说，汉密尔顿的思想决定了美国以后的贸易政策。据说亚伯拉罕·林肯（Abraham Lincoln）曾说，“对关税，我知道的不多。但我确实知道，当我买了一件英格兰制造的上衣时，我得到了上衣，英格兰得到了钱；当我购买了美国制造的上衣时，我得到了衣服而美

① 《参考消息》，2015 年 7 月 15 日，第 12 版。

② ［美］里亚·格林菲尔德著，张京生、刘新义译：《资本主义精神：民族主义与经济增长》，上海人民出版社，2004 年版，第 516 页。

③ ［美］里亚·格林菲尔德著，张京生、刘新义译：《资本主义精神：民族主义与经济增长》，上海人民出版社，2004 年版，第 520 页。

国得到了钱。"[①] 二战后，美国从最初对自由贸易的全力支持到时下的日益消退，使得贸易保护主义相较日益强大。比较新兴经济体，特别是亚洲和拉美快速发展的经济体，美国对外开放的步伐则显得步履蹒跚。[②] 美国贸易保护主义在延续其原有传统的基础上，不断推陈出新，提出了基于不同视角的保护主义思想、政策、理念与议题。

一、不公平贸易与管理贸易政策

二战后，美国贸易政策中的保护主义成分呈不断增加的态势，这种保护主义发展的顶峰是自里根政府时期开始了管理贸易政策。管理贸易政策的形成是美国战后贸易环境不断恶化变迁而自然演变的结果，美国社会对于贸易环境变化反应的典型认知是不公平贸易的存在。

（一）不公平贸易

如果用一句话概括二战后的美国贸易状况，那就是贸易环境大逆转。也就是说，美国的国际贸易环境不断恶化，贸易地位全面下降。这表现在不断增长与刷新的贸易赤字记录（参见表1—3）与贸易结构的变化。就贸易赤字而言，它强化了贸易保护主义的势力，声称受到进口竞争的产业和工业"衰退地带"不断四处申诉和施加政治压力。再看贸易结构的变化。如果说20世纪70年代是美国人不得不对战后资本主义自由贸易黄金时代说再见的时候，那么，20世纪80年代就是美国人不得不公开挑战自由贸易的时代，在这10年中，美国贸易结构发生了巨大的转变，美国人曾经引以为豪的美国制造的众多产品纷纷被日本等国家的产品替代。图2—1与图2—2以20世纪80年初美国贸易差额结构为例，以13项具有典型代表意义的工业产品为研究对象，说明美国这一时期贸易地位的变化。这两个图显示，所有项目的进口比重都在增加，与此同时，出口比重也在下降。具体而言，进口产品逐渐成为美国公众消费的主体；而出口业却江河日下，在二战后美国曾经占据优势的产业，无论是劳动密集型产业还是高科技制造业，这些产品出口占据美国国内GDP的比重都在不断下降。从整体上看，自1981—1985年，下降了4倍。这种状况说明，美国公众必须对战后的贸易环境重新认知。冷战后，美国贸易环境进一步变化，克林顿时期的

---

① 转引自［美］保罗·萨缪尔森、威廉·诺德豪斯著，萧琛等译：《经济学》，华夏出版社，1999年版，第566页。

② Andrew H. Card and Thomas A. Daschle, Edward Alden and Matthew J. Slaughter, "U. S. Trade and Investment Policy (Updated)", *Council on Foreign Relations Report* No. 67. April 2015. http: //www. cfr. org/trade/trading - up - us - trade - investment - policy/p31813.

贸易代表莎琳·巴尔舍夫斯基（Charlene Barshefsky）将之总结为:[①]（1）美国有人认为美国没有竞争力，不断输给世界其他国家和地区，其国际领导地位正在弱化。（2）随着美国贸易壁垒的逐渐削减，国内的不同意见日益高涨。随着贸易在美国经济中的地位提高，以及由此导致的就业结构失衡，劳动者感到越来越没有保障。（3）技术变革使以前的某些工作不复存在。（4）政治环境也发生了巨大的变化。冷战结束后，许多过去构成美国对外关系基础的概念土崩瓦解，经济开始突现其重要性。这一进程加剧了人们已有的紧张感和焦虑感。

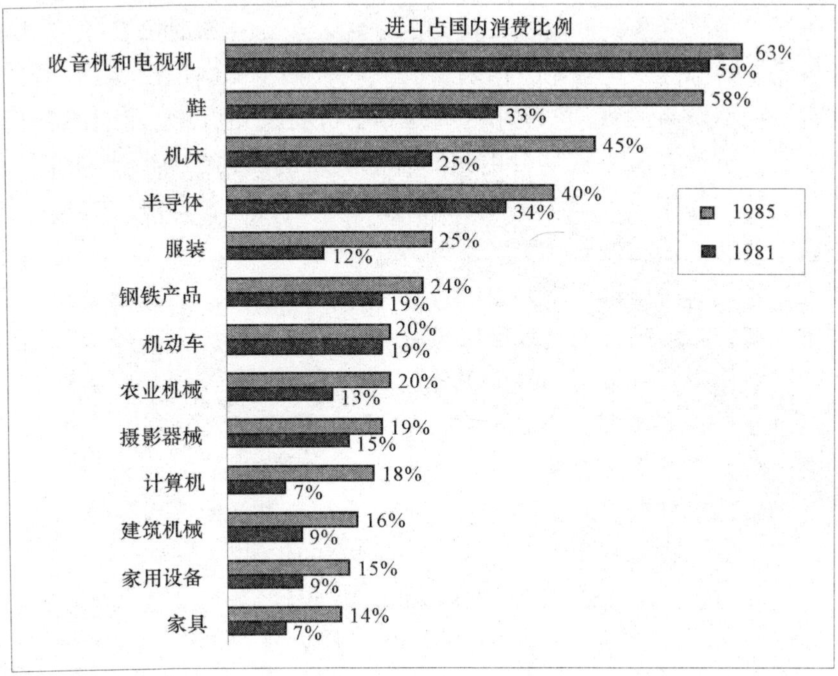

图 2—1　美国 1981—1985 年贸易差额的结构

来源：［美］J·戴维·理查森：《20 世纪 80 年代美国贸易政策的转变及其未采纳的方案》，载［美］马丁·费尔德斯坦主编：《20 世纪 80 年代美国经济政策》，第 555 页。

在上述不断变迁的贸易环境下，美国公众与贸易团体对此做出了强烈

① ［美］莎琳·巴尔舍夫斯基：《评论》，载［美］杰弗里·法兰克尔、彼得·奥萨格编，徐卫宇等译：《美国 90 年代的经济政策》，中信出版社，2004 年版，第 248—249 页。

的反应，其反应的代表性言辞是美国处于国际贸易中的不公平位置，即贸易伙伴从事了“不公平贸易”。所谓“公平贸易”，也有学者称其为“平等竞技场”（Level Playing Field），[①] 其含义被学者界定为“不同的事物要给予不同的人”。[②] 这一比较含糊的解释实际上就是美国将基于贸易伙伴给予美国的贸易条件，采取同等的措施。实际上，这就是贸易伙伴市场开放或者贸易壁垒对等。在20世纪80年代，许多人认为：开放国内市场而且很少扶持国内企业的美国能与那些市场比较封闭而且有较多经济干预政策的工业化国家进行竞争。[③] 但是，在不公平贸易的环境里，美国的贸易结果是不确定的。公平贸易的目标是矫正外国不公平的贸易行为，恢复自由贸易下的秩序。其首要目的是帮助美国公司恢复在国内外市场的地位，其次是根除美国所认为的外国贸易伙伴的欺骗行为。初始时的公平贸易主要针对贸易伙伴的倾销与补贴，但随着时间的推移，美国国内生产厂家不断地游说，公平贸易的观念与范围持续拓展。现在，它已超越了原有范围，非贸易问题也可以成为贸易自由化的公平贸易的前提[④]，甚至包括了各种各样外国政策和制度[⑤]。例如，中国的某些产业政策和做法就被美国认为是不公平贸易行为。

不公平贸易的逻辑起点是“公平”与“互惠”。公平问题是公平贸易的基本论据，判断的标准是外国贸易壁垒是否对美国产品造成了事实性歧视，并将它们推至一个不利的竞争地位。如果成立，美国政府将对此加以制裁或报复。需要注意的是，这里的公平与否是由美国单方面来加以裁定，美国政府单方面决定哪些进口是公平的，哪些进口是不公平的。也就是说，如果把贸易比喻成一场足球赛事，那么美国政府既是参赛球队，也

---

① Jagdish Bhagwati, “Protectionism”, in David R. Henderson ed., *The Concise Encyclopedia of Economics*, Indianapolis, IN: Liberty Fund Inc., 2002, http://www.econlib.org/library/Enc/Protectionism.html.

② Cletus C. Coughlin, K. Alec Chrystal, Geoffrey E. Wood, “Protectionist Trade Policies: A Survey of Theory, Evidence, and Rationale”, in Jeffry A. Frieden and David A Lake, eds., *International Political Economy: Perspectives on Global Power and Wealth*, Beijing: Peking University Press, 2003, p. 315.

③ ［美］罗伯特·劳伦斯：《美国90年代的贸易政策》，载［美］杰弗里·法兰克尔、彼得·奥萨格编，徐卫宇等译：《美国90年代的经济政策》，中信出版社，2004年版，第238页。

④ ［美］贾格迪什·巴格瓦蒂：《评论》，载［美］杰弗里·法兰克尔、彼得·奥萨格编，徐卫宇等译：《美国90年代的经济政策》，中信出版社，2004年版，第255页。

⑤ Jagdish Bhagwati, “Protectionism”, in David R. Henderson ed., *The Concise Encyclopedia of Economics*, Indianapolis, IN: Liberty Fund Inc., 2002, http://www.econlib.org/library/Enc/Protectionism.html.

是裁判员，另外一支参赛球队只是这场必定美国要赢的比赛中的陪练员。“互惠”是公平贸易的另外一个逻辑起点。本来，无论是过去的 GATT 还是现在的 WTO，都认同互惠的概念。但它们的互惠概念与美国公平贸易下的互惠范畴不可等价而语。在 GATT/WTO 框架下，互惠是无差别的互惠，旨在削减关税壁垒，方法是两国互相给予对方以贸易上的优惠待遇。美国公平贸易下的互惠是全面互惠。这种方式寻求双方保护水平和一定范围内商品的互惠，它需要同等的市场准入，判断这种准入的标准是双方贸易平衡。具体来讲，当美国按其标准认为贸易对手的减让程度低于本国时，美国将不再采取行动而只等待对方做出单方承让。① 这种美式“互惠”经常受到贸易伙伴的指责，认为它损害了多边贸易体系的基础。

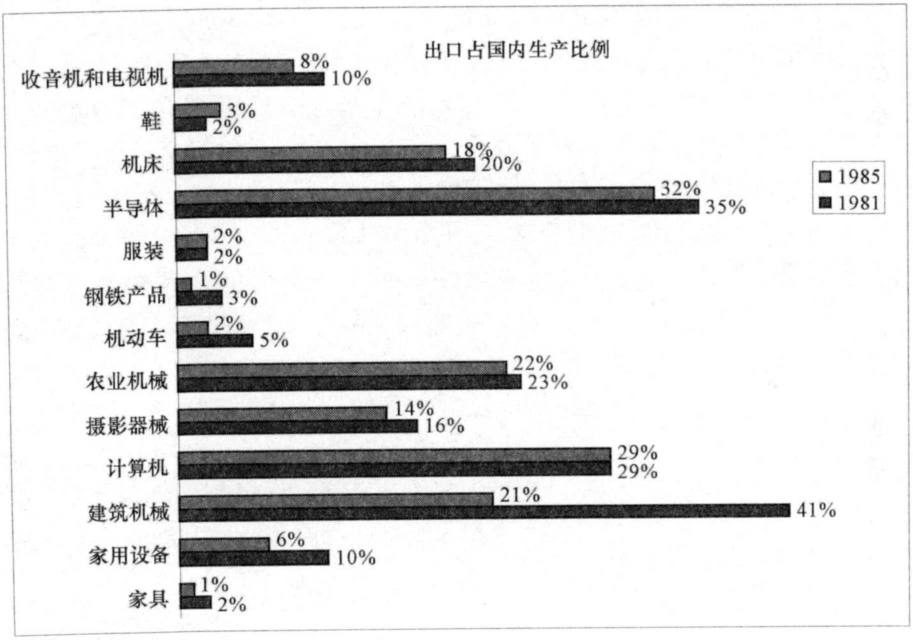

图 2—2　美国 1981—1985 年贸易差额的结构

资料来源：［美］J. 戴维·理查森：《20 世纪 80 年代美国贸易政策的转变及其未采纳的方案》，载［美］马丁·费尔德斯坦主编：《20 世纪 80 年代美国经济政策》，第 555 页。

公平贸易并不是一种新贸易偏好。实际上，公平贸易自 19 世纪起就已

① 盛斌：《世界经济转变中的美国对外贸易政策》，载《美国研究》，1998 年第 3 期，第 34 页。

经出现。二战后，美国首次正式提及“公平贸易”是在1962年的肯尼迪政府时期。而“不公平贸易”概念的诞生在20世纪70年代，它是美国二战后首次出现贸易逆差的产物。此后，美国举国上下越来越对不公平贸易的感性认知升高。进入20世纪80年代，美国贸易政策开始突出强调“公平贸易”的重要性：美国认为，贸易伙伴不仅不公平，而且还有许多欺诈行为。美国的贸易政策也因之朝着有助于“自由且公平”而不仅仅是“自由贸易”这样一种倾向发展，其标示是罗纳德·里根总统1985年9月所做的“自由且公平”的演讲，实质上使这一倾向在行政部门合法化。1988年，国会亦采取了行动，通过了《综合贸易和竞争法》。该法把301条款扩大应用到更多的所谓不公平贸易行为中（即“超级301条款”），要求美国贸易代表每年发表一份不公平贸易者的名单，并与相关国家谈判消除贸易不公平的方法。有学者认为，“超级301条款”的出台，标志着战后美国贸易政策观念从自由贸易转变为公平贸易，美国贸易政策因此而成了众矢之的。[①] 这样，1988年的《综合贸易和竞争法》法案使得“自由与公平”方针成为美国现行贸易政策的法律基石。进入20世纪90年代后，美国的贸易政策团体越来越认为美国受到不公平贸易。[②] 这主要体现在新兴发展中国家的崛起。自20世纪90年代起，发展中国家在国际贸易领域中占据了重要位置，其占世界贸易总值的份额从2000年的33%提升到2012年的48%，中国是其中的领军者，实际上占据了提升数据的全部。[③] 美国主要的政治集团——企业、劳工、环保人士——感到外国贸易者拥有不公平的竞争优势，它们的环境标准以及劳工条件都远远低于美国，造成美国产品成本过高，因而试图寻求一个“公平的竞争环境”。克林顿认为，“在一个存在强烈竞争的世界里，我们也需要比自由贸更多的东西。我们需要公平规则下的公平贸易。”[④] 贾格迪什·巴格瓦蒂在评价克林顿政府贸易政

---

① 林珏：《战后美国对外贸易政策研究》，云南大学出版社，1985年版，第1页。

② ［美］J. 戴维·理查森：《20世纪80年代美国贸易政策的转变及其未采纳的方案》，载［美］马丁·费尔德斯坦主编，王健等译：《20世纪80年代美国经济政策》，经济科学出版社，2000年版，第557页。

③ Andrew H. Card and Thomas A. Daschle, Edward Alden and Matthew J. Slaughter, “U. S. Trade and Investment Policy (Updated)”, *Council on Foreign Relations Report* No. 67. April 2015, p. 2. http://www. cfr. org/trade/trading - up - us - trade - investment - policy/p31813.

④ ［美］比尔·克林顿著，金灿荣等译：《希望与历史之间：迎接21世纪对美国的挑战》，海南出版社，1997年版，第22页。

策时认为，克林顿政府过于沉迷于不公平贸易，夸大了不公平贸易的重要性。[①] 小布什（G. W. Bush）政府曾力图避免落入不公平贸易的窠臼，但是，2001 年初，小布什政府顺应钢铁产业的要求并同意启动 201 条款，这表明“他还是不可避免地落入了公平贸易的陷阱”。奥巴马就任总统以来，贯彻其贸易政策实践的主线就是扩大美国产品在全球占有率，提升美国出口贸易量。这一政策背后的理念也就是公平贸易。上述利益团体认为，无论是日本还是中国，尽管大大降低了正式贸易壁垒，可是这两个国家仍旧广泛设置额外的贸易障碍，有效地限制了美国产品进入这些国家的市场；而且，这些国家竞争优势的取得不仅仅是市场这只无形的手的推动，更重要的是国家这只“有形的手”。

美国公平贸易的实施对象是不断变化的。早期主要针对西欧，整个 20 世纪 80 年代与 90 年代早期，日本是其重点关注对象。自 90 年代后期起，伴随日本经济进入“失去的二十年”，中国成为美国不公平贸易的重要申诉国家。根据美国国际贸易委员会的数据，自 1984 年至 2015 年 5 月底，美国国际贸易委员会共执行“反倾销”与“反补贴”案例 323 例，其中，针对中国的是 131 例，约占据 41%；同期，日本为 15 例，仅仅约占 5%。[②]

公平贸易自产生后就备受保护主义者的追捧，主要原因是公平贸易为其观点提供了证据。公平贸易的倡导者认为威胁报复可以保护美国国内厂家，同时也可以诱导打开更大的国外市场。公平贸易被认为比单边贸易自由化更加具有灵活性，可以营造较少贸易限制的商业环境，促进公平和效率。一些国会议员常常宣称他们不反对自由贸易，但它必须“公平”。但实际上，当贸易保护主义压力增加，公平贸易往往成为应对自由贸易的工具。尽管泰国政府对大米出口施加了 5% 的出口税，但是保护主义者声称泰国政府对大米生产进行了补贴（补贴数值不足 1%），这样，泰国的大米就成为反补贴的产品。[③]

很多学者推定公平贸易是最具有伪装性的贸易保护主义，它借“公

---

① ［美］贾格迪什·巴格瓦蒂：《评论》，［美］杰弗里·法兰克尔、彼得·奥萨格编，徐卫宇等译：《美国 90 年代的经济政策》，中信出版社，2004 年版，第 255 页。

② 作者根据美国国际贸易委员会的两反数据计算而得，网址：http://www.usitc.gov/trade_remedy/731_ad_701_cvd/investigations.htm.

③ Jagdish Bhagwati, “Protectionism”, in David R. Henderson ed., *The Concise Encyclopedia of Economics*, Indianapolis, IN: Liberty Fund Inc., 2002, http://www.econlib.org/library/Enc/Protectionism.html.

平”的自由贸易的称谓行使的是“不公平”的保护主义。持公平贸易观点的人认为，通过有关公平贸易的立法，一方面，可以防止外国政府的补贴，这被认为破坏市场机制；另一方面，也防止外国产品以掠夺的方式占据美国市场。这个“公平贸易”的机制被誉为自由贸易的补充。① 但实际上，它是不公平的，是一种贸易保护主义的行径。这种公平贸易的不公平性首先表现在：外国贸易行为的“公正与否”依据的是“一大堆美国制定的规定”（美国贸易法），美国国会历次修改贸易法，总是有利于提出申诉的国内产业，使之更方便使用不公平贸易法。② 其次，“判定贸易是否公平是困难的”。③ 从全球供应链的视角看，它可能是多种因素促成的，而不能仅仅以双边贸易平衡而不是全球经济中的平衡为评判标准。不同需求和产业能力的国家可能与这个国家是逆差，而与另外一个国家是顺差。因此，仅仅依照双边贸易状况判定是否“公平”是不公平的。再次，关于公平价值的界定也过于随意。④ 另外，公平贸易代价高昂。它以整个国家的损失为少数特定利益集团服务。在很多案例中，公平贸易者集中于某个特定案例，将此视为应该保护的原因，而忽略了影响国家在国际上的竞争地位所应该采取的贸易政策。最后，最为重要的是，查尔斯·皮尔逊（Charles S. Pearson）的研究证明，并无证据表明世界贸易在20世纪七八十年代变得更不公平，或者对美国更不公平；也无证据表明美国的贸易行为较之贸易伙伴更公平。⑤ 正因为如此，贾格迪什·巴格瓦蒂认为这是最为阴险的贸易保护主义的托辞。⑥ 但是，也正是公平贸易的这些伪装与阴险，使之

① Jagdish Bhagwati, “Protectionism”, in David R. Henderson ed., *The Concise Encyclopedia of Economics*, Indianapolis, IN: Liberty Fund Inc., 2002, http://www.econlib.org/library/Enc/Protectionism.html.

② 关于美国贸易法的片面性参见 Richard Boltuck and Robert E. Litan, *Down in the Dumps: Administration of the Unfair Trade laws*, Washington, D. C.: Brookings Institution, 1991; Wendy L. Hansen and Thomas J. Prusa, “Does Administrative Protection Protect? A Reexamination of the U. S. Title VII and Escape Clause Statutes”, *Regulation*, Vol. 16, No. 1, 1993, pp. 35 - 43。

③ Stanley D. Nollen and Dennis P. Quinn, “Free Trade, fair Trade, Strategic Trade, and Protectionism in the U. S. Congress, 1987 - 88”, *International Organization*, Vol. 48, No. 3, 1994, p. 496.

④ I. M. Destler, *American Trade Politics*, Washington, D. C.: Institute for International Economics, 2005, p. 321.

⑤ Charles S. Pearson, *Free Trade, Fair Trade?* Lanham, Md.: University Press of America, 2010.

⑥ Jagdish Bhagwati, Jagdish Bhagwati, “Protectionism”, in David R. Henderson ed., *The Concise Encyclopedia of Economics*, Indianapolis, IN: Liberty Fund Inc., 2002, http://www.econlib.org/library/Enc/Protectionism.html.

成为美国追求保护主义的永久而不退色的借口。2009 年初，新当选的美国副总统乔·拜登（Joe Biden）指责“纯粹自由贸易者”，并要求“公平贸易”。[①] 2012 年年初，奥巴马政府更是成立跨部门贸易执法中心（Interagency Trade Enforcement Center），针对中国等国家的不公平贸易行为展开调查并采取措施。奥巴马认为，贸易不仅是“自由”的，更应该是“公平”的，应该对中国的贸易行为加以规范。[②]

（二）管理贸易政策[③]

在上述“不公平贸易”的环境氛围与主流意见的推动下，美国政府不断加深卷入常规国际市场交易中，充当国际贸易的管理者和监督者，管理贸易政策出现。

管理政策也被称之为“咄咄逼人的单边主义”、“关贸总协定的额外条款”、“控制性贸易”、“多轨贸易政策”、“按结果行事”的贸易政策（“results - based” trade policy）、贸易政策的“新互惠”分析法（new reciprocity approach to trade policy）和产业政策。这一政策的内涵是：强调政策应通过积极的、单边的行动或威胁要采取行动，以寻求实现仔细计划好的特定目标，如将某一特定产品在某一特定外国市场上的渗透率提高多少百分比，将某一特定产品的进口在国内市场上的份额限定为多少百分比，对某些特定产业实行特殊保护和激励以及同某些特定贸易伙伴实现贸易平衡等等。或者，政策强调以其人之道还治其人之身，贸易伙伴国如何对待本国，本国就以同样的方式对待伙伴国。这是一种更直接的、用于引导资源配置的、按结果行事的方法。它与“按规则行事”的贸易政策

---

① ［美］贾格迪什·巴格沃蒂：《奥巴马必须向保护主义开战》，载《金融时报》（中文网络版），2009 年 2 月 6 日，http：//www. ftchinese. com/story. php？ storyid = 001024530。

② Office of The U. S. Trade Representative，“2015 Trade Policy Agenda”，p. 21.

③ 关于“管理贸易”的研究文献参见 Laura Tyson，“Managed Trade”，in Robert. Z. Lawrence and Charles L. Schultze，eds.，*An American Trade Strategy*：*Options for the 1990s*，Washington，D. C.：Brookings Institution，1990；［美］J. 戴维·理查森：《20 世纪 80 年代美国贸易政策的转变及其未采纳的方案》，载［美］马丁·费尔德斯坦主编，王健等译：《20 世纪 80 年代美国经济政策》，经济科学出版社，2000 年版，第 551—579 页；［美］罗伯特·吉尔平著，杨宇光等译：《全球资本主义的挑战：21 世纪的世界经济》，上海人民出版社，2001 年版，第 225—262 页。关于多轨贸易政策的研究文献参见［美］罗伯特·吉尔平著，杨宇光等译：《全球资本主义的挑战：21 世纪的世界经济》，上海人民出版社，2001 年版，第 225—262 页；盛斌：《世界经济转变中的美国对外贸易政策》，载《美国研究》，1998 年第 3 期，第 30—49 页。

（“rules – based” trade policy）相对。[①] 吉尔平从美国经济政策基础的立场，称之为多轨贸易政策，中国有学者也遵从这一称谓；在本书中，笔者从政府与市场的视角观察，出于研究目的需要，称这一贸易政策为管理贸易政策。

管理贸易政策是二战后美国贸易保护主义一路走来、发展演进的结果。自二战结束以来，保护主义始终在美国贸易领域徘徊发展，并随着时间的推移而强大起来。在20世纪50—70年代，贸易保护主义只发生在一些零星的产业领域，例如：纺织业与钢铁业。在这一段时期，美国贸易团体通常依赖国际贸易法律规则就可以实现其保护主义诉求，美国政府因之相对听任国际市场自由调节，甚少直接干预。但是，自进入20世纪80年代，在美国，传统的自由贸易政策逐渐失去了主动权以及影响力，保护主义却日益走强。在里根再次当选总统后，其施政纲领发生了变化，管理贸易频频出现在其演讲中。在20世纪90年代，保护主义在公开场所已经成为贸易政策团体议论的主流。克林顿政府时期，劳伦斯·萨默斯（Lawrence Summers）向商务部部长和贸易代表提出，贸易政策的目标之一是让消费者能够以竞争性的价格买到满意的产品。但是，其他同仁却把他当作异类。[②]

管理贸易政策出现于20世纪80年代的里根政府时期，克林顿政府进一步对此加以补充和发展，时下的奥巴马政府使其日臻完善。鉴于共和党的基本理念是经济管理中减少政府干预，里根与老布什（G. H. W. Bush）政府在实践管理贸易政策的时候还是有所顾忌；但是，民主党的理念却与共和党不同，民主党自称代表下层中产阶级、劳工等群体的利益，主张政府干预经济发展的政策，实施管理贸易也可谓无所不能。在克林顿时期，克林顿政府的战略基础是让联邦政府在寻求解决美国经济和社会问题时发挥核心作用。克林顿在一次演讲中对听众说，美国好比一家大公司，为了在经济上继续生存下去，陷入了与其他国家激烈的竞争之中，因此联邦政

---

① “按规则行事”的贸易政策是指坚持按照普遍承认的国际性指导原则及有关贸易的行为准则如世贸组织的有关规定而制定的政策。这一类的政策包括最惠国待遇原则，优先选择关税而不是进口配额和自动出口限制作为限制工具，遵守反倾销与反补贴的一般程序，就贸易壁垒减让举行多边谈判等等。参见［美］丹尼斯·R. 阿普尔亚德、小艾尔弗雷德·J. 菲尔德著，杨宇光等译：《国际经济学》，杨宇光等译，机械出版社，2003年版，第296页。

② ［美］杰雷米·布罗：《现代经济中的竞争政策》，载《比较》，2004年第13辑，第73页。

府的中心任务就是要增强美国经济的国际竞争力。[①] 因此，管理贸易在克林顿政府时发挥到极致。1993 年，克林顿政府提出了美国历史上第一个系统的国家出口战略（National Export Strategy，缩写为 NES），意在美国政府帮助美国企业扩大产品和服务的大规模出口，大幅度提高美国产品和服务的市场有率；同时设立有关机构对出口厂商提供直接和间接的资助和帮助。在美国《1996 年贸易政策议程和 1995 年总统关于贸易协定方案的年度报告》中，克林顿政府进一步明确了管理贸易政策的四大目标：（1）打开外国市场；（2）坚持平等竞技；（3）为美国公司和工人实行激进的贸易促进战略；（4）将贸易政策与全球经济战略相结合。通过日益加深的美国政府干预的管理贸易政策，克林顿总统“希望能向美国人民说明，他做到了前五任总统没有做成的事”。[②]

不仅如此，克林顿政府的管理贸易政策在针对传统贸易领域的同时，也包括了他所认为的战略性贸易行业。克林顿政府认为，日本经济的成功在于它有效地利用了战略性贸易政策，推动了日本迅速工业化和提高了国际竞争力。在此理念推动下，克林顿政府主张美国效法日本，努力推进美国的经济和政治利益。克林顿政府中的许多重要人物，如白宫政策顾问艾拉·马加齐纳（Ira Magaziner）、总统经济顾问委员会（Council of Economic Advisers，缩写为 CEA）首席顾问劳拉·泰森（Laura Tyson）和劳工部长罗伯特·里奇（Robert Rich）等，坚信政府应促进某些产业的发展。他们认为，作为信息时代经济中重要高地的高工资、高劳动附加值或者高技术的行业应当受到保护，以免受日本和其他不公平贸易国家的掠夺性政策之害。克林顿政府认为，在上述产业，美国除了执行以结果为导向的有管理的贸易政策，以推进贸易谈判加快并使之取得明确结果之外，别无他法。具体说来，克林顿选择的战略性产业主要有：政府和产业集团推动半导体生产技术发展；技术再投资计划，开发国防技术的商业应用；先进技术计划，支持民用技术开放；研究与开发合作协议，政府与产业界利用联邦实验室开发新技术；高速计算机化及通讯计划，由政府与美国的三大汽车制造商合伙开发技术以提高燃料有效性及控制排气量；高清晰度屏幕显示计划；信息高速公路计划等等。

从管理贸易的视角看，奥巴马政府的贸易政策虽然没有明确的提出管

---

① ［美］罗伯特·吉尔平著，杨宇光等译：《全球资本主义的挑战：21 世纪的世界经济》，上海人民出版社，2001 年版，第 249 页。

② ［美］罗伯特·吉尔平著，杨宇光等译：《全球资本主义的挑战：21 世纪的世界经济》，上海人民出版社，2001 年版，第 254 页。

理贸易政策的说法，但其实际的做法是延续了克林顿政府管理贸易政策的做法，将宏观的政策、目标进一步细化与深化。奥巴马及其内阁成员在各种场合强调，美国贸易政策的关键与重点在于为美国产品打开外国市场。借鉴克林顿政府的经验，奥巴马在2010年就提出了国家出口计划（National Export Initiative，缩写为NEI），目标是在2014年时，美国从2009年的出口额基础上倍增。NEI初期成果是骄人的，2012年，基于2009年的数据，美国公司的出口额增长了10%；在2014年，出口额更是达到了最高值，2.3万亿美元，提供了1170万个工作岗位，而2009年仅提供180万个工作机会。为进一步支持出口，NEI在2013年为升级为NEI/NEXT，它从NEI所提倡的出口数值的扩大转化为强调特定基于公司帮助的政策，目的在于扶持公司的发展，营造支持出口的氛围。这可谓管理贸易政策的细化，不再是仅仅强调宏观的数据，转而为从事出口的基本单位——公司，提供政府财政支持和具体引导，同时，政府部门也在试图为出口公司的单证提供一套数字“单独视窗”系统（“Single Window” Portal）。图2—3给出了奥巴马政府上台伊始至2014年，美国部分商品出口数量增长的变化。

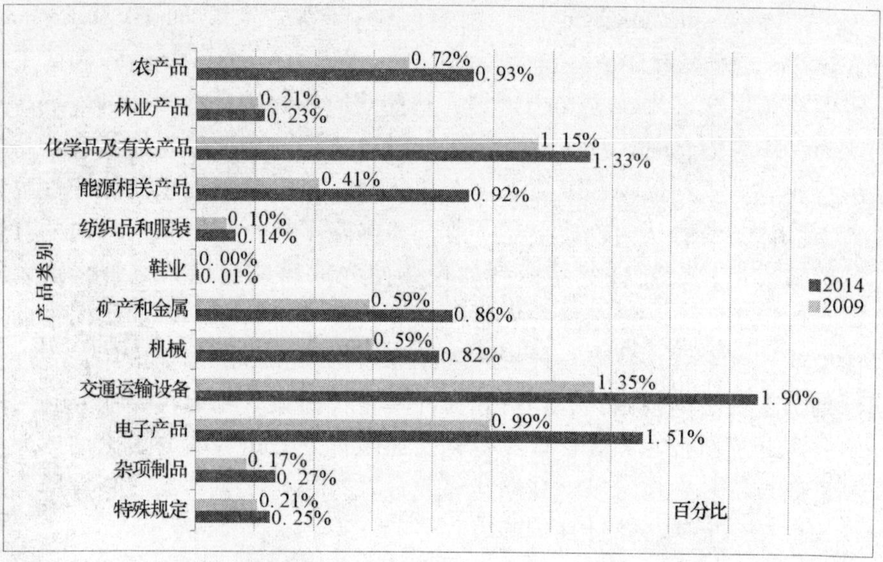

图2—3　2009—2014年美国主要产品出口变化百分比

资料来源：作者自制。根据United States International Trade Commission：*The Year in Trade 2014：Operation of the Trade Agreements Program*，66th Report，p.249（http：//www.usitc.gov/）制作。

管理贸易的主要表现形式是自动出口限制协定（Voluntary Export Restraint Agreements，缩写为VERs）、301条款与有序市场安排协定等，但主要的是自动出口限制协定。表2—1列出了自美国20世纪80年代以来，美国政府的主要管理贸易行为，可以看出，这种自动出口限制协定的主要签约国家是日本，内容涵盖汽车、钢铁、机床等。其中最具有典范意义的管理贸易行为是1986年美国与日本签订的半导体芯片协定。[①] 协议主要包括如下内容：为了阻止日本向美国市场倾销产品，两国政府采取了一个最低价格和由日本企业报告销量的制度；另外还有一个相对宽松的在第三国市场监督价格的制度，旨在保护美国对该市场的出口不受倾销影响；增加美国境内厂商在日本市场之份额。这个协议的意图是确保美国在日本市场以及第三国市场的目标市场占有率，并排斥第三国在日本的竞争。这个协议影响深远。劳拉·泰森认为，这个协议稳定了美国在世界芯片市场上的份额，为未来硅谷的重新崛起奠定了基础。[②] 到20世纪90年代，对许多美国人来说，半导体贸易协定的经验证明，结果导向的方法是明智的。[③] 因此，到克林顿政府时期，自动出口限制协定适用范围进一步扩大，日本汽车行业是其关注的重点。1993年，美日两国签署《美日新经济伙伴框架》，日本被迫接受了“成效导向”标准以进行分部门或产品谈判。这个协议利用美国制定的目标来迫使日本人完成进口指标。到老布什（G. W. Bush）政府时期，中国产品又成为自动出口限制的重点对象，例如，钢铁出品。2007年，中国被迫“自动”限制钢铁产品出口美国。

管理贸易最为重要的特点是“重结果、轻规则”。管理贸易政策的信徒认为，仅仅改变规则而不考虑贸易结果根本不能打开国外市场或者是保护美国产业，美国自二战之后的贸易赤字说明了这个问题；因此，需要一种新的思维、新的方法和新的政策来应对美国贸易出现的问题，那就是美国政府应该介入国际贸易中。

---

① ［美］罗伯特·吉尔平著，杨宇光等译：《全球资本主义的挑战：21世纪的世界经济》，上海人民出版社，2001年版，第233页。

② ［美］罗伯特·吉尔平著，杨宇光等译：《全球资本主义的挑战：21世纪的世界经济》，上海人民出版社，2001年版，第233页。

③ ［美］罗伯特·劳伦斯：《美国90年代的贸易政策》，［美］杰弗里·法兰克尔、彼得·奥萨格编，徐卫宇等译：《美国90年代的经济政策》，中信出版社，2004年版，第227页。

表 2—1　美国 20 世纪 80 年代以来主要管理贸易行为

时间（年份）	管理贸易行为
1981	与日本签订汽车自动出口限制协定
1986	与日本和台湾地区签订机床自动出口限制协定
1985—1986	与主要钢铁供应商签订自动出口限制协定
1986	与日本签订半导体协定
1989—1993	美国与西欧先后经历了水果罐头战，玉米、高粱、油籽战，肉类加工业战，美国使用了超级 301 条款，西欧被迫退让
1993	美日签署“美日新经济伙伴框架”，日本被迫接受了“成效导向”标准以进行分部门或产品谈判
1995	美日就汽车问题达成协议，对现有日本汽车经销商销售更多种类外国汽车的资格做出了说明，双方在协定中还规定用客观的指标评估两国政府执行协定的情况
2007	中国“自动”限制钢铁制成品出口美国

资料来源：作者自制。

就“重结果”而言，它企图实现贸易结果，这包括足够数量的配额或者是市场占有率，而不是仅仅改变规则。这充分表明管理贸易是以美国为中心的。过去美国迫使日本开放市场，起到了两方面积极的作用。首先，符合当时被日本市场拒之于门外的所有国家的利益。例如，美国迫使日本开放啤酒市场，这也使得澳大利亚出口商获益。因此，从一定的视角看，美国迫使日本打开它紧闭的市场实际上为多边贸易体系做出了贡献。而以结果为取向的管理贸易政策，目的在于迫使日本进口具体数量的美国商品。其次，美国过去的贸易举措也使日本消费者和日本经济的若干重要部门受益。例如，美国曾迫使日本废除歧视大企业的“大商店法”。但是，克林顿政府现在的作法只是想使美国出口商受益。结果导向的管理贸易方法倾向于双边而不是多边，比如，表 2—1 所显示的双边自动出口限制协定，它反对与美国不相称的或对美国不利的多边制裁、程序导向以及其他的一些贸易规则。

因此，从管理贸易的特点看，管理贸易实质是非经济性的，而是政治性的；它也是典型的保护主义。管理贸易反对竞争，它能够减弱进行价格竞争和降低成本式创新的激励，形成跨国界的规则，并进行像卡特尔式的企业中所进行的市场分配，以阻止新企业的进入。它也因之就是以纯政治权力代替了对国内产业的市场考验，用保护代替了调整。从某种角度上看，作为共和党的政府，里根总统原则上是反对保护主义的，他强调市场自由和不受干预的比较保守的经济思想；但是，根据他的商务部国际贸易次长莱昂内尔·H. 奥尔默（Lionel H. Olmer）的回忆，里根却不得不向保护主义投降，因为“为决策提供动力的是理想和政治之间的妥协，这种妥协时常无视经济分析、一般常识以及管贸易总协定的义务”。[①] 对此，里根总统管理和预算办公室的领导人戴维·斯托克曼（David Stockman）对里根政府影响贸易的后果总结如下：里根政府的贸易政策核心很清楚，支持自由贸易，但不放过任何机会寻找实施相反政策的借口，久而久之，就会发现这样的机会大量存在。[②] 因此，后期的研究者通常认为，里根总统只是言辞或哲学理念上的自由贸易者，实际上，他是自赫伯特·胡佛（Herbert C. Hoover）以来保护主义色彩最浓的一位总统。[③]

自产生后，管理贸易的发展起起伏伏。自由主义者强烈反对管理贸易。从经济学理论上看，管理贸易政策的结果只是昙花一现，它只实现了短期政治利益，而忽视了美国贸易政策的长期目标：通过对管理部门和工人进行调整的策略，提高美国企业的业绩从而增强它们的国内外市场上的竞争力。此外，管理贸易操作困难，比较难于执行，因为它没有明确的定义，把“以特定的数字目标为特征的有管理贸易”和“客观的指标或基准”很好地联系在一起是非常困难的。

但是，只要保护主义存在，管理贸易就具有永久的生命力。

二、贸易保护主义学说的嬗变[④]

二战后，伴随美国公众的不公平贸易认知和美国政府管理贸易政策的实施，美国学术界也展开了讨论，形成了各种百家争鸣的贸易保护主义学说，为美国贸易保护主义提供了理论基础或曰智力支持，使得政治家和游

---

① ［美］莱昂内尔·H. 奥尔默：《贸易政策》，载［美］马丁·费尔德斯坦主编，王健等译：《20 世纪 80 年代美国经济政策》，经济科学出版社，2000 年版，第 580 页。

② David Stockman, *The Triumph of Politics: How the Reagan Revolution Failed*, New York: Harper & Row, 1986, p. 158.

③ ［美］葆拉·斯特恩：《贸易政策》，载［美］马丁·费尔德斯坦主编，王健等译：《20 世纪 80 年代美国经济政策》，经济科学出版社，2000 年版，第 586 页。

④ 在本部分中，鉴于部分学说已经在文献综述中提及，为避免行文重复，对已经阐述的内容，将不再赘述，对于没有展开的部分，在此做详尽分析。

说家可以公开支持其选民及其自身利益。归纳来说，这些保护主义学说多是依托于诸多对自由贸易的非议或者是自由贸易理论的缺陷而发展起来的。“贸易保护主义极具有创造性。一个地方的自由贸易刚刚占据主流，它就在另外一个地方出现。”① 因此，保护主义学说也就此起彼伏。归结起来，自由贸易基本理论的缺陷集中在如下方面：自由贸易对经济发展和国际分工的影响、贸易对国家自主和国内福利的影响、自由贸易限定条件。正是在自由贸易理论“已经失去了中肯见解、富有预见魅力”② 的基础上，各种贸易保护学说诞生。美国主要的保护主义学说有：减少失业论、收入再分配论、平衡贸易失衡论、国防论、幼稚产业论及战略性贸易政策。

（一）减少失业论

最近，在英语世界，出现了一个新的英语单词，被誉为趋势性词语（Words with Trends），叫作底特律焦虑（Detriotus）。它的意思对于密歇根和它所代表的一切的忧虑，即一种不安的认识——在把大部分家具产业转移到中国后，要整顿剩下的任何一点点残余可能都太晚。③

底特律焦虑的核心是诠释就业与贸易的关系。这一焦虑在东海岸的弗吉尼亚州亦有书籍反应出来。《工厂男人》也反应了家具业的工人失业与困境，它讲述了一位家具制造商为应对来自中国的巨大竞争而采取的种种举措以及由此引起的生活变故。弗吉尼亚州的亨利县（Henry County）坐落在蓝岭山脉的山麓中，在过去一直是美国家具产业中心。在超过一个世纪的时间里，这里的人们大量生产价格实惠的木制卧室家具，冠以“维斯塔”、“凡尔赛”之类的品牌，销往日益壮大的中产阶级的郊区住宅区。但是，随着中国大量廉价家具的到来，这里的一切发生了变化：许多企业不得不把生产转移至亚洲，否则就没法与中国竞争。如今，亨利县的家具产业只剩下昔日余晖，它的故事也即将成为了好莱坞的现实影片。著名影星汤姆·汉克斯（Tom Hanks）已经买下了《工厂男人》的电影版权。这本书讲的就是一位家具制造商为应对来自中国的巨大竞争压力所做的挣扎。

在美国，贸易与就业高度相连，提及贸易，人们、特别是那些年龄偏

---

① Jagdish Bhagwati, “Protectionism,” in David R. Henderson ed., *The Concise Encyclopedia of Economics*, Indianapolis, IN: Liberty Fund Inc., 2002, http://www.econlib.org/library/Enc/Protectionism.html.

② W. M. Corden, *The Revival of Protectionism*, Occasional Papers, No. 14, New York: Group of Thirty. 转引自［美］罗伯特·吉尔平著，杨宇光等译：《国际关系政治经济学》，经济科学出版社，1989 年版，第 203 页。

③ 转引自《参考消息》，2015 年 6 月 10 日。

大且教育程度偏低的人群，首要想到的就是失业。自20世纪60年代以来，美国制造业岗位数量在经济中所占比重一直在减少。以绝对值来说，制造业岗位数量在1979年6月曾达到近1960万个的顶峰。相比之下，即使在近期的增长之后，这一数字也已在2015年5月跌至只有1230万个，占劳动人口的比例不到9%。[①]

从学理上看，“减少失业论”是“自由贸易对国际分工”影响的负向反应。经济学家也许会强调开放贸易在提高生活水平方面的好处，但是贸易最引人注目的政治问题是就业。[②] 从理论上说，自由贸易能够促进稀缺资源在全球有效配置，带来富有效率的劳动分工，但在现实贸易生活中，自由贸易也带来了对就业的负面影响，这表现在两个方面：一方面，商品进口造成了相关产业工人失业或者调整。在“减少失业论”者看来，国内某一产业面临激增的进口产品，不得不选择减少产品生产量或者降低成本，而这两个结果中的任何一个都对工人具有真实而迫切的影响：工人不得不失业或者进行调整。因而，实际上是工人承受了贸易的负面影响：调整的成本与压力，甚至具体威胁到他们细致的生活内容，例如，工人可能不得不因为转行而搬家。由于这种变化确实威胁了工人，因此，他们趋向于抗拒自由贸易。通常而言，政策制定者需要关注工人的主张，尤其是在选举之年。在竞选总统的演讲中，奥巴马常宣称美国工人发现工厂设备“突然间就被拆下来运到中国去了”。[③] 另一方面，自由贸易也造成了外包出现，“减少失业论”者认为这减少了美国工人的就业机会。奥巴马在决定参加美国总统选举后，2007年8月，他与参议员理查德·德宾（Richard Durbin）等提出了“2007年爱国雇主法案”（Patriot Employer Act of 2007），鼓励本土企业留守美国。[④] 在其就任之后，更是倡导美国公司“经济爱国主义”，将工作机会保留或者回迁美国。

“减少失业论”发展的结果是：为美国人创造更多的就业机会现在几乎成了政治口号。近乎美国所有的贸易协定或者是经济发展方案，其开篇必言“增加就业”。2015年《美国总统经济报告》以及《2015年美国总统

---

① 数据来源［美］肖恩·唐南：《TPP真能提升美国就业?》，载《金融时报》（中文网络版），2015年6月12日，http：//www. ftchinese. com/story/001062503。

② ［美］罗伯特·劳伦斯：《美国90年代的贸易政策》，［美］杰弗里·法兰克尔、彼得·奥萨格编，徐卫宇等译：《美国90年代的经济政策》，中信出版社，2004年版，第238页。

③ ［美］尼克·蒂明罗斯：《美国总统参选人借抨击中国凝聚人气》，载《华尔街日报》，2008年2月27日，http：//chinese. wsj. com/gb/20080227/bus141449. asp? source = whatnews1.

④ 即S. 1945，详细内容参见国会图书馆网站，http：//thomas. loc. gov/cgi - bin/thomas.

贸易议程》，均占据极大篇幅的是美国公众就业问题。总体而言，减少失业论始于20世纪70年代，自此薪火不断，并影响日盛，成为当代最具有迷惑力的贸易保护主义学说。

但是，这一观点也广受诟病，人们认为这只是关注到了事情的一面，而没有注意到另外一面。对此进行深入研究的学者或者是某些政府官员，并不认为外包会减少美国工人的就业。美国前贸易代表莎琳·巴尔舍夫斯基（Charlene Barshefsky）在一次研讨会上提出，认为公司变革把工作机会转移到最贫困国家的想法根本就没有得到证实。① 美国的失业关联产业常常是制造业，而服务业提供的就业也需加以关注。1979年制造业岗位数量达到高峰后，健康和教育服务业就业人数从670万增加到2200万，增加了两倍多。中国加入WTO至今已有14年，其间美国健康和教育服务业创造了510万个就业机会，相较于同时期制造业丢失的340万个就业机会，新增岗位多出50%。此外，就业的减少，部分原因也是由于科技进步导致的劳动生产率的提高。根据官方估计，美国出口行业去年用工人数为1170万人。但由于科技进步等因素，2014年美国出口行业每创造10亿美元收入，所产生的就业机会仅为5796个，5年前这个数字是7117个。② 曾担任克林顿政府经济顾问委员会（Council of Economic Advisers）主席的马丁·尼尔·贝利（Martin Neil Baily）表示，想在就业和贸易之间建立起令人信服的联系向来不容易，虽然从政治上考虑总统们都希望能建立这种联系。③

（二）收入再分配论

收入再分配论是“贸易对国内福利”影响的反应。从宽泛的意义上看，收入再分配论也包含着“工资停滞论”。公众不仅目睹了失业，也目睹了工资的停滞。

虽然经济专业化和自由贸易最大限度地增加国家的福利，但贸易并不直接决定国家中个体的贸易收益的均等，个体来自贸易的收益是不均的甚至根本是不同的。“收入再分配论”认为可以通过政府的干预，对贸易收益进行再分配，以帮助那些在自由贸易中处境不利的群体；否则，他们就会倾向于贸易限制。支持自由贸易的观点通常反对“收入再分配论”的观

---

① ［美］莎琳·巴尔舍夫斯基：《评论》，［美］杰弗里·法兰克尔、彼得·奥萨格编，徐卫宇等译：《美国90年代的经济政策》，中信出版社，2004年版，第250页。

② ［美］肖恩·唐南：《TPP真能提升美国就业?》，载《金融时报》（中文网络版），2015年6月12日，http：//www. ftchinese. com/story/001062503。

③ ［美］肖恩·唐南：《TPP真能提升美国就业?》，载《金融时报》（中文网络版），2015年6月12日，http：//www. ftchinese. com/story/001062503。

点，认为贸易政策本身就可以矫正收入的不平等，因为自由贸易本身就是对资源有效的配置，它的再分配作用更加直接。另外，在某些行业中的贸易限制提高而不是降低了收入的不平等。①

收入再分配论自20世纪90年代以来颇有影响力，这主要是随着全球一体化深入发展，美国社会贫富收入差距不断扩大。美国劳联—产联（American Federation of Labor and Congress of Industrial Organizations ，美国劳工联合会—产业工会联合会，简称为“劳联—产联”，英文缩写为AFL－CIO）主席理查德·特拉姆卡（Richard L. Trumka）也正是基于这一论点，认为美国贸易政策并不是为工人服务的，而是有利于华尔街与华盛顿的人士。②

但整体而言，“收入再分配论”在美国影响甚微，因为“美国的政治经济体系的前提是，经济活动的基本目标是在最大限度创造财富的同时，使消费者获益，财富分配位居其次”。③

（三）平衡贸易失衡论

平衡贸易失衡论是对“贸易对国家自主”影响的反应。平衡贸易失衡论包含两方面内容：其一，贸易失衡是一国经济病态的反应；因此，国家应颁布新的贸易政策，以减少贸易逆差，或者是提高贸易盈余。这实际上就是重商主义者的观点：对一个国家来说，贸易盈余越大越利。但自由贸易主义者对此进行了批驳，认为贸易失衡与否并不是一国经济健康与否的表现，贸易赤字是由国内宏观经济政策导致的，而不是国外贸易伙伴不公平的贸易政策的产物；另外，保护主义措施的效果可能走向反方向：减少进口的措施会导致出口的减少；更为重要的是，从长期看，其一，贸易平衡对一国经济发展具有很小的影响力。其二，贸易赤字和总体就业之间存在着一种机械关系，贸易赤字越大，则美国整体失业率越高。但研究表明，这一观点是错误的，20世纪90年代后期，美国经济实现了充分就业

---

① Cletus C. Coughlin, K. Alec Chrystal, Geoffrey E. Wood, “Protectionist Trade Policies: A Survey of Theory, Evidence, and Rationale”, in Jeffry A. Frieden and David A Lake, eds. , *International Political Economy: Perspectives on Global Power and Wealth*, Beijing: Peking University Press, 2003, p. 311.

② Richard L. Trumka, “*U. S. Trad e Policy and American Workers: Finding the Elusive Win－Win Solution*”, March 18, 2015. http://www.piie.com/publications/papers/trumka20150318.pdf.

③ ［美］罗伯特·吉尔平著，杨宇光等译：《全球政治经济学——解读国际经济秩序》，上海人民出版社，2006年版，第137页。

和巨额贸易赤字并存。①

自20世纪70年代，美国二战后首次出现逆差后，平衡贸易失衡论就开始出现，进入80年代后至今，平衡贸易论愈演愈烈，它已经成为美国贸易保护主义者最为冠冕堂皇的理由。因为贸易保护主义者常常将美国出现的贸易问题归结为美国贸易的失衡，或者是全球贸易的不平衡。例如，2007年开始的美国金融危机，部分美国人士就归罪于持有大量贸易盈余的国家。②

但是，也有学者认为贸易赤字不能反应美国产品竞争力，因为它受制于很多因素：国外其他经济体的相对增长率、货币的相对币值、国民的储蓄水平。而且，它也不能说明美国的经济情况。相反，贸易逆差大时，反倒是美国经济繁荣之时，而逆差小时，则往往是美国经济不景气时。③

（四）国防论

它亦是对“贸易对国家自主”影响的反应。国防论包括两部分内容：一部分是以国家安全的名誉限制进口。这一部分认为，自由贸易将本国经济与世界经济相联系，贸易伙伴国的市场兴衰与动荡就会影响到本国国际收支，进而影响国家的自主性。因而，进口商品增加了贸易国经济的脆弱性，使得国内经济服从于国际经济，威胁到国家安全。以对日贸易为例，20世纪80年代，美国国防部声称，如果美国没有一个独立的半导体产业，那么在使用高科技武器的芯片方面，军方就会过于依赖日本和其他的国外供应商。为了确保国家在危机时刻能够生产出关键商品的能力，进口障碍是必要的。但是，自由贸易主义者认为国防论忽视了在紧急情况下从友好国家购买和存储的可能。④ 总体来看，国防论限制进口所折射出来的贸易与安全问题，自贸易诞生之日开始，持久存在。实际上，这折射了“黄油”与“大炮”的经典博弈之争，鉴于冷战的结束，“黄油”目前占据着主导。另一方面，国防论还包含着限制出口。二战后，鉴于世界分为东西

---

① ［美］罗伯特·劳伦斯：《美国90年代的贸易政策》，［美］杰弗里·法兰克尔、彼得·奥萨格编，徐卫宇等译：《美国90年代的经济政策》，中信出版社，2004年版，第239页。

② 详细参见［美］安德鲁·巴特森：《鲍尔森：我没有怪中国》，载《华尔街日报》，2009年2月6日，http：//chinese. wsj. com/gb/20090206/chj100357. asp？ source = UpFeatur。

③ Andrew H. Card and Thomas A. Daschle, Edward Alden and Matthew J. Slaughter, “U. S. Trade and Investment Policy (Updated)”, *Council on Foreign Relations Report* No. 67. April 2015, pp. 4 – 5. http：//www. cfr. org/trade/trading – up – us – trade – investment – policy/p31813.

④ Cletus C. Coughlin, K. Alec Chrystal, Geoffrey E. Wood, “Protectionist Trade Policies: A Survey of Theory, Evidence, and Rationale,” in Jeffry A. Frieden and David A Lake, eds., *International Political Economy: Perspectives on Global Power and Wealth*, Beijing: Peking Univerity Press, 2003, p. 310.

两个意识形态不同的经济团体，为了控制技术制高点，美国以及盟友结成巴黎统筹委员会共同限制对东方国家出口高科技敏感技术。这就是美国有名的出口管制制度。这一政策实施的结果是：惩罚了美国商人，疏远了许多友好的贸易伙伴，[①] 就连积极倡导这一政策的美国国防部也出现了杂音。2007 年，美国国防分析研究公布的一项报告认为，美国的出口控制体系“与当今世界的全球制造、技术发展和资本流动步调不一致”。[②] 2009 年 1 月初，美国国家科学院向彼时正在候任的总统奥巴马提交了一篇报告。报告认为，“防止外国人获得重要技术可能在过去几十年是有用的，因为那时美国在所有技术领域都是无可争议的技术领袖。但今天，美国正在失去科学与技术的垄断地位。”报告因此建议：在一年之内重新评估高科技出口管制政策，建立新的以“开放和接触”为主要特色的新政策，平衡美国的经济利益和国家安全。[③] 2009 年 1 月 14 日，美国商务部宣布了一项与中国相关的新政策：给美国对华高科技出口松绑，将以往对华高科技出口的逐个审查，调整为向中国民用企业发放执照。

总体来说，如果信奉国家安全论，认同科技产品关键技术之于国家安全的重要性，那么，强调普通产品之于国家安全的过度重要性，课以重税，就有失偏颇，可能造成这一结果的承受者成为最为下层的美国人民，而富裕阶层却成为受益者，进一步提升美国公众之间的不平等（参见表 2—2）。

表 2—2　不同质地生活用品的美国关税情况

品名	关税（%）		
	奢侈品	中等产品	低端产品
鞋子	8.5	20	48
毛衣	4	16	32
男士衬衫	0.9	19.7	32

① ［美］莱昂内尔·H. 奥尔默：《贸易政策》，载［美］马丁·费尔德斯坦主编，王健等译：《20 世纪 80 年代美国经济政策》，经济科学出版社，2000 年版，第 580 页。

② 《美国放松对华高科技产品出口管制》，2009 年 1 月 20 日，载中国贸易救济网，http：//www.cacs.gov.cn/zhongmeimaoyi/Show.aspx？str1 =1&articleID =49364。

③ 《美国放松对华高科技产品出口管制》，2009 年 1 月 20 日，载中国贸易救济网，http：//www.cacs.gov.cn/zhongmeimaoyi/Show.aspx？str1 =1&articleID =49364。

续表

品名	关税（%）		
	奢侈品	中等产品	低端产品
饮水杯	3	22.5	28.5
胸罩	2.7	—	16.9
手袋	5.3	10	16
开口式枕套	4.5	11.9	14.9
毯子	0	8.4	8.5
匙子	3.3	4.2	14.0
项链	5	6.3	11

资料来源：Edward Gresser，"The Forgotten Tax：The Unequal Burden of Tariffs"，*Spotlight on Poverty and Opportunity blog*，February 15，2012，http：//www.spotlightonpoverty.org//users/spotlight_on_poverty/documents/Gresser_Spotlight_02152012%20to%20post.pdf。

（五）保护幼稚产业论与战略性贸易政策

它们是对"自由贸易限定条件"的反应。古典自由贸易主义通常对自由贸易原理设定了限定条件，认为比较利益是静态的、先天的。但随着贸易实践的发展，特别是日本经济在20世纪七八十年代取得的惊人成就，现在的学者们通常认为比较优势是动态的、人为的，是公司和国家政策的产物。另外，依据贸易现实，今天的自由主义贸易派也认为国家在某些情况下可以推行保护主义，自由贸易不是所有时期、所有国家的最佳政策。正是在这些变化的基础上，保护幼稚产业论和战略性贸易政策有了其合理性，各国采取了旨在保护和发展某些工业部门的产业政策。

"保护幼稚产业论"是美国最古老的贸易保护主义学说，它可以追踪到汉密尔顿。二战后，随着贸易的发展，"保护幼稚产业论"也处于不断发展更新中，在20世纪80年代末，"保护幼稚产业论"再一次达到了高潮，有学者提出了保护"衰老"即成熟工业的理论。[1] 保护"衰老"产业论认为，外界的冲击影响和全球比较利益的变化，已经使得先行产业通常的不利之处更加突出。为适应不断变化的经济环境，产业调整或转移的成

① ［美］罗伯特·吉尔平著，杨宇光等译：《国际关系政治经济学》，经济科学出版社，1989年版，第215页。

本已经大大增加，另外，外国竞争者的介入，也使得企业投资的积极性降低。在这种情况下，一种工业就会发现自己陷入了深刻的变化和适应过程中，以至于处于与新生工业类似的地位。因此，国家应该对这些衰老产业加以保护，以利于它们的发展与调整。保护幼稚产业的目的是为了提升国内某一产业，一般具有临时性，即使最坚定的幼稚产业论者也认为一定时间后要恢复自由贸易。① 但事实上，保护通常难于取消。因为“伴随着这个产业的发展，它的政治抵抗能力也在发展”。② 这就使保护幼稚产业具有了彻底的贸易保护主义性质。

“战略性贸易政策”又被称为新贸易理论。“最近的理论发展无一例外的认为战略性贸易政策优于自由贸易。”③ 战略性贸易理论对经济学界以前明确支持自由贸易的理论基础提出了质疑，为贸易保护主义提供了新的理论支撑点。④ 这表现在它为国家采取保护主义措施向某些工业实施补贴和采取其他产业政策提供了理由，国家采取的这些政策措施使本国公司在国内和国际市场上具有确定无疑的优势。战略性贸易理论的核心思想是，在全球不完全竞争的市场上，公司和政府可以采取补贴等战略性行动，从而改善本国的国际贸易状况和国民福利。1987 年，保罗·克鲁格曼（Paul R. Krugman）通过对波音和空客生产飞机策略的不同组合论证了战略性贸易政策，认为明智的政府应该干预并可改变产业政策的结果，方法是政府补贴。同时，政府也会为落实上述行为设立机构或者制度。实际上，战略性贸易政策是一种典型的保护主义行为，它以外国公司的代价促进本国相关产业竞争性发展，同时提高了本国经济福利或者军事安全。美国的做法颇受非议，自由贸易主义者认为这破坏了社会福利收益。另外，这也是“美国反对美国”的典型事例，战略性贸易政策是美国针对其他国家特别是日本提起公平贸易的原因，美国如此做法，为别国政府提供了口实。

---

① 例如，弗里德里希·李斯特（Friedrich List）。参见［德］弗里德里希·李斯特著，陈万煦译：《政治经济学的国民体系》，商务印书馆，1997 年版。

② Cletus C. Coughlin, K. Alec Chrystal, Geoffrey E. Wood, "Protectionist Trade Policies: A Survey of Theory, Evidence, and Rationale", in Jeffry A. Frieden and David A Lake, eds., *International Political Economy: Perspectives on Global Power and Wealth*, Beijing: Peking University Press, 2003, p. 313.

③ Cletus C. Coughlin, K. Alec Chrystal, Geoffrey E. Wood, "Protectionist Trade Policies: A Survey of Theory, Evidence, and Rationale", in Jeffry A. Frieden and David A Lake, eds., *International Political Economy: Perspectives on Global Power and Wealth*, Beijing: Peking University Press, 2003, p. 314.

④ ［美］罗伯特·吉尔平著，杨宇光等译：《全球政治经济学——解读国际经济秩序》，上海人民出版社，2006 年版，第 110—112 页。

“实际上，美国战略性贸易政策挫伤了美国公平贸易的逻辑。”①

综上所述，二战后的美国，各种限制贸易的学说出现，尽管说法各异，但其核心是保护主义的，它们为贸易保护主义行为提供了理论支撑，削弱了学术界普遍称颂的自由贸易政策有百利而无一害的传统认知。公开否认上述保护主义理念，奉行真正的自由贸易常常成为保护主义的牺牲品。2004 年，美国白宫总统经济顾问委员会首席顾问的尼古拉斯·曼基（Nicholas G. Mankiw）因支持自由贸易政策，称美国企业业务外包不是造成美国失业的原因而受到政客围攻，不得不黯然辞职。②

三、逐渐走进贸易议程的贸易限制新议题

自冷战结束以来，美国贸易保护主义进入到了一个新时期，传统贸易保护主义日渐式微，新问题彰显。这些新问题主要包括劳工、人权、环境、国家主权和卫生健康标准议题等。这些新议题的特点是：涉及到一国内部贸易政策、以前被认为完全属于国内事务的问题；人们对它们的关注目的已经从非传统的自由贸易能否带来经济利益转移到自由贸易能否实现其他目标方面发挥作用；自 20 世纪 90 年代以来，这些新议题对现有贸易和贸易谈判冲击越来越大，特别是劳工与环保问题。克林顿执政时期，重新授予总统贸易促进权的立法两次遭到否决，在小布什（G. W. Bush）执政期间侥幸过关，2007—2015 年，民主党控制的四届国会，参议院都拒绝给予奥巴马政府此项权利，反对该授权的人最明确的理由是，政府对贸易国家的劳动与环保标准重视不够，必须将之写进贸易议程。

在美国国内，这些新议题导致了新的贸易政治局面的出现。在过去，它们被视为纯粹的国内和国际非贸易组织所关心的问题，美国政府进行的国际贸易谈判鲜少涉及这类议题；为了达到贸易自由化的目的，在绝大多数情况中，主要的博弈者是经济利益相对狭小的，也即地区性的经济利益。因此，美国政府的贸易协定有可能获得两党的支持。但是现在，当贸易政策开始处理其他问题时，它成了各方就有争议的问题展开论战的战场。那些从前未曾参与贸易政策制定过程的团体发现，他们有丧失利益的风险。因此，也加入到贸易政治中。时至今日的贸易政治是：一方面美国

① Stanley D. Nollen and Dennis P. Quinn, “Free Trade, fair Trade, Strategic Trade, and Protectionism in the U. S. Congress, 1987 - 88”, *International Organization*, Vol. 48, No. 3, 1994, p. 496.

② 谭新木：《勿用政治口号给经济政策搞促销》，载《华尔街日报》，2009 年 2 月 3 日，http://chinese.wsj.com/gb/20090203/CWS175425.asp?source=UpFeature。

公众和美国贸易政策制定者支持这些议题写入贸易议程，并坚决认为应该并入国际贸易机制，自由贸易应该从属于不断变化的政治议程以实现特定目标；另一方面，大多数经济学家和商业集团强烈反对将这些问题与国际贸易谈判合并，担心无论某些集团如何意愿良好，劳工标准、人权和环境保护等仍将为彻底的保护主义者利用。美国政府若然在这些议题上投入太多关切，必将造成“对贸易保护主义者的迎合”。[①] 而在外国政府特别是发展中国家看来，这是不加掩饰的保护主义或者是将他们社会政策中的缺陷作为限制贸易的借口。[②] 但是，现在的贸易现实是，在美国主导下的各种双边或诸边贸易协定中，这些新议题已经成为磋商主要议题并加以规则化。

（一）环境保护议题

环境保护之所以与贸易议题相关联，最为重要的原因是它关联着不公平贸易。在美国，坚持将环保议题与国际贸易相连的人认为，外国宽松的环境标准意味着企业不一定非得安装污染控制类的设备，所以，在环保标准宽松的国家进行生产的厂商能以低价击败必须支付这类费用的厂商。由于环境标准不同，美国的厂商面临着“不公平”的竞争，因为它们的政府推行的是更严厉的环境标准。虽然几乎没有一个提倡自由贸易主义者反对环境保护，但是大多数人坚决支持将其写进贸易协定，却是最近几年发生的事情。在1991年的海豚事件中，人们对此还加以反对，认为保护环境的措施会把贸易谈判从商品贸易转移到生产领域，而后者显然是一个国家的内部事务，几乎没有一个国家能够容忍这种权力的延伸。[③] 但是，现在的情况正好相反。

从广被认为不适宜地进入贸易议程到现在成为美国贸易议程中的核心内容，环境保护议题经历了一个长达20年的历程。这既得益于环保主义者的努力，也得益于美国政府认知的转变。

---

① I. M. Destler, “American Trade Politics in 2007: Building Bipartisan Compromise”, *Policy Brief of Peter G. Peterson Institute for International Economics* (May), No. Pb07 - 5, 2007, p. 2.

② I. M. Destler, *American Trade Politics*, Washington, D. C.: Institute for International Economics, 2005, p. 270；谢申祥等：《环境损害与战略性研发政策》，载《世界经济》，2014年第11期，第53—71页。

③ 1991年，关贸总协定否决了美国的一项禁令，该禁令禁止进口采用会杀害海豚的方法捕捞金枪鱼。这被称为“海豚事件”。这个案例是由墨西哥对美国保护海豚法案伤害了墨西哥渔民的指责引起的。关贸总协定的既定原则有一款规定：政府不应当因一种产品的生产方式而歧视该商品。详细参见［美］罗伯特·吉尔平著，杨宇光等译：《全球政治经济学——解读国际经济秩序》，上海人民出版社，2006年版，第202页。

美国环保主义者可以分为两类：一类接受自由贸易原则，但认为环境保护应该并入贸易谈判，是法定磋商目标的一部分，即使不优于贸易自由化，也应该平等对待，但可以不在文字上要求这些标准必须成为所有贸易协议的组成部分。这一类型环保主义者的理念是：由于生产集中在环保最弱的区域，世界污染问题将更加恶化，全球生态系统正在受到由贸易推动的无节制经济活动的威胁；必须在全球范围内解决不断扩展到各国境外的环境问题。另外一类激烈反对自由贸易，认为贸易自由化关于环境的规定采取“就低不就高”的“竞相就低”（race to the bottom）的标准，降低了社会生活的质量和水平。具体言之，在经济全球化中，在竞相追逐利润的法则下，没有环保法规国家的生产厂商挤掉了其他国家必须付出法律成本的生产商，这将导致后者迫使本国政府放宽环保管制。为此，他们要求政府不要放宽国内标准而是要求其他国家提高标准。偏激的环保主义者常常与美国新孤立主义保守派结盟，成为有关贸易政治斗争的强大支持力量，激烈反对贸易自由化。1997 年，他们甚至将多边投资协议（MAI）称之为“掠夺许可证”（license to loot），而事实上，这个协议只是原有规则的汇编而已，克林顿政府被迫放弃。

自 1994—2014 年的 20 年间，美国政府不断推进环保议题进入贸易协定中。20 世纪末环境保护主义者对贸易机制的反对日益强烈，被公认为克林顿政府时期两大贸易障碍之一。[①] 1992 年签署的《北美自由贸易协定》（North American Free Trade Agreement，缩写为 NAFTA）就包含了环境保护的条款，开贸易协议条文包含此类内容的先河。经历了小布什（G. W. Bush）政府时期，到现在的奥巴马总统，环境保护被美国政府放在了更为优先的位置，2009 年 1 月，奥巴马总统经济顾问大卫·邦宁（David Bonior）将奥巴马的产业政策描述为绿色能源的新经济。[②] 奥巴马已明确表示，减缓气候变化将成为政府的当务之急，力争到 2050 年把温室气体排放较 1990 年水平降低 80%；他的经济刺激计划包括为建立一个新的清洁能源基础设施提供大量的资源，为提高能效做出更大的努力，以及为摆脱对化石燃料的依赖而采取新的举措。[③] 表 2—3 给出了这一议题的美国政

---

① 另一个为劳工问题，See I. M. Destler, *American Trade Politics*, Washington, D. C.: Institute for International Economics, 2005, p. 252。

② ［美］乔纳森·温斯曼：《奥巴马计划进一步干预经济》，载《华尔街日报》，2008 年 11 月 20 日，http://chinese.wsj.com/gb/20081120/bus165442.asp?source=article。

③ 班宁·加勒特、乔纳森·亚当斯：《通往中美携手合作之路》，载《金融时报》，2009 年 2 月 10 日，http://www.ftchinese.com/story.php?storyid=001024580&page=2。

府态度转变的过程。

表 2—3　1994—2014 年环保条款在美国双边与诸边自由贸易协定中的情况

	1994 年———————————→2014 年				
	北美自由贸易协定（NAFTA）	约旦	新加坡 智利 澳大利亚 摩洛哥 中美洲自由贸易协定（CAFTA－DR） 巴林 阿曼	秘鲁 哥伦比亚 韩国 巴拿马	跨太平洋伙伴关系（Trans－Pacific Partnership）
有无环保条款	√	√	√	√	√
是否主协议	×	√	√	√	√

资料来源：作者根据美国贸易代表办公室（USTR）资料自制。USTR 网址为 https：//ustr. gov/。

（二）劳工标准议题

冷战后，劳动力标准问题已经成为阻碍贸易自由化的主要问题。它主要包括童工（通常指十三四岁或不足十三四岁的孩子）、工作场所的健康与安全性（指工厂的安全生产程序、设备操作规章和卫生标准）以及每日工作时数和每周工作天数。劳工标准议题被公认为克林顿政府时期两大贸易障碍之一。[①] 关注劳工标准的人认为，如果能迫使发展中国家的厂商提供安全、健康的工作环境并落实发达国家厂商所遵守的工作日、工作周长度，那才会有“公平”的贸易，因为这样所有的厂商是站在同一起跑线上展开竞争。1996 年，WTO 新加坡部长会议，克林顿政府试图把劳工标准引进多边贸易体制。在小布什政府（G. W. Bush）时期，美国劳工组织一再试图使这一问题走出美国国界，劳工标准国际化。同环保议题一样，现

---

① 另一个为环保问题。See I. M. Destler, *American Trade Politics*, Washington, D. C：Institute for International Economics, 2005, p. 252.

奥巴马总统也将劳工标准议题放在了更为优先的位置。2009 年 1 月，奥巴马总统利用与墨西哥总统费利佩·卡尔德龙（Felipe Calderon）首次会谈的机会，敦促墨西哥实施更严格的劳工标准。[①]“如果能够解决劳工问题，就可以期望其他问题得到有条不紊的解决。”[②]

在美国，共有四类人关注这一问题。首先，美国选民压倒性地支持这个目标。2007 年 6 月，芝加哥对外关系委员会（Chicago Council on Foreign Relations）公布的民意调查显示，就“国际贸易协议中是否应包含各国应维护劳动条件的最低标准”的问题，美国人持肯定态度者占被调查人数的 93%。[③] 其次，美国有组织劳工提倡这个标准，认为发展中国家的“血汗工厂”严重威胁着美国工人的生存空间。例如，美国劳联—产联与美国钢铁工人联合会（The United Steelworkers，缩写为 USW），其主席理查德·特拉姆卡（Richard Trumka）在多种场合不断重申，美国产业工人并不是没有竞争力，美国拥有世界上最有产能的高素质工人，但竞争不过来自于血汗工厂的亚洲工人。再次，人权组织也赞同加强劳工标准，认为贸易侵犯了人权，鼓励了童工。最后，民主党通常支持新贸易协议中加入劳工标准条款。在多边框架下，1998 年 5 月，WTO 日内瓦第二次部长会议，克林顿建议“成立一个贸易和劳工方面的研究小组”，以谋求在贸易协议中加入劳工条款，但因发展中国家的强烈反对而告终。在双边贸易安排中，克林顿政府坚持《北美自由贸易协定》（North American Free Trade Agreement，缩写为 NAFTA）必须伴有“补充协议”，该协议的劳工条款规定各方执行它们各自的劳动法。在国会山上，民主党更是常常支持在全球范围内推行劳工标准。俄亥俄州民主党参议员谢罗德·布朗（Sherrod Brown）认为，“每一次选举，来到国会的民主党人都愈发清晰地感受到，美国劳工所承受的全球化弊端之苦有多么深重。”[④]

---

① ［美］贾格迪什·巴格沃蒂：《奥巴马必须向保护主义开战》，载《金融时报》（中文网络版），2009 年 2 月 6 日，http：//www. ftchinese. com/story. php？storyid = 001024530。

② I. M. Destler，“American Trade Politics in 2007：Building Bipartisan Compromise”，*Policy Brief of Peter G. Peterson Institute for International Economics*（May），No. Pb07 – 5，2007，p. 7.

③ Chicago Council on Foreign Relations，“*World Public Opinion – Global Issues* 2007”，p. 11. http：//issuu. com/worldpublicopinion/docs/wpo07_ fullreport.

④ 艾伦·贝蒂：《自由贸易集体失语》，载《金融时报》（中文网络版），2009 年 2 月 9 日，http：//www. ftchinese. com/story. php？storyid = 001024558。

尽管劳工标准可能是出于人道主义的考虑，但是事实上，这种“关心”的背后的真实动机是希望获得保护。[①] 美国劳工议题上的保护性首先体现在其劳工标准规范上。“美国的劳动法要么公然违反了国际劳工组织（ILO）的核心标准，要么在国际劳动组织的标准胜过既定美国成文法和长期通行解释的情况下，美国律师们却试图挑战和超越它。”[②] 后者主要表现在美国劳动法用语模棱两可，在解释其效力时，美国律师裁量权自主性高。从原则上，美国赞同1998年6月国际劳工组织的“劳动基本原则与权利宣言”。国际劳工组织的主要观点是：结社自由和有效承认集体谈判的权利、禁止所有形式的强迫劳动、有效阻止童工、消除就业与职业上的歧视。但是，美国没有简单认同这些权利，而是提出了美国标准。2001年，民主党提出的贸易促进授权法案中，将上述劳动力权利描述如下：结社的自由，集体谈判的权利，禁止就业歧视、童工和奴役。比较这二者之间的不同，我们可以看出美国对此规定得比较含糊与简约。有学者认为这符合美国法律的语言，这样的措辞经常出现在美国贸易协定中，主要目的是“排除美国公众的顾虑，即美国贸易法可能成为伙伴国诉讼对象”。[③]

此外，劳动力标准上的保护性还表现在美国行为的矛盾性上。首先，虽然上述劳工标准的提倡者可能是出于真正关心劳工问题，但他们往往成为贸易保护主义的工具，受保护主义利益的驱使，表现出前后行为的不一致。典型案例是2000年初，美国同意增加柬埔寨出口到美国的纺织品限额，柬埔寨则同意提高劳工标准，包括大幅度提高工资。执行该协定后，柬埔寨纺织工人每月工资为40美元，作为比较，我们可以看一下同时期柬埔寨大学教授的月工资，仅为20美元，但是，美国工会反对这项计划。[④] 其次，美国劳工标准内外有别。美国是发达国家中最赞成把核心劳工标准纳入贸易协定的国家；然而，美国国内却很少有人支持美国施行这些

---

① ［美］丹尼斯·R. 阿普尔亚德、小艾尔弗雷德·J. 菲尔德著，龚敏等译：《国际经济学》，机械出版社，2003年版，第290页。

② Theodore Moran and Gary Clyde Hufbauer, “Why a Grand Deal on Labor Could End Trade Talks”, *Financial Times*, March 12, 2007.

③ I. M. Destler, “American Trade Politics in 2007: Building Bipartisan Compromise”, *Policy Brief of Peter G. Peterson Institute for International Economics* (May), No. Pb07 - 5, 2007, p. 7.

④ ［美］罗伯特·吉尔平著，杨宇光等译：《全球政治经济学——解读国际经济秩序》，上海人民出版社，2006年版，第205页。

标准。[1] 与其在国际上的所作所为相比，美国在国内立法中只通过了有关执行上述国际劳工组织四个核心劳工标准的两个协定，其中有关集体谈判的权利和非歧视性方面的协定没有获得通过。与此相反，虽然其他几个发达国家的国内社会权利要广泛很多，但是它们在国际上却不像美国那样坚持劳工标准。有鉴于此，美国在国际上推行劳工标准的虚伪性好像成为了司马昭之心，路人皆知。因此，在大多数学者、贸易政策制定者以及美国贸易伙伴特别是发展中国家看来，在海外实施核心劳工标准的要求是贸易保护主义的遮掩，因为他们限制的是别国政府，也不会给美国工人带来直接收益。戴斯勒认为，"对一些民主党人来说，情况很可能就是如此。"[2] 劳工标准已经成为推动贸易保护主义者的重要理念，成为贸易自由化的主要障碍。[3]

表 2—4 1994—2014 年劳工条款在双边与诸边美国自由贸易协定中的位置演变

	1994 年——————→2014 年				
	北美自由贸易协定（NAFTA）	约旦	新加坡 智利 澳大利亚 摩洛哥 中美洲自由贸易协定（CAFTA－DR） 巴林 阿曼	秘鲁 哥伦比亚 韩国 巴拿马	跨太平洋伙伴关系（Trans－Pacific Partnership）
协议核心的劳工规定	×	√	√	√	√

---

① 参见 Gregory Shaffer，"WTO Blue－Green Blues：The Impact of U. S. Domestic Politics on Trade－Labor，Trade－Environment Linkages for the WTO's Future"，*Fordham International Law Journal*，November & December，2000，pp. 608－651；转引自［美］罗伯特·劳伦斯：《美国 90 年代的贸易政策》，载［美］杰弗里·法兰克尔、彼得·奥萨格编，徐卫宇等译：《美国 90 年代的经济政策》，中信出版社，2004 年版，第 243 页。

② I. M. Destler，"American Trade Politics in 2007：Building Bipartisan Compromise"，*Policy Brief of Peter G. Peterson Institute for International Economics*（May），No. Pb07－5，2007，p. 8.

③［美］罗伯特·吉尔平著，杨宇光等译：《全球政治经济学——解读国际经济秩序》，上海人民出版社，2006 年版，第 202 页。

续表

	1994 年→2014 年				
	北美自由贸易协定（NAFTA）	约旦	新加坡 智利 澳大利亚 摩洛哥 中美洲自由贸易协定（CAFTA - DR） 巴林 阿曼	秘鲁 哥伦比亚 韩国 巴拿马	跨太平洋伙伴关系（Trans - Pacific Partnership）
各方必须采取和保持基本劳工权利	×	×	×	√	√
当事人不得放弃或减损法律中实施基本劳工的权利	×	×	×	√	√
各方须采取和保持法规和规章可接受的工作条件	×	×	×	×	√
各缔约方应采取措施防止进口强迫劳动制造的商品	×	×	×	×	√
当事人不得搁置和损毁任何会导致削弱出口加工区劳动保护的劳工法	×	×	×	×	√
各方须有效执行劳动法	√	√	√	√	√
正常的争端解决适用于所有的劳工条款	×	√	×	√	√
正常的贸易制裁适用于所有的劳工条款	×	√	×	√	√

资料来源：Office of the U. S. Trade Representative，2015 *The President's Trade Agenda*：*Made In America*，https：//ustr. gov/sites/default/files/President% 27s% 20Trade% 20Agenda% 20for% 20Print% 20FINAL. pdf。

尽管如此，美国政府依然不断推进，将其纳入了各种其主导的双边、诸边贸易协定中。奥巴马政府更是声称在贸易协定中设定了世界上最高水平的劳工标准。

表2—4给出了1994—2014年，美国在双边与诸边自由贸易协定中，劳工条款的演变，从子条款日趋成为贸易协定的核心内容。

（三）其他议题

这主要包括国家主权、健康标准等。国家主权议题指主权威胁论。在美国，有些人士担忧WTO体制的加强和新的争端解决机制将约束美国贸易法的灵活性，同时州和地方政府的利益被忽视。因此，国会在批准乌拉圭回合协议的文本时，加入了参议员罗伯特·多尔（Robert Dole）引入的一项条款，该条款旨在建立一个委员会，审查WTO的争端解决报告，并且在认为必要的时候建议美国退出WTO。此外，这种担心也外溢到区域贸易机制上。例如美国也有人，特别是国会的议员，担心贸易机制会稀释美国的主权。例如，正在磋商的TPP中的投资者与东道国争端解决机制（Investor State Dispute Settlement mechanism，缩写为ISDS），国会议员担心这里面的一些内容可以使得跨国公司可以超越当地政府。

健康标准主要体现为产品安全。2007年，中美之间爆发了关于中国输美产品的安全标准摩擦，凸现了美国产品标准保护主义性质的一面。"为了维护国内产业的利益，就声称外国的产品有质量安全问题，破坏了市场规则，帮助了一个产业而使另外一个受损。"① 历史上，美国曾是以健康标准名誉实施的保护主义的主要受害者，如转基因食品，美国坚持这些食品是安全且健康的，但是，英国等国却施加严厉措施禁止进口转基因食品。人们认为这是欧洲农民害怕美国农场主的竞争编造出的借口。② 总之，无论是以什么样的托词，这些措施对贸易的限制效果是一样的，"这最多是一种新的一揽子方案，无非是给传统贸易保护主义披上了一层诱人的外衣罢了"③。

表2—5给出了时下即将在美国及相关国家生效的TPP下、新议题是

① Philippe Legrain, "The Truth About Trade", *Foreign Policy*, Winter, No. 117, 1999 - 2000, p. 99.

② Philippe Legrain, "The Truth About Trade", *Foreign Policy*, Winter, No. 117, 1999 - 2000, p. 95.

③ I. M. Destler, *American Trade Politics*, Washington, D. C.: Institute for International Economics, 2005, p. 257.

如何为美国实现贸易保护的。

表 2—5　TPP 磋商议题（部分）下的贸易保护路径一览表

议题	关联议题	贸易保护类属	新路径	具体贸易保护路径
知识产权	——	知识产权	白金标准	美国对 TPP 其他成员国的“不公平贸易”（市场占有不对等）
竞争政策	国有企业	公平贸易	体系竞争	美国国有企业例外、美国农业例外、TPP 其他成员国国有企业竞争不利
劳工条款	——	公平贸易	主协议条款、争端解决机制	劳工条款
环境条款	——	公平贸易	主协议条款、争端解决机制	环境条款
监管一致	市场准入标准	国家主权威胁论	监管机制规则	TPP 各成员国在国内成立监管机构、TPP 各国共同成立监管机制、市场准入规则多重
原产地规则	纺织品、服装和鞋类	减少失业论	美国版原产地规则	美国版原产地规则

资料来源：郭增栋、李淑俊：《跨太平洋伙伴关系协议与美国贸易保护的新路径》，载《山东师范大学学报》（人文社会科学版），2014 年第 5 期，第 98—111 页。

第二节　美国贸易保护主义手段的变迁

保护主义最重要的特点是贸易保护政策走在了贸易保护政治经济理论的前面。“它（贸易保护主义）提供的不是一种严密的理论，而是一种现实的主张，这种主张很少是学说性的观点和判断，而是那些在真实的世界中经常能被采纳的政策和实践。"[①] 换言之，总是先有贸易保护主义行为，后有保护主义的理论研究。有鉴于此，在本部分中，笔者将从美国贸易实证的视角，考察美国贸易保护主义。在此，笔者将美国贸易实践集中于保护主义手段的变迁。

二战后，美国贸易保护主义手段经历了早期的关税壁垒到现在的非关税壁垒与关税壁垒并存，其中，非关税壁垒种类繁多且日益重要。但是，这两种方式的效果是一样的：提高国内市场中外国产品的价格、降低国内产品的成本费用、限制外国产品的进入。这些保护主义手段明显地背离了按照比较优势在国际间进行资源配置的贸易原则。

一、关税壁垒（Tariff Barriers）

关税（Customs Duties；Tariff）是最传统的衡量一个国家保护程度的参照系数。所谓关税，就是进出口货物经过一国关境（Customs Frontier）时，由政府所设置的海关向其进出口商所征收的一种税赋。关税具有强制性、无偿性和固定性。关税壁垒在美国贸易保护主义史上具有重要位置。保罗·萨缪尔森认为，"美国历史上是一个高关税的国家。"[②] 围绕关税的斗争曾在19世纪很长一段时间内主导美国政治，在1934年之前，有关关税的议案也一直是美国国会的头等大事。[③] 二战后至GATT肯尼迪回合结束前，关税亦是多边框架下贸易谈判磋商的主要贸易壁垒。

探究关税作为贸易保护主义手段的原因，是由实施关税的正向效果决定的。首先，较之其他保护主义手段，关税具有立竿见影保护本国工业的作用。工业是国家的支柱，保护主义学说大师弗里德里希·李斯特（Friedrich Liszt）认为，"国家建立了工业之后，一切精神力量、政府收入、国防事业的物质和精神手段以及国家独立自主的保证这些方面，都会作等比例的增长。"[④] 因此，为达到这一目的，关税就成为"建立和保护国内工业

---

① R. J. Barry Jones, *Conflict and Control in the World Economy*: *Contemporary Economic Realism and Neo - Mercantilism*, NJ: Humanities Press International, Inc. , Atlantic Highlands, 1986, p. 83.

② ［美］保罗·萨缪尔森、威廉·诺德豪斯著，萧琛等译：《经济学》，华夏出版社，1999年版，第571页。

③ I. M. Destler, *American Trade Politics*, Washington, D. C: Institute for International Economics, 2005, p. 12.

④ ［德］弗里德里希·李斯特著，陈万煦译：《政治经济学的国民体系》，商务印书馆，1997年版，第181页。

的主要手段。"[①] 较之非关税壁垒，关税可以量化并且直观，国内进口商与国外出口商可以据此立刻直接核算出贸易的收益是否存在。与此同时，高关税意味着进口品价格的高昂，进口国可以以此威慑外国出口商，保护本国产业。1987 年 3 月，里根宣布对部分日本电子进口产品征收 100% 的惩罚性关税，以保护美国相关电子产业的利益。其次，一国政府也最乐于采用关税保护手段，主要是因为它是国外贸易伙伴的出口商所付，施加于外国产品的关税伤害的是其他国家。因此，只要有可能，一国政府就想把执行政策所花费的代价转嫁给其他国家。[②] 最后，关税收入可以资助政府财政。有鉴于此，关税特别是在其出现的初期，人们有时也称之为财政关税（Revenue Tariff; Revenue Customs Duties）。道格拉斯·欧文（Douglas A. Irwin）针对 19 世纪末美国为保卫本国产业而提高关税的研究发现，30% 平均进口关税相当于为进口竞争产业提供了 15% 的补贴，相当于对以出口为主的产业征税 11%，其税收为国民生产总值贡献了 9%。[③]《斯穆特—霍利关税法》（Smoot - Hawley Tariff Act）曾使关税收入占据美国政府收入的 19.6%，1985 年，同一数字仅为 3.8%。[④]

同时，作为保护主义手段的关税，也有其缺陷，正是这些缺陷促成了非关税壁垒的出现。有关贸易政策的研究表明，关税不是最佳的贸易保护主义手段。就透明度而言，关税的税率是明确而具体的，容易为贸易伙伴国所模仿。《斯穆特—霍利关税法》使美国实际关税总体税率达到了应税进口商品价值的 60%，各国接连仿照美国提高关税壁垒，导致 20 世纪 30 年代经济大萧条的发生。另外，就贸易保护效果而言，关税的福利效果虽优于配额和非自动许可证，但劣于补贴。[⑤] 此外，关税也不能调整市场造成的扭曲。因此，研究者通常认为最佳保护政策手段是采用非关税措施。最后，关税的实施最容易造成贸易战。这意味着所有国家都可能受到损

---

① ［德］弗里德里希·李斯特著，陈万煦译：《政治经济学的国民体系》，商务印书馆，1997 年版，第 260 页。

② ［美］罗伯特·吉尔平著，杨宇光等译：《国际关系政治经济学》，经济科学出版社，1989 年版，第 399 页。

③ Douglas A. Irwin, "Tariff Incidence in America's Gilded Age", *NBER Working Paper* No. 12162, April, 2006. http://www.nber.org/papers/w12162.

④ Cletus C. Coughlin, K. Alec Chrystal, Geoffrey E. Wood, "Protectionist Trade Policies: A Survey of Theory, Evidence, and Rationale", in Jeffry A. Frieden and David A Lake, eds., *International Political Economy: Perspectives on Global Power and Wealth*, Beijing: Peking University Press, 2003, p. 306.

⑤ 盛斌：《贸易保护的新政治经济学：文献综述》，载《世界经济》，2001 年第 1 期，第 46 页。

失。1930 年，美国错误地认为，由于外国工资和制造成本低，美国制造商无法成功地与外国制造商竞争，美国应该建立史无前例的贸易壁垒，这就是《斯穆特－霍利关税法》。它试图以高关税壁垒保护美国市场，使之免受外国竞争。贸易伙伴随即采取报复措施，以限制外国进口来保护本国市场。1930 年初期，世界贸易额下降了 70%，几千万人失业，加剧了大萧条，使政治关系趋于紧张，进而导致了第二次世界大战。① 同时，《斯穆特—霍利关税法》影响深远，事实上，我们目前仍在努力减让的关税，或者说关税峰值正是由斯穆特—霍利关税法关税法造成的。

自 GATT 成立以来，历次达成的自由贸易协定也限制了各国关税提高的空间，共有 161 个成员经济体 WTO（至 2015 年 6 月数据）约束了各成员体的贸易举措必须符合 WTO 的规则和关税上限。根据 WTO 资料，2013 年，WTO 成员国中，在非农产品货物关税方面，美国较之其他发达经济体高，例如澳大利亚、日本和加拿大，但较之欧盟低，约为 3.1%（详细参加表 2—6）。但整体而言，在 WTO 的作用下，各国关税都已经下降，一些国家（例如，新加坡），最惠国待遇关税已经为零。对于货物的进出口而言，关税壁垒的谈判已经远远较之于非关税壁垒作用变弱，因为自 20 世纪 70 年代后，关税逐步让出了阻碍贸易发展的主角位置，非关税壁垒开始占据主流。

表 2—6　2013 年 WTO 最惠国待遇（MFN）下非农产品部分国家平均关税（%）

国家	关税	国家	关税
澳大利亚	3.0	日本	2.6
加拿大	2.3	韩国	6.8
中国	9.0	美国	3.1
欧盟	4.2	新加坡	0

资料来源：WTO 网站，https：//www. wto. org/english/tratop_ e/tariffs_ e/tariff_ data_ e. htm。

① 克里斯蒂娜·塞维拉：《为什么要贸易自由化?》，载《新交流》（美国驻华大使馆新闻文化处主编的中文杂志），2007 年，夏季刊，第 3 页。

二、非关税壁垒（Non－tariff Barriers，缩写为 NTBs）

自20世纪70年代开始直至现在，各国贸易壁垒发展到了一个新阶段，贸易国在过境上采取了“自由主义”立场，降低了关税，但在国内市场上实行干预主义，采取了更多的非关税壁垒。按照罗伯特·鲍德温（Robert E. Baldwin）的定义，任何政府或民间的措施，只要有碍于国际贸易自由流动，就是非关税壁垒。[①] 从政府作为实施者的视角考察，非关税壁垒的手段主要有配额、有序市场安排、政府条例、汇率控制、行政救助程序、其他壁垒（如海关检查、性能要求、政府采购、税收制度、原产地规则、与贸易有关的投资措施）等。近年来，非关税壁垒已经越来越成为干预贸易的主要手段。尽管在过去的近50年里，关税壁垒得到了极大的削减，但这一积极成果又在很大程度上被非关税壁垒的广泛运用所抵消。

探究非关税壁垒发展的原因，主要归于 WTO 肯尼迪回合后关税的一再降低以及非关税壁垒自身的特点：

过去30年中，GATT/WTO 各回合持续地削减和限制关税，各国关税一再降低，贸易保护主义变得微妙复杂，不得不诉诸于新的手段。自1962年开始至1967年结束的肯尼迪回合谈判后，美国应税进口商品的平均关税税率一再下滑。1931 年为 60%，1970 年为 10%，到 1980 年又降至5.7%。[②] 根据老布什（G. H. W. Bush）总统时期的美国贸易代表卡拉·希尔斯（Carla A. Hills）的研究，到2007年，包括美国在内的发达国家99%的关税已被纳入约束税率，从而形成了对提高关税这种保护手段的遏制。[③] 截止到2013年，发达国家的货物贸易的关税税率已经下降到低于5%。发展中国家则高一些，大约为9%—15%。[④] 随着关税税率的降低，关税的保护主义作用明显削弱，许多工业化国家贸易政策一个最显著特征是明显地

---

① Robert E. Baldwin, *Non－Tariff Distortions of International Trade*, Washington D. C.: Brookings Institution, 1970, pp. 2－5.

② 数据来源于 I. M. Destler, *American Trade Politics*, Washington, D. C.: Institute for International Economics, 2005, p. 13。

③ 数据来源于［美］卡拉·希尔斯：《世界贸易组织如何反对保护主义》，载《新交流》，2007年，夏季刊，第22页。

④ Andrew H. Card and Thomas A. Daschle, Edward Alden and Matthew J. Slaughter, “U. S. Trade and Investment Policy (Updated)”, *Council on Foreign Relations Report* No. 67. April 2015, p. 7. http://www.cfr.org/trade/trading－up－us－trade－investment－policy/p31813.

以非关税壁垒来代替关税。①

非关税壁垒的特点有助于其在20世纪70年代后占据了贸易壁垒的主流。较之关税壁垒，非关税壁垒不仅具有相同的保护主义效果，有时甚至更佳。正如关税壁垒，非关税壁垒可以促使国际交换产品发生了价格扭曲，有效地阻止跨国交易和投资，造成商品世界价格和国内价格之间的差额。但非关税壁垒有关税难以企及的优势特点，它比关税更难以对付：不易量化、不好衡量，主动性强、客观性差，缺乏开放、透明度，这导致自东京回合以来历次GATT/WTO贸易磋商均以非关税壁垒作为谈判重点，但实质性非关税壁垒却处于不断发展中，继续限制着贸易扩大。② 更为重要的是，非关税壁垒具有变动不居的特点，可以随着实施者目的改变而改变。也就是说，较之关税，非关税壁垒更加多样化，也更加隐蔽。相应地，它的这一特点使得相关贸易条约或者国际条约难以约束绝大部分的非关税壁垒，从而在一段时间内属于合乎国际条约的灰色区域措施（gray area measures）。③

在以下部分中，笔者将重点详细介绍保护主义常采用的几种非关税壁垒。

（一）配额（Quotas）

所谓"配额"，指在国内市场上，进口商在一定时间内就被限定的特定商品销售的最大数额，它通常被视为关税的替代，可以有效地阻止外国商品的输入。在中美贸易中，美国对中国纺织品实施配额制。2005年5月，在全球纺织品配额制度取消后，美国首先开始对中国纺织品实施进口配额限制。

配额与关税既有相同之处，也有不同之处。配额与关税性质相同，均起到限制进口的作用。在配额的作用下，国内市场相关商品价格上扬，消费者减少消费。但是，虽然配额被看作是关税的替代，但学者们的研究表明，配额不能简单的如此认知，配额与关税相比，其税收去向是不同的：关税收入归于国家财政，而配额收入归之于拥有进口许可的人，这既可能

---

① Zhihao Yu, "A Model of Substitution of Non－Tariff Barriers for Tariffs", *The Canadian Journal of Economics*, Vol. 33, No. 4, 2000, pp. 1069－1090.

② ［美］杰弗里·加勒特:《全球市场与国家政治：碰撞的过程还是有效的循环?》，载［美］彼得·卡赞斯坦等编，秦亚青等译:《世界政治理论的探索与争鸣》，上海人民出版社，2006年版，第179页。

③ 所谓"灰色区域措施"，是指关贸总协定和世贸组织中无明确适用条款，其法律地位不清楚，既不是合法的，也不是非法的贸易限制措施。

是国内进口商，也可能是国外出口商。因此，外国生产商也可能获得这种收益。另外，配额与关税的实施手段不同。配额对进口产品的国内市场价格的影响是间接而不是直接的，它对进口数量做出限制从而影响了商品的价格；而关税是直接影响商品的价格。因此，配额更具有隐蔽性。也正是因为如此，1986 年开始直至 1993 年结束的 WTO 乌拉圭回合将配额视为磋商重点。

美国最典型的配额是关于糖产业的配额。在配额下，过去的几十年，美国市场糖的价格是世界市场的两倍，虽然最近得益于由于国内产业增加，以及 NAFTA 下来自于墨西哥的免税进口产品，这一市场销售价的差距明显收窄。配额对于美国消费者的支出作用非常明显。根据美国国际贸易委员会的计算，由于关税与配额的存在，来自于糖以及其相关制成品的销售价格每年增加了 2. 77 亿的额外成本，也有其他研究者认为这一数字是 35 亿。①

（二）有序市场安排（Orderly Marketing Agreements，缩写为 OMAs）

“有序市场安排”是指本国政府要求外国政府限制出口到本国市场的商品数量。典型案例是 20 世纪 80 年代的美日汽车协定，日本政府被迫“自动”限制出口到美国市场汽车的数量，否则美国将可能采取更多的限制措施。有序市场安排是不断变化的，它现已发展到保障本国产品在外国市场的最低占有率，并限制外国产品在本国市场的渗透率。②

实际上，有序市场安排是一个双方都同意的配额形式。它是以有秩序的市场销售协定的名誉规定“数量限制”，也就是自动出口限制，它是出口国采取的措施。自动出口限制利用 GATT 和 WTO 有关规则不明确、不全面性的特点，采取双边的和不透明的隐蔽形式实行贸易限制措施，以避免国际经济组织的监督，具有选择性、双向性和隐蔽性的特点。自动出口限制通过市场份额的分配产生了经济租金，使出口国的部分利益集团受益。因为供给的减少，而需求未变，从而使出口商受益。纺织行业是美国接受自动出口限制时间最长的产业。

---

① United States International Trade Commission，“*The Economic Effects of Significant U. S. Import Restraints*”，December 2013，pp. 2 – 18，http：//www. usitc. gov/publications/332/pub4253. pdf；John C. Beghin and Amani Elobeid，The Impact of the U. S. Sugar Program Redux，*Applied Economic Perspectives and Policy* 2014，Vol. 0，No. 0，2014，pp. 1 – 33. http：//aepp. oxfordjournals. org/content/early/2014/10/08/aepp. ppu028. full. pdf + html.

② 盛斌：《世界经济转变中的美国对外贸易政策》，载《美国研究》，1998 年第 3 期，第 34 页。

（三）条例壁垒（Regulatory Barriers）

主要指贸易国国内许多规范性政策。客观地说，这些规范性政策最初的立法目的只是为了管理国内事务，保护国内消费者免受不符合标准的进口商品的伤害。但是，这些条例在实施过程中有意或无意地过了头，限制了贸易的自由发展，成为了非关税壁垒。条例壁垒主要包括产品标准以及海关条例。

产品标准有多种多样的形式，常见的有卫生与健康标准和排污标准。产品标准上的条例壁垒多是有意为之。在美国，卫生与健康标准就属于强制标准，这主要指进口食品在进入美国市场之前必须符合美国可以接受的卫生标准、进口的药品必须接受美国检验。2008 年，美国认为美国市场上的意大利饮用水存在问题，为获得美国食品与药物管理局（Food and Drug Administration，缩写为 FDA）的安全与健康标准认证以便在美国市场上继续销售，意大利饮用水出口商已经投入了数百万美元。为保护国内汽车厂商的利益，美国强迫外国制造的汽车符合一定的美国安全和污染排放标准。

海关税则是另一类常用的规则壁垒。美国的关税表对商品做了详尽的分类且不同的商品适用于不同程度的关税限制。任何进入美国的产品必须首先接受海关监管，美国海关确定进口商品的合适税目分类，这需要根据美国关税目录注释来确定。由于美国关税目录注释条目与解释内容的繁缛，不同的意见可能导致进口产品属于不同的分类，而不同的分类则意味着关税征收税率的不同。以车类税目为例，1980 年 8 月，美国海关通过改变产品分类提高了轻型卡车的进口税率。过去未组装的卡车（卡车“部件”）运往西海岸，然后在美国境内安装的话，关税为 4%；然而，如果海关断定这样进口的不是卡车“部件”而是卡车车辆，税率为 25%。1989 年初，美国海关将部分进口的小型货车和运动车辆从“轿车”类转入“卡车”类。这一改动将从价税率提高了 10 倍。因为美国税则中轿车的税率为 2.5%，而卡车的税率为 25%。时任克莱斯勒公司主席李·亚科卡（Lee Iacocca）认为这一决定是必要的，因为它能带来更多的关税收入，有助于削减联邦政府的预算赤字。实际上，这将给克莱斯勒公司更高的保护。这一事例说明了，如果使用不当，美国海关税则实际上也成为一种变相的贸易保护主义工具。

除了产品标准与海关条例外，条例壁垒还包括政府还要求外国生产的商品必须符合一定的包装及商标要求，例如，绿色商品标签。

（四）汇率控制（Exchange Controls）

汇率控制也被视为贸易保护主义举措，它通过人为压低本币币值、抬高外币币值而保护了国内出口行业，在达到扩大出口效果的同时，在本国市场上，进口品价格高昂，抑制了本国消费者购买外国产品的动机。

汇率控制被视为保护主义颇受争议，在如下两个观点上，视汇率为保护主义行径的研究与相反观点的学者展开了论战。（1）支持汇率控制为保护主义行为的学者认为，过低的本币币值就相当于暗中补贴了国内厂家而消费者却被暗中征税。但持相反意见的学者认为，汇率控制政策根本难以长久。为了保持汇率低估，中央银行被迫购买大量外币，并增加本币供应量，最终导致通货膨胀，而通货膨胀的政策通常不是保护国内产业的理性路径。（2）保护主义者认为，汇率控制阻止了国内居民投资于海外市场，使得公众只能在国内投资与消费，这有助于国内经济的增长。但反对者认为，在现实生活中，这可能正好相反。限制购买外国资产会招致可变因素的增多，降低国民收入。短期内，它也可能使本币升值，因此使本国商品竞争力削弱，根本达不到推动本国产品出口的目的。

但是，尽管理论上还界定不清，但在现实中，总有些国家贬值本币，相对升值外币，或如 1985 年，日元被迫升值，美元则相应贬值，这一汇率控制直接拉升了美国对日本的出口。

美国政府在这一措施上，一般被认为具有两面性：一方面，美国政府不断评判亚洲国家操纵汇率，认为汇率操作最为严重的国家是中国，其次为新加坡与马来西亚和日本；但另一方面，美国政府自身却推行量化宽松政策（Quantitative Easing，缩写为 QE），弱化了本币，相对升值了外币，借此推动了美国产品出口。①

（五）行政救助程序（Administrative Remedy Procedures）

行政救助程序即行政部门在推行自由贸易的同时，面对国内受到损害的相关产业与公众，实施行政救助。具体做法是美国国会与行政部门建立一整套客观的、对国内强势群体和弱势人群一视同仁的进口救助规则，行政部门具体操作完成。行政救助程序的本意是使贸易问题脱离政治化的轨道，使得行政部门按照经济法则管理贸易。但事实上，一般来说，实行行政救助程序的后果不是进行了法律所规定的援助，而是向申诉人实行了新

---

① Thomas A. Daschle, Edward Alden and Matthew J. Slaughter, "U. S. Trade and Investment Policy (Updated)", *Council on Foreign Relations Report* No. 67. April 2015. http://www.cfr.org/trade/trading-up-us-trade-investment-policy/p31813.

的“特例”保护。①

根据戴斯勒的归纳，这一行政救助主要包括反倾销、反补贴、例外条款与贸易调整援助。

1. 反倾销与反补贴（简称“两反”）

“两反”共同构成了美国不公平贸易法的基本内容。所谓“倾销”，指进口品售价低于制造商在本国市场销售价，或者低于生产成本价。反倾销是针对这种低于其公平价值的进口产品的倾销而强征税收。由此可知，反倾销的目的是阻止外国厂家以低于成本的价格在美国销售产品。贸易实践表明，反倾销基本偏向国内行业，而牺牲进口竞争和消费者福利。②

反倾销原本被设计为对不公平倾销行为的纠正，但如今被广泛视为成功的贸易保护主义形式，成为最重要的非关税壁垒，基本上失去了与倾销的联系。除了反倾销最坚定的支持者之外，所有人都同意反倾销与保持公平贸易已经没有关系，它仅仅是另一种保护形式而已。③ 例如，根据反倾销的界定，一般是当一个国家在国外销售的某商品价格低于国内时为倾销。20 世纪 80 年代，美国政府对波兰生产的高尔夫球推车实施了反倾销，但实际上，波兰本国根本没有这种推车销售。④ 因此，反倾销已成为保护主义选择的一种惯用武器。⑤ 虽然在 GATT/WTO 规定中，符合其标准的反倾销是合法的，但实际上，它的实施与 GATT/WTO 规则是有矛盾的，威胁并破坏了过去 50 多年多边贸易体系尽力建构的非歧视和互惠的基本原则。1999 年 WTO 西雅图会议，日本曾经要求讨论美国滥用 WTO 的反倾销条款，认为美国的行为实际上将反倾销作为贸易保护主义的工具。⑥ 希尔科

① I. M. Destler, *American Trade Politics*, Washington, D. C: Institute for International Economics, 2005, p. 138.

② 从 1948 年 1 月 1 日起，《关税与贸易总协定》（GATT）首次针对倾销与反倾销规定了一项国际准则即 GATT 第 6 条，具体阐述了在何种情况下、本着什么原则和标准可以征收反倾销关税。1994 年乌拉圭回合通过了《关于实施 GATT 第 6 条的协议》，即 1994 年《反倾销协议》，又称为《WTO 反倾销协议》。该协议保留了 GATT 第 6 条和 1979 年《反倾销协定》的全部基本原则和核心内容，并加以修改、补充和完善。现今，《WTO 反倾销协定》已成为国际统一的反倾销法。

③ Maurizio Zanardi, “Anti - dumping: What are the Numbers to Discuss at Doha?”, *The World Economy*, Vol. 27, No. 3, 2004, pp. 403 - 433.

④ Jagdish Bhagwati, “Protectionism”, in David R. Henderson ed., *The Concise Encyclopedia of Economics*, Indianapolis, IN: Liberty Fund Inc., 2002, http://www.econlib.org/library/Enc/Protectionism.html.

⑤ William E. James, “The Rise of Anti - dumping: Does Regionalism Promote Administered Protection?”, *Asian - Pacific Economic Literature*, Vol. 14, No. 2, 2000, pp. 14 - 26.

⑥ ［美］罗伯特·吉尔平著，杨宇光等译：《全球政治经济学——解读国际经济秩序》，上海人民出版社，2006 年版，第 206 页。

·范登伯斯奇（Hylke Vandenbussche）开展的一项研究也显示，反倾销措施实际上是传统保护措施的替代品。[①] 有鉴于此，反倾销已经成为一种设计巧妙的保护主义形式。[②]

尽管补贴在贸易摩擦与国际谈判中至关重要，但是它至今还没有一个公认的定义。[③] 人们对补贴的认定通常是依据补贴的手段实现的。·种是补贴整个行业的行为：贷款、特殊税收机制和直接补贴；另一种是补贴这个行业中的出口活动，以美国为例，主要是美国进出口银行（Export - Import Bank of The United States）的直接贷款、担保和保险、贴现贷款。从上述两种补贴手段看，补贴主要包括：贷款、特殊税收机制、直接贷款、担保和保险、贴现贷款等。19 世纪末，美国界定外国补贴的内容时还包括“对出口厂家或者产品的任何奖励或者赠予（a bounty or grant）”[④]。

反补贴被公认为保护主义的手段。首先，反补贴与关税、配额的目的与作用是相同的。这三者的目的均为帮助国内某个行业同国外生产厂家竞争；这三者对国内产业产生了相同的保护效果和国家福利，都直接对商品流动产生影响；都是以其余的经济体的损失来补贴本国某个被保护的行业。其次，反补贴与关税税收流向的不同决定了反补贴更受保护主义的欢迎。反补贴是政府支出财政收入，而关税是政府增加收入。另外，较之关税，反补贴遵循的是谁提出、谁受益，这样就使得反补贴所导致的租金受益集中。因此，反补贴广受保护主义者的推崇，而关税则通常是国家做出决定，国家受益，整个受到进口冲击的产业获得租金。例如，根据“伯德修正案”（Byrd Amendment），从违反规则的进口商那里收取的贸易关税可直接发放给国内钢铁厂商。而在实行这项修正案之前，税款应直接上缴美国财政部。这催发了美国钢铁厂家申请反补贴的热情，据美国国际钢铁协会计算，自 2000—2006 年，上述厂家来自补贴的收入为 2. 8 亿美元。[⑤]

---

① 艾伦·贝蒂：《谁来应对经济民族主义?》，载《金融时报》（中文网络版），2009 年 2 月 6 日，http：//www. ftchinese. com/story. php? storyid = 001024516.

② Thomas Prusa，“Anti - dumping：A Growing Problem in International Trade”，*The World Economy*，Vol. 28，No. 5，2005，pp. 683 - 700.

③ ［美］罗伯特·吉尔平著，杨宇光等译：《国际关系政治经济学》，经济科学出版社，1989 年版，第 224 页。

④ The United States International Trade Commission，*U. S. International Trade Commission Annual Report*，1979，p. 9，http：//www. usitc. gov/.

⑤ 包括欧盟（算为一个单位）在内的 11 个国家起诉伯德修正案违背了美国在乌拉圭回合中所做出的承诺并且取得胜诉。详细情况参见罗伯特·G. 马修斯：《美国钢铁企业被指不当受益》，载《华尔街日报》，2007 年 11 月 12 日，http：//chinese. wsj. com/gb/20071112/bus113853. asp? source = channel。

2014年7月，WTO对中国诉美国关于反补贴做法的判决充分证明了美国“两反”的不合理性，也间接对美国计算“补贴”与“倾销”的方法做出了否定。2012年5月，中国就美国对华油井管、铜版纸与钢制轮毂等22类产品反补贴调查中的错误做法，在WTO向美国提起磋商请求，认为美方滥用贸易救济规则的行为损害了中国企业的合法权益。2012年8月，中方向WTO端解决机构提起设立专家组请求，同年9月，专家组成立。2014年7月，WTO裁定，美国对来自中国和印度价值72亿美元的进口钢铁和太阳能电池板征收关税的做法是不恰当的。这项裁决将挑战2007—2012年间美国政府采取的很多关税措施。此案的关键或者是双方争议之处在于：美国政府实施“反补贴关税”的方式以及计算中国很多商品补贴的方法。根据WTO规定反补贴关税仅适用于出口商为“公共机构”。多年来，美国一直在针对中国国有企业进行调查，认为这些企业受益于过度隐性补贴，不公平地降低了生产成本。WTO的裁决称，根据WTO使用的狭义定义，美国未能提供充分证据证明，中国国有企业属于“公共机构”。在另一桩有关印度钢铁产品的WTO诉讼中，WTO争端解决委员会未理会美国提出的主张——美国称来自国有铁矿石和煤矿企业的供应使得印度钢铁出口商可以被作为“公共机构”对待。有关中国出口产品的裁决也否定了美国政府利用基准（而非实际交易）来确定中国出口实际成本的做法。裁决称，在很多相关行业中（包括钢铁、太阳能电池板、铝挤压、造纸以及柠檬酸行业），是产能过剩以及激烈竞争导致中国产品在中国及海外的价格降至最低。而对美国主张的——中国补贴扭曲了中国市场，中国产品价格不能作为合理基准——这一说法，WTO争端解决委员会给予驳回。美国贸易代表迈克尔·弗罗曼（Michael Froman）表示，这一裁决有利于中国，“美国政府正认真评估现有选择，将采取一切适当措施，确保美国针对不公平补贴的救济措施仍旧强力有效”。①

2. 免责条款

免责条款即“201条款”，或称之为“保障条款”或“例外条款”。免责条款是向受到进口竞争损害的一般企业和公众提供帮助，允许一个国家为了保护某个经济部门而限制进口外国同类商品。这一条款的法律本意是在一个国家对某个产业实行紧急保护，以应付因进口而造成的对相关产业或部门实际或者可能造成的严重损害，从而鼓励这个国家继续撤除关税壁

① 韩碧如：《WTO裁定美国对华反补贴征税不合理》，载《金融时报》（中文网络版），2014年7月15日，http：//www.ftchinese.com/story/001057247。

垒。另外，免责条款有时间限制，免责条款不能无限期的施行下去。可见，免责条款是对受到进口竞争产业的有序调整，其根本目的是减少对自由贸易体制的破坏。

但是，美国免责条款已成为实施保护主义的工具。首先，虽然GATT/WTO中的规则也有免责条款，但美国免责条款的前提条件显然与之不同。GATT/WTO相关条款规定，免责条款的实施必须符合几个先决条件：其一，产业必须证明受到了进口冲击，而不是市场条件或者产业效率的原因；其二，产业必须证明受到了哪些损害；其三，有关国家需进行磋商；其四，任何限制措施一定要符合GATT/WTO的不歧视原则。美国《1974年贸易法》规定，201条款可以实施，只要进口是“造成或可能造成严重损害的重要原因”，而且，“损害”无须证明是“具体美国关税减让的结果”。其次，美国免责条款措辞模糊。在201条款下，欲申请适用这个法律，产业需要证明进口引起或者威胁引起“严重伤害”，并且这些原因应该是“真实原因”（substantial cause），这意味着这个原因是重要或者至少不少于其他原因的重要性。但是，对于如何界定和发现“重要”，美国贸易法并没有给出明确的规定；另外，对于进口可能造成结果的预测判断没有客观标准。[①] 温迪·汉森（Wendy L. Hansen）等对此进行了分析后认为，免责条款是针对从所有国家进口的非歧视保护，故而比不公平贸易更加严厉。[②]

3. 调整援助（Trade Adjustment Assistance，缩写为TAA）

调整援助为《1962年贸易扩大法》首创，是对免责条款的补充，使用与免责条款同样的标准以帮助身受贸易之害的人，它也是美国劳工法律的一部分。如若申请人向行政部门申请调整援助，则进口产品必须是造成他/她失业或就业不足的“主要原因”。《1974年贸易法》放松了上述适用调整援助的条件，放宽了申请人资格的限制。1993年，特殊调整援助计划启动，目的在于帮助由于美国与加拿大和墨西哥签订NAFTA而失业的美国工人。2002年，在布什政府的支持下，调整援助和特殊调整援助计划合并，调整援助基金翻番，大约一年10亿美元，申请人资格放宽，包括申请人周收入提高，发放的资金中包括健康和工资保险。TAA的作用首先在于维持工人的生活，也可用来再训练工人，寻找工作或者转行的工人再安置

---

① Judith Goldstein, “The Political Economy of Trade: Institutions of Protection”, *American Political Science Review*, Vol. 80, No. 1, 1986, p. 174.

② Wendy L. Hansen and Thomas J. Prusa, “Does Administrative Protection Protect? A Reexamination of the U. S. Title VII and Escape Clause Statutes”, *Regulation*, Vol. 16, No. 1, 1993, p. 40.

的费用；其次，对受到进口竞争的公司和团体，这笔资金相当于为其调整或培训提供了保证金和技术支持。2011 年，TAA 已经重新更新。但是，国会山上的民主党还是认为其包括的工人范围不够广泛，资金不够充足。2015 年 6 月，在重新授权贸易促进授权之际，为赢得国会中民主党的支持，2011 年的 TAA 又在上述内容上更新，国会参议院批准了这一更新，但是，众议院民主党依然反对，认为其内容中的就业与资金还是没有达到保护美国工人的目的。

美国的贸易调整援助计划具有保护主义性质。首先，在一部分学者和贸易伙伴看来，美国的贸易调整援助较之有序市场安排等其他非关税壁垒更具有保护主义性质①，这些救济是美国偏离自由贸易的象征②。因为，贸易调整援助计划相当于政府对整个工业产业提供了补助支持。其次，美国支持贸易调整援助计划的人士力图扩大贸易调整援助计划的适用人群，认为应摒弃原来它狭窄的适用范围，还应该包括服务领域的人员，而不仅仅是制造业。服务领域的工人也会因进口竞争而导致失去工作，他们同样需要政府提供收入支持和培训。再次，在美国选民看来，政府的调整援助计划更是证明了自由贸易的负效应。最后，政府对于贸易调整援助计划实施的不力反过来也推动了对于自由贸易的怀疑力量。曾任克林顿政府驻欧盟大使、副财政部部长等职的斯图尔特·艾森施塔特（Stuart E. Eizenstat）认为，美国政府经常对调整援助半心半意，在 2001—2003 财年，有 19 个州相继停止了工人的申请，2004 年，6 个州停止登记。③ 如果政府贸易调整援助计划本意是为了消除贸易自由化的动荡，那么，执行时放弃的调整计划实际上削弱了人们对于自由贸易的支持。这实际上就助长了贸易保护主义。

总体来说，调整援助处于两难困境：自由主义者称之为保护主义，与此同时，虽然调整援助过去被工会和工人认可，视为劳动者的基本保障，但现在却被称之为丧葬保险。

总体上，人们对美国行政救助措施褒贬不一，但多数人视之为损人也不利己的行为，并不能与“内嵌的自由主义”（Embedded Liberalism）所

---

① Judith Goldstein, “The Political Economy of Trade: Institutions of Protection”, *American Political Science Review*, Vol. 80, No. 1, 1986, p. 163.

② Stephen D. Cohen, *The Making of United States International Economic Policy: Principles, Problems, and* Proposals for Reform, *New York: Greenwood Press, Inc.*, 1988, *p*. 137.

③ Stuart E. Eizenstat and Marney L. Cheek, “Ending the Trade War in Washington: Saving the Trade Agenda by Protecting Workers”, *Foreign Affairs*, Vol. 86, No. 3, 2007, p. 17.

谈论的国内补偿制度同日而语，因为美国贸易政策回避了对其国内补偿制度性质的界定。[①] 这些救助措施代价高昂。长期研究贸易救济的学者路易斯·雅各布森（Louis Jacobson）认为：不存在低廉的方法，确实减少失业工人的损失。[②] 此外，这些手段被认为包含了服务和偏向国内贸易保护主义的所有要素。[③] 在贸易伙伴看来，设置的条件与审理程序使得结果没有可预见性，经常是不客观、不公平和政治性十足。它们已成为“寻求保护、抵制美国进口的产业通常首选的办法”。[④]

（六）其他形式的非关税壁垒

除了配额、有序市场安排、条例壁垒、汇率控制与行政救助程序外，非关税壁垒的形式处于随时更新的状态，2007 年开始的全球经济危机中的诸多保护主义的新举措已经说明了这个问题。例如，政治口号。美国总统巴拉克·奥巴马（Barack Obama）的首个经济刺激计划就包含有“只买美国制造”（Buy American）条款的标语，英国首相戈登·布朗（Gordon Brown）提出：把英国的工作留给英国劳工（British jobs for British workers）。还有暂且无法命名的各种非关税壁垒，比如：各国政府试图阻止接受了公共资金的公司进行海外投资；接受政府注资的银行减少给海外公司或者外国公司贷款，优先考虑国内企业。所有这些都反映了非关税壁垒的日新月异。

小结

自二战结束以来，美国贸易政策的主旨是自由贸易，同时兼顾保护主义，冷战结束后亦是如此。从学理上看，自由贸易占据美国贸易政策的主导是缘于国际体系中美国霸权的国际地位；从单位层次看，美国公众支持

---

① 关于内嵌的自由主义的介绍以及评价参见［美］杰弗里·加勒特：《全球市场与国家政治：碰撞的过程还是有效的循环?》，载［美］彼得·卡赞斯坦等编，秦亚青等译：《世界政治理论的探索与争鸣》，上海人民出版社，2006 年版，第 185—188 页。

② Louis Jacobson, “Compensation Programs”, in Susan M. Collins, ed., *Imports, Exports, and the American* Worker, *Washington, D. C.: Brookings Institution*, 1998, *p*. 475.

③ Judith Goldstein, “The Political Economy of Trade: Institutions of Protection”, *American Political Science Review*, Vol. 80, No. 1, 1986, p. 167.

④ I. M. Destler, *American Trade Politics*, Washington, D. C.: Institute for International Economics, 2005, p. 167.

有条件的自由贸易，体现为互惠主义、贸易救济、民主贸易。对贸易保护主义的兼顾主要出于两方面原因：一是美国霸权的衰落；二是美国必须设计出一种国内政治机制，它在兼顾自由贸易的同时，又能营造支持开放经济的国内政治基础。从实证的视角看，美国二战后的贸易政策实践体现了上述特征，在战后至20世纪60年代初期，自由贸易占据主导，自20世纪70年代到冷战结束前，贸易保护主义凸现，冷战后至今，贸易保护主义在美国贸易政策中进一步加强。

二战后，美国贸易保护主义一再变迁。从理论视角看，二战结束后至20世纪70年代，各种保护主义学说并存，主要有减少失业论、收入再分配论、平衡贸易失衡论、国防论、幼稚产业论及战略性贸易政策等，这些学说依托于自由贸易理论的先天缺陷而产生。进入20世纪80年代，美国政府开始力倡公平贸易。就实质而言，公平贸易就是保护主义，很多学者认为，它是最具有伪装性的贸易保护主义。冷战后至2007年金融危机爆发，保护主义进入了一个新阶段，新问题不断出现，表现为贸易问题日益与社会价值观、政治事件相连，劳工标准、环境问题等等。自2007年金融危机至今，曾经一度被认同为美国贸易限制的措施逐渐进入了美国磋商的贸易协定的正式文本，贸易限制措施规则化。从实证视角看，美国贸易保护主义手段也在不断更新，经历了从关税壁垒到非关税壁垒的演进过程，尽管二者对贸易的限制作用是相同的，但是，非关税壁垒更具有欺骗性，种类繁多并不断拓展。

第二部分

美国贸易保护主义的公众视角

我们（美国）这个民有、民治、民享的政府将永存于世上。

——亚伯拉罕·林肯：《葛底斯堡演说》

那些在未来展示信心的人必须首先注意普通公众。

——富兰克林·罗斯福，1934 年 8 月

第三章　要素流动与公众贸易保护主义

第一节　要素流动与公众贸易联盟

在本节中，在分析核心议题之前，笔者首先需要先分析为什么本书的分析框架始于美国公众，然后将展开要素流动与公众联盟的分析。

一、政治基础与美国国内政治基础中的“公众—国会—政府”

关于“政治”与“基础”的定义，国内外已有论述与界定，但“政治基础”的诠释鲜少。根据《现代汉语词典》的定义，政治是“政府、政党、社会团体和个人在内政及国际关系方面的活动”。[①] 基础是“事物发展的根本或起点”[②]。但是，关于“政治基础”没有给出一个完整与清晰的概念。依据上述“政治”与“基础”的界定，我们可以笼统的推演出一个政治基础的含义，即政府、政党、社会团体和个人在内政及国际关系方面活动的起点。又据《现代汉语词典》关于“经济基础”的界定，其中，“基础”诠释为了“制度”，[③] 那么政治基础也可以理解为“政府、政党、社会团体和个人在内政及国际关系方面活动的制度”。

---

① 中国社会科学院语言研究所词典编辑室编：《现代汉语词典》，商务印书馆，2002 年版，第 1609 页。

② 中国社会科学院语言研究所词典编辑室编：《现代汉语词典》，商务印书馆，2002 年版，第 585 页。

③ 经济基础是“社会发展到一定阶段上的社会经济制度”。参见中国社会科学院语言研究所词典编辑室编：《现代汉语词典》，商务印书馆，2002 年版，第 664 页。

美国的一本权威辞书对“政治”（Politics）做出了界定。“政治”可以被简要地定义为一群在观点或利益方面本来很不一致的人们做出集体决策的过程，这些决策一般被认为对这个群体具有约束力，并作为公共政策加以实施。① 但在该书中并没有就“基础”做出界定。根据《大不列颠百科全书》中关于“数学基础”（foundations of mathematics）的界定，基础可以理解为“性质与根据”。② 因此，政治基础也可以推演为“一群在观点或利益方面本来很不一致的人们做出集体决策过程的根据”。

通过仔细观察，可以看出，中国和西方关于“政治”的界定有所不同，而关于“基础”的概念没有本质性区别。在中国，关于政治的界定中政治行为体所包含的数目更多，而西方中的政治行动体仅包括决策者，将非决策者排除在外，视它们为社会力量。中国与西方均将“基础”诠释为“根本”。因此，如果将“政治”与“基础”的诠释合成为“政治基础”的概念，关于“政治基础”的界定也是不尽相同。

本书认同中国关于政治的界定，确认政治概念中的行为体包括“政府、政党、社会团体和个人”，根据美国政治生活的现实，笔者进一步将政治行为体简化或曰简约为“公众、国会和政府”。据此，政治基础乃谓公众、国会和政府在内政及国际关系方面活动的根本。

二、要素、要素流动、公众与公众联盟

在开始正式的理论分析之前，有必要就本部分研究中常常用到的几个核心概念进行界定，主要包括“要素”、“要素流动水平”、“公众”与“公众联盟”。

（一）“要素”与“要素流动程度”

关于“要素”的定义，从普通的意义上讲，根据《现代汉语词典》的定义，要素是“构成事物的必要因素”。③《朗曼现代英文字典》（Longman Dictionary of Contemporary English）中将“要素”（factor）解释为“影响

---

① ［英］戴维·米勒等主编，邓正来等译：《布莱克维尔政治学百科全书》，中国政法大学出版社，2002 年版，第 630 页。

② 数学基础是“数学真理的性质与根据”。［美］美国不列颠百科全书公司编著，中国大百科全书出版社不列颠百科全书编辑部编译：《大不列颠百科全书》（第 6 册），中国大百科全书出版社，1999 年版，第 401 页。

③ 中国社会科学院语言研究所词典编辑室编：《现代汉语词典》，商务印书馆，1983 年版，第 1344 页。

或导致某种局势形成的一个或几个事物”。[①] 在经济学上，构成商品的“要素”通常指介入商品生产的、内容广泛的各种类投入物。在传统贸易理论赫克歇尔－俄林理论（Heckscher－Ohlin Theorem）中，这些要素主要指土地、劳动力以及资本。爱德华·里默（Edward Leamer）将要素细分为11种：资本、劳动力、土地、煤、矿物以及石油，其中，劳动力分为三种类型：专业劳动力、半熟练工劳动力和非熟练工劳动力；土地包括四种类型：热带的土地、温带的土地、干旱的土地和森林中的土地。[②] 从这些界定中，我们可以看出构成“要素”的条件与基本内容，要素必须是产品所不可分割的一部分；离开这些因素，这一产品无法最终形成。在本书中，为研究简约起见，要素被框定为广泛的生产投入，至少包括劳动力与资本。所谓“要素流动水平”（Level of Factor Mobility），又被称之为“要素流动程度”，是指生产要素的所有者在不同行业间转移要素的能力和倾向的程度或水平。[③]

（二）“公众”与“公众联盟”

在解释“公众舆论”时，《布莱克维尔政治学百科全书》间接地解释了“公众”（the Public）。该书认为“公众”有两种解释：一种是把公众局限在于人民中有知识的或参与公共事务的那部分人，另一种是把“公众”定义为全体国民。[④] 在本书中，我们认为“公众”是美国政治生活的最小政治行为体之一。我们依从经济学的假设，公众作为国际贸易领域中的个体，他们是完全理性自为的行为体，对贸易问题有着清醒的主见、较为全面的认知，贸易的目标是个体经济利益的最大化。与此同时，他们通常对贸易政策结果拥有无可替代的个体感受。从上述界定看，我们关于公众的概念接近于中和了政治学上的两种解释。

“公众联盟”是集合体的形式之一；它是理性行为人在某种决策环境

---

① *Longman Dictionary of Contemporary English*, Essex, England: Pearson Education Limited, 2003, p. 560.

② 参见 Eli Heckscher, *An Economic History of Sweden*, Cambridge, Mass.: Harvard University Press, 1954; Edward E. Leamer, *Sources of International Comparative Advantage: Theory and Evidence*, Cambridge, Mass.: MIT Press, 1984。

③ ［美］迈克尔·J. 希斯考克斯著，于扬杰译：《国际贸易与政治冲突——贸易、联盟与要素流动程度》，中国人民大学出版社，2005年版，第24页。

④ ［英］戴维·米勒、韦农·波格丹诺主编，邓正来等译：《布莱克维尔政治学百科全书》，中国政法大学出版社，2002年版，第663页。

中做出策略性决定的结果。[①] 通常而言，根据集体行动的逻辑，公众联盟是鉴于个体行为者活动效果比较有限，成本高，收益低，而集体行动正好相反，成本低，费用少，但收益高，为了更好地实现目标，公众往往采取结盟的形式。“联盟”（Coalition）这一术语有三个基本的特点：（1）这个集合体中的个体持相同政策偏好。（2）这个集合体中的个体共同采取某些特定形式的政治活动以影响政府政策。这些活动包括：抗议、投票、游说、保护或者威胁将采取上述行动中的任何一种。（3）联盟的主要组织表现形式是政党、高端组织（Peak Associations）和游说集团。从这个意义上看，利益集团是联盟的一种形式，换言之，联盟包括了利益集团。[②]

三、贸易理论、要素流动与公众联盟

学界已确认公众能够影响美国政府贸易政策的制定，但在公众如何形成自我贸易观方面的研究经历了一个发展历程。

早期学者的研究将公众影响贸易政策视为自然的存在，很少探究决定公众贸易偏好的原因性因素。即使偶有研究，公众对自身经济利益的考量通常被假定为应然答案。但问题是，如果经济利益收益的多寡决定了美国公众贸易偏好，那么，又是什么变量决定了经济收益不均的存在呢？后期研究的重点转向决定公众经济收益的变量，学者开始应用国际经济学中的产品要素理论。

（一）斯帕尔珀—萨缪尔森定理与公众贸易偏好

1941年，沃尔夫冈·斯帕尔珀（Woflgang Stolper）和保罗·萨缪尔森在《经济研究评论》（Review of Economic Studies）上发表了《保护和实际工资》（Protection and Real Wages）一文，提出了著名的斯帕尔珀－萨缪尔森定理（Stolper－Samuelson Theorem，以下简称斯－萨定理）。这一文章最初集中于讨论关税对收入分配的影响，但后来这一理论在文献中被运用于解释国际贸易对收入分配产生的总体影响。

概括而言，斯－萨定理的主要观点如下：贸易会使得本国充裕要素所有者的实际工资提高，而稀缺要素所有者的实际工资降低。[③] 在具体研究

---

① ［英］戴维·米勒、韦农·波格丹诺主编，邓正来等译：《布莱克维尔政治学百科全书》，中国政法大学出版社，2002年版，第139页。

② See Michael J. Hiscox, “Class Versus Industry Cleavages: Inter－Industry Factor Mobility and the Politics of Trade”, *International Organization*, Vol. 55, No. 1, 2001, p. 13.

③ Wolfgang Stolper, Paul A. Samuelson, “Protection and Real Wages”, *Review of Economic Studies*, Vol. 9, No. 1, 1941, pp. 58－73.

中，斯-萨定理假定只有两种生产要素即劳动力和资本，它们是完全自由流动的。贸易使出口产品的价格相对提高，进口产品的价格相对下降，这导致出口产品密集使用的那种生产要素（即充裕的生产要素）的价格提高，出口产品生产中非密集使用的那种生产要素（即稀缺的生产要素）的价格下降。如此说来，在自由贸易环境下，充裕要素的所有者获得国际贸易的相对收益，收入增长，而稀缺要素的所有者则受损。而且，由于要素没有被束缚在一个产业中，上述自由贸易的结果在现实贸易生活中具有一种放大效应（Magnification Effect），受损与受益将被扩大：不同行业的工人都将感受到更多的失业和工资下降，而资本则经历更多的需求和价格上扬。①

根据斯—萨定理，我们可以推导出公众贸易偏好及其结社行为，公众形成了基于充裕要素和稀缺要素的不同公众联盟。表4—1 给出了下述国家在1992 年的要素禀赋的不同水平。从表中我们可以看出，在美国，通过比较资本/土地与劳动/土地的比值（476187 ：13.23），资本属于相对丰裕的要素，而劳动力则是相对稀缺的。② 由于要素禀赋具有稳定性，这一结论同样适用于现今美国要素的丰裕程度。在斯-萨定理中，要素的流动性确保了贸易对相同要素所有者具有相同的影响，而不论这些所有者是在哪个部门。“这也就意味着，在贸易政策方面同一要素的所有者有相同的偏好。”③ 根据斯-萨定理，我们可以推知，从长期来看，资本和资本密集型

---

① 这种放大效果以及形成机制被称为雷布任斯基定理（Rybczynski's Theorem）。其内容为：假定资本密集国家进口劳动密集产品，进口产品激增，就会导致进口产品价格降低而出口产品（即资本密集型产品）价格上扬；这种进口产品价格相对的降低导致了劳动力密集产品产业的生产减少，出口产业则扩大生产。为了适应这两个产业的变化，劳动力密集产业劳动力与资本赋闲，而资本密集性产业则加大了对资本和劳动力的需要。但实际上，如果与劳动密集型产业相比，资本密集型产业对资本的需要是超过对劳动力的需要。同时，劳动密集型产业减产时，削减了更多的工人而不是资本，因为它毕竟是劳动密集型产业。因此，在市场上，劳动力供应过量，价格下降，市场恢复到均衡状态；同时，资本价格上扬，市场也恢复到均衡状态。参见 James E. Alt, Michael Gilligan, “the Political Economy of Trading States: Factor Specificity, Collective Action Problems, and Domestic Political Institutions”, in Jeffry A. Frieden and David A Lake, eds., *International Political Economy: Perspectives on Global Power and Wealth*, Beijing: Peking University Press, 2003, p. 331。

② 认为美国自二战后以来资本充足而劳动力稀缺的其它文献有：Harry Bowen, Edward Leamer and Leo Sveikauskas, Multicountry, Multifactor Tests of the Factor Abundance Theory, *American Economic Review*, 1987, Vol. 77, No. 5, 1987, pp. 791 - 809；［美］迈克尔·J. 希斯考克斯著，于扬杰译：《国际贸易与政治冲突——贸易、联盟与要素流动程度》，中国人民大学出版社，2005 年版。

③ ［美］迈克尔·J. 希斯考克斯著，于扬杰译：《国际贸易与政治冲突——贸易、联盟与要素流动程度》，中国人民大学出版社，2005 年版，第 12 页。

企业从自由贸易中获益，与此同时，劳动力则面临竞争、工资降低，从自由贸易中受损。在此基础上，充裕要素的所有者（资本家）基于贸易利得将组成支持自由贸易的联盟，而稀缺要素（劳动力）则组成保护主义者联盟。

表 3—1　美国等国家 1992 年的相对要素禀赋

国家	资本/劳动（美元/个人）	资本/土地（美元/平方公里）	劳动/土地（工人/平方公里）
美国	35993	476187	13. 23
英国	22509	2572554	114. 29
日本	41286	6881138	166. 67
印度	1997	204073	102. 19
德国	41115	4491403	109. 24

注：资本额是以 1985 年价格来计算的。

资料来源：作者根据如下资料制作：［美］丹尼斯 · R. 阿普尔亚德、小艾尔弗雷德 · J. 菲尔德著，龚敏等译：《国际经济学》，机械出版社，2003 年版，第 103 页。

国际政治经济学者将斯 - 萨定理应用到公众贸易倾向形成的研究中，罗纳德 · 罗戈斯基（Ronald Rogowski）堪称此领域的研究方家。在其代表性著作《商业和联盟：贸易如何影响了国内政治结盟》（Commerce and Coalitions：How Trade Affects Domestic Political Alignments）一书中，罗戈斯基将要素简化为三种：劳动力、资本和土地，通过采用斯—萨定理，他认为在要素充分流动的情况下，不同要素所有者自贸易中的收益不同，这导致了不同贸易偏好的、罗戈斯基所认为的阶级联盟的形成。① 由于阶级在其论证和结论中的中心位置，以罗戈斯基为代表的解释也被称之为要素—阶级学派。② 在这里，之所以称之为阶级联盟，主要是从政治学的视

---

① Ronald Rogowski，*Commerce and Coalitions*：*How Trade Affects Domestic Political Alignments*，Princeton：Princeton University Press，1989.

② Paul Midford，"International Trade and Domestic Politics：Improving on Rogowski's Model of Political Alignments"，*International Organization*，Vol. 47，No. 4，Autumn，1993，pp. 535 – 564。

角看，资本、劳动力和土地是传统上划分阶级的重要标准。[①]

（二）李嘉图 - 维纳模型与公众贸易偏好

由于经济学家总是倾向于从替代选择的角度考虑问题，当斯 - 萨定理假定产品要素是自由流动时，他们就开始考虑要素静止或者类似于停滞状态下，贸易对于要素报酬将产生什么样的影响？李嘉图—维纳模型（Ricardo - Viner model，以下简称李—维模型）出现。李—维模型又被称之为固定要素模型（Specific - Factors Model）。在这里，“固定”（specific）指的是在某一产业，某个要素是专门针对这个产业的，当这个产业衰落时，它不能自由流动到另外一个正在上升的产业。[②] 固定要素的共同特点是：离开它们现在的产业，没有其他更好的替代性选择。

与斯—萨定理不同，李—维模型试图揭示至少在一个要素不能完全自由流动下，产业间要素所有者受国际贸易的影响。李—维模型假定只有两个产业——进口产业和出口产业，存在着三种生产要素：（1）劳动力。它不是固定要素，具有非固定性，可以移动，可运用于生产进口产业的商品或者出口产业的商品；（2）出口产业的资本。它是固定的要素，只用于该产业的生产，而不能用于进口产业的生产；（3）进口产业的资本。它也是固定的要素，不能用于出口产业的生产。当进口增加，受到进口冲击的产业的产品价格降低，产量减少，劳动力流出。但是，不能流动的固定要素仍旧要留在进口竞争产业，它仍旧需要劳动力来完成工作，由于劳动力流出，这个产业发现已经很难找到劳动力，生产减少。进口产业对资本的需求也减少，而它的资本供给却是固定的，所以在进口产业中资本的收益率下降。与此同时，劳动力涌向了出口产业，由于进口产品导致价格下降，出口产品价格相对上升。出口产业的固定要素就变得更加多产（由于有额外的劳动力使用），相对于出口产品和进口产品的价格，收入更高。概括起来说，由于贸易增长，投入出口行业的固定要素会获得不断增长的回报，真实收益上升；而那些投人到进口竞争产业的固定要素则反而蒙受损失，真实收益下降。概括而言，在李—维模型下，国际贸易的结果是：贸易会使得出口行业固定要素的真实收益上升，进口竞争行业的固定要素的

---

① 宋国友：《平衡社会利益和国家安全——政府对外贸易战略选择》，时事出版社，2007 年版，第 32 页。

② James E. Alt, Michael Gilligan, “the Political Economy of Trading States: Factor Specificity, Collective Action Problems, and Domestic Political Institutions”, in Jeffry A. Frieden and David A Lake, eds., *International Political Economy: Perspectives on Global Power and Wealth*, Beijing: Peking University Press, 2003, p. 332, p. 340, p. 337.

真实收益下降。

作为斯—萨定理分析贸易联盟的替代工具，根据李—维模型的研究，我们就可以推导出李—维模型下不同产业公众贸易偏好。在李—维模型中，同一产业的要素即资本和劳动力之间不会相互竞争，它们面临着相同的命运，在国内和国际市场上都具有优势抑或劣势。在这种情况下，贸易会对不同产业的同一要素有着不同的影响，因为同一要素的所有者会根据其所处产业的不同而持不同的政策偏好。“固定要素的收益与它们所属产业运气紧密相连”①，此时，同一企业、部门或区域的工人、管理者和业主彼此之间，比他们和各自的“阶级盟友”之间具有更大的共同利益。这也就意味着政治联盟是基于行业来划分阵营。② 出口产业选民支持自由贸易，而受到进口竞争的产业选民则选择保护主义。

国际政治经济学者们将李—维模型应用到公众贸易结盟的实证研究中。斯蒂芬·梅吉（Stephen Magee）分析了美国国会关于1974年贸易法的辩论。他的研究表明，出庭作证的进口竞争产业的管理者和劳动力都采取了同一立场，持贸易保护主义主张。③ 杰弗瑞·弗里登（Jeffry Frieden）运用固定要素判别拉丁美洲国家内部不同行为者的贸易偏好。④ 有鉴于李—维模型下的选民联盟划分依赖于所归属的特定产业线，为区别于斯—萨定理下的要素—阶级学派，李—维模型下的分析方法也被称之为固定要素分析法。

（三）综合模型与公众贸易联盟

对于公众贸易联盟，斯—萨定理下的要素—阶级分析和李—维模型下的固定要素分析都有其现实的解释力，两者都能找到贸易史实，旁征博引，支持各自的观点。要素—阶级分析与固定要素分析给出了要素流动与不流动时，不同公众因自贸易收益中的利得不同，形成了趋向保护主义或者自由贸易的偏好。要素—阶级分析认为，在要素流动的高位，形成了劳动力要素公众联盟与资本要素公众联盟，前者支持限制贸易，后者提倡自由贸易。固定要素分析认为，在要素流动的低位，形成了出口产业公众联

---

① Michael J. Hiscox, “Commerce, Coalitions, and Factor Mobility: Evidence from congressional Votes on Trade legislation”, *American Political Science Review*, Vol. 96, No. 3, 2002, p. 594.

② ［美］迈克尔·J. 希斯考克斯著，于扬杰译：《国际贸易与政治冲突——贸易、联盟与要素流动程度》，中国人民大学出版社，2005年版，第13页。

③ Stephen P. Magee, “Three simple tests of the Stolper - Samuelson Theorem”, in Peter Oppenheimer, ed., *Issues in International Economics*, London: Oriel Press, 1980, pp. 138 - 153.

④ See Jeffry Frieden, *Debt, Development, and Democracy*, Princeton: Princeton University Press, 1991.

盟与进口竞争产业公众联盟，前者是自由贸易的拥护者，后者则是贸易保护主义的信徒。因此，这两个模式自引入以来，备受学界推崇。但是，它们也存在着两个问题。第一，依据这两个模式的假设，它们的结论仅具有相对的正确性。① 诚如任何一个经济学定理，它的假设亦造就了这两个理论的缺陷。以斯—萨定理为例，只有资本和劳动这两种要素都能自由流动时，才能出现斯—萨定理所预期的结果。② 第二，理论最为重要的是用来解释或者预测实践，人们发现，在现实的贸易活动中，产品生产要素并不是完全的自由流动或者是完全的静止，更多的情况是，生产要素流动有时处于高位，有时处于低位。因此，这一理论在解释现实时需要进一步发展。无论是斯—萨定理还是李—维模型都不能独自解释贸易政策问题上的公众联盟。③ 此外，既然上述两种方法都能找到实证的支持，说明需要一种综合的方法将它们结合，这种方法既能将它们的解释力综合、详细描述其条件，又胜于仅仅是一种方法的解释力。

在这种情况下，综合模式出现。这种模式将斯—萨定理下的要素—阶级分析和李—维模型下的固定要素分析结合，用以解释与分析现实中的公众贸易偏好与结盟问题。综合模式的核心观点是要素流动水平对贸易收益存在分配效益，这种分配效益导致同一经济体中形成了不同贸易偏好的公众联盟，不同贸易偏好的公众联盟具有不同的贸易政策导向。代表性人物是哈佛大学的迈克尔·希斯考克斯（Michael J. Hiscox）。他认为，斯—萨定理与李—维模型二者之间是“互补的而非排斥的”④，可以适用于分析同一议题；不论是斯—萨定理还是李—维模型，讨论的都是极端情况，生产要素要么是完全流动，要么完全不可流动，这是一种理想化的情况，是为了经济模型的简单化。他认为更合理的方法是把要素流动视为受到一系列经济、技术和政治变量影响的连续变量。他提出，“在要素流动程度高的环境中，更易于形成广泛的以阶级联盟为基础的政治联盟，而在要素流动

① ［美］迈克尔·J. 希斯考克斯著，于扬杰译：《国际贸易与政治冲突——贸易、联盟与要素流动程度》，中国人民大学出版社，2005 年版，第 5 页。

② 华民：《国际经济学》，复旦大学出版社，2007 年版，第 42 页。

③ James E. Alt, Michael Gilligan, “the Political Economy of Trading States: Factor Specificity, Collective Action Problems, and Domestic Political Institutions”, in Jeffry A. Frieden and David A Lake, eds., *International Political Economy*: *Perspectives on Global Power and Wealth*, Beijing: Peking University Press, 2003, p. 336.

④ ［美］杰弗里·A. 弗里登、罗纳德·罗戈斯基：《国际经济对国家政策的影响》，载［美］罗伯特·基欧汉、海伦·米尔纳著，姜鹏、董素华译：《国际化与国内政治》，北京大学出版社，2003 年版，第 30 页。

程度低的环境中，相对狭隘的以行业为基础的联盟更容易形成。”“当要素整体流动程度存在明显差异的时候，由贸易问题所引发的社会分化就会出现迥然不同的类型。”① 概言之，“在美国，当要素流动低时，产业公众联盟形成；当要素流动高时，以要素为基础的公众联盟形成”。②

综合模型下的公众贸易偏好、联盟与国家贸易政策走向具体如下：要素流动处于低位时，产业选民联盟形成，此时劳动力与资本要素以产业划分，作为这些特定要素持有者的公众有不同的贸易倾向，出口产业的公众支持自由贸易，进口竞争产业的公众偏好保护主义。因此，社会中出口产业联盟与进口竞争联盟采取了积极游说的政策获取行业“租”，政策决策者需要采取一种模糊的主张来弥合公众观点的分异。要素流动处于高位时，阶级联盟形成，劳动力和资本因贸易收益不同而形成了不同的利益联盟。此时，要素所属产业的作用退缩，社会内关于贸易政策的走向采取一种黑白分明的政策，或者支持劳动力联盟的保护主义政策，或者支持资本联盟的自由贸易政策。通常，以阶级划分的联盟具有贸易观点上的持久性，例如美国劳联—产联（AFL - CIO），自 20 世纪 60 年代以来，其一贯反对不加限制的贸易。而产业联盟的观点有时会发生变更。20 世纪七八十年代，在日本厂家的冲击下，以哈利—戴维森（Harley - Davidson）为首的美国机车行业于 1982 年向美国国际贸易委员会提出进口保护的请求。经过一年的调查，国际贸易委员会确认进口产品的确严重损害了美国机车行业并宣布自 1983 年起，在原有配额的基础上，美国开始以较高的税率对进口产品征收关税。1987—1993 年，美国机车行业的出口以每年 37% 的速度高速增长，美国机车行业的保护申请结束。③ 因此，当新兴或者衰退产业获得或者重新具有了竞争力时，就可能转而支持自由贸易。表 3—2 给出了要素不同流动水平上的公众联盟以及预期政府可能采取的贸易政策。一国贸易政策的走向以及最终取舍依赖于上述支持不同贸易倾向的公众之间的博弈。

① ［美］迈克尔·J. 希斯考克斯著，于扬杰译：《国际贸易与政治冲突——贸易、联盟与要素流动程度》，中国人民大学出版社，2005 年版，第 13 页。

② Jeffrey W. Ladewig, “Domestic Influences on International Trade Policy: Factor Mobility in the United States, 1963 - 1992”, *International Organization*, Vol. 60, No. 1, 2006, p. 72.

③ 详细内容参见［美］丹尼斯·R. 阿普尔亚德、小艾尔弗雷德·J. 菲尔德著，龚敏等译：《国际经济学》，机械出版社，2003 年版，第 247 页。

表 3—2　要素流动不同水平上的公众联盟与政府贸易政策预期倾向

要素流动水平	公众联盟类型	对国家贸易政策的影响
低	产业联盟	国家内对贸易政策有不同观点，采取一种模糊的贸易政策主张
高	阶级联盟	国家内关于贸易议题团结起来并采取一种统一的贸易保护主义（对稀缺资源）或自由贸易（对丰裕资源）主张

资料来源：Michael J. Hiscox，“*Class Versus Industry Cleavages*：*Inter-Industry Factor Mobility and the Politics of Trade*”，*International Organization*，Vol. 55，No. 1，2001，p. 16。

在给定的目标情况下，与其他的解释相比，综合模型的优势在于哪里？那就是，与传统的分析方法相比，这一模型关于自由贸易收益者和受损者的结论更接近于我们在现实世界中观察到的情况。此外，我们必须承认，在现实的贸易政策制定过程中，确实很难分清美国贸易保护主义具体是劳动力要素联盟还是进口竞争产业联盟作用的结果，更多时候，二者是混合在一起发力的。有鉴于此，本书采用综合模型考察美国公众贸易偏好与贸易联盟。

四、美国自由贸易的失语与贸易保护主义的凸现

根据上述综合模型，在要素流动的不同水平，美国公众共形成了 4 个贸易联盟，支持自由贸易的出口产业联盟与资本要素联盟，支持贸易保护主义的进口竞争产业联盟与劳动力联盟。美国贸易政策是这 4 个联盟博弈的结果，它表现为自由贸易处于守势而保护主义凸显。

尽管很多在理论上颇具说服力的论证指出了不受阻碍的国际贸易会给美国带来净福利的增加，但现实中的进口竞争产业公众联盟与劳动力公众联盟还是持续不断地对政府决策者们施加压力，要求限制进口，而美国政府决策者们也深受贸易保护主义者的影响。造成这一现象的主要原因是在美国，自由贸易主义者通常失语，而贸易保护主义者却善于造势。也就是说，这造成了要求保护的联盟制造的保护主义气氛要浓于自由贸易联盟的氛围。

从规模和数量上看，支持自由贸易的公众联盟要大于支持贸易保护主义的联盟。从贸易中获益的群体是自由贸易的坚定支持者。从要素流动水平上看，主要是出口产业联盟与资本要素联盟。如果细看，在现实贸易生

活中，这些获益的联盟可以细分为如下三类：一是从事出口业务的公司；二是进口商、消费者和零售商；三就是从国际贸易活动中受益的资本阶级。受到贸易损害的公众是保护主义的拥趸。根据要素流动理论，主要是劳动力公众联盟和产业公众联盟。在贸易活动中，他们是各个产业的工人阶级和受到外国竞争削弱的企业和工人。因此，就涉及的人数和范围来说，自由贸易的受益者和支持者远远大于贸易保护主义者。①

但是，支持自由贸易的联盟这种数量和规模上的优势，在影响政府未来贸易政策的走势时，却常常成为劣势，贸易保护主义联盟的政治活动优势是自由贸易的联盟所无可比拟的。乔治·施蒂格勒（George Stigler）发现，小规模联盟往往比大规模联盟具有更强的政治活动力。② 例如，依据2004年数据，美国农场主及其家属约占国内总人口的2%，但他们却能从政府收入稳定政策以及其他各种政府管制和特别项目（如农作物产量限制、优惠利率、电力设施补贴等）中获得400亿美元的收入。早在1950年，那时农场主及其家属数量占到了全国人口的15%，但他们从整个联邦政府支出中不过才获得30亿美元，远远不及20世纪80年代的400亿美元（相当于1950年时期的95亿美元）。如果以不变购买力计算的话，农场主的人均收入增长了7倍。③ 在历次美国对外贸易谈判中，美国农业补贴必定属于谈判伙伴关注的重要内容之一，但是，美国政府宁可出资赔偿相关方的损失，也无法对此加以开放。美国农业补贴限制了外国农产品进入美国市场，同时也资助了美国农产品的出口，这违反了WTO规则。在巴西诉美国棉花补贴一事上，WTO支持了巴西的大部分主张，2014年，美国政府被迫偿付给巴西棉花种植者3亿美元达成和解。巴西最早于2002年9月将美国棉花补贴问题诉诸WTO，认为美国每年为其国内棉农提供约30亿美元的非法补贴，从而使美国保持着世界第二大棉花生产国的地位。2009年8月，WTO就此做出最终裁决，认定美国为其国内棉农提供巨额补贴违反了WTO规则，并授权巴西对美国采取制裁措施。从这一事件中，我们可以看出：较之保护主义的支持者，对于自由贸易的支持者来说，绝大多数的他们不诉之于行动制止或者包容保护主义行径。究其原因，乃基本经济与政治道德的考量。

---

① I. M. Destler, *American Trade Politics*, Washington, D. C.: Institute for International Economics, 2005, p. 4.

② 乔治·施蒂格勒：《经济生活中的政府管制》，载《比较》，2005年第20辑，第4页。

③ 资料来源于乔治·施蒂格勒：《经济生活中的政府管制》，载《比较》，2005年第20辑，第4页。

首先，对于集体行动而言，小团体往往更具有凝聚力。自由贸易者数目众多，像一盘散沙，虽然他们有着共同的利益存在，但这并不能保证他们会行动起来追求这种利益；而保护主义者联盟则正好相反，只要有共同的利益，则可以迅速行动起来。根据曼瑟尔·奥尔森（Mancur Olson）的研究，这源于“搭便车”的存在。奥尔森认为，原因有三个方面：[①] 第一，团体越大，个人从其贡献中得来的额外公共利益量的自然增长就越小，因而贡献的代价就越有可能超过这种利益；第二，人数越多，组织他们的费用也就越大；第三，团体越大，一个人或一些人准备单方面承担提供公共产品费用的可能性就越小，团体能够通过有条件合作来克服搭便车的可能性也就越小。如果政府决策者选择保护主义，则贸易保护主义者将从政策干预中获得很多利益，他们也就因此在争取保护主义政策的过程中更加具有集团凝聚力，相对来说，组织活动、募集游说基金、通知各种信息在小联盟中都更易进行。由分散的自由贸易支持者组成的较大联盟由于预期努力去搜集信息或参与投票，个人只能得到极小的回报，因此，他们就干脆放弃参与决策过程。

其次，从经济学上看，人们采取一项行动一定会核算成本与收益。小联盟中的每一个成员进行政治投资都是非常合算的，因为成功后获得的收益会更大，它也就较之自由贸易主义者联盟更加容易克服“搭便车”问题。如果联盟大到能被看见但又小到足以控制其成员的搭便车行为，它们往往更容易获得成功，因为它们具有严格意义上的利益一致性，且其人均组织成本和信息搜集成本也相对较低。[②] 与此同时，对于支持自由贸易的公众联盟而言，其个人净收益是如此之小（甚至可能为负）或极不确定，这导致自由贸易联盟无法克服“搭便车”问题，因此他们将选择不积极参与决策过程，少数人的利益集团也因此能达成自己的目标。

再次，出口产业面临的问题与进口竞争产业完全不同。他们从国际贸易中得到的收益经常与国内市场的繁荣与否毫不相关，能够将产品打入海外的产业效率很高，国外的竞争不会影响他们在国内市场的安全。[③] 因此，当进口竞争产业公众联盟不时诉诸政治手段以寻求救助时，而那些“拥有

---

① 参见［美］曼瑟尔·奥尔森著，陈郁等译：《集体行动的逻辑》，生活·读书·新知三联书店，2008 年版。

② ［美］丹尼斯·R. 阿普尔亚德、小艾尔弗雷德·J. 菲尔德著，龚敏等译：《国际经济学》，机械出版社，2003 年版，第 278 页。

③ ［美］罗伯特·J. 凯伯著，原毅军等译：《国际经济学》（第八版），机械工业出版社，2002 年版，第 131 页。

不断扩大的市场和丰厚利润的”贸易受益者则通常只顾自己的生意，回避政治纷争。①

最后，从政治道德上，对于国际贸易的受益者而言，他们往往觉得自己在政治领域里处于劣势，因为他们有可能被指责帮助外国利益集团夺走美国的就业机会。“在政治号召力上仅次于关税能增加就业这种论调的流行观点是，美国工人的生活水准必须得到保护，以避免受到外国廉价劳动力的毁灭性竞争。”② 与此相反，贸易保护主义者却占领了政治道德的制高点，这使得受益者毫无怨言地接受受损者提出的保护措施所附带的负担。③

综上所言，阻止或限制贸易会给进口竞争产业带来了好处，但受害的却是范围更广的社会。受进口商品威胁的生产商和工人往往会聚集到一起，组织起来，有准备并且有能力在政界维护其利益。而受益于国际贸易的人通常是散沙状，他们与任何具体贸易事务的利害关系往往都很小。

第二节　要素流动下的美国公众贸易保护主义

第一节的研究思路认为，要素流动水平可以确定公众的贸易倾向，这种倾向促使公众结成了不同贸易偏好的公众联盟。这一结论就使得我们本节的讨论转移到如何在经验上测量要素流动以及本书的重点美国公众贸易保护主义上。

一、测量要素流动的工具与美国要素流动水平

只有要素流动有了可以观察或者计算的测量工具与标准，我们才能确定要素流动水平。通常，学者们采用劳动力工资以及行业收益指标借以区分美国经济中产品生产要素流动水平。其逻辑依据是：产品要素流动高，

① I. M. Destler, *American Trade Politics*, Washington, D. C: Institute for International Economics, 2005, p. 5, p. 37.

② Wolfgang Stolper, Paul A. Samuelson, “Protection and Real Wages”, *Review of Economic Studies*, Vol. 9, No. 1, 1941, pp. 58 – 73.

③ E. E. Schattschneider, *Politics, Pressures and The Tariff: A Study of Free Private Enterprise in Pressure Politics, as Shown in the* 1929 – 1930 *Revision of the Tariff*, New York: Prentice – Hall, 1935.

各产业收益率（Rate – of – Return）差别就应该小；产品要素流动低，各产业收益率差别大。① 因此，劳动力工资以及各产业收益指标区别微小，则表明了产品要素流动水平高；反之，则表明了产品要素流动水平低。②

通过对劳动力工资以及各行业收益的研究，二战后至今包括冷战结束后，美国要素流动水平处于低位。希斯考克斯考察了美国自 1815—1994 年间的劳动力工资与各行业回报。他的研究发现，19 世纪末 20 世纪初，美国行业间工资差异下降到了历史上相当低的水平，而第二次世界大战后至今，上述劳动力工资与行业收益差距都在不断扩大。③ 另有一些学者的研究也支持了西斯考克斯的观点。首先，就行业收益而言，二战后，美国要素资本收益率也存在显著的行业间差异，这意味着近些年来资本的行业间流动程度很低。劳伦斯·卡茨（Lawrence Katz）和劳伦斯·萨默斯（Lawrence Summers）利用美国 20 世纪 80 年代公司利润的数据证明了经济中存在有大量的行业"租"。④ 瓦莱丽·雷米（Valerie Ramey）和马修·夏皮罗（Matthew Shapiro）的研究表明，近些年来美国制造业中资产的行业专业化程度的确很高，对于资产所有者来说，跨部门重新配置资产的成本很高。⑤ 其次，就劳动力工资而言，许多文献分析了关于美国工人工资的调查数据，指出近 20 年来制造业不同行业的工资水平存在持久且显著的差异。即使对大量人力资本变量和工作特点变量进行控制，结论也是如此。⑥ 上述这些研究说明，二战结束后至今，美国要素流动程度低。

---

① Michael J. Hiscox, "Class Versus Industry Cleavages: Inter – Industry Factor Mobility and the Politics of Trade", *International Organization*, Vol. 55, No. 1, 2001, p. 5.

② 在使用这两个指标作为要素流动程度测量工具时，还要注意下述因素：经济活动的参与者的目标必须是追求经济利益最大化而不是其他，例如，工作环境的舒服等；另外，工资和行业收益必须是市场力量作用的结果，而不是其他，例如，劳资谈判等。

③ 如果分析产生要素流动的原因，希斯考克斯认为主要是伴随着工业化的技术进步。关于这一原因的详细分析参见 Michael J. Hiscox, "Commerce, Coalitions, and Factor Mobility: Evidence from congressional Votes on Trade legislation", *American Political Science Review*, Vol. 96, No. 3, 2002。

④ Lawrence Katz and Lawrence Summers, *Industry Rents: Evidence and Implications*, *Brookings Papers on Economic Activity: Microeconomics*, Washington, D. C.: Brooking Institution, 1989.

⑤ Valerie Ramey and Matthew Shapiro, Displaced Capital: A Study of Aerospace Plant Closings, *NBER Working* No. 6775. October, 1998, Cambridge, Mass.: National Bureau of Economic Research, 1998.

⑥ William T. Dickens and Laurence F. Katz, "Inter – Industry Wage Differences and Industry Characteristics", in K. Lang and J. Leonard eds., *Unemployment and the Structure of Labor Markets*, Oxford: Basil Blackwell, 1987; Alan Krueger and Lawrence Summers, "Reflections on the Inter – industry Wage Structure", in K. Lang and J. Leonard, eds., *Unemployment and the Structure of Labor Markets*, Oxford: Basil Blackwell, 1987, pp. 17 – 47.

表 3—3 美国 1815—1994 年的要素流动与公众联盟

时期（年）	流动程度	公众结盟（类型）
1815—1869	低	产业联盟
1870—1914	高	阶级联盟
1919—1939	中间；持续降低	混合联盟
1945—1994	低	产业联盟

注：流动程度为中间说明要素流动水平处于高与低之间；公众结盟为混合联盟表明既存在产业联盟也存在阶级联盟。

资料来源：［美］迈克尔·J. 希斯考克斯著，于扬杰译：《国际贸易与政治冲突——贸易、联盟与要素流动程度》，中国人民大学出版社，2005 年版，第 46 页。

二、劳动力公众联盟与贸易保护主义

根据学者们的研究，美国产业生产要素流动程度在二战后一直处于低位，因此，这一时期以及包括冷战后的阶段，较之产业要素公众联盟，劳动力要素公众联盟活动不甚明显。换言之，纯粹的劳动力选民联盟较之产业选民联盟，其影响力小。学者安娜·梅达（Anna M. Mayda）等的研究支持了这一结论。他们认为，较之产业联盟，劳动力选民在贸易政策决策中的影响力仅为 5%。①

上述状况出现的结果是，冷战后，较之行业集团主导了近期的重要贸易协议辩论，广泛的阶级联盟在贸易问题上变得越来越不团结，表现出越来越松散的状况。首先，虽然从学理上说，美国的贸易政策制定制度，更加重视大多数人的意见，有利于广泛的阶级联盟。但是，那些给游说集团提供更多干预政治机会的政策制定规则更有可能会阻碍阶级联盟的形成。②究其原因，乃是冷战后资本流动加快，因之资本获得了更多相对收益，与此同时，这也削弱了劳工阶层。有鉴于此，罗伯特·贝茨（Robert

① Anna Maria Mayda and Dani Rodrik, *Why Are Some People (and Countries) More Protectionist than Others?* Unpublishede manuscript, Harvard University, Cambridge, Mass. http://ksghome. harvard. edu/—. drodrik. academic. ksg/TradePref. PDF.

② James E. Alt, Michael Gilligan, "the Political Economy of Trading States: Factor Specificity, Collective Action Problems, and Domestic Political Institutions", in Jeffry A. Frieden and David A Lake, eds., *International Political Economy: Perspectives on Global Power and Wealth*, Beijing: Peking University Press, 2003, pp. 327 –342.

H. Bates）和达祥·里恩（Da－Hsiang Donald Lien）研究认为，资本通常比劳动力更有流动性，这就意味着国际化将赋予资本更大的优势。[①]“劳工最持久的两难困境就是资本流动增加的同时，也增加了资本的权力资源。这一流动的后果是，管理者、金融资产的持有者和跨国公司得到了好处，而劳工受到了伤害。”[②] 因此，“随着国际化的发展，相比劳工和政治官僚而言，国际流动资本将赢得政治权力”。[③] 具体而言，流动性生产要素资本，如金融资本，可以将生产或者资金转移到国外的公司，由此就可获得了与非流动性生产要素如蓝领工人和依赖当地资产的公司进行讨价还价的优势，这就是权力。另外，如果给定了贸易保护主义政策中的收益，阶级选民联盟收益明显少于产业选民联盟收益。[④] 这些原因也就是冷战后，劳动选民联盟干预贸易不如产业联盟活跃的重要原因。

随着阶级联盟在贸易问题上权力的下降，在美国贸易政策中，其关于贸易保护主义的主张也处于不利甚至被忽视的地位。具体表现在政策制定者经常不顾及劳动力联盟的感受而签订贸易协议。表3—4 列出了自冷战结束后的103 届国会至2015 年7 月在任的114 届国会，美国贸易政策中发生的重大贸易事件，众议院立法者与众议院民主党成员投票情况。从表中我们可以看出，在多达20 次的投票记录中，除1998 年总统贸易快车道授权没有通过外，其余19 次均获得通过。在获得通过的19 次贸易投票中，传统上代表劳工利益的民主党强烈反对北美自由贸易协定（234 ：200）、支持乌拉圭回合（288 ：146）、给予中国永久性正常贸易关系（237 ：197）、2001 年授予布什（G. W. Bush）总统快车道授权（215 ：214）、与新加坡自由贸易协定（272 ：155）、与智利的自由贸易协定（270 ：156）、与澳大利亚自由贸易协定（314 ：109）、与摩洛哥自由贸易协定（323 ：99）、退出WTO（86 ：338）、与中美洲自由贸易协议（217 ：215）、与巴林自

---

① Robert H. Bates and Da－Hsiang Donald Lien, "A Note on Taxation, Development and Representative Government," *Politics and Society*, 1985, Vol. 14, No. 1, pp: 59－63.

② Paulette Kurzer, "Unemployment in Open Economies: The Impact of Trade, Finance and European Integration," *Comparative Political Studies*, Vol. 24, No. 1, 1991, p. 12.

③ ［美］海伦·米尔纳、罗伯特·基欧汉：《国际化和国内政治：导论》，载［美］罗伯特·基欧汉、海伦·米尔纳著，姜鹏、董素华译：《国际化与国内政治》，北京大学出版社，2003年版，第21 页。

④ James E. Alt, Michael Gilligan, "the Political Economy of Trading States: Factor Specificity, Collective Action Problems, and Domestic Political Institutions", in Jeffry A. Frieden and David A Lake, eds., *International Political Economy: Perspectives on Global Power and Wealth*, Beijing: Peking University Press, 2003, p. 340.

由贸易协定（327 ：95）、与阿曼的自由贸易协定（221 ：205）、给予越南永久性正常贸易关系（228 ：161）、2006 年对安第斯各国和海地的贸易优惠安排（212 ：184）、2007 年美国与秘鲁的自由贸易协定（285 ：132）、2011 年与韩国、哥伦比亚和巴拿马的 FTA，这三者支持与反对的票数分别为：278 ：151；262 ：167 以及 300 ：129。众议院民主党投票支持这些贸易活动的 51%。尽管劳联—产联以及美国全国总工会等纷纷去找他们在国会中的朋友，明确表示工人们认为自由贸易协议就是检验对工人事业忠诚与否的标志，但是，这些贸易协定最终却在众议院获得通过。这与其说是民主党的失败，毋宁说是劳工组织的失败。因此，希斯考克斯认为，“20 世纪 90 年代以来，原来的阶级联盟在贸易问题上已经非常混乱。”①

表 3—4　众议院议员与民主党成员贸易投票记录（1993 年至 2015 年 7 月）

贸易协定	贸易促进授权	巴拿马 FTA	哥伦比亚 FTA	韩国 FTA	秘鲁 FTA
时间（年月）	2015. 7	2011. 10	2011. 10	2011. 10	2007. 11
票数（Y：N）	218 ：208	262 ：167	262 ：167	278 ：151	285 ：132
民主党（Y：N）	28 ：158	31 ：158	31 ：158	59 ：130	109 ：116
贸易协定	贸易优惠	越南 PNTR	阿曼 FTA	巴林 FTA	CAFTA
时间（年月）	2006. 12	2006. 11	2006. 7	2005. 12	2005. 7
票数（Y：N）	212 ：184	228 ：161	221 ：205	327 ：95	217 ：215
民主党（Y：N）	92 ：96	90 ：94	22 ：174	115 ：81	15 ：187

① ［美］迈克尔 · J. 希斯考克斯著，于扬杰译：《国际贸易与政治冲突——贸易、联盟与要素流动程度》，中国人民大学出版社，2005 年版，第 112 页。

续表

贸易协定	贸易促进授权	巴拿马 FTA	哥伦比亚 FTA	韩国 FTA	秘鲁 FTA
贸易协定	退出 WTO	摩洛哥 FTA	澳大利亚 FTA	智利 FTA	新加坡 FTA
时间（年月）	2005.6	2004.7	2004.7	2003.7	2003.7
票数（Y：N）	86：338	323：99	314：109	270：156	272：155
民主党（Y：N）	46：183	120：80	116：84	75：128	75：127
贸易协定	贸易促进授权	中国 PNTR	快车道授权	乌拉圭回合	NAFTA
时间（年月）	2001.1	2000.5	1998.9	1994.1	1993.11
票数（Y：N）	215：214	237：197	180：243	288：146	234：200
民主党（Y：N）	21：189	73：138	29：171	167：89	102：156

注：Y：赞成；N：反对。

来源：2006—2015 年资料来源于国会图书馆网站，其余资料均来自于 I. M. Destler，American Trade Politics in 2007：Building Bipartisan Compromise，*Policy Brief of Peter G. Peterson Institute for International Economics*（May），No. Pb07 – 5，2007，p.4；国会图书馆网站网址为 http：//thomas.loc.gov/cgi – bin/thomas。

冷战后的经验性证据也显示，较之产业联盟，自 20 世纪 90 年代以来，劳工联盟处于守势。具体表现在两个方面：（1）劳工阶层整体加入工会率下降；（2）失业率降低。

一方面，冷战后，作为一个整体，劳工阶层加入工会人数下降。作为生产要素流动处于高位时的贸易保护主义中坚力量，冷战后美国工人加入工会人员不断减少。根据美国劳工部劳工统计局的数字，1995 年，全美有 14.9% 的工人加入工会；2000 年，这一数字为 13.5%；随后一路下滑，2002 年降为 13.2%；2005 年为 12.5%；2006 年达到最低点，为 12.1%；

2007 年后开始微有上升，为 12.1%；2008 年为 12.4%；2013 年为 11.3%，2014 年为 11.1%。[①] 在历史上，工会组织曾是美国劳动力要素联盟的重要代表，但现在，其地位已不能与历史同日而语。劳联—产联可谓美国工会组织的典型，通过使用自己手里的选票，以及它们组织的各种政治行动委员会分配政治捐助，影响了美国的内外经济政策。但是，其作用在冷战后不断削弱，被称为“正在消失的恐龙”。[②] 在热闹的 2015 年美国政府贸易活动中，劳联—产联的游说活动已经大大今不如昔，在国会山上，正式邀请其去佐证的委员会已经很少了。

追究这种状况形成的原因，首先，工会谈判地位弱化。美国工会的主要作用是集体谈判，提高工人的经济地位。美国工会坚持的是经济工会主义。按照这个主义，美国工会的主要目标是争取更高的工资、更短的工作时间、更多的假期、更好的工作条件以及更好的福利等经济目标。美国工会不同于欧洲国家的工人运动。在欧洲一些地方，工党有时会取得国会的多数席位。他们开展阶级斗争，以变革政府结构，甚至提倡社会主义。但是，冷战后，由于介入了国际市场，工会的作用在可贸易部门日趋削弱，仅仅只组织起了所有劳动力中的很小部分。这里的主要原因是：可贸易部门与不可贸易部门的工资设定遵循完全不同的逻辑。可贸易部门工人福利直接受它们在全球市场竞争力的影响。为了保住工作，那些在可贸易部门就业的人必需压制其工资要求，以满足全球市场竞争的需要。其次，实际上，全球化的发展以及资本流动性的增加，削弱了劳工组织的谈判地位。自 20 世纪 70 年代以来，很多产业的管制被解除，国际竞争加剧，美国企业主经常威胁说要迁厂到发展中国家去，除非工人同意资方的要求，劳资均势改变。这使工会组织的罢工作用下降。罢工是集体协议工资中最后的威胁手段。20 世纪 70 年代，美国工会经常使用这个工具，每年举行的罢工多达 300 次。[③] 但近年来罢工在美国劳工市场实际已经消失。其原因在于，罢工经常给工人带来适得其反的后果。1992 年，一家制造重型设备的大公司卡特比勒（Caterpillar Inc.）工人举行过罢工，6 个月后，当公司威胁永远不再雇用他们时，这些工人不得不结束罢工。罢工并未能损害自己这一点，使得在过去 20 年中工会的整体实力大大削弱。

---

① http：//stats. bls. gov/news. release/pdf/union2. pdf.

② 罗伯特·泰勒：《濒于灭绝的物种所面临的挑战》，载《金融时报》，1995 年 8 月 14 日，转引自王勇《中美经贸关系》，中国市场出版社，2007 年版，第 41 页。

③ ［美］保罗·萨缪尔森、威廉·诺德豪斯著，萧琛等译：《经济学》，华夏出版社，1999 年版，第 195 页。

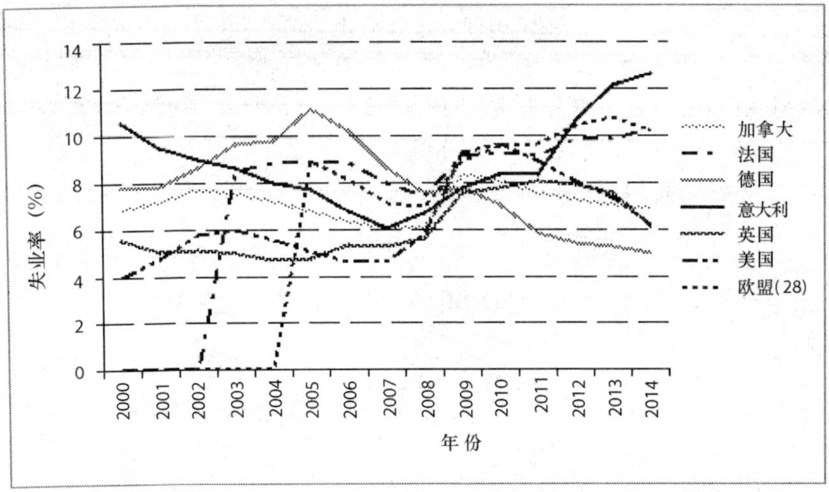

图 3—1 美国与 OECD 其他发达经济体失业率（2000—2014 年）

资料来源：U. S. Council of Economic Advisers，2015 *Economic Report of the President*，Washington D. C.：U. S. Government Printing Office，p. 109. https：//www. whitehouse. gov/administration/eop/cea/economic - report - of - the - President/2015。

另一方面，美国整体失业率低。这从反面说明了广泛的阶级联盟为什么发展停滞。根据要素流动水平观点，如果要素流动处于低位，行业联盟突出，而劳动力联盟暗弱。换言之，从理论上看，处于行业中的劳动力与资本流动水平低，而作为整体的劳动力要素应该处于相对高的流动水平，表现为整体劳动失业率应然的状态为低，这样，劳动组织才能走势为弱。冷战后美国劳工失业率的经验数据也支持了这一结论。在过去的几年里，美国失业率一直保持在低位。经济合作和发展组织（Organization for Economic Co - operation and Development，缩写为 OECD）中的欧洲国家，1973 年的平均失业率为 2. 9% ，美国 4. 8%。自 20 世纪 80 年代起，这一状况开始转变，1983—1991 年 OECD 欧洲国家的失业率为 9. 3%，美国为 6. 7%，[①] 自此以后，这些国家的平均失业率一直高于美国，90 年代西欧总的失业率大约高达 10%—12%，是美国的两倍多。在一些国家，失业率攀

① Richard B. Freeman，“*Are your Wages Set in Beijing*?”，in Jeffry A. Frieden and David A Lake，eds.，*International Political Economy*：*Perspectives on Global Power and Wealth*，Beijing：Peking University Press，2003，p. 345.

升到20%以上。[①] 在美国，经历了20世纪60年代和80年代的失业率增长，进入90年代，失业率开始减少，2000年更是低于4.0%，自2001—2007年，失业率也保持在一个可以承受的数字，也一直比OECD其他发达经济体失业率低。在金融危机的滞后影响下，自2008年起，美国一度超越了图3—1中OECD其他发达经济体的失业率，占据首位，但自2010年下半年起，美国失业率开始下降，处于这些国家中的地位。通常的情况是，当失业率低时，对政府施加开放经济的联盟游说几乎观察不到。[②]

三、进口竞争产业公众联盟与贸易保护主义

冷战结束后，美国产品生产要素流动仍旧处于低位，因此，较之劳动力要素联盟，进口竞争产业联盟突出，对美国贸易政策中的保护主义走向影响大。

冷战后，进口竞争产业要素流出困难。根据李—维模型，特定产业劳动力和资本要素通常是不流动或者很少流动。这些生产要素属于非竞争性群体，相互有别而又密切相关。具体而言，一种产业的成员进入另外一种产业困难，且成本高。这是因为改变工作技能或者投资另外行业需要时间，在短期内不可能实现。也就是说，特定产业的特定要素不可能一蹴而就地成为另外一个产业的要素，调整可能需要几十年。例如，矿工很难希望一夜之间就能找到教授经济学的工作。这就是工作的异质性（Worker Heterogeneity）。另外，这些受到进口竞争冲击的产业还面临着工人供给的增多。苏珊·克林斯（Susan M. Collins）以纺织业为例进行了详细地考察，她的研究表明，如果美国进口来自低工资国家的衣服产品增多，根据供需原理，这意味着美国将面临生产这一产品的非熟练工人的供给增多。[③] 因此，尽管美国整体失业率数字温和，但美国制造业中工人却处境艰难。

基于上述分析，较之劳动力产业联盟，进口产业联盟更多地与冷战后美国贸易保护主义相连。在冷战后，随着要素流动处于低位，美国社会一方面出现了国民收入严重两极分化现象，这说明要素流动极低；另一方面，制造业工人失业严重。正是这两个方面肇始了产业联盟要素持有者的

---

① ［美］罗伯特·吉尔平著，杨宇光等译：《全球政治经济学——解读国际经济秩序》，上海人民出版社，2006年版，第185页。

② Witold J. Henisz and Edward D. Mansfield, "Votes and Vetoes: The Political Determinants of Commercial Openness", *International Studies Quarterly*, Vol. 50, No. 1, 2006, p. 192.

③ Susan M. Collins, ed., *Imports, Exports, and the American Worker*, Washington, D. C.: Brookings Institution, 1998, p. 26.

贸易保护主义偏好。从收入角度看，詹姆士·阿尔特（James E. Alt）等认为，资本富有的国家，如果集中于少数人之手，也就是说，这个国家中多数人拥有少量资本或者从资本中收益少，那么这个国家将采取贸易限制的政策，因为多数人将从中受益。反之，如果资本集中于多数人之手，贸易收益越平均，那么这个国家将奉行开放政策，贸易限制的措施将相对较少，因为多数人将从自己拥有的资本中受益，而贸易壁垒会伤害他们。① 在美国，资本富裕，但集中在某些行业，收入极为不均等，这导致了美国其他产业界劳工越来越对外闭关锁国。从失业方面看，学者们一致认为，在影响贸易保护主义的诸因素中，失业问题最为关键。② 彼得森国际经济研究所（Peterson Institute for International Economics）的弗雷德·伯格斯坦（C. Fred Bergsten）等的研究认为，“传统上的观点为高失业是导致贸易保护主义压力的最为重要的单个因素。”③ 国际货币基金组织（IMF）的研究也表明：最容易导致贸易保护主义的原因是失业存在的范围以及时间。④ 高失业率表明了失去工作的工人很难获得替代工作，流动性差。因此，失业问题能够成为个体生活中的标志性经济事件，它能影响特定产业中的要素持有者的贸易主张，是形成保护主义的核心要素。

冷战后要素流动处于低位也可以得到实证数据的检验。这包括如下三个方面内容：

第一，尽管冷战后美国整体国民收入高，但两级分化严重。无论是学者研究还是统计机构均得出了这一观点。

2013 年，巴黎经济学院（Paris School of Economics）学者托马斯·皮凯蒂（Thomas Piketty）出版了 700 页的《21 世纪资本论》（Capital in the Twenty – First Century），该书荣获英国《金融时报》和麦肯锡 2014 年度最佳商业图书奖（2014 Financial Times and McKinsey Business Book of the

---

① James E. Alt, Michael Gilligan, “the Political Economy of Trading States: Factor Specificity, Collective Action Problems, and Domestic Political Institutions”, in Jeffry A. Frieden and David A Lake, eds. , *International Political Economy: Perspectives on Global Power and Wealth*, Beijing: Peking University Press, 2003, p. 337.

② Witold J. Henisz and Edward D. Mansfield, “Votes and Vetoes: The Political Determinants of Commercial Openness”, *International Studies Quarterly*, Vol. 50, No. 1, 2006, p. 191.

③ C. Fred Bergsten, William R. Cline, “Trade Policy in the 1980s: An Overview.” in William R. Cline, ed. , *Trade Policy in the 1980s*, Washington D. C. : Institute for International Economics, 1983, p. 77.

④ Quoted in Witold J. Henisz and Edward D. Mansfield, “Votes and Vetoes: The Political Determinants of Commercial Openness”, *International Studies Quarterly*, Vol. 50, No. 1, 2006, p. 191.

Year)；并在亚马逊（Amazon）畅销书排行榜首位，持续三周时间。这本书在大西洋两岸引起了轰动，它大量汇编了收入和财富分配的数据，认为收入和财富流向最富有1%的人群的比例已达到历史新高，资本回报率通常超过经济增长率，导致不平等自动加剧，这种状况在美国尤其严重，"最富有1%人群在美国崛起"。实际上，这延续了他一贯的研究。2003年，他与在美国加州大学任教的法国经济学家埃曼努埃尔·赛斯（Emmanuel Saez）一起首次汇编了关于美国最富有人群的历史数据。随后，数据不断更新，2007年研究认为，2005年只占美国总人口10%的上层人士的收入却拥有美国该年总收入的48.5%，这比2004年提高了2个百分点，比20世纪70年代晚期增长了33个百分点。略低于1928年的49.3%，这是20世纪的最高值。占据美国总人口1%的最上层美国人拥有该年收入的21.8%，比2004年高出19.8%，是他们1980年收入的2倍，也低于1928的23.9%，这也是20世纪的最高值。2009年，新当选的美国总统巴拉克·奥巴马（Barack Obama）引用了他们的曲线图，该图展示出不平等程度已回升至1929年峰值。[①] 根据《美国总统2015年经济报告》，自1973—2013年，美国财富不断向顶层1%的人聚拢，年收入增长从占美国总数的7.3%上升到17.5%；而底层的90%美国人民，则从68.1%下降到53%。[②] 或许，如果用叙事的故事或者是更加通俗的语言，美国贫穷与富有的变化诚如20世纪20年代的两位小说家F. 斯科特·菲茨杰拉德（F. Scott Fitzgerald）和欧内斯特·海明威（Ernest Hemingway）曾有过的一场著名论战——菲茨杰拉德说："富人跟你我之辈不一样"，海明威反驳道："是不一样，他们有更多钱。"[③]

OECD发布的OECD国家的收入不平等情况显示，相较于欧盟国家，美国属于高度收入不均等的国家。表3—5以基尼系数为标准，给出了相关情况。在发达经济体中，美国的基尼系数最大，为0.38，德国最低，为

① 托马斯·皮凯蒂著，巴曙松等译：《21世纪资本论》，中信出版社，2014年版；安妮·西尔万·莎萨尼：《与FT共进午餐：托马斯·皮凯蒂》，载《金融时报》（中文网络版），2015年7月3日；David Cay Johnston, "Income Gap Is Widening, Data Shows," *The New York Times*, March 29, 2007, http://www.nytimes.com/2007/03/29/business/29tax.html?_r=1&oref=slogin&ref=business&pagewanted=print。

② U. S. Council of Economic Advisers, 2015 *Economic Report of the President*, Washington D. C.: U. S. Government Printing Office, https://www.whitehouse.gov/administration/eop/cea/economic-report-of-the-President/2015.

③ 转引自劳伦斯·萨默斯：《世界如何解决不平等难题?》，载《金融时报》（中文网络版），2014年2月19日，http://www.ftchinese.com/story/001054883。

0.29。以整体计算，OECD 国家评价基尼系数为 0.31，但美国远远高出了这一平均值。肯尼斯·舍韦与马修斯·斯劳特（Matthew J. Slaughter）研究表明，自 2000—2005 年，只有 3.4% 的工人真实收入增长，其余超过 96% 的工人真实收入是下降的。[①] 换言之，对于大多数美国工人，即使拥有大学学历，收入都在不断下降，在过去的 70 年里，不平等比过去任何时候都更为严重。[②] 关于这种现象，比尔·克林顿（Bill Clinton）的描述是最到位的："尽管美国的富人变得更富……美国并没有变得更富……股市上涨了两倍，但工资却下跌了。"[③]

表 3—5 OECD 部分国家 2010 年基尼系数比较

国家	澳大利亚	加拿大	法国	德国	意大利	日本	英国	美国
基尼系数	0.33	0.32	0.30	0.29	0.32	0.34	0.34	0.38

注：日本数据为 2009 年。

资料来源：OECD，*OECD Factbook：Economic，Environmental and Social Statistics*（2014），p.65。

第二，尽管整体工人失业率低，但产业工人失业人数却在不断增大。这可从深度与广度上得到验证。从深度上看，制造业部门就业率连年下降，失业率有不断升高的迹象。就业人数由 1979 年的 1900 万减少到了 2006 年的 1400 万，是 1950 年以来的最低水平。[④] 在 1996—2005 年间，美国共减少 300 万个制造业岗位，自 2001 年以来，有 180 万美国制造业工人失业。在一些以劳动密集型产业为主的州，产业工人失业严重。根据美国纺织业团体提供的数据，"自 2000 年以来，美国纺织业的产量下降了

① Kenneth F. Scheve and Matthew J. Slaughter，"A New Deal for Globalization"，*Foreign Affairs*，Vol.86，No.4，2007，pp.40－41.

② Kenneth F. Scheve and Matthew J. Slaughter，"A New Deal for Globalization"，*Foreign Affairs*，Vol.86，No.4，2007，p.41.

③ 转引自劳伦斯·萨默斯：《世界如何解决不平等难题?》，载《金融时报》（中文网络版），2014 年 2 月 19 日。http：//www.ftchinese.com/story/001054883。

④ 《美国制造业依然领军全球》，载于《华盛顿邮报》，2007 年 9 月 12 日，转引自中国贸易救济网，http：//www.cacs.gov.cn/DefaultWebApp/showNews.jsp?newsId＝20142001151。

25%，16 万纺织工人失业。”① 总之，进入 2000 年之后，美国制造业仿似经历了一场“灾难”，大约 1/3 的美国制造业岗位流失，失业人数为 600 万，这一比例超过了大萧条时期。② 美国也是发达经济体中，制造业中失业率最为严重的国家。表 3—6 给出了最新的产业工人失业率情况。从表中可以看出，在 2015 年 6 月，尽管整体失业率保持在低位 5.5%，但是在制造业，有 2 个产业失业率远远高于平均值，分别为建筑业为 8.9%，制造业为 6.3%。这几个产业低于平均值：矿业、采石、采油和采气是 5.0%，运输和公用事业为 4.5%，信息 3.9%，金融产业失业率为最低，数字为 2.5%。从广度上看，失业地理范围不断拓展。自 20 世界 80 年代起，美国劳动力失业范围在不断扩大：在 20 世纪 70 年代末，仅美国东北部和中部传统工业区如汽车制造、纺织、服装以及钢铁行业经历了高失业，但自随后的 80 年代开始，失业问题成为蔓延到美国各州、各个产业的事情。③

表 3—6　美国非农各产业工人失业情况

（月份数据没有经过季节性调整）

产业	失业率	
	2014 年 6 月	2015 年 6 月
矿业、采石、采油和采气	5.8	5.0
建筑	2.5	8.9
制造	8.2	6.3
批发和零售	5.8	5.7
运输和公用事业	5.4	4.5
信息	5.2	3.9

① James Chesnutt, “*Testimony on China Impact on the North Carolina Economy: Winners and Losers before the U. S. – China Economic and Security Review Commission*,” Sep. 6, 2007, http://www.uscc.gov/hearings/2007hearings/written_ testimonies/07_ 09_ 06wrts/07_ 09_ 06_ chesnutt_ statement.pdf.

② http://www.finance.senate.gov/imo/media/doc/ITIF% 20Testimony% 20for% 20Senate% 20Hearing% 20on% 20The% 20Role% 20of% 20Trade% 20and% 20Technology% 20in. . . . pdf.

③ 详细参见彼得森国际经济研究所雅各布 · F. 基尔科佳德（Jacob Funk Kirkegaard）的研究论文 Jacob Funk Kirkegaard, “How the US Middle Class Became 10 Percent Poorer”, *The Globalist*, August 1, 2007, http://www.petersoninstitute.org/publications/papers/paper.cfm? ResearchID = 782。

续表

产业	失业率	
	2014年6月	2015年6月
金融产业	4.4	2.5
专业商用服务	6.6	5.2
教育和健康	4.5	4.2
休闲和接待观光	8.6	7.5
其他服务	5.9	4.3
总失业率	6.3	5.5

数据来源：美国劳工部《2015年6月就业情况》之表14。参见 Bureau of Labor Statistics of United States Department of Labor, *The Employment Situation*: *June* 2015, http://www.bls.gov/news.release/empsit.t14.htm。

这些失业工人承受了沉重的代价。很难再就业，即使找到工作，通常也是收入减少。[①] 根据失业工人调查（Displaced Worker Survey）的数据，只有2/3的失业工人能够在失业后1—3年内找到新的工作，超过40%的再就业后工资减少，只有1/4没有减少或者增长。制造业工人再次找到工作之前的平均损失为29.2%，而非制造业为18.6%。以宾夕法尼亚州钢铁工人失业情况为例，一个有高中学历的37岁失业后的工人平均损失为8000美元。[②] 前国际贸易委员会首席经济学家皮特·莫里西（Peter Morici）也认为，从制造业脱离出来的工人进入了零售业等没有贸易竞争的行业，而这些行业中的生产率至少要低50%，这些受进口冲击的工人被迫接受更低的工资。[③]

第三，尽管整体工人入会率降低，但制造业区域工人入会率高。工会情况被誉为观察美国贸易政治的重要指标。根据美国劳工部劳工统计局资料历年统计资料，在地区分布上，美国主张贸易保护主义政策的地区恰恰

① Witold J. Henisz and Edward D. Mansfield, "Votes and Vetoes: The Political Determinants of Commercial Openness", *International Studies Quarterly*, Vol. 50, No. 1, 2006, p. 191.

② 数据来源于 Jacob Funk Kirkegaard, "How the US Middle Class Became 10 Percent Poorer," *The Globalist*, August 1, 2007, http://www.petersoninstitute.org/publications/papers/paper.cfm? ResearchID=782。

③ 皮特·莫里西：《自由贸易为何渐行渐远》，载《华尔街日报》，2007年4月25日。

是工人入会率较高的地区，尤其以东北部、中西部所谓的“锈带”各州最为突出。表3—7以2015年为例，列出了美国诸州中入会率排名前10位的州。从表中我们可以看出，就单个州而言，纽约州入会率最高，为24.6%，远远高于全美11.1%的平均值，约是入会率最低的北卡罗来纳州的13倍。① 就地理区域而言，这些排名前10位的州，属于制造业发达的东北部、五大湖和中西部地区偏多。中南部和东南部属于入会率低的诸州，低于全国平均入会率。根据美国劳工部数据（2015），全美共有1460万工会会员，约半数会员居住在如下7个州：加利福尼亚州，约有250万；纽约州，约有200万；伊利诺伊州，80万；宾夕法尼亚州，70万；密歇根州、新泽西州和俄亥俄州各位60万。这7个州的工资与薪酬情况只是美国全国的1/3，却是制造业比较集中的地区，尤其是后几个州，属于从纽约到密歇根之间的“锈带”各州（rust belt states，即与钢铁相关的地区）。

表3—7　2015年美国工人入会率前10位的各州

位次	州名	入会率（%）[a]	地理区域[b]
1	纽约州	24.6	东北部
2	阿拉斯加	22.8	—
3	夏威夷	21.8	—
4	华盛顿州	16.8	西北部
5	新泽西州	16.5	东北部
6	加利福尼亚	16.3	西部
7	俄勒冈	15.6	西部
8	罗德岛州	15.1	东北部
9	伊利诺伊	15.1	五大湖
10	康涅狄格州	14.8	东北部

注释：a就工会活动的范围而言，入会率指加入工会的工人（包括参加工会一系列活动的非正式入会的工人）与不加入公会的工人之比例；b地理区域划分的标准是依据地理方位以及美国常用区域的指称。

资料来源：美国劳工部劳工统计局《2015年工会成员》（Union Members in 2015）报告之表5，http：//stats. bls. gov/news. release/pdf/union2. pdf。

---

① http：//stats. bls. gov/news. release/pdf/union2. pdf.

五、劳动力公众联盟与进口竞争产业公众联盟

从上面的分析我们可以知道，劳动力公众联盟与进口竞争产业公众联盟有其共性，它们都是推崇贸易限制的两个联盟，在要素流动的不同程度水平下支持贸易保护主义。但是，这二者之间还有典型的不同之处：

从其性质上看，二者是不同的。劳动力要素公众联盟相对同质（homogeneous），产业公众联盟则相对异质（heterogeneous）。所谓“同质”指产品要素的扩大效果。具体而言，即从特定产业中某产品的单个要素扩大到所有使用该单个要素的产业，从而形成使用该要素的广泛联盟，造成了一种利他主义的局面（altruism）。[①] 扩大效果的具体表现是：当贸易产业的劳动力将经历工资下降甚至失业时，其他行业工人也会产生关联恐慌。[②]也就是说，贸易产业百万失业工人的存在使美国公众为失业的恐惧心理而不是失业所担忧，公众由他人的事实性的失业推及到了自我可能的失业。[③]因此，劳工组织被认为具有一般贸易立场的一致性、跨行业和全国性组织。[④] 所谓“异质性”即产业联盟是单行业的（fragmented）和短暂的（ephemeral）。在李—维模型中，产业联盟中的联结点是特固要素（Specific

---

① 亚当·斯密曾经阐述过人类经济行为的利他主义。他认为，不管一个人有多么的自私，但很明显在一个人的本性中总是有些原则，这些原则让他对其他人的福祉产生了兴趣，能够为他带来幸福感和快乐的感觉。虽然他从别人的福利中并不会得到具体的好处，只不过得到的好处就是能够看到他人的幸福。此外，美国学者肯尼思·阿罗（Kenneth J. Arrow）也曾详细分析了美国选民的利他主义行为，认为主要存在三种原因促成了它的形成：（1）个体福利不仅仅依依赖于他所消费的商品，同样也仰仗其他个体经济福利。（2）个体满足感不仅仅是来源于看见他人不断增加的满足感，更重要的是他感觉到了自己对别人的满足感有所助益。（3）个体行为可能完全是受自我满足的驱动，但是，“存在一个隐喻的社会契约，每个体的行为要为其他行为的满足感累计提高。”换言之，即个体在自利的同时，也在利他。参见［英］亚当·斯密著，谢宗林译：《道德情操论》，中央编译出版社，2008 年版；Robert E. Baldwin, *The Political Economy of U. S. Import Policy*, Cambridge, Massachusetts: The MIT Press, 1985, pp. 19 – 20。

② Kenneth F. Scheve and Matthew J. Slaughter, “A New Deal for Globalization,” p. 40.

③ ［美］杰弗里·J. 肖特：《当前美国贸易政策面临的挑战》，载［美］C. 弗雷德·伯格斯坦主编著，朱民等译：《美国与世界经济：未来十年美国的对外经济政策》，经济科学出版社，2005 年版，第 244—245 页。

④ I. M. Destler, *American Trade Politics*, Washington, D. C: Institute for International Economics, 2005, p. 187.

Factor），当这个产业衰落时，特固要素不能移动到另外一个正在上升的产业。[①] 换言之，异质性使得某个特定产业的要素与另外一个产业的同一要素是不同的。例如，纺织工业的劳动力与高科技产业的劳动力是不一样的。这样，产业中的固定要素无法形成广泛的社会公众联盟，而这一特点是要素流动水平处于高位时形成的劳动力要素选民联盟的优势。盖源于此，这一要素的结盟是单行业的、碎片式的。

从结盟难度上看，劳动力要素公众结盟难度高于产业公众。这是由上述两个公众联盟的不同性质决定的。劳动力要素公众联盟的同质性导致了劳动力要素联盟具有了"非排他性"（non - excludability），当某个劳动力联盟取得贸易保护主义政策时，所有使用这一要素的产业中的劳动力都受益，无论他们是否对这项行动尽力，因此，每一个成员都有免费搭车的愿望。这导致形成劳动力要素联盟的困难性，每个成员都感到付出多而收获少，因此如果享受不到其他团体（如同时存在的产业联盟）的成果，他们就没有动力为再次行动付出成本，组成联盟的意愿不足。产业联盟具有异质性，因之它获得的贸易保护主义具有排他性。这既包括收益的排他性也包括成本的排他性。从收益看，产业结盟取得的保护主义只使本产业受益。换言之，"在小的团体中，免费搭车的问题少。"[②] 从成本的排他性看，要素流动低时，对外经济中处于劣势的产业将承担国际竞争的成本以及行动的成本。较之广泛意义上的劳动力联盟，产业联盟是一个小集团，每个人的个人成本高。但是，在高昂的成本下，加之政治行动的结果的不确定行。"小集团中个体贡献巨大，决定了他们实施行动的决心也大。"[③] 因此，同一产业的资方与劳动力很容易结成保护主义的联盟。

通览本章，可以看出，劳动力公众联盟和进口竞争产业公众联盟是美

---

① James E. Alt, Michael Gilligan, "the Political Economy of Trading States: Factor Specificity, Collective Action Problems, and Domestic Political Institutions", in Jeffry A. Frieden and David A Lake, eds. , *International Political Economy: Perspectives on Global Power and Wealth*, Beijing: Peking University Press, 2003, p. 332.

② James E. Alt, Michael Gilligan, "the Political Economy of Trading States: Factor Specificity, Collective Action Problems, and Domestic Political Institutions", in Jeffry A. Frieden and David A Lake, eds. , *International Political Economy: Perspectives on Global Power and Wealth*, Beijing: Peking University Press, 2003, p. 328.

③ James E. Alt, Michael Gilligan, "the Political Economy of Trading States: Factor Specificity, Collective Action Problems, and Domestic Political Institutions", in Jeffry A. Frieden and David A Lake, eds. , *International Political Economy: Perspectives on Global Power and Wealth*, Beijing: Peking University Press, 2003, p. 328.

国公众贸易保护主义的主要表现形式。自二战结束以来，较之劳动力公众联盟，进口竞争产业公众联盟已经成为影响美国贸易政策制定的主导力量。有鉴于此，在第四章中，笔者将集中分析这些产业公众联盟以及它们的政治活动。

第四章 进口竞争产业公众联盟贸易保护主义

第一节 美国进口竞争产业公众联盟及其诉求

早在200多年前，亚当·斯密就已经观察提出："阻碍自由贸易的因素不光包含公众对其的偏见，更包含着一个更加难以克服的因素，也就是许多个体处于私利目的而对自由贸易产生的不可避免的抵触，那些面临进口竞争的国内产业会不断地积极利用贸易限制来维护自己的利益。"① 冷战后，当美国要素流动处于低位时，斯密所论述的国内进口竞争产业更是积极活动，希冀通过政治方案引导和调控进口产品竞争的压力，它们要求本选区的议员依据本选区的利益而不是其他在国会采取行动。

一、美国进口竞争产业及其公众联盟

在美国，哪些产业推崇贸易保护主义呢？

学者艾伦·迪尔多夫（Alan V. Deardorff）和罗伯特·斯特恩（Robert M. Stern）利用名义关税税率（Nominal Tariff Rate，以下简称名义税率）和有效关税税率（Effective Tariff Rate，或称之为有效保护率，Effective

---

① ［美］道格拉斯·A·欧文著，陈树文等译：《备受非议的自由贸易》，中信出版社与辽宁教育出版社联合出版，2003年版，第72页。

Rate of Protection，以下简称有效税率）推算倡导贸易保护主义的美国产业。[①] 他们将各类从事贸易的产业归为22类，为保证研究的准确性和科学性，迪尔多夫和斯特恩既计算并加总出22类产业的平均名义税率和加权平均名义税率，也计算出平均有效税率和加权平均有效税率。虽然产业名义税率的排序和产业有效税率的排序并非完全一致，但也可以看出这10个名义税率最高的产业也同样是有效税率最高的10个产业。这样，他们就计算出了美国保护程度最高的10个产业（参见下表4—1）。

表4—1　美国名义税率和有效税率最高的10个产业

排序与产业	名义税率（%）	排序与产业	有效税率（%）
1. 服装	27.8	1. 服装	50.6
2. 纺织品	14.4	2. 纺织品	28.3
3. 玻璃及玻璃制品	10.7	3. 玻璃及玻璃制品	16.9
4. 非金属矿产品	9.1	4. 非金属矿产品	15.9
5. 鞋类产品	8.8	5. 食品、饮料及烟草	13.4
6. 家具及附属物品	8.1	6. 鞋类产品	13.1
7. 杂项制成品	7.8	7. 金属制品	12.7
8. 金属制品	7.5	8. 家具及附属物品	12.3
9. 电力机械	6.6	9. 杂项制成品	11.1
10. 食品、饮料及烟草	6.3	10. 电力机械	9.4
22类产业平均	5.2	22类产业平均	8.1

资料来源：Alan V. Deardorff and Robert M. Stern, *The Michigan Model of World Protection and Trade: Theory and Applications*, Cambridge: MIT Press, 1986, p. 90, p. 94。

美国彼得森国际经济研究所的高级研究员、加州大学经济学教授洛丽·克莱策（Lori G. Kletzer）分析了美国自国际贸易中失业工人严重的产

① 名义关税税率是一国关税税则表上所列的税率，如从量税或者从价税等。有效保护税率是当一国背离自由贸易、实施关税后，某一产业的产值增值变动的百分比。名义税率有助于估算关税对国内消费者所产生的影响，而有效税率则有助于估算对生产者的影响，因为要素总是倾向于流入有效保护率水平相对高的产业。详细参见［美］丹尼斯R. 阿普尔亚德、小艾尔弗雷德J. 菲尔德著，龚敏等译：《国际经济学》，机械出版社，2003年版，第205—206页。

业，研究的时间段是1979—2001年。她归结出了27个受进口高度影响的行业，见表4—2。[①] 随着2002年后美国贸易量的大幅增加，美国生产商将面临着更加激烈的进口竞争，这意味着要求限制贸易的产业将进一步增加。

表4—2　美国27个高度进口竞争行业

（1979—2001年）

产业类属	具体产业
机电产品Ⅰ	电动机械；收音机和电视机
服装	服装；其他加工纺织品
运输设备	汽车；自行车和其他运输工具
机电产品Ⅰ以外的机械产品	电子计算机设备；建筑和材料输送设备；办公和会计设备
金属行业Ⅰ	鼓风炉；其他基础金属加工产品
其他制造业	——
皮革和皮革制品	鞋；皮革制品；皮革加工和抛光
专业用和照相设备	科研用控制设备；照相设备；手表、钟
橡胶和其他塑料制品	其他橡胶制品；轮胎和内胎
纺织品	纺织品；染色纺织品；地毯；纱线产品；其他纺织品
玩具和体育用品	——
陶器和相关产品	——

资料来源：［美］洛丽·G. 克莱策、霍华德·罗森：《减轻美国工人的调整负担》，载于［美］C. 弗雷德·伯格斯坦主编著，朱民等译：《美国与世界经济：未来十年美国的对外经济政策》，经济科学出版社，2005年版，第338页。

根据上述两项实证性的具体研究，我们可以看出，这些倾向于贸易保护主义的产业有如下特征：

---

① 有关高度进口竞争产业的详尽研究参见 Lori G. Kletzer，*Job Loss From Imports：Measuring the Costs*，Washington：Institute for International Economics，2001。

从产业领域特点分析看，首先这些行业或者产品主要集中于衰退产业，例如，钢铁业（属于表4—1中金属制造和表4—2中的金属行业）和纺织业（表4—1、表4—2）等。它们的特点是：（1）属于制造业；（2）属于美国产业中的成熟产业；（3）这些衰退产业进口产品云集；（4）主要的贸易竞争对手是欧洲、日本、新兴市场经济体和劳动力廉价的发展中国家，但主要的是前三者。这些产业是美国贸易保护主义的高发领域，见证了战后美国工业贸易保护主义的历史。以纺织业为例，美国纺织业先后与欧洲、日本、韩国等亚洲新兴工业化国家、中国等新崛起国家、现在以越南为主的东南亚国家，都进行过激烈的交锋与摩擦。

其次是其他的传统制造业，例如，高附加值和高工资为特点的汽车工业、造船业和其他大型工业等。主要的竞争对手是日本、欧洲和新兴工业化国家。自20世纪60年代末，日本汽车出口美国数量开始超过美国输日数量，美国汽车行业就开始了游说政府的活动。这些游说活动的结果是自20世纪80年代始，美国政府开始实施汽车进口配额，以控制日本与西欧国家出口美国汽车的数量。例如，1981年，美国同日本签署了一份自动出口限制，限制日本对美国的汽车出口。最初的限额规定日本每年仅能出口168万辆汽车，但这一限额后来一度增加到了230万辆，之后在20世纪90年代又降为165辆。①

再次是高科技产业，例如，计算机、半导体、电信设备和数控机床等电子产品等。这一类属的产品特点是制造工艺或者技术特别容易被广泛模仿。美国主要的竞争对手或者是设限贸易国家是日本以及具有后发竞争优势的亚洲新兴市场经济体，如软件业高度发达的印度。20世纪80年代开始的日美半导体大战是国际政治经济学者经常引用的美国贸易保护主义的典型案例。

最后是渴望获得保护的美国农业部门，例如，棉花、糖类和橘类等。在高额补贴下，美国农业虽然较之其他西方工业化国家具有贸易比较优势，但是较之发展中国家，在廉价劳动力以及廉价土地成本下，这种优势荡然无存。例如，尽管根据美国国际贸易委员会2004年的计算，美国糖业的关税保护是109%，② 并且过去八轮的GATT/WTO多边贸易谈判削减关

---

① 数据来源于［美］丹尼斯R. 阿普尔亚德、小艾尔弗雷德J. 菲尔德著，龚敏等译：《国际经济学》，机械出版社，2003年版，第292页。

② 数据来源于［美］杰弗里·J. 肖特：《当前美国贸易政策面临的挑战》，载［美］C. F. 伯格斯坦主编，朱民等译：《美国与世界经济：未来十年美国的对外经济政策》，经济科学出版社，2005年版，第260页。

税的计划并未涉及到糖业，但是，在与中美洲诸国的竞争中，美国糖业依然处于劣势，这也就是美国糖业长期反对美国签署《中美洲自由贸易协议》的原因。时下的 TPP 谈判，澳大利亚急切地要求打开美国“糖”大门。但是，美国贸易谈判代表已经表示：糖的问题是极为敏感的议题，我们未来所做出的所有关税以及其他改变，都与这个产业无关。[①]

此外，上述寻求贸易限制的产业有其共同的特点：全球生产能力过剩、工会组织强大与蓝领工人高就业。更为重要的是，这些产业在国会中的政治影响力大。例如，在 2008 年 11 月举行的全球金融峰会和亚太经合组织首脑会议上，与会诸国就未来多哈回合议程达成协议趋向，美国政府同意削减其农业补贴。美国国会议员为此专门上书时任总统小布什（G. W. Bush），反对达成多和回合协议。[②] 在 TPP 磋商中，澳大利亚曾提及美国农业补贴政策，认为美国政府对于农业没有做到竞争中立，为农业提供出口补贴、食品援助与官方出口信贷等，使得美国农业出口处于竞争有利地位。但美国谈判代表早已表明立场，认为农业议题“相当敏感”，拒绝在 TPP 谈判中包含食品援助的磋商内容。美国谈判代表背后的逻辑就是顾忌国内国会的态度。

从产业地理位置看，这些倡导贸易限制的产业经历了一个从东部向西部发展的历程。早期主要集中于东部制造业发达的美国各州，如东北部、五大湖沿岸；随着工业的发展，中西部地区也成为贸易限制的主力军。近些年来，西部农业州也被贸易自由化伤害，纷纷转向贸易保护主义。自 20 世纪 90 年代，美国新经济发展，经过“喧嚣的九十年代”，[③] 服务产业特别是计算机软件与编程等在美国西海岸的加利福尼亚州等发展起来，但随着外包等的发展，西部以此为产业支柱的诸州也开始支持贸易限制政策，冀望能有效保住就业岗位。具体而言，钢铁产业主要在美国东北部老工业区即五大湖沿岸各州；纺织业主要在美国南部的南卡罗来纳州、北卡罗来纳州、乔治亚州与阿拉巴马州等；美国中部拥有劳动密集型产业州，如缅因州、艾奥瓦州等，它们通常造纸业发达等；新兴产业多集中于加利福尼

---

① 美国贸易内幕网站，2015 年 7 月 23 日消息，美国贸易内幕网网址 http：//inside-trade. com/。

② 《贸易保护主义抬头——WTO 谈判冻结的背景》，载［日］《读卖新闻》，2008 年 12 月 14 日，转引自《参考消息》，2008 年 12 月 16 日，第 4 版。

③ 2001 年诺贝尔经济学奖获得者、克林顿政府经济顾问委员会主席、前世界银行副行长和首席经济学家约瑟夫·斯蒂格利茨（Joseph E. Stiglitz）在其评价美国 20 世纪 90 年代的美国经济增长时的概括语。详细分析参见［美］约瑟夫·斯蒂格利茨，张明等译：《喧嚣的九十年代》，中国金融出版社，2004 年版。

亚州和华盛顿州。

这些依附于特定产业的要素往往组成进口竞争要素持有者联盟即进口产业公众（选民）联盟，它们寻求政府制定贸易保护主义政策。以钢铁业公众联盟为例，主要有下述倾向于贸易保护主义的联盟。笔者特别指出的是，选中这些联盟的原因是因为，它们是公众比较熟悉的、活跃在美国贸易政治中的团体，这些公众联盟的贸易倾向一定程度上深刻影响着美国对外钢铁政策的走向。

（一）美国全国制造商协会（The National Association of Manufacturers，缩写为 NAM）

NAM 最初成立于 1895 年美国俄亥俄州的辛辛那提（Cincinnati，Ohio），是美国最大的制造业联合会。其总体目标是促进美国制造业经济的发展，特别是提高美国制造业全球竞争力。

该协会现代表全美 11000 家制造企业与 1200 万工人利益。主席是格雷格·谢里尔（Gregg M. Sherrill），执行总裁是杰伊·迪蒙斯（Jay Timmons）。迪蒙斯 2011 年 1 月就任，致力于提升美国制造业的竞争力，并试图为美国制造业实现复兴。他出生于制造业发达的俄亥俄州，他的祖父母从事蜂蜜酿造工作近 40 年，这使他感知到制造业可以提升家庭和社区生活质量。他曾就职于国会，熟知政策制定的程序与过程，这有助于他在国会和白宫之间进行游说工作。在贸易方面，NAM 总体支持美国开放的贸易政策，因为全球 95% 的消费者位于美国国家之外，但是，它首要的是要求公平的贸易。这也延续了迪蒙斯的前任约翰·恩格勒（John Engler）的主张。

在历史上和现实中，NAM 都具有巨大的影响力，在国会与白宫都有良好的人脉。历史上曾支持设立后来演化为美国商务部的美国商业协会（National Council of Commerce）。1961 年，约翰·肯尼迪总统针对 NAM 听众的演讲推动了国会 1962 年贸易扩大法（Trade Expansion Act of 1962）。2006 年 7 月，时任总统布什（G. W. Bush）曾接见 NAM 成员，同年 8 月，布什（G. W. Bush）总统成为 NAM 发起的广播类节目“和迈克·汉布里克谈美国商业”（America′s Business with Mike Hambrick）的第一个邀请嘉宾。2009 年 5 月 24 日，NAM 召开年度制造业峰会，美国时任劳工部部长希尔达·索利斯（Hilda Solis）到场发言。

从要素所属的视角看，NAM 属于资本要素的联盟；如果从其提倡公平贸易的视角看，其贸易倾向有时是贸易保护主义的。[①]

（二）美国钢铁工人联合会（United Steelworkers Union，缩写为Usw）

USW成立于1800年，其全称是“钢铁、造纸、林业、橡胶、制造业、能源以及相关工业与服务业的国际工会”，是美国强大的工会组织之一。总部设在宾夕法尼亚州的匹茨堡市。被称为“钢铁行业中心”的匹茨堡位于阿勒格尼河、莫加西河与俄亥俄河交汇处，是美国最大的内河港口。周边丰富的煤炭和铁矿石资源，为匹兹堡发展钢铁行业提供了得天独厚的条件。20世纪初，占美国钢铁总量一半以上的美国钢铁公司就诞生在这里。在钢铁行业逐渐淡出这座城市之后，这个根植于钢铁工人的工会组织却生存了下来，成功地实现了产业转型，并逐渐与其他工会组织合并，成为北美最大的产业工会。在美国、加拿大以及加勒比海地区，USW拥有大约120万在职和退休的成员。成员当中有钢铁、水泥、玻璃、造纸工人，还有大量护士、出租车司机、保安等服务业的工人，但钢铁工人仍然是其中的主要力量，轮胎行业中不少雇员也加入了USW。此外，USW在英国、爱尔兰、英格兰、苏格兰、墨西哥和世界上其他地方也拥有一席之地。USW现任国际主席是利奥·杰拉德（Leo W. Gerard）。

USW对政治选举与决策有着极大的影响作用，特别是在以制造业为中心的几个州，不仅对几十万工会会员的选票产生决定性作用，而且工会也会拿出大笔经费来资助美国政府的各级竞选活动。在总统选举期间，USW给予了奥巴马大力的支持，奥巴马在竞选中也做出了保护国内产业利益、特别是制造业工人利益的承诺，才得以在民主党的初选中以及之后的大选中拿下关键的几个制造业州。

自2009年以来，USW接二连三地发起了对中国的贸易诉讼。

2009年4月20日，应美国钢铁工人联合会申请，美国国际贸易委员会以中国轮胎扰乱美国市场为由，对中国进口轮胎发起特保调查，并拟征收高额关税。其在诉状中声称，“从中国大量进口轮胎损害了当地轮胎工业的利益，若不对中国轮胎采取措施，到2009年底还会有3000名美国工人失去工作”。奥巴马政府为这个劳工利益集团打破了前任总统布什的惯例，最终宣布了对中国出口轮胎采取特保措施。同年9月11日，奥巴马政府宣布对中国轮胎实施三年惩罚性关税，即在未来三年内分别对中国输美轮胎征收35%、30%和25%的特别关税。轮胎特保案为之后接二连三发起的钢铁“双反”调查开了头。这场轮胎特保案，让USW走进了中国人的

① 关于NAM的资料均来自于NAM网站，网址为http：//www.nam.org/。

视线。中国就这起轮胎特保官司向世界贸易组织（WTO）起诉美国。然而，2010 年 12 月 13 日，WTO 驳回中国提出的美国对其销美轮胎征收惩罚性关税的申诉，2009 年 9 月，仲裁小组表示美国对中国销美轮胎采取“过渡性质保护措施”征收惩罚性关税未违反 WTO 规定。2011 年 9 月 5 日，轮胎特保案以 WTO 裁定中国败诉而告终。

2010 年 1 月，USW 和四家钢铁制造商提起诉讼，要求对从中国进口的钻杆征收反倾销税和反补贴税。美国商务部在同年 1 月 5 日表示，对从中国进口的价值超过 3 亿美元的钢丝层板初步征收 43% 至 289% 的反倾销关税。这是一起对中国油井管发起的最大案值的“双反”调查案件，其中美方对中国输美油井管的临时反倾销关税，最高达 96.51%，涉案金额约 27 亿美元。在这些“双反”调查中，USW 不仅是多起钢铁产品“双反”案的主要发起者，而且成为中美钢铁贸易摩擦的主要推动者。

2010 年 9 月 9 日，USW 按照《1974 年美国贸易法案》第 301 节的规定，向美国贸易代表（USTR）办公室提交了长达 5800 页的诉状，称中国政府给予新能源企业高额补贴以提高中国风电、太阳能的价格优势，影响美国就业；同时指责中国对外国企业参与招标采取歧视性限制。同年 10 月 15 日，美国贸易代表办公室决定对中国新能源进行调查。无论结果如何，该项调查将对中国风能、太阳能、高效电池和新能源汽车行业带来较为严重的长期影响，涉及 154 家中国新能源企业。

2014 年 6 月 3 日，USW 上书国际贸易委员会请求对抗来自中国的乘用车和轻卡轮胎进口，要求对来自中国的乘用车及轻卡轮胎产品启动反倾销和反补贴调查，援引 1930 年的贸易法案的 701 条款和 731 条款。2015 年 7 月，美国商务部对从中国进口的上述产品发起反倾销和反补贴调查。

（三）美国钢铁协会（The American Iron and Steel Institute，缩写为 AISI）

AISI 成立于 1855 年，初为美国铁联合会（American Iron Association），1864 年更名为美国钢铁联合会（American Iron and Steel Association），1908 年改为现在的名称，总部设在纽约，自 1974 年起，随着美国钢铁业的衰落，为便于影响政府产业政策制定，总部迁至华盛顿。AISI 的主要成员是钢铁供应商，由 25 个相关公司组成，成员遍布北美洲的美国、加拿大和墨西哥，但以美国厂家为主，这些成员的钢铁产量占据北美钢铁总产量的 75%。有鉴于此，AISI 认同自己为北美钢铁产业的代言人。它的主要任务是关注全球特别是北美钢铁市场供给与需求的变化，主要目标在于有效影响本产业公共政策的相关制定者，支持本产业的相关诉求。

该协会现任主席是查克·施密特（Chuck Schmitt），执行总裁是托马斯·吉布森（Thomas J. Gibson），吉布森曾在国会山和美国政府工作过。AISI亦发布年度报告，核心目的在于影响国会决策。在其提供给国会的诸多报告中，AISI指出了美国钢铁业面临全球竞争的严峻性。

在贸易倾向方面，笔者打开AISI有关2015年7月22日的网页，映入眼帘的是其支持政府使用本地区所产钢铁制品的宣称。与2009年5月1日打开的主页相互呼应。时年，AISI的网页主页是2009年4月30日美国总统奥巴马在宣布美国三大汽车供应商之一的克莱斯勒公司破产之际发表的演讲。奥巴马呼吁美国公民购买美国货。“如果你正在考虑购买汽车，我希望你能购买美国汽车；我想提醒你的是如果你购买了克莱斯勒，你的车辆售后维修才是安全的。”① AISI的贸易倾向不言而喻，十足的保护主义。具体而言，AISI认为，美国制作业和它的工人可以和世界上任何一个国家/地区的厂商进行竞争，如果基于公平贸易的原则，但是他们竞争不过外国的政府。外国政府有各种扭曲贸易的行为，包括：原材料出口限制、进口限制、国有企业（State - owned Enterprises，缩写为SOEs）和政府支持的企业（ State - supported Enterprises，缩写为SSEs）等等。这其中重点关注中国的行为，认为中国是一个非市场经济地位的经济体（a Non - market Economy，缩写为NME），认为美国的“两反”政策应该更多地关注中国。②

（四）钢铁生产商协会（The Steel Manufacturers Association，缩写为SMA）

SMA由30家北美厂商组成，拥有127个钢铁厂和近60000名雇员，31个位于美国境内，3家在加拿大，2家在墨西哥，这些厂商钢铁产量占据北美钢铁总量的70%多。另外，SMA还有129家相关成员公司，这些相关公司为钢铁产业提供产品和服务。现任主席是理查德·蒂次（Richard Teets），执行总裁菲利普·贝尔（Philip K. Bell）。

SMA的政治影响力也不可小觑，它美国的31个工厂分布在美国37个州的125个国会选区，鉴于联盟成员分散状况对于国会议员选举的重要性，从中我们就可以看出SMA在国会中的影响力。

---

① 关于奥巴马的言论参见“Chrysler Files to Seek Bankruptcy Protection,” Apr. 30，2009。http：//www. nytimes. com/2009/05/01/business/01auto. html？ _ r = 1&scp = 3&sq = Chrysler&st = cse，或者是AISI网站http：//www. steel. org//AM/Template. cfm？ Section = Home。

② 关于AISI的资料均来自于AISI网站，网址为http：//www. steel. org//AM/Template. cfm？Section = Home。

就具体的贸易政策而言，尤其是涉及到钢铁产业，在其2015年网站最新的政策表述中，可以看出是倾向于贸易保护主义的。它是重估人民币、提倡环境标准、劳工标准、国有企业、加强美国贸易救济、原产地规则、经济安全和公平贸易的主要推手。①

相比较前两个产业联盟的“高调”情况，SMA相对“低调”的多，在其网站上，鲜少有煽动性公告，其领导层也没有深入介绍。

（五）北美特殊钢工业协会（The Specialty Steel Industry of North America，缩写为SSINA）

SSINA代表北美所有不锈钢和其他特殊钢生产企业，共有9家成员公司，分布在美国、加拿大和墨西哥，主要任务是促进与推广不锈钢的使用和认同。现任主席是桑尼尔·维杰（Sunil Y. Widge）。

就SSINA贸易倾向而言，可谓强烈的贸易保护主义倾向。在其网站首页，就提倡购买美国货。在中国消息一栏中，2/3的新闻消息都是针对中国钢铁生产，声称中国不锈钢生产接受了中国政府补贴，补贴是大量的、普遍的，而且是非法的，不符合中国加入WTO的承诺。SSINA将这一现象竟命名为中国综合症（the China Syndrome）。据此推测，SSINA偏好贸易保护主义，是产业公众联盟的典型。②

当然，还有其他一些钢铁联盟，如美国钢管进口委员会（The Committee on Pipe and Tube Imports，CPTI）等。美国钢管进口委员会被很多推崇贸易保护主义的人士称为华盛顿的“产业之声”，在美国国会山上具有强大的政治影响力。

这些贸易保护主义性质的产业联盟通常各有一个名义上的目标，如保护环境，例如，北美特殊钢工业协会强烈支持关于环境保护与气候变化政策，倡导利用绿色环保材料、保护特定产业中的工人权益等；③ 但实际上，这些以行业为基础的联盟，它们都是为了一个实质性相同的目的，那就是在贸易问题上代表行业的利益，追逐行业租。研究表明，如果对特定行业行使贸易保护政策，被保护产业的国内市场扩大，生产商、工人和原材料

---

① 关于SMA的资料均来自于SMA网站，网址为http：//www.steelnet.org/。

② 关于SSINA的简述资料来源于其网站，网址为http：//www.ssina.com/index2.html。

③ 参见SSINA网站，http：//www.ssina.com/index2.html。

供应商均获益。[①] 根据美国国际钢铁协会（American Institute for International Steel）的报告，在过去 7 年的时间里，美国政府对钢铁业实行的保护使美国钢铁行业共获得了大约 170 亿美元的补贴，并造成了美国国内钢铁产品供不应求。[②]

这些持有贸易保护主义偏好的联盟一旦形成，面临的主要问题是如何将自己的主张转化成制度上的安排，这就需要美国政治制度规定的程序。在展开这一具体政治影响发挥作用之前，我们有必要详细分析一下美国进口竞争产业公众联盟的要求。

二、美国进口竞争产业公众联盟的保护主义诉求

进口产业公众联盟诉求的是贸易限制，这包括名义诉求和实际诉求。名义诉求是保护美国产业、保护广大的美国公众、甚至是美国国家利益；但实际上，这些联盟追求的是行业租。1989 年，美国海关提出将部分进口的小型货车和运动车辆从“轿车”类划入“卡车”类。这一改动将使从价税的税率提高了 10 倍，因为在美国税中轿车的税率是 2.5%，而卡车的税率是 25%。现在已经宣布破产的克莱斯勒公司时任总裁李·亚科卡（Lee Iacocca）发表评论说，这一重新分类的决定是十分受人欢迎的，因为它能带来更多的关税收入，有助于削减联邦政府的预算赤字。但是，研究表明，李·亚科卡的评论更是基于这样一个事实：1992—1993 年间，克莱斯勒在小型货车市场上的占有率得到了显著的增长。[③]

但是，公众自身是无法直接实现保护主义的，为实现保护主义诉求，进口竞争产业联盟选定政治方案解决之。“自冷战结束以来，行业集团在

---

① Cletus C. Coughlin, K. Alec Chrystal, Geoffrey E. Wood, “Protectionist Trade Policies: A Survey of Theory, Evidence, and Rationale”, in Jeffry A. Frieden and David A Lake, eds., *International Political Economy: Perspectives on Global Power and Wealth*, Beijing: Peking University Press, 2003, p. 308.

② 罗伯特·马修斯:《美国钢铁企业被指不当受益》，载《华尔街日报》，2007 年 11 月 12 日，http://chinese.wsj.com/gb/20071112/bus113853.asp? source = channel。

③ 李·亚科卡的相关评论以及对这议题的研究参见“A Bad Trade Rule Begets Another”, *New York Times*, Jan. 24, 1989, p. A20; Eduardo Lachica, “Imports Ruling for Vehicles Is Eased by U. S.”, *The Wall Street Journal*, Feb. 17, 1989, pp. A3, A9; Neal Templin and Asra Q. Nomani, “Chrysler to Curb Minivan Price Rises if Japanese Vehicles Get a 25% Tariff”, *The Wall Street Journal*, Mar. 25, 1993, p. A3;［美］丹尼斯 R. 阿普尔亚德、小艾尔弗雷德 J. 菲尔德著，龚敏等译:《国际经济学》，机械出版社，2003 年版，第 210—211 页。

政策制定上起到了强有力的影响作用。”[①] 实际上，可供进口竞争产业联盟选择的有三种方法：一是选择接受外国贸易伙伴的竞争，接受该产业因此而导致的较低回报；二是转移到其他行业；三是组织起来干预政策制定并改变要素相对价格。显然，第一种方法造成该行业收益日趋微薄，最后可能会使产业破产或消亡；第二种方式存在成本高、收益不确定的问题：通常行业间流动成本很高、需要付出的时间很长。第三种方式成本与收益都比较明确。收益的成本社会承担，而收益则归本产业所有。因此，在进口竞争产业看来，通过政治活动所获得的即时收益（即通过保护获得的收益）就很可能会超过行业间要素流动所获得的收益现值（即正常的要素投入收益）。另外，贸易史上保护主义获得的成功也促使进口竞争产业采取政治方案。这种成功表现在保护主义通常使贸易获得的财富和收入突然转移到一个特定产业，转移的成功又为特定产业提供了成本施加政治影响，力图使现有政治机制转向越来越有利于保护主义的模式，以“超越阻止他们采取集体行动的障碍”。[②] 有些学者在分析了贸易关税的保护历史后，甚至得出了颇为极端的观点，认为政治系统只是一个工具性质的存在，决策者根本没有能力控制政策结果，仅仅是相互竞争的选民的一个表演寻租的渠道。[③] “通过政治系统，所有关键行为体尽最大努力，开展游说战，然后就贸易收益再分配。”[④] 因此，政治解决就成为进口竞争产业联盟诉求保护主义的不二选择。

美国国会议员是贸易保护主义政治方案的关键。国会山上的多数民主党认为虽然国会支持贸易，但国会支持的是有利于所有美国人的贸易。[⑤] 具体而言，在美国，进口竞争产业联盟要求国会议员的活动立足于自己选区的产业利益。关于贸易立法投票的实证研究表明了国会立法者确系依赖本选区产业联盟的诉求而进行了支持与否的投票行为。罗伯特·鲍德温考

---

① ［美］迈克尔·J. 希斯考克斯著，于扬杰译：《国际贸易与政治冲突——贸易、联盟与要素流动程度》，中国人民大学出版社，2005 年版，第 115 页。

② Ronald Rogowshi, “Commerce and Coalitions: How Trade Affects Domestic Political Alignments”, in Jeffry A. Frieden and David A Lake, eds., *International Political Economy: Perspectives on Global Power and Wealth*, Beijing: Peking University Press, 2003, p. 319.

③ 关于这个论点的详细内容参见 Stephen P. Magee, William A. Brock, and Leslie Young, *Black Hole Tariffs and Endogenous Policy Theory*, Cambridge: Cambridge University Press, 1989。

④ John B. Goodman, Debora Spar, and David B. Yoffie, “Foreign Direct Investment and the Demand for Protection in the United States”, *International Organization*, Vol. 50, No. 4, 1996, p. 566.

⑤ I. M. Destler, “American Trade Politics in 2007: Building Bipartisan Compromise”, *Policy Brief of Peter G. Peterson Institute for International Economics* (May), No. Pb07 - 5, 2007, p. 8.

查了1974年贸易法案的国会议员投票行为，议员投票是政党、工会以及对进口敏感的产业合理协商的结果。[①] 斯坦利·诺伦（Stanley D. Nollen）和丹尼斯·奎因（Dennis P. Quinn）对1987—1988年第100届国会的分析表明，从地区看，参议院的保护主义主要集中在美国南部地区与东部地区，众议院的贸易保护主义则在东北部地区与南部地区。[②] 希斯考克斯对美国国会自1824—1994年的贸易投票行为进行了研究，指出某一地区进口竞争行业的重要程度和立法人员投票支持保护主义的可能性成明显正相关关系，特别是当议案包括针对该选区密集行业的特别条款时。[③] 总之，如果在某一选区内，某种行业高度集中，很显然，该选区的议会代表将很大程度上受制于该行业的政策偏好。[④]

在这一政治方案下，国会保护主义的情绪不断升温，议员常常立足于本选区保护主义产业的利益而行使立法权利。在美国政府和墨西哥政府签订《北美自由贸易协议》签订之时，美国相关产业公众联盟表示美国政府必须为之承诺提供给公众一些令人满意的交换条件，迫于所在选区产业集团游说的压力，许多国会议员都拒绝表明他们的立场。比如，直到政府答应给柑橘和蔬菜种植者提供特殊保护之后，来自佛罗里达州的众议员才对协定表示支持。纺织、牛肉、花生油、小麦、酒、糖、淀粉糖品、基架、洗衣机和平板玻璃行业也获得了类似的特殊对待。最后的结果是，国会通过的、美国与墨西哥两国贸易协定充满了妥协和让步。1994年，克林顿政府提交了关于乌拉圭回合谈判达成的协议。该议案提交给参议院商业委员会，其主席欧内斯特·霍林斯（Ernest Hollings）强烈反对该协议，他来自严重依赖纺织行业的南卡罗来纳州。彼时即将成为新一任外交委员会主席的杰西·赫尔姆斯（Jesse Helms）也和纺织行业联系密切，他是该议案的另一个主要反对者。赫尔姆斯向克林顿递交了一封信，他要求将投票延迟到新一任国会之后，否则他将在外交政策领域与白宫不予合作。为了安抚反对者，克林顿政府改变了对服装的关税规定以限制亚洲廉价服装的进

① Robert E. Baldwin, *The Political Economy of U. S. Import Policy*, Cambridge, Massachusetts: The MIT Press, 1985.

② Stanley D. Nollen, Dennis P. Quinn, "Free Trade, fair Trade, Strategic Trade, and Protectionism in the U. S. Congress, 1987 - 88", *International Organization*, Vol. 48, No. 3, 1994, p. 518.

③ ［美］迈克尔·J. 希斯考克斯著，于扬杰译：《国际贸易与政治冲突——贸易、联盟与要素流动程度》，中国人民大学出版社，2005年版，第258页。

④ Marc Busch and Eric Reinhardt, "Industrial Location and Protection: The Political Economic Geography of U. S. Nontariff Barriers", *American Journal of Political Science*, Vol. 43, 1999, pp. 1028 - 1050.

口。另外，政府还根据霍林斯的建议更改了反倾销法规，使得判决更有可能利于国内产业，并且还更新了“超级301条款”。这样，关税总协定乌拉圭回合达成的协定最终获得了通过。总之，政治影响力强的团体往往能有效地利用国家政治程序增进其自身利益，保护主义联盟就是如此。它们利用强大的影响力，使得公共政策的舞台将完全被自由贸易的反对者们所占据。[①]

第二节 进口竞争产业公众联盟的贸易保护主义路径

塞缪尔·亨廷顿（Samuel P. Huntington）曾认为，“我们首先要知道我们是谁，然后才能知道我们的利益是什么。”[②] 套用一下，产业公众联盟在知道自己利益是什么的情况下，才能知道他们怎样实现自己的利益主张，那就是来自自己选区的国会议员。为了实现其贸易保护主义诉求，进口竞争产业公众联盟利用各种日以娴熟的技术，以多种方式影响国会立法者，这既包括合法的，也包括非法的。就合法的手段而言，主要有：游说、抗议示威、诉讼、选举活动和建立政党等。其中，最为关键和常用的是游说，它可以分为直接游说和间接游说。

一、进口竞争产业公众联盟贸易保护主义的主要手段

冷战后，进口竞争产业公众联盟展开了更加猛烈的游说活动，[③] 以推进美国贸易政策向保护主义倾斜。一方面，这是传统固有原因作用的结果。自第二次世界大战结束以来，由于美国主要的贸易政策制定者即政府信奉自由贸易，因此，保护主义不可能自动或者非常容易地成为美国贸易政策的一部分。[④] 另一方面，美国现有经济状况也决定了产业联盟必须采

---

① ［美］贾格迪什·巴格沃蒂著，海闻译：《今日自由贸易》，中国人民大学出版社，2004年版，第6页。

② Samuel P. Huntington, "The Erosion of American National Interests", *Foreign Affairs*, Vol. 76, No. 5, 1997, p. 28.

③ ［美］迈克尔·J. 希斯考克斯著，于扬杰译：《国际贸易与政治冲突——贸易、联盟与要素流动程度》，中国人民大学出版社，2005年版，第248页。

④ Stephen D. Cohen, *The Making of United States International Economic Policy: Principles, Problems, and Proposals for Reform*, New York: Greenwood Press, Inc., 1988, p. 124.

取游说活动。20世纪晚期，美国的行业间要素流动程度达到了历史最低水平，这段时间的美国政坛由贸易问题引发的行业分化是最深刻的，因此也就引发了更多的行业集团游说。① 根据李—维模型，只有产业专有要素（包括劳动力和资本）的拥有者才有游说进行产业保护的动机。

（一）进口竞争产业公众联盟的游说活动

进口竞争产业公众联盟实现贸易保护主义的主要手段是对国会立法者进行游说活动。游说之所以发生可以从立法者与游说者两方的视角得以诠释。从立法者看，游说之所以发生是由于“立法者没有完全获得关于其选民的偏好和资料，或者对建议的立法的影响不能确定”；② 与此同此，政策供给者的预算资金是有限的，③ 因为国会立法者的收益或者政治捐款通常来源于特定产业的特定要素。④ 此外，根据笔者前面的陈述，在美国，经验数据表明，贸易保护主义者享受了集体行动的优势，因此更乐于游说。⑤

学者们一般将联盟影响政府的游说活动划分为直接游说与间接游说，这些选民联盟自然也包括进口竞争产业联盟。⑥ 下面以进口竞争产业联盟为例，说明它们是怎样运用游说达到贸易保护主义的目的。

1. 直接游说

所谓“直接游说”乃指选民联盟直接与立法者及其助手联系，对专门性领域内的法律问题提供详细的技术性知识、咨询和建议；⑦ 或者是选民联盟直接向国会议员等陈述其立场和观点，以影响决策。⑧ 由于产业联盟

---

① ［美］迈克尔·J. 希斯考克斯著，于扬杰译：《国际贸易与政治冲突——贸易、联盟与要素流动程度》，中国人民大学出版社，2005年版，第248页。

② Benjamin O. Fordhan and Timothy J. McKeown, “Selection and Influence: Interest Groups and Congressional Voting on Trade Policy,” *International Organization*, Vol. 57, No. 3, 2003, p. 525.

③ 理查德·霍尔（Richhard L. Hall）详细从预算资金的角度分析了游说发生的模式。See Richhard L. Hall, “Lobbying as Legislative Subsidy”, *American Political Science Review*, Vol. 100, No. 1, 2006, p. 60.

④ James E. Alt, Michael Gilligan, “the Political Economy of Trading States: Factor Specificity, Collective Action Problems, and Domestic Political Institutions”, in Jeffry A. Frieden and David A Lake, eds., *International Political Economy: Perspectives on Global Power and Wealth*, Beijing: Peking University Press, 2003, p. 337.

⑤ Sean D. Ehrlich, “Access to Protection: Domestic Institutions and Trade Policy in Democracies,” *International Organization*, Vol. 61, No. 3, 2007, p. 581.

⑥ 参见李道揆：《美国政府和美国政治》（上），中国社会科学出版社，1990年版，第231—235页；赵可金：《营造未来——美国国会游说的制度解读》，复旦大学出版社，2005年版，第67—68页。

⑦ 孙哲：《左右未来——美国国会的制度创新和决策行为》，2001年版，复旦大学出版社，第89页。

⑧ 李道揆：《美国政府和美国政治》（上），中国社会科学出版社，1990年版，第231页。

直接游说的重点是某几个在国会山上有重要影响的议员、委员会主席、政党领袖和组织秘书、众议院议长等，侧重于"打点"，因此，它也被称为"精英路线"。[①] 直接游说被誉为最"正常的渠道"，是使用最为普遍的、最为重要的手段。[②]

从技术上将，议员与选民联盟"互相吸引"是有原因可循，选民联盟可以提供制定政策所需的资源及技术专长。被誉为欧盟"超级说客"的欧洲汽车工业协会（Acea）秘书长伊凡·霍达奇（Ivan Hodac）就认为，确凿的材料是取得游说成功的关键，"你也许有很多朋友，你也许认识布鲁塞尔的每个人，但如果你提不出确凿的论据，什么关系都没用。"[③] 所谓的论据一般是技术数据、影响评估及类似的材料。作为立法者，身为官僚，无论是从现实还是从理智上都远离商业圈，同时，相对于繁重的工作，立法者工作人员少，通常缺乏专门性知识，需要有这方面经验的公司或者专家提供支持。[④] 而与此相反，选民联盟通常具有专业知识，拥有研究机构和专家，可以为有关议案提供大量专业资料、数据、详尽的分析，可以协助制定历法策略，甚至代为立法者起草议案等。这样，选民联盟的服务弥补了立法者在专门问题上的知识不足，可使议员在同侪和选民中获得好的评价与树立好的形象。从某种意义上讲，议员对选民联盟甚至形成了一种依赖倾向。有一个笑话说，美国国会议员经常抱怨说，他们所掌握的贸易立法详细信息还没有游说组织多。

隶属于特定产业的工会组织最有可能采取直接游说的措施。它们通常"可以提供详细的技术或者专业细节以及准确信息，但又缺乏足够的财富采取其他行动"。[⑤] 2002 年 5 月，美国全国制造商协会公布了《对华贸易对美国制造业的影响》的调查报告，具体分析了美国制造业正面临着巨大的危机，认为中国发展成为出口大国是对美国制造业生存的最大威胁；[⑥]

---

① 赵可金：《营造未来——美国国会游说的制度解读》，复旦大学出版社，2005 年版，第 67 页。

② 李道揆：《美国政府和美国政治》（上），中国社会科学出版社，1990 年版，第 231 页。

③ 乔舒亚·查芬：《谁是超级说客?》，载《金融时报》，2009 年 6 月 30 日，http://www.ftchinese.com/story.php? storyid = 001027282。

④ Stephen D. Cohen, *The Making of United States International Economic Policy: Principles, Problems, and Proposals for Reform*, New York: Greenwood Press, Inc., 1988, pp. 128 – 129.

⑤ Benjamin O. Fordhan and Timothy J. McKeown, "Selection and Influence: Interest Groups and Congressional Voting on Trade Policy", *International Organization*, Vol. 57, No. 3, 2003, p. 523.

⑥ 牛向东：《国家利益使然——美国迫人民币升值采取的政治经济手段分析》，载《国际贸易》，2004 年第 2 期，第 27 页。

2008年1月，美国全国制造商协会又发表了题为《透视中国能源补贴：对2000—2007年的中国钢铁产业分析》的报告。报告称，2000—2007年，中国钢铁产业在煤炭、天然气和电力等能源价格获得了中央和地方政府271.1亿美元的补贴，导致中国大量出口钢材严重损害了美国制造业的利益，呼吁美国国会和政府采取强硬措施，抵制中国钢铁产品的不公平贸易行为。[①] 2008年3月28日，国会民主党人写信给布什（G. W. Bush）总统，详细列举了中国是如何补贴钢铁业导致中国钢铁在美国市场激增。民主党立法者的技术数据就为美国制造业协会等钢铁组织提供。[②]

表4—3　众议院筹款委员会作证游说的产业联盟

（1945—1994年）

年份	法规	支持每一立场的产业集团数量		
		自由贸易	保护主义	总计
1945	互惠贸易协定法案延长	1	9	10
1955	互惠贸易协定法案延长	9	33	42
1962	贸易扩大法案	18	45	63
1974	贸易改革法案	12	44	56
1984	贸易补偿改革法案	7	33	40
1991	反对快速立法	9	33	42
1993	北美自由贸易协定	7	32	39
1994	乌拉圭回合协议	16	38	54

资料来源：迈克尔·J. 希斯考克斯著，于扬杰译：《国际贸易与政治冲突——贸易、联盟与要素流动程度》，中国人民大学出版社，2005年版，第106页。

直接游说采取的手段有选民联盟直接与国会议员会面、国会听证会作证、提供立法者竞选资金等。其中，国会听证会作证是选民联盟最乐于采

① 《中方回应美指责中国钢铁行业获政府补贴》，中国贸易救济网，2008年2月26日，http：//www. cacs. gov. cn/DefaultWebApp/showNews. jsp？ newsId = 201420012101。

② See Charles B. Rangel, and etc, "*a letter to President*", Mar. 28, 2008, pp. 9 - 10。http：//waysandmeans. house. gov/media/pdf/110/cbr%20potus. pdf.

取的措施。表 4—3 与表 4—4 和表 4—5 列出了自二战后众议院筹款委员会举行相关贸易议题时，不同贸易倾向的产业联盟作证的数量。

表 4—4 众议院筹款委员会与其贸易小组委员会作证游说的产业联盟

（1997—2007 年）

序号	时间（年份）	层次	听证议题	支持每一立场的产业集团数量		
				自由贸易	保护主义	总计
1	1997	小组	延期快车道授权	7	1	8
2	2000	全体	美中双边贸易协定与中国加入 WTO	8	3	11
3	2003	小组	执行与智利、新加坡达成的 FTA	6	1	7
4	2006	全体	执行与秘鲁达成的贸易促进协定	5	1	6
5	2007	小组	美韩 FTA	7	3	10

资料来源：根据美国众议院筹款委员会及其贸易小组委员会官方网站整理而成，网址分别为：http：//waysandmeans. house. gov/index. asp； http：//waysandmeans. house. gov/hearings. asp？ formmode = all&comm = 5。

表 4—5 参议院财政委员会与其贸易小组委员会作证游说的产业联盟

（2007. 01—2015. 07）

序号	时间（年份）	层次	议题	支持每一立场的产业集团数量			
				自由贸易	保护主义	不持立场	合计
1	2015. 04	全体	国会与美国关税政策	1	1		2
2	2014. 07	全体	美韩自由贸易协定：2 年后的经验	4	0		4
3	2014. 07	全体	21 世纪制造业中的科技与贸易的作用	2	1		3
4	2014. 06	全体	贸易执行：借助贸易规则为美国公司和工人实现公平贸易	2	3		5
5	2014. 01	全体	审视国会在贸易中的作用	3	1		4

续表

序号	时间	层次	议题	支持每一立场的产业集团数量			
				自由贸易	保护主义	不持立场	合计
6	2013.10	全体	为未来预期的 TTIP	4	0		4
7	2013.05	全体	S.662，2013 年贸易便利化与贸易执行法案	3	1		4
8	2013.04	全体	TPP：机遇与挑战	4	0		
9	2012.03	全体	俄罗斯加入 WTO 之于美国的意义	5	0		
10	2011.05	全体	美韩自由贸易协定	2	1		3
11	2011.05	全体	美国与巴拿马自由贸易协定	2	0		2
12	2011.05	全体	美国与哥伦比亚自由贸易协定	1	1		
13	2011.03	全体	APEC 2011：清除壁垒，促进经济增长	4	0		
14	2010.11	全体	数字经济时代的国际贸易	3	0		4
15	2010.04	小组	美国出口倍增：美国沿海港口准备好了吗？	6	1		7
16	2009.12	小组	出口在美国经济复苏中的位置	1	1		2
17	2009.10	全体	S.1631，2009 年海关便利和贸易执行法案	3	1		4
18	2009.05	全体	美国—巴拿马自由贸易协定	2	1		
19	2008.05	全体	S.1919，2007 年贸易执行法案	0	2		2
20	2007.10	全体	进口产品的健康与安全：现状与未来	2	1		
21	2007.09	全体	美国与秘鲁自由贸易协定	3	2		
22	2007.06	全体	基于 21 世纪经济的美国贸易执法	1	2		
23	2007.06	全体	贸易与全球化：为 21 世纪工人的贸易救济	0	3	1	4
24	2007.03	全体	风险与改革：汇率在中美关系中的角色	0	1		1
25	2007.03	全体	美中经济关系中的机遇与挑战	1	1		2

注：没有邀请产业界的贸易听证会不在统计行列。

资料来源：笔者根据美国国会参议院财政委员会网站制作。网址为：http：//www.finance.senate.gov/hearings/index.cfm？PageNum_ rs = 17。

比较上述三个表格，自 1945 年至 2015 年 7 月，我们可以发现，以产业利益为代表的、产业公众联盟到国会山上佐证的游说愈来愈少了。但是，为什么美国贸易政策中的保护主义成分却更加明显了呢？这主要是由于数字技术的发展，间接游说变得更加方便和成本低廉。

2. 间接游说

当直接游说没有达到预期效果，选民联盟就可能采用间接游说。也称之为“基层游说”或者是“草根游说”、它是发动本选区其他选民来支持选民联盟，也就是通过影响选民来影响政策制定者，是一种迂回战术。它的具体做法是在大众传媒刊登广告，发表谈话和演说，向新闻界发布消息、评论和新闻解说，发行影片、向选民直接寄送材料和网路渠道等方式，宣传联盟对贸易问题的立场和主张，争取公众的了解和支持，形成舆论压力，从而达到一向政策制定的效果。美国前共和党众议员托马斯·雷尔贝克（Thomas Railback）说：“最有效的游说运动是卷入选区因素的游说运动。如果你收到了一封来自选区的信，必须要特别重视。因为他不是一个局外人，而是在选举的时候或者支持或者反对你的人。”① 它包括邮寄信件、打电话、发起签字运动等。在给予中国最惠国待遇辩论的每个回合，劳联—产联总会发动相关产业工人写信给所在选区的立法者，以影响议员的投票动向。在现今经济衰退下，2009 年 5 月 13 日，美国钢铁协会就联合其他有关钢铁产业的联盟召开了媒体发布会，认为从中国进口的钢铁威胁了美国公众的工作，人民币过低的币值补贴了中国钢铁业的出口，国会应通过 2009 年公平贸易货币改革法（the Currency Reform for Fair Trade Act of 2009）。②

随着电脑与互联网的普及，当人们越来越多地通过网路渠道来交流沟通时，网路渠道就越来越成为产业联盟使用的一种间接游说方式，它也因之成为间接游说的生力军。在使用计算机之前，间接游说主要是使用传统的方式，如邮递等，这需要游说人员从电话簿和其他名单中挑选需要联系的人员，做到这一切费时费力；而计算机的出现，使得这一切变得容易起来，并且今天的技术能针对特殊的关心贸易的群体制作个性化的邮件。在

---

① Peter C. Stuart, “*The New Lobbying*,” Writing for the Christian Science Monitor in 1975, Reprinted in Mainichi Daily News (Japan), October 28, 1975。转引自赵可金：《营造未来——美国国会游说的制度解读》，复旦大学出版社，2005 年版，第 88 页。

② See “American Iron and Steel Institute Strongly Supports the Currency Reform For Fair Trade Act of 2009 (CRFTA)”, May 13, 2009, http://www.steel.org/AM/Template.cfm?Section=20091&TEMPLATE=/CM/HTMLDisplay.cfm&CONTENTID=32044.

2008 年美国总统大选期间，获胜的奥巴马不仅大量给选民撰写邮件，甚至通过电脑视频与选民面对面交流，这使他吸引了众多年轻一代的选民，他从网上筹集了 6.4 亿美元的竞选资金，创下美国竞选史上从网络募集最多资金的纪录。

如果说网络渠道是一种新生方式，那么运作思想库则是最为传统的方法，但也是最为根本、不可丢弃的方式，它为其他方式提供了分析的源泉与智力的支持。“运作思想库”指产业或公司通过资助思想库撰写、发表支持产业立场的文章、书籍、行业研究报告等，塑造对某一政策议题的权威分析和建议，目的是影响决策和公众舆论。由于思想库几乎均打着非盈利与中立的大旗，其中的学者多为某一领域的知名学者或者专家，他们的观点对于普通公众而言具有更大的客观性，因之也就具有了更大的说服力。在有关美国给予中国永久性正常贸易关系的辩论正酣之际，劳联—产联的思想库经济政策研究所（Economic Policy Institute，缩写为 EPI）发表了关于这一议题的研究报告。该报告指出，一旦中国加入 WTO，必将导致美国对中国直接投资的大幅增加，从而导致美国产业转移，工作机会外流到中国。它还指出，中美两国快速增加的贸易不平衡与美国在华投资迅速增加有着“直接”的相关性。① 2009 年 4 月 8 日，面对美国汽车产业的不断破产消息，该所研究人员罗伯特·斯科特（Rober E. Scott）提出，政府政策的关键应是提倡美国公司在美国投资，倡导投资保护主义。②

总起来说，进口竞争产业公众联盟中的偏重资方的联盟更有能力采取间接游说。比之纯粹的以劳工要素为主的进口竞争产业公众联盟，这些资方产业联盟往往更有优势，因为资本持有者拥有使用间接游说所需要的资金和专职参谋筹划人员。商人特别是大的企业家通常有充足的经济实力，因为间接游说需要更多的资金支持。

当然，进口竞争产业公众联盟有时也同时采取两种方式。直接游说面对的是政治制度中的国会立法者，可以直接输出贸易政策；间接游说试图说服的是选区的选民，通过选区的选民来影响国会立法者。为了确保保护主义诉求得以实现，最好的选择是在行动上将这两个游说方式都加以

---

① James Burke，“*U. S. Investment in China Worsens Trade Deficit*”，May 2000，http：//www.epi.org/content.cfm/briefingpapers_ fdi_ fdi.

② See Rober E. Scott，“Invest in America：Essential policies needed to secure U. S. jobs in the auto industry”，*EPI Briefing Paper*，April 2，2009. http：//epi.3cdn.net/c490c26a27c92c8fa7_nbm6bhndc.pdf.

使用。

（二）进口竞争产业公众联盟游说性质辨析

冷战后，美国贸易游说的特征是产业游说激增，进口竞争产业联盟为了获得贸易保护主义，也积极的加入其中。[1] 根据上述有关这一产业的游说特征，我们可以总结出进口竞争产业公众联盟游说的性质。

首先，进口竞争产业公众联盟的游说活动是以整个国家的损失为少数特定利益集团服务。1985 年，学者苏珊·希科克（Susan Hickok）分析了美国对特定产业的保护，她的研究表明：1984 年，仅对服装、糖和汽车进口进行限制，就可导致消费者另外多支出 140 亿美元。同样，低收入家庭比高收入家庭更易受到影响：年收入不到 1 万美元的家庭，相当于对其征收了高达23% 的收入附加税，而对年收入超过 6 万美元的家庭，仅为 3% 。[2] 1994 年，加里·赫夫鲍尔（Gary Hufbauer）和金·埃利奥特（Kim Elliot）发表的研究报告指出，贸易壁垒每保住一个就业机会的平均耗费是 17 万美元。在若干行业里，这个数字是 50 万美元，甚至更高。[3]

另外，产业选民联盟具有贸易保护主义受益排他性，因此，产业联盟在游说时力图将排他性的利益转化成为趋向于非排他性的收益，即公共利益。选民联盟力图劝说公众或者是使公众相信它所代表的利益是代表着更广泛的利益，而不仅仅是狭隘的一部分人的利益。换言之，“这种游说企图将一种个体利益或者联盟利益转变为整个社会的利益。”[4] 沙特施奈德分析了到国会作证的人员后发现，几乎所有的证人们都声称他们代表了很多人或很多利益，而不管事实是否真的如此。“很常见的是，某个行业的一部分人没有征求过行业中其他人的意见就代表了整个行业的人来发言。很

---

① 参见［美］詹姆斯·麦格雷戈·伯恩斯等著，吴爱明等译：《民治政府》，中国人民出版社，2007 年版，第 161 页；Stephen P. Magee，“Three simple tests of the Stolper – Samuelson Theorem”，in Peter Oppenheimer，ed.，*Issues in International Economics*，London：Oriel Press，1980，pp. 138 – 153。

② Susan Hickok，“The Consumer Cost of U. S. Trade Restraints”，*Federal Reserve Bank of New York Quarterly Review*，Summer，1985，pp. 1 – 12.

③ Gary Clyde Hufbauer and Kimberly Ann Elliott，*Measuring the Costs of Protection in the United States*，Washingtong D. C.：Institute for International Economics，1994，p. 11.

④ Richhard L. Hall，“Lobbying as Legislative Subsidy”，*American Political Science Review*，Vol. 100，No. 1，2006，p. 60.

有可能一个生产商仅仅因为他是这一行业中的一员就以整个行业的名义发言”。[①] 这样的游说容易获得立法者的支持，因为这符合了民主政体的精神。也就是说，在民主政体中，任何得到法律认可的政策后面必须有多数人或者大多数人的支持。[②] 这就是“数字作用”（Numbers Matter）。

总结来说，在进口竞争公众联盟诉求保护主义的实现路径中，我们主要介绍了游说，而没有谈及其他方式。但是，这并不是说，其他的方式不重要，而是不如游说更加普遍地被公众联盟使用。例如，就影响选举而言，政治捐助就处于公认的重要地位。对于国会议员来说，说客所能提供的最重要的东西是改选时他们所需要的金钱；对于在任者来说，来自联盟的金钱是他们最大的需要所在。[③] 再以抗议示威为例，对于美国贸易政策的最大冲击莫过于1999年和2002年的各种联盟在西雅图举行的抗议世贸组织和全球化的示威游行，尤其以1999年的示威为重。正是1999年各种联盟抗议示威的活动，使得美国公众了解到了贸易政策需要修改，应该关注新出现的贸易议题。在西雅图会议之前，很少有美国人了解世界贸易组织或全球化的概念。[④]

二、国会立法者对进口竞争产业公众联盟贸易保护主义的回应

国会立法者支持产业联盟贸易保护主义，并采取了实际行动做出回应；议员回应的强度与国会地理因素呈正相关关系。

（一）回应手段分析

冷战后，面对进口产业联盟激增的游说活动，国会立法者做出了回应，其主要手段有立法者组成特定要素的议员联线、立法者发表演说（包

---

① E. E. Schattschneider, *Politics, Pressures and The Tariff: A Study of Free Private Enterprise in Pressure Politics, as Shown in the* 1929 – 1930 *Revision of the Tariff*, New York: Prentice – Hall, 1935, p. 267.

② James E. Alt, Michael Gilligan, “the Political Economy of Trading States: Factor Specificity, Collective Action Problems, and Domestic Political Institutions”, in Jeffry A. Frieden and David A Lake, eds., *International Political Economy: Perspectives on Global Power and Wealth*, Beijing: Peking University Press, 2003, p. 337.

③ [美] 詹姆斯·麦格雷戈·伯恩斯等著，吴爱明等译：《民治政府》，中国人民出版社，2007年版，第159页。

④ [美] 詹姆斯·麦格雷戈·伯恩斯等著，吴爱明等译：《民治政府》，中国人民出版社，2007年版，第152页。

括写信、打电话等)、提出议案、举行听证会、立法等。

1. 议员联线①

"议员联线"(Congressional Caucus)属于国会立法者之间的一种非正式组织,最初是指党团秘密会议,常常是一些同属一党的议员为谋划具体立法策略、与反对党斗智斗力所组成的小组,他们不定期召开小范围、不对外甚至包括本党议员公开的会议;后来专门指一种针对不同问题领域而集结一些"志同道合"议员进行不定期磋商、交换信息、促进立法的非正式组织。通常议员联线是议员为各种理由组成,包括促进种族或地区利益、促进某些政策的出笼,它们反映某些议员共同兴趣、政见和利益的组织,主要目的在于在相关议案表决时相互支持。

议员联线种类繁多,几乎关注所有与公众利益相关的所有事情:钢铁、牛肉、轮轴、互联网、蘑菇、采矿、天然气、甜料、酒、鞋类、大豆、动物权益、纯净水、药物管制、领养、艺术、能源、艾滋病、反恐等等。事关贸易议题的议员联线主要有钢铁议员联线、纺织品议员联线、蘑菇议员联线、滚筒滚珠轴承议员联线和造船厂议员联线等等。但是,随着贸易议题与范围的扩大,原先与贸易问题不甚相关的议题也进入了贸易议员联线,如环境问题,就出现了相应的议员联线,如环境政策议员联线。与议员联线种类繁多相对应,那就是,自20世纪90年代起,参加议员联线的立法者实际已经多于任职于国会各委员会和专门委员会的议员。这就意味着议员联线政治影响力大增。

支持进口竞争产业联盟特定要素的立法者组成联线主要是应对国会决策体制中的多数原则。一项贸易法案最后能否在国会通过取决于两院在院会表决阶段的投票结果。这意味着在众议院,要赢得某项议案在院会表决的胜利,产业必须获得半数以上(218张选票)的支持。在参议院,一个产业必须获得至少51张选票方可赢得院会表决。两院决策体制决定了绝大多数单个产业仅凭所在选区或州的议员支持还不足以赢得有利于自己的贸易决策。而相关议员结成联线却容易取得集体行动的优势,支持特定要素

① "Congressional Caucus"有不同的翻译名称,李道揆译为"议员团"、信强译为"议员联线",孙哲、赵国军译为"议员连线",吴爱明等译为"核心会议"。本书采用了信强的翻译"议员联线"。相关研究参见李道揆:《美国政府和美国政治》(上),中国社会科学出版社,1990年,第276—277页;信强:《美国国会"台湾联线"个案研究》,载《台湾研究集刊》,2003年第4期,第37—38页;孙哲、赵国军:《美国国会"中国连线"评析》,载《世界经济与政治》,2007年第1期,第46页;[美]詹姆斯·麦格雷戈·伯恩斯等著,吴爱明等译:《民治政府》,中国人民出版社,2007年版,第324—325页。

的议员能够彼此协调立法计划，在设定议事日程上开展战略合作。同时，也可以影响议长和资深议员决策。[①] 这可以造成滚雪球效应（Snowballing Effect）和相互提携作用（Logrolling Effect）。美国《1930 年关税法》是滚雪球效应的典型。实际上，国会开始仅是试图帮助美国食品产业，但在那些支持进口竞争议员联线的作用下，到国会作证的利益集团的数量超过了自内战结束以来的历次贸易立法。[②] 在美国立法史上，1970 年众议院通过的一项限制性进口配额的议案可视为相互提携作用的样板。在起草立法的过程中，首先是纺织品联线立法者要求政府支持纺织品配额，随后，东北部制鞋业议员联线也成功地将配额适用于该产业，接着，牛奶与糖胶业等产业议员联线也要求如此。这些联线会员相互提携，甚至，同一个议员往往是多个“连线”组织的成员。这样就保证各自联线所依赖的特定产业得到贸易保护。

国会议员钢铁联线（Congressional Steel Caucus）是最有代表性的支持进口竞争产业联盟特定要素的立法者联盟，它是产业贸易保护主义的典型。国会议员钢铁联线是众议院代表钢铁产业议员的联盟，谋求满足美国钢铁产业的需要，包括公平贸易、保留钢铁产业工人的工作。[③] 这个联盟包括两党 100 名成员，他们共同的话题是国内钢铁工业。现任主席为共和党人蒂姆·墨菲（Tim Murphy），他来自于宾夕法尼亚州第 18 选区。钢铁产业工人失业问题是国会议员钢铁联线的核心问题，这就产生了该联线的最大特点：与时俱进，任何国会讨论的议题都能使之与钢铁工人的失业相连。他们认为美国钢铁业的衰落归于两个原因：一是美国“购买美国货”政策中的漏洞，使得美国建筑业并没有使用美国货；另一个是国外钢铁业中非法补贴问题（特别是币值相对于美元的贬值），中国是其中最为重要的一员。该联线中的成员经常到美国国际贸易委员会佐证，支持对中国的“两反”案例的执行；同时也反对联邦政府支持那些为国外提供就业而置美国工人不顾的公司。该联线副主席皮特·维斯克洛斯基（Pete Visclosky）认为，中国钢铁的大发展不是基于市场的力量而是政府的大量补贴，包括优惠贷款、税收机制以及原材料补贴。“由于我们错误的贸易政策，

---

① Frank Koszorus, “*The Role of Congressional Caucuses in Policy Making: Don't Ignore Them?*” http: //www. americanhungarianfederation. org/docs/Cong Caucuses_ 677845_ v11. pdf.

② Michael J. Hiscox, “Class Versus Industry Cleavages: Inter – Industry Factor Mobility and the Politics of Trade”, *International Organization*, Vol. 55, No. 1, 2001, p. 19.

③ 钢铁联线网站，http: //www. house. gov/english/steelcaucus. shtml。

太多的高收入工作外流”。[①] 随着《美国与韩国自由贸易协定》的签署，韩国厂商成为新近目标。2014 年，在美国商务部宣布没有发现韩国厂家倾销后，美国钢铁产业联盟呼吁集会，墨菲与另一议员钢铁联线成员迈克·多伊尔（Mike Doyle）加入，支持钢铁产业的诉求，他们这样做的原因主要是赢得公众同情，呼吁美国国际贸易委员会关注美国钢铁产业的要求。2014 年 7 月，该成员中的参议员吉姆·布鲁斯特（Jim Brewster）提出了一个议案，提议宾夕法尼亚州的天然气制造商只能使用产自于美国的钢铁产品。

2. 发表演说

发表演说是立法者在公开场所或者在众议院与参议院议场辩论时就某一议题给出评论，以表明支持或反对某议题的立场。在本书中，发表演说的行为也包括打电话与写信等。

总起来说，尽管在国会立法者采取支持特定产业保护主义的行动中，发表演说的作用最为弱小。但是，立法者发表演说也可以达到两方面的目的：一方面，是对支持立法者的该选区特定要素产业表明政治态度：立法者将选区经济利益放在了其行动的首位，支持受进口冲击产业的利益。实际上，这可以视为一种政治姿态。[②] 另一方面，它可以对美国政府政策制定者起到提醒作用，使他们注意到国会立法者关于这一议题的态度与偏好。

仍旧以钢铁业为例，说明国会立法者是如何通过这一方式保护美国钢铁产业。来自从纽约到密歇根之间的“锈带”各州（Rust belt states）常常根据本州或者本选区钢铁业就业人数的减少发表演讲，进行辩论。2007 年 3 月 5 日，来自俄亥俄州彼时新当选的民主党议员贝蒂·萨顿（Betty S. Sutton）（110 届国会）在众议院援引本州失业人员数据，为美国钢铁业叫屈。[③] 她提供的数据表明，从 2000—2007 年，美国失去了 300 万制造业工作（即每 6 个制造业工人中的一个），2 万个出自俄亥俄州。为了回应该选区钢铁业的压力，2007 年 5 月 14 日，在第二轮中美经济战略对话即将召开之际，时任国会钢铁联线主席的维斯克洛斯基和另外 57 名国会钢铁联线成员写信给时任贸易谈判代表苏珊·施瓦布（Susan C. Schwab），呼吁

---

① “*Visclosky Looks to Boost Membership in Congressional Steel Caucus; Build Support for Steel Industry in the New Congress*”, January 18, 2007, http://www.house.gov/list/press/in01_visclosky/steel_caucus.html.

② 袁鹏：《学会藐视美国的压力》，载《环球时报》，2007 年 12 月 21 日，第 11 版。

③ *Congressional Record*, Mar. 5, 2007, p. H2151.

政府在与中国的谈判中商讨中国政府的声明；认为在于中国钢铁业的竞争中，美国处于不利地位，如果不处理这一不公平竞争，印地安纳州西北部钢铁工人（500 人）就要承受负担。[①] 自 2008 年 9 月爆发金融海啸以来，美国钢铁业愈发艰难，钢铁制品的需求及价格同告直线下滑，在新就任的总统奥巴马出台经济刺激计划之际，美国钢铁业请求国会议员出台加强监管海外钢铁进口数量，同时希望国会有关议案列明承办工程的建筑商，日后必须以美国企业的产品作为首选。美国钢铁业巨头之一的纽克尔公司董事长兼首席执行官丹尼尔·迪米科说："在对付我们此生经历的最严重的经济衰退的复苏计划中，我们要求政府必须加上'购买美国货'的条款。"[②] 果然，在参众两院通过的刺激计划中，均列入了购买美国货的条款。

3. 提出议案

提出议案也是议员对处于逆境中的特定要素联盟的一种支持。也是立法者最为有力的工具，因为提出议案是立法者独享的权利。通常情况下，对特定产业的立法支持都能取得成效。

仍旧以钢铁业为例。自中国加入世界贸易组织后，中国输美钢铁大增，中国钢铁业就成为美国钢铁业联盟针对的主要保护主义对象。以 2008 年为例，中国输美钢铁数量约达 471 万吨，多第二位的韩国数倍。[③] 因之国会立法者事关钢铁业的行动也就主要针对中国。美国钢铁业的核心观点是中国钢铁业的发展得益于中国政府的补贴以及人民币币值相对于美元的低估。美国钢铁协会、钢铁生产商协会和北美特殊钢工业协会及美国钢管进口委员会就针对中国钢铁产业进行了研究，并提出了 2007 年度报告《钢铁补贴》，声称中国钢铁产能的扩张直接源于中国政府对钢铁产业的指导和控制，以及对钢铁生产商的补贴；在过去 10 年中，中国钢铁业获得的政府补贴超过 520 亿美元。[④] 因此，议员提出议案也主要针对于这两个问题。这个报告也认为，人民币被中国政府严重低估也是一种补贴。

针对中国政府补贴以及人民币汇率政策，依赖于钢铁业的国会议员提

---

① "*Visclosky leads Congressional Steel Caucus Efforts to have United States address China's unfair trade advantage at U. S. – China Strategic Economic Dialogue Summit at the end of May*", May 14, 2007. http://www.house.gov/list/press/in01_visclosky/Pipe_and_Tube.html.

② 《参考消息》，2009 年 1 月 4 日，第 4 版。

③ 《参考消息》，2009 年 1 月 4 日，第 4 版。

④ 《中美钢铁贸易第三次非正式对话结束》，中国贸易救济网，2007 年 8 月 9 日，http://www.cacs.gov.cn/DefaultWebApp/showNews.jsp?newsId=201420011395。

出了相关议案。2007 年 1 月 9 日，英格利希提出了 H. R. 321，要求财政部就中国是否“操纵”货币并且估算操纵的比率，以对中国的产品征收关税，关税的标准相当于美国估算的操纵比率。1 月 23 日，参议员约翰·洛克菲勒（John D. Rockefeller）提出 S. 364，加强美国贸易法法案。1 月 29 日，英格利希又提出 H. R. 708，使美国反补贴法适用于非市场经济体。1 月 31 日，来自俄亥俄州的蒂姆·瑞安（Tim Ryan）提出了 H. R. 782，修改 1930 年关税法中第七部分（title VII of the Tariff Act of 1930），认为外国政府人为汇率错配是补偿性出口补贴，修改 1988 年汇率和国际经济政策协调法（the Exchange Rates and International Economic Policy Coordination Act of 1988），澄清关于货币认为操纵的概念。2 月 12 日，来自于南卡罗莱纳州的约翰·斯派特（John M Spratt，Jr.）提出了 H. R. 1002，对中国商品征收 27. 5% 的附加关税，除非总统说明中国不再操纵其货币。2 月 28 日，来自阿拉巴马州的阿特·戴维斯（Artur Davis）与英格利希提出了 H. R. 1229。3 月 7 日，参议院吉姆·邦宁（Jim Bunning）提出了 S. 796，内容相同于众议院 H. R. 782。3 月 22 日，来自缅因州的苏珊·柯林斯（Susan M. Collins）提出了 S. 974，目的是使反补贴法适用于非市场经济体。①

自 2008 年金融危机不断蔓延，美国钢铁业不断告急，代表钢铁业的议员也不断提出议案，规定美国政府项目使用的建筑材料，必须为美国生产，即要求“购买美国货”。维斯克洛斯基先后于 2008 年 4 月 30 日与 2009 年 1 月 5 日，提出了 H. R. 5935 和 H. R. 595，要求在建筑、装修、改造公共设施或者项目等时，联邦机构使用美国生产的钢铁产品。②

4. 举行听证会与立法

有时，随着进口竞争产业集团活动的深入，那些依托于特定产业的国会立法者也会举行听证会或者采取立法行动。

听证会被认为是“获取真相和事实”及“听取各方面意见”的最佳途径。③ 国会经常利用它来对贸易政策进行监督和干预，其目的之一是反映公众观点。筹备听证会的议员常常倾向于支持特定利益集团的观点，举行听证会之前似乎就对问题有了既定答案，被邀请作证的人员大部分与议员观点相通。2007 年 5 月 9 日，众议院筹款委员会贸易小组联合另外两个有

---

① 关于这些议案的详细内容参见国会图书馆网站，http：//thomas. loc. gov。

② 关于议案的详细内容参见国会图书馆网站，http：//thomas. loc. gov。

③ William Keefe and Morris Ogul，*The American Legislative Process*：*Congress and the States*，NJ：Prentice – hall，1997，p. 205.

关贸易的小组举行三方联合听证会，主题为“关于汇率操纵及其对美国商业和工人的影响”。但公布的听证会目的已预先设定了中国政府人为干涉货币汇率并对美国经济与就业产生了影响，这使得作证的人员不得不围绕此一结论加以证明。即使有反对者，这种异议的声音也得不到共鸣。[①] 主持此次会议的贸易小组主席桑德尔·莱文（Sander M. Levin）的保护主义立场广为人知，在听众会中，他认为目前的问题不在于美国是否需要对中日两国在汇率领域的干涉性政策采取行动，而在于应该采取何种形式的措施。[②] 这一听证会得出的结论显而易见。

立法是特定要素持有者回应进口竞争产业联盟的最有力的行为。本杰明·福特汉姆（Benjamin O. Fordham）对1949—1951年发生在国会中的贸易投票研究表明，一些产业对某一政党议员的投票具有决定性作用。[③] 议员立法支持有两种方式，一种是间接方式，议员威胁就有关问题立法，从而迫使亲国会的独立部门或者行政部门采取行动。2005年11月30日，支持国会的美国国际贸易委员会（ITC）曾建议针对中国进口的钢铁管实施“安全措施”。2009年4月28日，针对中国输美最为主要的钢铁产品——油井管产品，美国国际贸易委员会决定对中国油井管产品启动高达30亿美元的反倾销反补贴合并调查。美国政府也常常就中国钢铁业提出行政保护主义。2007年2月，美国和墨西哥共同针对中国政府的一系列措施（包括税收减免）向世贸组织提起申诉。它们称，税收减免实际上就是出口补贴。这桩申诉案覆盖了包括钢铁、木制品及信息技术在内的各种行业。

另外一种是直接实施立法。1933年，国会曾通过并由总统签署了《购买美国产品法》（Buy American Act）。法律规定，联邦政府必须购买美国国内公司生产的产品，除非该产品的价格比外国同类产品的价格高出6%以上。对国防部的采购而言，这一比例是12%，最高时曾经达到50%。[④] 但实际上，随着二战的爆发以及随后的冷战需要，美国并没有将之落实实施。2007年伊始的金融海啸使国会改变了态度，2009年1月底，美国参众两院一直通过了奥巴马政府8000多亿美元经济刺激计划，在众议院通过的

---

① 这次听证会的目的详细参见筹款委员会网站，http：//waysandmeans. house. gov/MoreInfo. asp? section = 8。

② 参见筹款委员会网站，http：//waysandmeans. house. gov/MoreInfo. asp? section = 8。

③ Benjamin O. Fordhan，“Economic Interests，Party，and Ideology in Early Cold War - Era U. S. Foreign Policy”，*International Organization*，Vo. 52，No. 2，1998，pp. 359 - 396.

④ 相关研究参见 Bela Balassa：“Tariff Protection in Industrial Countries：An Evaluation”，*Journal of Political Economy*，Vol. 73，No. 6，1965，pp. 573 - 594。

版本，购买美国货包括两条：第一，有关钢铁的。在接受政府提供资金的公共项目中，必须使用美国钢铁；第二，涉及美国国土安全部的特别条款，安全部在购买物品时，必须购买美国制造的纺织品与相关配件。参议院讨论的版本将产品扩大到其他制成品。虽然奥巴马总统签署的最终法案文本经过了微调，使购买美国货符合美国政府国际条约中的国际责任与义务，但是购买美国货与贸易保护主义的实质并没有改变。这样，购买美国货就再次成为法律条款。总起来说，实际上，议员通常很少采取这种行动，特别是该立法如果只使特定受到损害的产业获益。

（二）回应强度分析

美国立法者回应进口竞争产业公众联盟贸易保护主义的强度与该产业的地理位置或曰地理区域高度相连，呈正相关关系。

关于产业为什么往往非常集中分布于某些特定地区（即经济活动地点集聚）以及这种集中通常为什么能够维持很长时间（即经济活动持续存在）的原因，新古典经济学理论与新经济地理学理论给出了不同的答案。新古典经济学理论认为，产业地点的分布主要是由要素禀赋决定的，但是学者们发现，很多重要产业的分布是无法仅仅用要素禀赋来解释的，例如，汽车业集中在底特律、计算机集中在硅谷。[①] 新经济地理学没有否认地理分布与要素禀赋之间的关系，但它更加强调非经济因素、路径依赖、偶然机会和积累过程对于经济活动地点的集聚和经济活动持续存在的意义。根据新经济地理学理论，如果要素禀赋对于产业分布不再具有决定性意义，那么非要素禀赋的要素就具有了决定性意义。以新经济地理学理论所强调的路径依赖为例，就可以说明人为因素在其中的位置。所谓路径依赖主要是指这样一个过程：经济活动在某一个地区的最初设置和集中通常只是偶然或历史偶然事件造成的；但是，一旦工业建立起来或经济活动开展起来以后，积累的力量和反馈机制会导致那个地区的经济活动在一段很长的时间内不断集中，这一不断自我日益集中的过程就是路径依赖。[②] 路径依赖分析法表明小的甚至非常小的原因可以决定产业地点集聚和经济活动的持续性。在路径依赖中，本产业地区的议员作用就属于其中的小的、但具有不可忽视作用的决定因素。

根据上述新经济地理学理论，我们就可以推演出，从某种意义上说，

---

① 典型性著作是 Paul R. Krugman, *Geography and Trade*, Cambridge: MIT Press, 1991。

② ［美］罗伯特·吉尔平著，杨宇光等译：《全球政治经济学——解读国际经济秩序》，上海人民出版社，2006 年版，第 106 页。

议员的贸易政策偏好与选区产业是一种互相依赖的关系。议员的贸易政策倾向可以决定一个选区产业的未来走向；反过来说，选区的产业利益也决定了议员的贸易政策偏好。我们具体展开陈述如下：

议员的贸易偏好对于选区产业集聚与经济活动持续存在具有重要意义。作为政策制定机构中的一部分，国会在对外经济政策中具有法理地位。新的内生增长理论已经证明，政府政策可以导致产业经济增长率持续提高。[①] 一个有利的贸易政策环境对于产业的发展与竞争无疑是有益的。这也就是各类倡导贸易限制的产业联盟经常出笼产业发展状况报告的原因，他们力图将他们所认知的产业环境呈现在公众与议员面前，告诉公众与议员一个产业联盟所看到的“真实的”美国产业状况，以期塑造议员的贸易观，请求议员据此采取行动。作为《国家杂志》（*National Journal*）2001年评出的最为保守的参议员杰西·赫尔姆斯（Jesse Helms）的贸易观无疑最有助于其选区北卡罗来纳州的纺织产业利益。2006年国会中期选举，俄亥俄州民主党竞选人谢罗德·布朗击败了原参议员迈克·德万（Mike DeWine）。谢罗德·布朗贸易态度激进，强烈反对北美自由贸易协定和美国给予中国最惠国待遇地位，曾经撰写过《自由贸易的神话》（*Myths of Free Trade*）一书，反观德万，他的贸易态度是温和的。[②] 这一实例从反面说明了议员贸易观对产业的影响。

选区产业利益对于议员行为的影响同样不可忽视。换言之，议员对于本选区的产业诉求具有高度的敏感性。这是由选举政治和为选区服务的理念所决定的。国会制度是一种以地理（以选区和州为单位）为基础的代议制度，议员的选举是以地区（国会选区）为单位进行的，当选举处于议员活动考量的中心，选区利益就成为国会决策的路线图。产业的集聚和经济活动的存续时间与选区选民福祉相连，它们为本选区提供了就业和岁赋，因此选区产业或公司（尤其是主要产业或大公司）往往被视为是议员所在州或选区重大利益的象征，议员要唯“本选区产业诉求”为瞻。此外，议员的职责就是在国会山上为本选区公众服务。如果说国会议员最不愿意做的事情是将国会竞选“全国化”，更希望人们将注意力集中在他们在任期内是如何尽心尽力地为当地选民服务的，那么这种为选区服务的理念就包含着为选区产业争得有利的贸易竞争环境。议员认为，政治自由并不代表

① 关于内生增长理论的核心观点与研究参见 Paul M. Romer, “Endogenous Technological Change”, *Journal of Political Economy*, Vol. 98, No. 5, October 1990, p. 571。

② 李淑俊、倪世雄：《美国贸易保护主义的政治基础——以中美贸易摩擦为例》，载《世界经济与政治》，2007年第7期，第72页。

接受全球自由贸易的理念。当涉及贸易政策时，产业利益经常成为决定性变量。一般来说，被选出来的官员都会努力地遵从民意。有鉴于此，在国会山上，议员虽有发表自由言论的权利，但在对待事关己方选区产业利益之际，则谨言慎行，所有自由言论须考量自己选区的产业利益。

总之，地理位置就成为国会议员与诉求保护主义的特定产业的契合点。产业依其所处的地理位置影响选区议员、进而影响国会政治。[①] 研究表明，国会的政治分裂是基于产业而不是基于其他，国会很少是阶级政治而更多的是利益集团（或者产业）政治。在这其中，地理因素的作用不可小觑。

进口产业联盟取得国会立法者对其贸易保护主义支持在很大程度上取决于该产业的地理广度与深度。产业的地理广度即该产业的辐射（Reach）范围，地理深度即该产业的集中度（Concentration）。

产业的辐射范围与立法者回应该产业贸易保护主义诉求的强度成正比关系。所谓产业的辐射范围即该产业受益或受损所关联的产业数量。以汽车行业为例，当进口汽车激增的时候，并不只是这个产业的工人失业、工资下降，而且一些相关产业也会面临同样的状况，例如汽车经销、钢铁、玻璃与橡胶等。以汽车经销为例，2009 年 4 底至 5 月初，克莱斯勒与通用先后宣布破产或面临破产，5 月中旬，克莱斯勒与通用公司计划申请解除与 3200 家经销商中近 800 家经销商的合同，通用汽车计划将其零售门店从 6200 个减少到约 3600 个。全美汽车经销商协会（National Auto Dealers Association，缩写为 NADA）指出，“减少经销商意味着又会有 15 万普通美国民众将失业。”[②] 这一事例说明，汽车产业的辐射范围广。这些具有广辐射范围的产业通常具有下列特点：首先，依据产出和雇员人数，这些产业处于制造业中的前列。换言之，这些产业具有较大的产业规模。它们因之也拥有巨大的资源，可以向政府部门施加更大的政治压力。因此，产业规模通常被认为与这个产业的贸易保护主义游说结果直接相关。[③] 其次，提出申诉的产业较之其他一般制造业，面临着更大的进口竞争压力。以美国玩具业为例，在美国国内市场上，2006 年，来自中国的玩具占据了 80%。

---

① 孙哲、刘建华：《产业地理与结盟游说——考察美国对华贸易政策的新视角》，载《世界经济与政治》，2007 年第 6 期，第 29 页。

② 伯纳德·西蒙：《克莱斯勒申请减少 800 家经销商》，载《金融时报》（中文网络版），2009 年 5 月 15 日，http：//www. ftchinese. com/story. php？ storyid＝001026448。

③ Wendy L. Hansen and Thomas J. Prusa，“Does Administrative Protection Protect? A Reexamination of the U. S. Title VII and Escape Clause Statutes”，*Regulation*，Vol. 16，No. 1，1993.

产业辐射范围与立法者回应的强度存在正相关关系。一个产业的辐射范围越广，它在国会可望获得支持的议员就越多，也就是说，国会立法者回应的强度越深、越快。

产业地理集中度与立法者回应该产业贸易保护主义诉求的强度亦成正比关系。产业地理集中度指该产业在地理位置上的接近程度，即空间上的压缩程度。产业分布得相对越集中，“选区利益”实际上就越直接体现在产业利益上。来自产油州的议员认为应该对石油产品征收进口税，而新英格兰等进口石油的州则反对这样做。代表着钢铁、纺织品或者鞋类厂家的选区议员，较之那些代表大豆农场主以及出口导向高科技公司的代表，认为应对受到进口冲击的产业实施更多的临时救济。[①] 因此，一个寻求保护主义的产业越集中在一个州或者相连的州，它在参众两院就越能够找到支持该产业贸易偏好的立法者。这为行业游说的扩展提供了更为通畅的政治网络，有助于议员采取集体行动。一些学者的研究也支持了这一观点。美国学者马克·布彻（Marc L. Busch）和埃瑞克·瑞因哈德特（Eric Reinhardt）研究表明，地理位置更为集中的产业更为经常地表达自己对贸易政策的观点，更积极地参加政治捐款，其投票率高出地理位置分散的产业5.5个百分点。[②] 实际上，这也是钢铁业与纺织业自二战后以来始终是美国自由贸易顽疾的主要原因。因此，产业地理位置集中度就成为产业联盟游说国会立法者成功的关键性因素之一。

若再进一步把产业地理辐射范围和集中度结合起来考察美国议员的贸易观，则发现：产业地理辐射范围和集中度高度一致的，则议员贸易政策偏好与该产业选区倾向高度一致，如严重依赖农业的蒙大纳州，高度依赖汽车业的底特律。若产业辐射范围广，但欠缺集中度，则议员贸易偏好稍微温和，不是激进的保护主义者，如服装业；若进口产业辐射范围小，但集中度大，则议员贸易偏好是保护主义。

---

① Stephen D. Cohen, *The Making of United States International Economic Policy: Principles, Problems, and Proposals for Reform*, New York: Greenwood Press, Inc., 1988, p. 113.

② Marc L. Busch and Eric Reinhardt, “Geography, International Trade, and Political Mobilization in U. S. Industries”, *American Journal of Political Science*, Vol. 44, No. 4, 2000, pp. 703 – 719.

第五章　中美纺织品贸易摩擦与美国对华公众贸易保护主义

第一节　美国纺织业要素流动程度与纺织贸易保护主义

冷战后，美国纺织行业要素流动处于更加低位的水平，这导致了美国纺织行业劳动力要素持有者以及资本要素持有者均前景严峻，纺织业工人收入锐减、纺织工厂倒闭。为此，纺织业公众联盟努力谋求美国政府干预中美贸易，以求得行业租。

一、纺织业要素流动程度的测量

美国纺织业中要素流动处于低位，这可以通过纺织业工人工资与美国其他产业工资的差异得到表现。表5—1给出了2014年5月美国劳工部所提供的、美国各行各业就业人数以及每小时收入情况。就大的职业分类而言，以单位小时工资度量，管理岗位工资最高，每小时54.08美元，饮食准备与服务相关的岗位工资最低，每小时仅仅为10.57美元，制造业并不属于最低工资行列，每小时为17.06美元，但也在末端行业，仅比饮食准备与服务相关的岗位，私人照顾与服务岗位（12.01美元），农业、渔业与林业（12.09美元），建筑与地面清扫与维持职业（12.68美元），卫生保健辅助职业（13.86美元）高。与此同时，美国全国就业人口的平均每小时工资为22.71美元。这样，在制造业，工人工资远远低于这一平均值。从小的分类上看，在制造业中，纺织产业和服装产业以及穿戴产业，这三个产业的平均工资每小时为11.99美元，低于整体制造业平均值，也远远低于全国平均数。

一方面，工人的工资一定程度上也是行业利润情况的反应。表5—1的数据显示，行业间的工资差异和利润差异在不断增长，同一生产要素，例如劳动力，它在美国各产业的回报率是不同的。

表5—1 美国就业岗位人数与工资数据

（2014年5月）

序号	职业	就业人数	平均每小时工资（美元）
1	管理岗位	6741740	54.08
2	商业和金融运作	6828940	34.81
3	计算机与精算	3834180	40.37
4	建筑与工程	2418020	39.19
5	生命、物理与社会科学	1144440	33.69
6	社区、社会服务	1930750	21.79
7	法律工作	1052900	48.61
8	教育、培训和图书工作	8435780	25.10
9	艺术、设计、娱乐、体育和传媒工作	1793700	26.82
10	卫生保健及技能职业	7854380	36.54
11	卫生保健辅助职业	3940500	13.86
12	保护服务型职业（如消防员）	3297180	21.14
13	饮食准备与服务相关职业	12277720	10.57
14	建筑与地面清扫与维持职业	4371450	12.68
15	私人照顾与服务	4154360	12.01
16	销售及相关职业	14248470	18.59
17	官员与行政支持职业	21638470	17.08

续表

序号	职业	就业人数	平均每小时工资（美元）
18	农业、渔业和林业	447130	12.09
19	建筑与提取相关职业（如掘井）	5290270	22.40
20	安装、维修工作	5244670	21.74
21	制造业	8934050	17.06
	制作业之纺织业、服装与穿戴用品产业	574440	11.99
22	运输与材料搬运工作	9249310	16.57

资料来源：Bureau of Labor，"Occupational Employment and Wages — MAY 2014"，March 25，2015，http：//www.bls.gov/news.release/pdf/ocwage.pdf。

表5—2　1997年美国东南部纺织产业工人就业人数与工资情况

地区	就业人数（千）	每小时工资（美元）
美国	615.5	10.03
东南部	438.3	9.86
阿拉巴马州	39.9	9.73
佛罗里达州	4.4	12.28
佐治亚州	107.3	10.16
肯塔基州	7.6	9.33
密西西比州	4.6	9.50
北卡罗来纳州	177.0	9.76
南卡罗来纳州	79.1	9.79
田纳西州	18.4	9.59

资料来源：Bureau of Labor，"The Southeast is Maintaining Its Share of Textile Plant Employment —Summary 99－2"，February 1999，http：//www.bls.gov/opub/ils/pdf/opbils29.pdf。

另一方面，纺织产业工人收入停滞不前。表5—2给出了1997年，美国纺织产业工人就业人数与工资情况。通过比较表5—1，我们可以看出：在长达17年之久的时光里，美国纺织产业工人工资基本停滞不前。2014年，纺织产业工人平均每小时工资为11.99美元；1997年，美国纺织产业工人每小时平均工资为10.03美元，如果扣除物价上升等因素，该产业工人实际收入长期处于停滞状态。

此外，美国纺织类产业就业人数不断减少，失业率高。美国学者洛丽·克莱策（Lori G. Kletzer）考察了纺织业工人失业与贸易的关系，发现这一产业面对的失业调整严峻：这些产业工人“年轻、接受的教育少、不成熟、多为女性”，再就业比率低。即使重新找到了工作，也承受着收入、利益的巨大损失。[①] 图5—1显示：整体上，美国纺织产业与服装类就业人数呈不断下降趋势。2000年，在纺织产业与服装类就业的总人数为109万多人；2014年，这一数字直线下降为约37万人。换言之，在过去14年的时间里，美国纺织产业与服装产业减少了72万个岗位，格局黯淡。

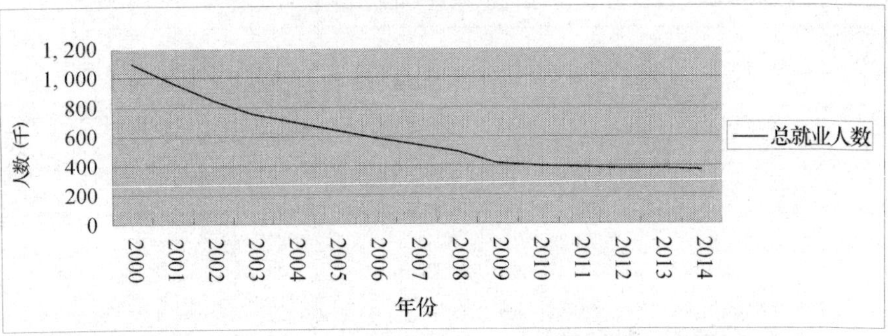

图5—1　2000—2014年美国纺织产业与服装类就业人数趋势图

数据来源：*Bureau of Labor Statistics*（*Not Seasonally Adjusted*），转引自美国纺织组织全国委员会网站，http：//www. ncto. org/industry – facts – figures/industry – employment/。

二、美国纺织贸易保护主义

美国纺织业地理集中度高，贸易保护主义氛围浓烈。

① Lori G. Kletzer，“International Trade and Job Displacement in U. S. Manufacturing，1979 – 1991”，in Susan M. Collins，ed.，*Imports，Exports，and the American Worker*，Washington，D. C.：Brookings Institution，1998，p. 427.

（一）纺织业的辐射范围与地理集中度以及贸易逆差

美国纺织产业的辐射能力较弱，但地理集中度特别高。纺织产业属于劳动力密集型行业，劳动力成本在其价格构成中居于重要地位。100 多年前，美国的纺织厂都在东北部的新英格兰地区。后来，由于南方经济发展相对落后、劳动力较为丰富，工人薪资水平低，制造业开始向南转移并逐渐形成了现在的格局：与纺织相关的产业高度集中于美国东南部。1997 年，美国纺织业在全国的分布是：北卡罗莱纳州 28.8%、南卡罗莱纳州 12.9%、乔治亚州 17.4%、阿拉巴马州 6.5%、田纳西州 3.0%、肯塔基州 1.2% 其他地区为 28.8%，纺织产业就业人口也高度集中于此。① 在 2006 年，10 个纺织工人中有 4 个是属于加利福尼亚州、北卡罗来纳州和乔治亚州。②

在这些州中，纺织业是就业和税收的主要来源。以南卡罗来纳州为例，制造业是这个南部小州的“生命线”：制造业占该州 2004 年产品出口的 97%，该州高达 1/4 的劳动力直接受雇于制造业。根据美国劳工组织的统计数字，该州在 2000 年后的 5 年中总共失去了 7 万多个制造业工作岗位，其中一半以上是纺织业工作。③ 此外，这些州中劳工力量强大。“最主张实行贸易限制的是看到自己工作面临威胁的产业工人。”④ 补偿假说（Compensation Hypothesis）认为，劳工力量和干预主义经济政策之间存在正比关系；随着贸易和资本流动增长，为市场混乱提供补偿的政治动机增加。⑤

随着全球化的不断加深，纺织业的原料几乎是国际统一价格，唯一没有国际价格的是劳动力，美国劳动力较之新兴国家以及其他发展中国家，没有竞争性，加上其他一些原因，正如图 5—2 所示，基于纺织品的进出口差额不断扩大。2008 年，纺织品与服装类产品进出口逆差为 73451 百万美元，而到 2013 年，该数值达到了 81065 百万美元，平均每年逆差增加约 1523 百万美元。

---

① http://www.bls.gov/opub/ils/pdf/opbils29.pdf.

② “Textile, Textile Product, and Apparel Manufacturing,” http://www.bls.gov/oco/cg/cgs015.htm#earnings.

③ “买下美国纺织企业，化解纺织品争端的民间路线”，中国纺织信息网，转引自王勇：《中美经贸关系》，中国市场出版社，2007 年版，第 173 页。

④ I. M. Destler, *American Trade Politics*, Washington, D. C: Institute for International Economics, 2005, p. 171.

⑤ Peter J. Katzenstein, ed., *Small States in World Markets: Industrial Policy in Europe*, Ithaca: Cornell University Press, 1985.

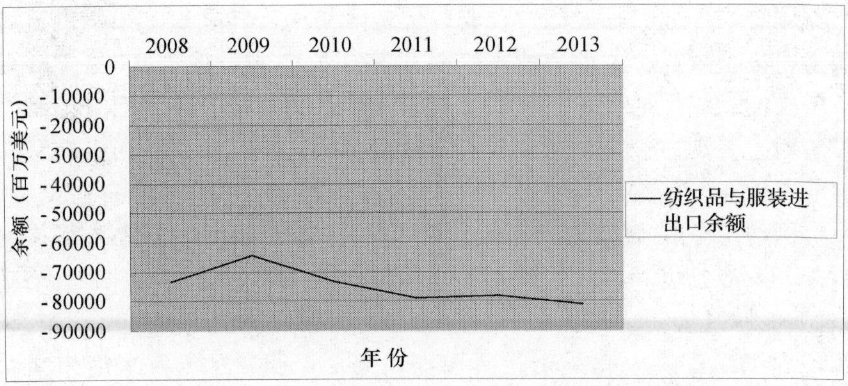

图 5—2　2008—2013 年美国纺织品与服装进出口余额

资料来源：http：//www. ncto. org/industry – facts – figures/trade/。

（二）美国纺织业的贸易保护主义

密集的地理集中度以及不断升高的纺织品与服装贸易逆差，使得美国纺织相关产业的贸易保护主义不断升温。

20 世纪 50 年代，日本棉纺织品和上衣的进口威胁使得美国政府不断受到来自南方纺织区的压力，不得不控制进口纺织品与服装的进口。但是，尽管自 1957 年起日本同意自动限制对美国出口，并且在随后几年中，其在美国市场上所占有的份额确实有了大幅的下降，但来自其他国家的进口的迅猛发展还是使美国最终于 1961 年制定了《关于棉纺织品国际贸易的短期协议》（Short – Term Arrangement，缩写为 STA）。随后，又于 1962 年 10 月制定了包括 64 个不同产品类别在内的《长期协议》（Long – Term Arrangement，缩写为 LTA），这个协议最后被延期至 1974 年。由于棉纺织品的贸易日益受到限制，各国纷纷把出口转向其他纺织品。这最终导致在 50 个左右的国家之间进行了谈判并签署了《多种纤维协定》（Multi Fiber Arrangement，缩写为 MFA），这一协定不仅适用于各种纺织品，也适用于人造纤维、羊毛及其他混纺产品。最后这一协定还延伸出了 4 个附加协议，对市场份额的增长以及对以往协定中未曾包括在内的纤维织物施加控制等问题做了进一步的规定。

在 1994 年达成的乌拉圭回合协议下，各国正分阶段取消 MFA，同时将纺织与服装贸易直接纳入世界贸易组织的框架内。2005 年统治全球纺织服装贸易 40 多年的配额制度终于结束，纺织服装贸易进入了后配额时代。

新兴国家以及发展中国家，特别是中国，较之美国的劳动力优势彰显，使得美国纺织品与服装产业出境更加维艰，其保护诉求更加迫切，虽然中美纺织品贸易额不断攀升，但相关摩擦不绝于耳。

第二节　中美纺织品贸易摩擦与美国对华公众贸易保护主义

根据上述论述，冷战结束后，美国产品生产要素流动处于低位，产业公众联盟争取有利于该产业的贸易活动频繁。美国对华贸易政策亦不例外。在20世纪90年代，美国针对中国纺织业的贸易保护就是纺织产业公众联盟游说的结果。与其他商品相比，美国对纺织品和服装产品征收的关税仍然相对较高。[①] 在本节中，我们将利用中美纺织品摩擦检验纺织产业公众联盟对华贸易保护主义的形成与输出。

1979年7月，中美两国政府签署《中美贸易关系协定》，两国经贸关系开始了正式交往，其中，纺织品贸易扮演了重要的角色并产生了诸多问题。根据我国纺织品进出口商会的数据，2014年，中国对美出口创新高，美国是除欧盟（占据20%）外，中国最大的出口市场，占据15%。[②] 根据美国海关统计，2014年1—11月，美国自全球进口纺织品服装1085.6亿美元，增长2.9%。其中，自中国进口纺织服装415.8亿美元，增长1.5%。中国产品在美国市场份额为38.3%，比2013年同期下降0.5个百分点。[③] 回顾中美纺织品贸易的摩擦，以签署纺织品贸易协议为时间段，大致可以划分为6个阶段。[④] 在以下描述6个阶段的行为中，简评了美国对华纺织品贸易保护行为。[⑤]

---

① I. M. Destler, *American Trade Politics*, Washington, D. C: Institute for International Economics, 2005, p. 220.

② 中国纺织品进出口商会：《全年增长5.1%，2014平稳收官》，载《中国纺织报》，2015年2月13日，第002版。

③ 数据来源美国商务部纺织品和服装厅网站，http://www.otexa.ita.doc.gov/。

④ 本书关于中美两国纺织品贸易摩擦的划分阶段参考了王勇的研究。参见王勇：《中美经贸关系》，中国市场出版社，2007年版，第175—188页。

⑤ 部分内容来自胡涵钧：《当代中美贸易（1972—2001）》，复旦大学出版社，2002年版，第221—229页。

（一）1980—1982 年：第一项协议期

这一时期美国贸易保护主义最大特点是以中国输美纺织品激增造成美国市场扰乱为名，给予中国纺织品配额限制。1978 年中国改革开放后，由于纺织品为典型劳动密集型产品，适合中国出口情况，因此，中国纺织品对美国出口给以很高的速度增长。美国认为，大量增加的中国纺织品给美国市场带来了潜在的威胁。为了对中美纺织品贸易进行“有序”管理，1980 年 9 月，应美国政府的要求，中美两国签署了第一个双边纺织品贸易协定（1980—1982 年）。协议规定：美国单方面对中国 8 个类别的纺织品实施进口配额限制，配额年增长率为 5%—6%，在借用灵活度方面可提前或延后使用 11% 的配额。美国同时非正式地向中国保证“现在中国纺织品出口数额达到其他主要供应者的水平之前，美国将不对中国输美纺织品加以限制”。[①] 随后，在这一时间段，美国保护继续发展。到 1981 年底，美方又单方面提出扣减中国纺织品出口的配额，同时，配额品类扩大到 14 个，1982 年又上升到 33 个。

美国对中国纺织品的保护主义造成了中国纺织品在美国市场上的人为萎缩。根据统计，协议签署后，1981 年第一季度，中国从美国进口将近 9.9 亿美元，比上一年增长了 42.5%，而出口则为 2.24 亿美元，比上一年同期减少了 5.58%。[②] 若仅拿纺织品和纺织纤维来说，1980 年中国从美国进口棉花和纤维 7 亿美元，而向美国出口纺织品只有 3 亿美元。

（二）1983—1987 年：第二项协议期

在这一时期，美国对华纺织品贸易保护主义主要表现为美方经常单方面宣布对中国纺织品配额适应范围扩大以及减少配额数量。在第一项协议到期之后，1982 年 12 月，双方开始新一轮谈判，但未果，美国遂单方面宣布增加 4 种中国输美纺织品的限制。1983 年初，中美第三轮谈判失败后不久，美国宣布对中国输美纺织品的 36 个品种实行全面配额限制，这触发了中美两国建交以来第一次贸易纠纷。中国采取了报复行动，停止进口美国小麦、玉米、大豆等农产品、杜邦化纤原料产品。1983 年 9 月，中美两国签署第二个纺织品贸易协议，规定中国输美纺织品配额类别为 31 类，共 34 个品种。同时，美国以中国出口的基数较大为由将年增长率降低为 3%，这大大低于《多种纤维协议》所要求的 6% 的最低进口增长率。根据这一

---

① 胡涵钧：《当代中美贸易（1972—2001）》，复旦大学出版社，2002 年版，第 221 页。

② 数据来源于美国《美洲华侨日报》1981 年 6 月 12 日版；转引自胡涵钧：《当代中美贸易（1972—2001）》，复旦大学出版社，2002 年版，第 221 页。

严格的协议，中国对美出口纺织品的70%、服装出口的80% 被列入限制范围之内。

这一时期，美国也修改了原产地规则，限制中国等国家的纺织品出口美国。根据原有规定，中国出口到第三国的纺织品和服装的面料和半成品在第三国完成加工后再出口到美国，这是第三国与美国的贸易，但如果按照新规定，第三国对美国的这种出口就要计算在中国的配额内。

（三）1988—1993 年：第三项协议期

这一时期，无论从广度还是深度看，美国在纺织品上的保护主义继续发展。从广度上看，配额使用范围扩大、增长率进一步降低。1987 年 12 月底，中美两国签署了第三个纺织品协议。这项新的协议大大削减了中国对美国的纺织品服装出口，每年的增长率从过去的 19% 降低到 3%，受配额限制的类别将增加到 100 多种，其中多数是过去从未被限制的。1989 年，中美两国再次就纺织品配额进行谈判，结果是中国输美纺织品配额仅比 1988 年增长 3%，这一数字远远低于往年配额增长幅度。

从深度看，这一时期美国贸易保护主义出现了新名词，即非法转运问题。这一问题也是第三项协议的核心内容之一即“反舞弊条款”。非法转运问题是基于美国制定的新原产地规则和配额限制而产生的。美国认为，流入美国市场的很多纺织品是中国生产而非法转运到美国的，这规避了美国的原产地规则和配额要求。美国海关以此为由扣押了大量所谓“中国制造”的纺织品以及减少了中国配额。中美两国签署的反舞弊条款规定，只要美国海关认定“非法”转运的纺织品是产自中国，或者美国认为有非法转运的重大可能；只要美国要求中国提供美方认为可以获得的材料并且中方未能在美方要求的时间内提供美方需要的材料，美方有权三倍扣减中国的配额。

（四）1994—1997 年：第四项协议期

这一时期，美国对华纺织品保护主义更加突出，除配额限制外，反倾销出现。自 1994 年起，中国内地超过香港成为全球最大的纺织品及服装出口国。[①] 1994 年 1 月 6 日，时任美国贸易谈判代表米基·坎特宣布，将于 1 月 17 日开始，大幅度削减中国向美国出口的纺织品配额，幅度达 25%—35%。他称这一行动是为了确保中国能够履行它遵守公平贸易的惯例和义

① 此为中方数据，根据美国数据，中国自 1993 年成为世界最大服装出口国。详细参见［美］皮厄特拉·里佛利著，肖建平等译：《T 恤的全球之旅：一位经济学家对世界贸易的市场、权力与政治的考察》，上海财经大学出版社，2006 年版，第 75 页。

务。为了防止美国进一步采取单边行动，中国政府与美国政府经过了 4 轮谈判，最终在 1994 年两国政府达成协议，签订了中美两国关于第四个双边纺织品贸易协议，有效期为 3 年。原来中国纺织品配额每年增长 4.4%，但根据新协议，中国 1994 年的出口配额不变，在未来两年中，每年只允许增长 1%。此外，在这一时期，美国还以反倾销为名，先后 9 次扣减中国纺织品配额 600 打，130 多万公斤。[①] 1996 年 5 月 15 日，美国贸易代表更是建议对来自中国的纺织品、服装、电子等产品征收惩罚性关税，价值 30 亿美元，并征求公众意见。同时，为了防止 6 月 17 日生效前中国产品的大量涌入，还指示海关从即日起 30 天内，限制某些中国纺织品的进口。

这一时期，中国输美纺织品以及服装不断下滑。根据美国商务部提供的数据，中国对美国出口数量平均增长率在 1991—1993 年为 16.2%，而 1994—1997 年为负 0.5%；对美服装出口数量平均增长率在 1991—1993 年为 4.9%，而 1994—1997 年为 0.4%。[②]

（五）1997—2005 年：第五项协议期及其他

这一时期，美国对华纺织品贸易保护主义单边行为加深。在第四个协议期满之际，1997 年 2 月，中美两国在北京正式签署了第五个纺织品协议。这个协议充满了美国单边主义精神。例如，美国减少了 17 种中国出口美国的纺织品配额，使得 1997 年中国纺织品配额总数减少；一旦美国认为中国未履行其承诺，就有权单方面削减中国纺织品及服装配额；以及美国可以大量削减中国纺织品的进口配额，并有权在 2000 年 12 月 31 日双边协议到期后的 8 年中限制纺织品进口。2001 年 12 月 11 日，中国正式成为 WTO 的成员，但在与美国签署的入世协议书中，美国纺织行业取得了众多有利于保护主义的条款。这主要包括三条：（1）在 2015 年以前，WTO 成员国在进行反倾销调查时有权把中国视为非市场经济国家。（2）特殊保障条款。允许美国产业专门针对中国进口的激增，设置临时性贸易限制。这一条款规定，特殊保障措施可以只针对中国，而不针对其他国家同类产品。它包括特定产品保障条款，有效期至 2013 年。另一项是对中国纺织品的保障条款，有效期至 2008 年，将中国纺织品的增幅限制在一年不超过 7.5% 的水平上。（3）421 条款。即 1974 年贸易法第 421 条，又叫“市场扰乱”条款。“421 条款”规定，如果美国国际贸易委员会裁定，从中国

---

① 数据来源于胡涵钧：《当代中美贸易（1972—2001）》，复旦大学出版社，2002 年版，第 225 页。

② 王受文：《我国纺织出口及“入世”后对它的影响》，载《国际贸易问题》，1999 年第 11 期，第 43 页。

出口到美国产品数量或出口条件给美国国内类似产品或与之直接竞争的产品之厂商造成或可能造成“市场扰乱”，那么这些厂商可以获得救助。所谓“市场扰乱”即进口迅速增加，以致对国内产业造成或可能造成损害。在美国贸易实践中，“市场扰乱”更强调“可能”而不是“造成损害”，这就意味着相关机构主观裁量权的事实性扩大。

在这些单边主义规定下，2003 年 11 月，美国政府宣布对中国针织布、内衣和袍服三类纺织品实施特别保障措施，设定 7.5% 的增长限额。虽然这次摩擦涉及的中国纺织品品种和金额都不算大，但这是贸易伙伴根据《中国加入世贸组织议定书》第 16 条针对中国纺织品出口发起的第一起保障措施，备受各方关注。2004 年 10 月，美国商务部所属的纺织品协商执行委员会（Committee for the Implementation of Textile Agreements，缩写为 CITA）又裁定对中国的袜子实施过渡期纺织品保障措施限制。

（六）2005 年至今：贸易保护主义依旧

2005 年至今，美国对华纺织品保护主义措施依旧执行，表现为配额限制、反倾销、原产地规则以及特保措施等种种贸易限制。WTO 乌拉圭回合谈判经历艰苦努力，最终达成了纺织品与服装贸易协定（Agreement on Textiles and Clothing，缩写为 ATC）。该协议宗旨是逐步取消配额限制，促进纺织品贸易的自由化进程。自 1995 年 1 月 1 日起执行，至 2004 年 12 月 31 日结束。协定规定，到 2005 年 1 月 1 日，原主宰国际纺织品贸易 30 多年的配额贸易制度即多边纤维协定结束，国际纺织品贸易回归自由贸易。但是，美国在配额制度取消 4 个月（5 月 13 日）后，就开始对中国产品实施进口限制，理由是中国出口到美国的纺织品和服装急剧增长，“扰乱了美国市场”。2005 年 11 月，中美两国经过 7 轮磋商最终就纺织品问题达成协议。根据该协议，在从 2006 年 1 月 1 日至 2008 年 12 月 31 日的 3 年时间里，美国对中国的棉制裤子等 21 个类别的产品依旧实施数量限制。

根据现有美国贸易状况，美国对中国纺织品贸易保护主义不可能短期内得到改变。美国商务部最新公布的数据图 5—3 显示，自 1989—2014 年以来，中国输美纺织品数据一再刷新，2014 年更达到了历史峰值。1989 年，根据美方统计，中国输美纺织品和服装的金额为 31.27 亿美元，到 2014 年，这一金额为 418.2 亿美元，在这 26 年里，进口额一直是不断上升的，仅 2009 年受到金融危机的影响，但数值也为 317.6 亿美元。因此，可以预期，美国政府将面临纺织品联盟以及国会的更大压力，限制纺织品自由贸易的措施将加强。

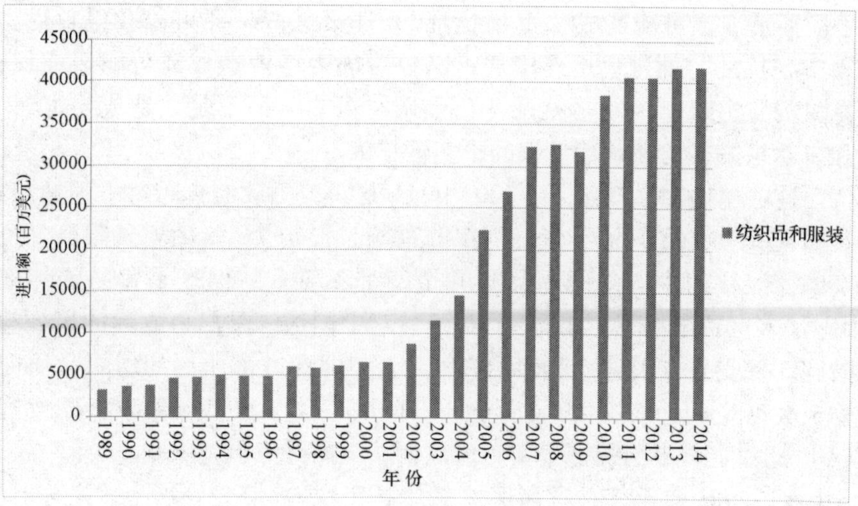

图 5—3　1989—2014 年美国对中国纺织品和服装的进口

资料来源：作者根据美国商务部纺织服装贸易办公室网站制作，网址为 http：//otexa. trade. gov/scripts/tqads2. exe/catdata。

二、支持对华纺织品设限的主要纺织产业公众联盟及其诉求

当纺织品要素流动水平处于低位时，受到进口冲击的纺织产业组成公众联盟，以期获得贸易保护主义政策。纵观美国历史，倡言贸易保护的纺织产业联盟主要有：美国纺织组织全国委员会（National Council of Textile Organizations，缩写为 NCTO）、美国制造业贸易行动委员会（American Manufacturing Trade Action Coalition，缩写为 AMTAC）、美国全国纺织协会（National Textile Association，缩写为 NTA）、美国全国缝制产品工业协会（The National Association for the Sewn Products Industry，缩写为 SEAMS）、美国全国棉花协会（National Cotton Council of America，缩写为 NCC）、美国纤维制造商协会（American Fiber Manufacturers Association，缩写为 AF-MA），其他还有一些劳工组织，如美国劳联—产联、名为“团结起来”（United Here）的美国劳工组织等。这些偏好保护主义的纺织集团采取了游说方式要求国会立法者采取行动。在整个 20 世纪 90 年代，美国纺织业利用中国最惠国待遇问题，游说国会取消或限制中国产品在美国获得的正

常贸易地位。[1] 在中国加入世贸组织后，这些活动又集中在中国政府对纺织品甚至中国制造业的补贴、人民币汇率上。

在上述组织中，美国纺织组织全国委员会（NCTO）最为典型，在美国政府制定对华纺织品和服装贸易政策中产生了很大影响。它的全称是“National Council of Textile Organizations”，是在解散50多年的美国纺织制造商协会（American Textile Manufacturers Institute，缩写为ATMI）和美国纺纱商协会（American Yarn Spinners Association，缩写为AYSA）基础上，由2004年3月宣布成立的。它通常认为自己具有更为广泛的代表性，因为NCTO不仅代表纺织制造商，还代表许多供应商，例如纤维制造商、公共事业、机械制造商等等。NCTO自称是全美纺织业之声，代表美国纺织业的唯一协会。它设定的职责是在政府与企业之间提供沟通、生产、贸易、技术和信息的咨询服务与指导，并对美国贸易政策制订施加压力，目的是“在21世纪为美国纺织业寻求支持”。[2] NCTO有两个办公场所，一个在华盛顿，便于游说，一个在北卡罗来纳州，这是纺织品制造的主要分布地。

根据NCTO网站信息，其主要的贸易诉求种类繁多。总体上，面对不可遏制的全球化，NCTO原则上赞同自由贸易，赞同纺织品与服装纳入贸易磋商内容。NCTO认为，贸易既是纺织品提供就业的发动机，也是制造纺织品失业的主要来源。但是，它这一立场是有前提条件的，就是基于公平贸易基础上的纺织品自由贸易。它的公平贸易主要包括如下：

一是消除外国竞争产品的各种补贴，这包括它认定的汇率错配。NCTO认为，汇率错配是美国制造业、进而也是美国纺织品产业工人失业的主要原因。该联盟广征博引，提供了各种数据，证明其观点的正确性。

NCTO根据经济政策研究所（EPI）提供的数据，认为自2001—2008年，由于中国货币低估，导致美国流失了240万个工作岗位。根据彼得森国际经济研究所（Peterson Institute for International Economics）的报告，在TPP磋商国中，日本、越南、新加坡和马来西亚均有货币操纵现象。此外，NCTO也广引知名学者的研究，例如，保罗·克鲁格曼（Paul Krugman）和弗雷德·伯格斯滕（Fred Bergsten）。这些学者认为中国货币错配是美国制造业失业的核心因素之一；货币错配是事实上的补贴。他们要求将货币操纵写进未来贸易协定中。根据伯格斯滕研究成果，至少20个国家在货币市场进行了直接干预，最近几年平均每年为1万亿美元，这使得有

---

① 王勇：《中美经贸关系》，中国市场出版社，2007年版，第177页。

② NCTO网站，http：//www. ncto. org/。

些国家贸易余额从逆差到顺差，这些余额数值总额每年为5000亿美元，这一行为直接导致了美国进口超过出口，加剧了失业。①

二是支持区域自由贸易协定中的对于非成员尤其是亚洲国家的高关税。NCTO赞同它与西半球国家自由贸易协定中的原产地规则，即著名的“纺纱后原产地规则”（Yarn Forward Rule of Origin），即受惠产品从纺纱开始至产品完成的各道工序都必须在美国或参与自由贸易协定其他成员国内完成，这造成对亚洲国家的歧视，非成员国纺织品与服装的关税高达15%。NCTO认为它主要针对的是中国。

实际上，纺纱后原产规则构成隐蔽性的贸易保护，它对特定优惠安排的产品资格进行界定，以防止出现其他非协定成员方“搭便车”的现象。例如，由于工业发展水平的限制，并非所有贸易协定方成员都具备生产纺织品的能力，因而如果原产地规则规定从纤维到服装成品必须全部在协定方区域内完成，则实质上为特定国家的纺织产业圈定了稳固的市场份额。美国经常使用贸易协定中的原产地规则，倡导本国与其他协定国积极使用其生产的纺织品，并利用协定中承诺的服装进口优惠关税限制来自第三方的竞争。②

三是反对关税优惠配额（Tariff Preference Levels ，缩写为TPLs）。NCTO认为，TPLS它损害了美国纺织业的出口，而有利于中国。NCTO认为，FTA中的优惠关税配额为中国提供了后门（backdoor）。所谓关税优惠配额，即在一定进口数量额度内，允许非贸易协定成员生产的纺织品服装也能享受同等优惠关税待遇。通常产品须为贸易协定成员均不具备规模生产能力的纺织品服装类别。

为了达到上述贸易诉求，NCTO展开了游说活动。就实质来说，NCTO的主要职能也是游说，它实际上就是一个游说集团。凡是与纺织贸易、环境、保险健康、税收以及其他与增加贸易成本有关的问题都属于游说范围，以“消除美国工业在与海外制造商竞争中的不利因素”。③ NCTO调配其全球资源努力维护美国纺织业利益，利用纺织业工商界的影响力对政府政策制定发挥影响作用。NCTO在对华纺织品贸易中态度强硬，在美国政界和民间广泛宣传中国政府为纺织服装产品的贸易人为操作低价、扭曲国际市场的价格和正常市场竞争。

---

① http：//www. ncto. org/policy－positions/trade－policy/.

② 陆圣：《〈美韩自由贸易协定〉对中国输美纺织品服装的贸易影响评估》，载《世界贸易组织动态与研究》，2012年第3期。

③ http：//www. ncto. org/policy－positions/trade－policy/.

总结起来说，为了美国本土纺织业与服装业的发展，纺织业公众联盟采取了直接游说和间接游说两种措施，以此维护他们的利益。

直接游说表现为：在美国政府制订贸易政策的过程中，直接劝说国会立法者或者国会纺织议员团，动员他们提供支持针对该行业的议案或者制造麻烦。2004 年 7 月 21 日，美国主要纺织品服装协会和工会代表向来自 25 个州的 48 名联邦议员施压，要求国会向政府施压呼吁 WTO 推迟取消纺织品配额。[①] 到国会各相关委员会作证是他们采取的另外一个主要方式。为游说国会采取行动应对 2008 年结束纺织品特保措施后的局面，2007 年 9 月 6 日，美国纺织业界发言人、NCTO 协会前主席、美国全国纺纱有限公司（National Spinning，Inc.）总裁与主席吉姆·切内特（James Chesnutt）在中美经济安全审查委员会举行的有关“中国在纺织品服装制造业的威胁和现有贸易救济措施如何解决中国威胁”的听证会上作证。作为证词的一部分，切内特公布了美国纺织团体的分析结果。该结果认为，中国政府为纺织业提供了 73 种不同的补贴。切内特认为，美国政府在对华行动上速度过慢。他表示，“核心问题不是中国中央政府出台何种政策或举措，而是美国政府如何反应，更确切地说是没有代表美国国民和国家经济对中国的经济干涉行为采取行动。”他认为国会应该首先采取行动[②]。

间接游说表现为纺织产业联盟散发公开材料，指责中国纺织品行业的不公平贸易行为，目的是塑造美国公众的信念、行为以及影响选举，进而左右国会议员。如 NCTO 经常提供材料说明未来中美纺织品贸易前景：如果 2008 年对华纺织品配额取消，中国纺织品将在美国国内占据主导，对美国厂商以及工人将是致命打击：美国纺织业将丢掉 50 万个以上的就业岗位，1300 个美国纺织厂将倒闭。在 NCTO 网站主页专门有一个“中国威胁”（the China Treat）的栏目，载有大量文章批评中国，如，“来自中国的新威胁”、“中国的威胁与如何应对”、“中国纺织品和服装大量涌进美国市场”等。在 2008 年纺织品保护主义配额终结时候，NCTO 等纺织品保护主义联盟在美国国内大造舆论，一方面谋求国会与政府在世界贸易组织多哈回合谈判中采取对中国纺织品“永久性”的保障条款，以图一劳永逸地解决美国纺织品面临的国际竞争。另一方面，或者退而求其次，要求美国

---

① 王勇：《中美经贸关系》，中国市场出版社，2007 年版，第 186 页。

② *Testimony of Mr. James (Jim) Chesnutt on China Impact on the North Carolina Economy: Winners and Losers before the U. S. – China Economic and Security Review Commission*, Sep. 6, 2007, http: //www. uscc. gov/hearings/2007hearings/written_ testimonies/07_ 09_ 06wrts/07_ 09_ 06_ chesnutt_ statement. pdf.

政府自行启动对华服装反补贴调查。这两方面任何一个措施，都可将美国纺织品处于不可涸竭的保护主义境地。

三、国会立法者的回应

2007年，美国国会有关报告认为，“纺织品服装贸易已经成为美中双边贸易的主要问题。”尽管这份报告显示，美国纺织业衰退与美国从中国进口纺织品增长之间不存在明显关联。① 但是，美国主要纺织品产业联盟却不这样认为。他们不断施压国会，迫使其采取行动回应。处于贸易政治的考虑，“纺织业仍然是任何一个贸易政策主管都不能小觑的势力”，② 美国贸易政策制订者特别是国会议员不得不及时做出回应。理查德·伊克劳斯（Richard Eckaus）认为，政治学家们更钟爱于中美两国之间应该是双边贸易平衡，至少不应该是太不平衡。政治家的态度尤其是国会议员的态度应该是选民贸易偏好的反应。③ 国会立法者采取的手段主要是结盟、写信、提出议案、举行听证会以及立法等。

国会内事关纺织品的立法者组成了国会议员纺织联线（Congressional Textile Caucus）以帮助各州纺织行业。他们是游说集团在国会依赖的核心力量，这一联线成员主要是纺织州议员加盟。另外，一些制造业州的议员以及传统服装州如纽约州、新泽西州、马里兰州、康涅狄格州等也有议员加入。邀请其他产业议员加入，这主要是由美国纺织产业的地理广度即辐射能力决定的。美国纺织业辐射能力较弱，主要与服装业紧密相连。美国纺织产品的最大买家是其服装业，纺织品也是服装生产的最大投入品。但随着服装业的外包等的发展，纺织行业的辐射能力更加单薄。因此，纺织业一直企图与其他制造业相连，竭力将纺织业的萎缩塑造为美国制造业的缩影，声称纺织业的衰落反映了整个制造业承受的紧张与压力，借以扩大其广度。这样，纺织产业和其他制造业议员就可以形成滚雪球效应与相互提携效应。在国会纺织议员团的压力下，商务部被迫从2002年开始定期向国会报告有关保护美国纺织业措施的情况。

---

① “对输美纺织品配额取消后局面的猜测”，中国贸易救济网，2007年8月21日，http：//www. cacs. gov. cn/DefaultWebApp/showNews. jsp？ newsId = 201420011434。

② I. M. Destler，*American Trade Politics*，Washington，D. C：Institute for International Economics，2005，p. 191.

③ Richard Eckaus，“Should China Appreciate the Yuan”，MIT Department of Economics，*Working Paper Series Working* pp. 4 – 16，pp. 1 – 19，January 15，2004，转引自沈国兵《中美贸易平衡问题研究》，中国财政经济出版社，2007年版，第35页。

议员有时写信敦促政府采取行动保护纺织行业。2004 年 6 月，与纺织业相关的游说团体发动国会两党 100 多名议员致函小布什（G. W. Bush）总统，要求美国政府施压世贸组织，以推迟取消全球纺织品和服装配额的时间。他们认为，一旦取消配额，中国和印度将占领全球市场更多份额，影响全球 3000 万人的就业，并使一些最贫穷国家陷入困难。中国是最大的威胁，并指责中国存在大量补贴出口的不公平贸易行为。这些措辞凸现了产业贸易游说的特点，以社会甚至世界利益掩盖谋求特定产业利益的行为。2004 年 9 月，来自纺织业州的有关议员再次致信小布什总统，要求其关注纺织业，关注制造业工作流失，认为中国纺织品对全球纺织品及服装市场造成干扰。参议员林赛·格雷勒姆（Lindsey O. Graham）作为南卡罗莱纳州纺织厂商立法代言人，先后多次要求对中国产品加征 27.5% 的关税。①

在美国纺织保护主义集团推动下，立法者频频提出议案，限制中美纺织品贸易。冷战结束后，比较典型的事关中美纺织贸易的提案主要有：1990 年 4 月，马萨诸塞州民主党众议员巴尼·弗兰克（Barney Frank）提出了把中国出口到美国的纺织品和成衣数量削减一半的法案。他还与其他议员一起提出了整体缩减美国进口纺织品配额增长幅度的提案。② 1991 年 3 月，他又提出了 H. R. 1331，对来自中国的纺织品设置数量限制，直到中国政府承认国际劳工权利。2004 年 9 月 8 日，密歇根州众议院桑德尔·莱文提出 H. R. 5026 即《针对中国纺织品及服装市场保护法》（Textiles and Apparel China Safeguard Act），要求总统修改针对中国进口纺织品的市场保护措施的实施法规，为美国本土纺织品及服装业提供“实质性”保护。2006 年 7 月 20 日，来自北卡罗来纳州的罗宾·贺氏（Robin Hayes）提出了 H. R. 5849，就中国纺织品非法转运提高罚款和监禁监管。③ 在 110 届国会中，议员常常将美国纺织品服装市场的现有趋势与美国国会可能解决的一些法律问题相配合提出议案。此外，110 届国会还有一些提案涉及纺织

---

① 2005 年 1 月 3 日格雷勒姆与参议员舒默（Charles Schumer）提出议案 S. 295。在该提案中，他们认为人民币被低估了 15%—40%，平均为 27.5%，因此，应该对中国出口到美国的所有产品加征 27.5% 的关税。有关这一议案的详细情况参见（美国）政府出版处（GPO）网站，http：//frwebgate. access. gpo. gov/cgi – bin/useftp. cgi？IPaddress = 162. 140. 64. 21&filename = s295is. txt &directory = /diskb/wais/data/109_ cong_ bills。

② 王勇：《最惠国待遇的回合——1989—1997 年美国对华贸易政策》，中央编译出版社，1998 年版，第 107 页。

③ 除特别注明外，这些议案的总结以及内容来源于国会图书馆网站与美国政府出版局网站，网址分别为：http：//thomas. loc. gov/，http：//www. gpoaccess. gov/index. html。

品贸易，例如对非市场经济国家适用反补贴法的 H. R. 708、H. R. 1229 和 S. 974，以及通过解决中国的货币问题限制中国纺织品进口的 H. R. 321、H. R. 782、H. R. 1002、S. 364 和 S. 796。① 国会试图在“两反”的法律下，加入汇率错配。在 2010 年，“为公平贸易的汇率改革法”（Currency Reform for Fair Trade Act）在众议院赢得了多数支持，也在 2012 年参议院中获得通过。但是，它们都没有成为法律。2014 年，来自于犹他州的共和党参议员奥林·哈奇（Orrin Hatch）、来自于俄勒冈州的民主党参议院罗伊·怀登（Ron Wyden）以及来自于威斯康星州的众议员、共和党人保罗·赖安（Paul Ryan）共同提出了“两党国会贸易优先法案”（Bi－Partisan Congressional Trade Priorities Ac），要求 TPP 条款中必须包含汇率条款。事实上，美国以前签署的贸易协定中是从来没有汇率条款。2015 年，在考虑关税重新授权法（Customs Reauthorization bill）时，来自于纽约州的民主党参议员查尔斯·舒默（Charles Schumer）与来自俄亥俄州的民主党谢罗德·布朗（Sherrod Brown）共同提出修正案，要求美国商务部视货币操纵为违法补贴，要施以合适的关税。这一修正案在参众两院正在修订中，主要是众议院没有采用相似的修正案。

立法是国会议员回应纺织行业保护主义诉求的最强音。前美国国务卿詹姆斯·贝克三世（（James A. Baker III）在一次有关中美关系的讲话中表示：“我们没有任何办法可以阻止潜在的立法出台。”② 冷战后，国会通过的主要事关纺织品的提案有：1994 年 12 月 3 日，美国国会通过了《GATT 乌拉圭回合协议执行法案》。该法案第 334 节对美国进口纺织品和成衣“原产地”的有关规定进行了修改，并于 1996 年 7 月 1 日起施行。新规定采用缝合地规则，取代了原来规定中的裁剪地，目的在于打击海外纺织业利用所谓海外加工方式逃避美国对中国等国出口纺织品的配额限制。2005 年 7 月 27 日，国会众议院以 255 票对 168 票通过了宾夕法尼亚州的菲尔·英格利希（Phil English）的《美国贸易权利执行法案》。对美国反补贴法进行了修改，使之适用于非市场经济体。2006 年 5 月，美国国会两院通过了《国防授权法》，进一步强化了其中的《贝利修正案》中关于

① 关于议案的总结来源于中国贸易救济网，“对输美纺织品配额取消后局面的猜测”，2007 年8 月 21 日，http：//www. cacs. gov. cn/DefaultWebApp/showNews. jsp？ newsId = 201420011434。

② 约恩·卡伦：《美国参议院将本周立法逼人民币升值》，载《金融时报》（中文网络版），2007 年 6 月 11 日，http：//www. ftchinese. com/sc/story. jsp？ id = 001011963&pos = DAILY _ NEWS&pa1 = mainnews&pa2 = 1&loc = DAILY% 20EMAIL。

国防部购买国产军装的规定，明令禁止五角大楼通过承包商或次承包商向中国购买军装。这是美国纺织利益集团利用立法手段限制中美贸易的最新举措。美国纺织业利益集团是《贝利修正案》的主要推手。2015 年，国会参众两院通过的快车道授权法案中，国会要求美国签署的 FTA 必须关注汇率问题。根据美国贸易内幕网站消息（2015 年 7 月 30 日），TPP 将在子协议中，包括汇率错配问题。①

综上所述，国会立法者通过结盟、写信、提出议案、立法等手段回应了纺织业贸易保护主义的诉求，美国政府也相应做出了限制纺织品自由贸易发展的政策。

小　　结

本部分就美国公众与冷战后贸易保护主义二者之间的关系从产品生产要素流动的角度给出诠释。在分析中，生产要素流动作为自变量，将公众与公众联盟作为因变量分析了公众与美国贸易保护主义之间的关系。主要回答了要素的流动是如何塑造和影响了公众及其贸易偏好的；现阶段美国进口产业公众贸易保护主义联盟怎样影响了国会立法者。

要素流动水平高低直接塑造了美国公众的贸易观。经济学理论斯帕尔珀—萨缪尔森范式与李嘉图—维纳范式是诠释产品要素流动水平的经典理论。斯帕尔珀—萨缪尔森范式假定生产要素即劳动力和资本是流动的，贸易使国内供给相对充裕的生产要素（通常指资本）受益，使国内供给相对稀缺的生产要素（通常指劳动力）受损。李嘉图—维纳范式假定生产要素即劳动力和资本是静止的，属于特定产业所有，经济活动中只存在出口与进口两个产业，贸易使出口产业受益，而进口竞争产业受损。在这两个模型中，受益的要素持有者组成了支持自由贸易的联盟，而受损的要素持有者则组成了支持保护主义的联盟。以往研究文献割裂了斯帕尔珀—萨缪尔森范式与李嘉图—维纳范式的观点，最近的学者认为这二者实际上是互补的。这形成了以要素流动水平高低划分公众贸易偏好的观点。具体而言，在要素流动程度高的环境中，更易于形成广泛的以阶级联盟为基础的政治联盟，而在要素流动程度低的环境中，相对狭隘的以行业为基础的联盟更

① 美国贸易内幕网，http：//insidetrade. com/。

容易形成。本书亦采用了这一观点探究美国公众与贸易保护主义。

根据斯帕尔珀—萨缪尔森范式及李嘉图—维纳范式，要素流动程度具有贸易分配效益，导致同一经济体中形成了不同贸易偏好的公众联盟，这些不同贸易偏好的公众联盟具有不同的政策导向。主张自由贸易的联盟在冷战后处于守势，而保护主义的联盟相对明显。对于同样倡导贸易保护主义的劳动力公众联盟与进口竞争产业公众联盟而言，两者也有不同之处，劳动力要素公众联盟相对同质，产业公众联盟则相对异质；劳动力要素公众结盟难度高于产业公众。劳动力工资与行业收益指标可以作为测量要素流动程度的工具。通过对上述指标的测量，学者们得出了自第二次世界大战结束至今，包括冷战结束后的今天，美国要素流动水平处于低位。

因此，在冷战后，在影响美国贸易保护主义的问题上，劳动力公众联盟活动式微。这主要源于冷战后资本流动的快速发展，劳动力阶层处于更加被动的地位，给予它机会的政治决策机制也阻碍了阶级联盟的形成，另外，劳动力联盟形成的保护主义“租”也不如产业保护主义。因此，它们的贸易政策主张常常处于被忽视的位置。冷战后的贸易经验也支持了这一结论。具体体现在冷战后劳动力加入工会人数不断下降以及美国整体就业率居高不下。与此同时，进口竞争产业联盟对美国贸易保护主义政策走向影响突出。这主要是进口竞争产业的要素流出困难，同时面临着劳动力供给增多的情势。标志美国进口产业联盟走向贸易保护主义的指标是制造业工人整体收入与其他产业呈现两极化趋势，制造业工人整体失业率高。进口竞争产业联盟的凸现是冷战后美国要素流动处于低位的必然反映。这种低位可以得到实证数据的支撑。首先，尽管冷战后美国整体国民收入高，但两级分化严重；其次，产业工人失业无论是深度还是广度都在不断增大；最后，尽管整体工人入会率（即加入工会率）降低，但制造业区域工人入会率高。

冷战后，美国进口竞争产业公众联盟提出了立足本产业的贸易保护主义诉求。它们通过政治方案摆脱贸易竞争的压力，要求本选区的议员依据本选区产业的利益在国会采取行动。在上述诉求下，冷战后进口竞争产业公众联盟对国会立法者展开了游说活动，这是进口竞争产业公众联盟贸易保护主义的主要手段，包括直接游说和间接游说。探究进口竞争产业公众联盟游说的性质，它是以整个国家的损失为少数特定利益集团服务；具有贸易保护主义受益排他性，其活动企图将一种个体利益或者联盟利益转变为整个社会的利益。

冷战后，国会立法者回应进口竞争产业公众联盟贸易保护主义的主要手段有立法者组成议员联线、立法者发表演说（包括写信、打电话等）、提出议案、举行听证会、立法等。地理因素是美国立法者回应进口竞争产业公众联盟保护主义的根本原因。国会制度是一种以地理（以选区和州为单位）为基础的代议制度，而产业通常位于一定的选区和州。进口产业联盟取得国会立法者对其贸易保护主义支持在很大程度上取决于该产业的地理广度（产业辐射能力）与深度（产业地理集中度）。换言之，产业辐射能力与产业地理集中度与议员回应产业贸易保护主义诉求的强度成正比关系。

中美纺织品贸易摩擦属于典型的美国纺织产业公众联盟游说的结果。1979年，在中美开始正式经贸往来时，双边纺织品贸易经历了“坎坷路程”，美国政府始终对此采取了限制措施。主张对华纺织品设限的纺织业公众联盟主要是依托于纺织业的劳动力要素持有者与资本要素持有者，它们组成了统一联盟反对中国纺织品自由出入美国市场。其中，美国纺织组织全国委员会最为典型。这些限制贸易的联盟采取了直接游说和间接游说的方式敦促国会立法者提供支持针对该行业的议案或者制造麻烦。国会立法者组成了国会议员纺织联线、不断写信给美国政府、提出议案、举行听证会以及立法等手段回应了纺织业保护主义诉求。

需要指出的是，本书采用要素流动法分析美国公众贸易保护主义倾向，这种方法亦存在一定的局限性。首先，笔者为分析方便、清晰与突出重点，采取了将偏好贸易保护主义的两个联盟即劳动力公众联盟和进口竞争产业公众联盟分开。在实际影响贸易政策制定的过程中，催生贸易保护主义的两个联盟有时几乎形成合力，而不是孤军奋斗。其次，我们假定了其他影响美国公众贸易偏好因素的静态化，这些因素中典型的是美国宏观经济政策对公众收入与就业的影响。因此，在运用要素流动水平分析美国公众贸易偏好时，还要注意这些因素。

总之，政治影响力强的团体往往能有效地利用国际政治程序增进其自身利益。[①] 乔治·施蒂格勒发现，无论公共政策的初始目的多么公正，政策最终总是倾向于牺牲政治实力弱的团体的利益，来帮助政治势力强的团体。[②] 但是，仅仅依靠社会行为体和政治联盟，仍然无法导出最终的保护主义贸易政策，在其间还必须引入政治制度因素。政治制度规定了公众所

① ［美］乔治·施蒂格勒：《经济生活中的政府管制》，载于《比较》，2005年，第20辑，第6页。

② ［美］乔治·施蒂格勒：《经济生活中的政府管制》，载于《比较》，2005年，第20辑，第6页。

要遵循的规则和程序，公众必须在政治制度的约束下开展政治行动。在很大程度上，制度并非“中立”。因为制度惯性的存在，既存的政治制度本身就存在着有利于保护主义的设计。① 在下面的部分，我们将转而讨论美国国内政治制度，即本书第三、四部分的主要内容。我们将首先从国会入手，这个中央立法机构对于保护自己不受贸易压力之苦的兴趣，正是使美国贸易秩序行之有效的关键。②

① 宋国友：《平衡社会利益和国家安全——政府对外贸易战略选择》，时事出版社，2007年版，第54页。

② I. M. Destler, *American Trade Politics*, Washington, D. C: Institute for International Economics, 2005, p. 63.

第三部分

美国贸易保护主义的国会视角

1787 年，汉密尔顿观察了一些州议会的所作所为后断定：“(议员的) 问题总是什么能够取悦而不是有益于人民。”但他进一步指出，问题出在人民自己而不是议员身上。他说：人民“小声抱怨赋税，大声抗议统治者”，然后再投票给吸引我们最恶劣本性的煽动家。

——蒂姆·哈克勒：《民主是人类的自然状态吗?》

第六章　公众塑造国会贸易偏好的路径与国会保护主义氛围

第一节　路径点理论与国会政治结构

一些学者在分析社会政治行为体如何建构美国贸易保护主义中，已经注意到国内政治制度在其中的作用。在本节中，我们将首先分析这一关系已有的研究成果，然后重点介绍我们本章中将适用的路径点理论。根据这个理论，国会政治结构是美国公众贸易保护主义影响国会的主要路径，它形成了冷战后国会浓郁的保护主义气氛。

一、已有文献综述与路径点理论

关于公众贸易偏好与美国贸易政策输出之间关系的研究文献很少，已有研究存在不同程度的缺陷。在第五章中，迈克尔·希斯考克斯等在分析上述问题时，视贸易政策为不同行为体偏好塑造的政治冲突功能之一，联盟之间的集体行为倾向最终导致了选民联盟取得权力，然后制定了其喜好的贸易政策。[①] “由此可以推断，国际变化对国内行为体经济偏好的影响可以迅速而真实地反映出国家政策和制度安排的变化。也就是说，知道哪个经济利益集团获得了经济力量，就可以了解谁同时赢得了政治权力，以及反过来政策是如何变化的。”[②] 这一类研究虽然为分析融入国际经济对国内

① Michael J. Hiscox, "Class Versus Industry Cleavages: Inter – Industry Factor Mobility and the Politics of Trade", *International Organization*, Vol. 55, No. 1, 2001, pp. 1 – 46.

② ［美］杰弗里·加勒特、彼得·兰格：《国际化、制度和政治变迁》，载［美］罗伯特·基欧汉、海伦·米尔纳著，姜鹏等译：《国际化与国内政治》，北京大学出版社，2003 年版，第 54 页。

行为体的偏好和结盟行为的影响提供了一条审慎的途径，但是，其存在的不足是：对偏好变化和政策后果之间关系的研究很少，鲜少分析将它们联系在一起的机制。[①] 总起来讲，这一分析思路忽视了政治制度在政治变迁动态过程中的地位。[②] 实际上，较之产业联盟等，制度一旦建立起来就比较持久，并慢慢化被动为主动。换言之，制度的作用是变动的。联盟利益诉求必须借助于制度才能得以实现，是制度协调了选民贸易偏好与政府行为之间的关系。

自新经济理论开始，国际政治经济学者开始重视政治制度在包括贸易政策在内的经济生活中的重要性。[③] 一方面，区别于传统新古典经济学理论的这些新理论认同一国政治制度是被有意创造出来的，以保证对特定政策的追求，它反映了国内行为体的政策偏好，也是社会利益集团能够进入决策过程的正式渠道。另一方面，政治制度一旦创立起来，也有其独立性，它们有自己的特有组织结构、议事程序，这往往使某些团体获得优势而另外一些团体处于劣势。由于制度产生的影响，人们如同对政策一样，对制度亦产生了偏爱。从这两方面看，国会制度亦不例外。因此，有理性的人们总是借助于制度，最大限度地增加其利益。国会被普遍视为解决美国社会内部各种经济利益冲突的一个机构，“国会中充满了相互矛盾的信息或者相互竞争的原则。”[④] 国会通过采纳尽可能多的利益派别的主张，来努力解决对立观点之间的分歧。因此，美国国会堪称表达不满和寻求帮助的一个渠道。在调和竞争性利益的过程中，面对各方期待，国会倾向于让所有的政府部门为整个政治过程提供支持。[⑤] 代议制是国会的基本政治原则或制度。所谓代议制即是代表民意，它是“美国民主的核心原则”。[⑥] 这

---

① ［美］杰弗里·加勒特、彼得·兰格：《国际化、制度和政治变迁》，载［美］罗伯特·基欧汉、海伦·米尔纳著，姜鹏等译：《国际化与国内政治》，北京大学出版社，2003年版，第53—54页。

② ［美］杰弗里·加勒特、彼得·兰格：《国际化、制度和政治变迁》，载［美］罗伯特·基欧汉、海伦·米尔纳著，姜鹏等译：《国际化与国内政治》，北京大学出版社，2003年版，第54页。

③ 根据吉尔平的界定，这些新经济理论主要由三种：新内生增长理论、新经济地理学与战略性贸易理论。参见［美］罗伯特·吉尔平著，杨宇光等译：《全球政治经济学——解读国际经济秩序》，上海人民出版社，2006年版，第99—114页，特别参见第96页。

④ David J. Vogler, *The Politics of Congress*, Dubuque: Wm. C. Brown Communications, Inc., 1993, p. 21.

⑤ ［美］施密特、谢利、巴迪斯著，梅然译：《美国政府与政治》，北京大学出版社，2005年版，第242页。

⑥ David J. Vogler, *The Politics of Congress*, Dubuque: Wm. C. Brown Communications, Inc, 1993, p. 51.

一原则提倡的是议员不仅要代表选区多数人的利益，而且也要代表少数人的要求。[①] 因此，无论是自由贸易的声音还是保护主义的呼唤都应该在国会中得到充分的体现。在现实贸易政治中，国会制度更容易得到贸易保护主义的青睐。它最有可能为贸易保护主义提供政治借口，为他们“撑了腰”。[②] 这一分析视角存在的问题是对制度的分析过于笼统，实际上，国会是由一个个独立的元素构成的。

另外一些分析国内政治制度对贸易政策影响的文献从自由贸易方面切入，从而推论出保护主义是如何产生的。这些文献一致的观点是：社会对贸易偏好的诉求，都需要国内政治制度来加以完成。但其研究的切入点不同，有的集中于比例代表制（proportional representation），认为比例代表制能够使贸易决策者与保护主义隔离，这种政治制度与低水平的贸易限制相联系。最有影响的是罗戈斯基，他认为比例代表制特别是其中的大选区制度以及政党纪律的高度化有利于自由贸易。[③] 大选区使贸易政策制定者远离了追求特定产业利益的贸易保护主义，高度的政党纪律使政党领袖基于国家利益控制了贸易政策。也有从总统主义分析美国贸易保护主义的。[④] 认为国会将贸易权力授予总统将催生更多的自由贸易，因为总统代表了国家选区，不易屈从于特定产业的贸易保护主义。从高度纪律化的政党走出的总统可以打破国会中相互提携的贸易保护主义怪圈。虽然上述分析各有优点，但它们亦有共同的缺失：它们的解释过于简陋、比较粗浅；另外，在分析贸易保护主义时，这些方法借用的国内因素也不是最为恰当的。[⑤] 美国学者肖恩·埃利希（Sean D. Ehrlich ）的研究甚至认为，与比例代表制相联的政治制度而不是比例代表制本身引起了自由贸易。[⑥] 概言之，缺乏严密的实证检验以及与对贸易政策本身的研究结果存在矛盾之处，直接导致这些理论应用的相对有效性。

---

① David J. Vogler, *The Politics of Congress*, Dubuque: Wm. C. Brown Communications, Inc, 1993, p. 8.

② ［美］罗伯特·吉尔平著，杨宇光等译：《全球政治经济学——解读国际经济秩序》，上海人民出版社，2006 年版，第 113 页。

③ Ronald Rogowski, *Commerce and Coalitions: How Trade Affects Domestic Political Alignments*, Princeton: Princeton University Press, 1989.

④ Michael J. Hiscox, “The Magic Bullet? The RATT, Institutional Reform, and Trade Liberalization”, *International Organization*, Vol. 6, No. 4, 1999, pp. 669 – 698.

⑤ Witold J. Henisz and Edward D. Mansfield, “Votes and Vetoes: The Political Determinants of Commercial Openness”, *International Studies Quarterly*, Vol. 50, No. 1, 2006, p. 189.

⑥ Sean D. Ehrlich, “Access to Protection: Domestic Institutions and Trade Policy in Democracies”, *International Organization*, Vol. 61, No. 3, 2007, p. 573.

一些学者提出了路径点（Access Points）的概念来分析贸易政策，这一思路避免了前两类政治制度分析方法存在的问题。路径点分析不是集中于特定制度而是侧重概念，用“路径点”的概念概括制度上的广泛不同与解释各国贸易政策上的特异性。换言之，将包括上述笼统分析政治制度以及比例代表制与总统主义的解释力，又克服了它们的缺点，表明了制度的作用在于它形成了其自身的路径点。[①] 这一具有实用性的制度理论（本书为研究起见姑且将其命名为路径点理论）核心观点有三点：第一，在民主国家里，制度提供的路径点数量的增多，将导致贸易保护主义水平的提高，即二者之间存在正相关关系。在这里，所谓“路径点”，简单而言，就是由政治制度提供的贸易政策制定者接受游说的点；“政策制定者”指在某一个有疑问的贸易政策上拥有实际或者潜在权力的相关方，他可以是独立于某个政治选区，也可能为这个选区服务。[②] 总之，游说路径点越多，贸易保护主义的接纳点就越多。第二，“路径点的多寡和游说费用是成反比的，路径点越多，游说的费用越低，游说越容易展开。”[③] 这就催生了相互竞争的选民联盟更多的游说。因此，具有这种特点的政治制度使集体游说行动变得更加方便、易于操作。[④] 第三，较之自由贸易主义者，保护主义者更善于驾驭这种价廉的游说机会。[⑤] 由于路径点的增多导致贸易保护的费用相对降低，[⑥] 而自由贸易的成本却相对升高或者维持原来水平，因此，保护主义者不断游说，而自由贸易者通常选择沉默。迈克尔·希斯考克斯（Michael J. Hiscox，2002）分析了二战后在国会诸委员会中就贸易政策佐证的人员，研究表明，在二战后的每次议案听证会中，至少 70% 和多达 90% 的佐证者都支持贸易保护主义。绝大多数的听证会中，贸易保护主

---

① Sean D. Ehrlich，“Access to Protection：Domestic Institutions and Trade Policy in Democracies”，*International Organization*，Vol. 61，No. 3，2007，p. 576.

② Sean D. Ehrlich，“Access to Protection：Domestic Institutions and Trade Policy in Democracies”，*International Organization*，Vol. 61，No. 3，2007，p. 576.

③ Sean D. Ehrlich，“Access to Protection：Domestic Institutions and Trade Policy in Democracies”，*International Organization*，Vol. 61，No. 3，2007，p. 576.

④ ［美］杰弗里·加勒特、彼得·兰格：《国际化、制度和政治变迁》，载［美］罗伯特·基欧汉、海伦·米尔纳著，姜鹏等译：《国际化与国内政治》，北京大学出版社，2003 年版，第 57 页。

⑤ Sean D. Ehrlich，“Access to Protection：Domestic Institutions and Trade Policy in Democracies”，*International* Organization，Vol. 61，No. 3，2007，p. 601.

⑥ Sean D. Ehrlich，“Access to Protection：Domestic Institutions and Trade Policy in Democracies”，*International* Organization，Vol. 61，No. 3，2007，p. 601.

义者占据了80%。[①] 这样，从理论上讲，路径点的多寡就决定了最终贸易政策中的保护主义。

这一理论既有优点也有缺陷。路径点理论有助于解释贸易政策的变化与可能的方向，即是趋向于自由贸易还是保护主义，能够预测贸易政策变化的方向与宽度。因此，路径点理论可以揭示美国国会浓厚的贸易保护主义氛围。但是，这一理论也有其固有缺失，那就是将路径点造成的保护主义气氛直接当作保护主义结果对待。也就是说，路径点仅能引起国会保护主义的气氛，但却不一定能转化为国会输出贸易保护主义。简言之，路径点理论能够解释美国国会贸易保护主义的或然性而不能解释实然性。也就是说，路径点理论可以阐释保护主义氛围而不能因此推断出最终国会保护主义的实质性形成。

需要特别说明的是，路径点理论的限制条件在分析美国国会政治制度中是可以放宽或是无效的。路径点的理论前提是政策制定者是独立的，不依赖于其他变量。但是，在应用这个理论考察美国国会与贸易政策输出之间的关系时，这个限制可以视为无效，虽然学者们关于国会议员是否具有独立性存在争议，但是在本书中，我们认同每位议员是一个独立的路径点。因为每位国会议员即使不能自我做出投票决策，但其首要考虑的是本选区的选民偏好而不是其他，而这些选区都是独立的。[②] 另外，在国会代议制中，国会每位议员都有独立的一票，因此，从技术上看，每一位议员都是政策制定者中的一员。

二、国会政治结构与贸易保护主义

在这一部分中，我们首先给出了国会政治结构，然后运用路径点理论加以分析，主要研究目的在于分析国会政治结构如何制造了国会浓郁的贸易保护主义气氛。

（一）美国国会政治结构

国会繁芜的政治结构为美国贸易保护主义影响国会提供了路径点。这些政治结构主要包括：两院制、贸易委员会和各贸易小组委员会与国会决策程序，这些政治结构上体现出的所有不同点或者独立性实际上就是保护主义者可以进行游说的路径点。

---

① Michael J. Hiscox, "The Magic Bullet? The RATT, Institutional Reform, and Trade Liberalization", *International Organization*, Vol. 6, No. 4, 1999, pp. 669 – 698.

② Michael J. Hiscox, "The Magic Bullet? The RATT, Institutional Reform, and Trade Liberalization", *International Organization*, Vol. 6, No. 4, 1999, p. 578.

1. 国会两院制

宪法规定美国实行两院制，国会由参议院和众议院组成。学者艾伦·李普哈特（Arend Lijphart）分析了22个国家议会制度，认为美国的两院制是强势的。① 这意味着议会与总统处于平等的地位甚至高于总统，同时，两院之间也是平等的。这种分工安排的理念秉承分权与制衡：两院分享宪法赋予国会的贸易权力而又相互牵制。

两院在贸易领域的共同权力表现为宪法赋予参众两院相同的贸易立法权与监管权。国会可以“制定和征收……关税、进口税和货物税”（1789年第一届国会就制定了第一部关税表）以及“调节国际、州际、以及和印第安部落之间的贸易”；在金融领域，国会被赋予“铸币、制定汇率”以及“以美国政府的信用借贷”的权力。② 同样，两院享有监督的权力，即国会根据它所颁布的法律来保证它们按照国会要求的方式得到实施和执行的过程。

根据美国宪法以及随后年代对它的修订，参众两院的区别主要体现在如下方面：

两院议员选举方式不同。根据美国宪法，参议员选举依据“地域制”。州不论大小，各选两名参议员，组成参议院，这保护了小州的利益。众议员施行“人口制”，按人口比例选出。众议员的这种选举方式意味着州的人口越多，该州众议员人数也就越多。这种关于参众两院的框架以及议员人数的规定来源于康涅狄克妥协，力图平衡众议院所体现的人口大州的优势和在参议院中得到满足的小州对平等决策权的要求。

两院设计目的以及议员特点不同。众议院代表人民，被称为人民的议院，现在大约每72万公民产生一位众议员。美国立国者希望作为整个联邦政府“民主基石”的众议员必须是经由小区选举产生的，任期不应过长。其目的是众议院能“敏感及时地反映整个美国的情感和社会各种要求和情绪，特别是广大中下层社会的要求和情绪”。③ 根据1922年国会通过的一项法律，众议员人数不得超过435名，现有议员人数仍为此数。众议员一般专精于一项特定领域的事务，专业化能力较强，表现出很大的独立性。参议院设计的目的在于牵制或者冷却（cooling off）众议院过度的民粹主

① Arend Liphard, *Democracies: Patterns of Majoritarian and Consensus Governments in Twenty - one Countries*, NH: Yale University Press, 1984.

② 根据美国宪法第一条第十款规定，国会没有被授予对出口产品的征税权力。

③ 孙哲：《左右未来——美国国会的制度创新和决策行为》，复旦大学出版社，2001年版，第77页。

义，它被宣称为“代表一种持重和有限民主”的议院和“具有清醒头脑”的“智慧之院”。[①] 初始时的参议员由各州立法机构投票间接选举产生，自1913年宪法第17条修正案起，改由选民直接选举产生，这进一步完善了参议院的代表性，加强了它对众议院制约和平衡的合法性。现有参议员100名。他们的立法较依赖助手，但由于参议院的文化崇尚个人主义，“个体中心结构（individualistic structure）”形成，100名议员就是100名独立个体。因此，一些国会观察家认为，国会实际上是“535位国务卿”，持有不同的政治见解。[②]

两院贸易权限也有不同之处。所有征税和财政方面的议案应首先在众议院提出，由此可以推知，从技术上看，中美贸易摩擦中对华商品反倾销、反补贴提案应该由众议员首先提议。参议院拥有总统任命内阁部长如财政部部长、商务部部长的批准权以及条约批准权。因此，从法理上讲，在国务院和美国贸易代表参加国际贸易协定谈判的时候，必须与参议院财政委员会同时谈判这些贸易协定，以确保美国参与国际协定的步骤与美国国内法律调整的过程保持一致。

2. 国会贸易委员会和小组委员会

许多学者赞同委员会与小组委员会是国会工作的中心。[③] 伍德罗·威尔逊（Woodrow Wilson）认为：议场的国会是公众高度关注的国会，委员会中的国会是工作的国会。[④] 在国会历史上，委员会通常代替参众两院整体来行使国会的权力，包括收集信息和起草法律条款。自20世纪60—70年代，由于受到反战运动与民权运动的冲击，国会的这种运作模式开始改革，小组委员会开始发挥无可替代的作用。在被称为“民主研究同盟”（Democratic Study Group）的民主党众议员领导下，国会众议院首先进行了改革。原来由南方民主党资深议员把持的各重要委员会，其权力被分配到小组委员会，往往是一个小组委员会审核有关贸易的议案并决定是否向众议院全体会议推荐。参议院随后也进行了类似的改革。因此，小组委员会成员对于采取什么样的贸易政策的态度非常重要。他们往往怀有一贯的

---

① ［美］威尔逊著，熊希龄、吕德本译：《国会政体：美国政治研究》，商务印书馆，1986年版，第125页。

② Elizabeth Williamson，“Speaker's Role in Foreign Policy Is a Recent，and Sensitive Issue”，*Washingtonpost*，Apr. 5，2007.

③ David J. Vogler，*The Politics of Congress*，Dubuque：Wm. C. Brown Communications，Inc，1993，p. 143.

④ Stephen D. Cohen，*The Making of United States International Economic Policy*：*Principles*，*Problems*，*and Proposals for Reform*，New York：Greenwood Press，Inc.，1988，p. 114.

贸易态度，支持自由贸易或者保护主义。例如，参议院外交委员会中的贸易小组支持附有条件的自由贸易，但是参议院国际贸易小组委员会，反对保护主义，实际上，“支持自由贸易还是保护主义的动议是发生在小组委员会这一级。”①

委员会和小组委员会实事上是一个独立的行为体，这种独立性表现在国会处理事务的程序和委员会与小组委员会数目上的不断增多。当一项议案向参众两院中任何一院提出以后，该议案就被转交给委员会讨论处理，而两院委员会则采用分解法的方式，由本委员会下属的贸易相关小组委员会对这些方案进行审议和立法。因此，国会最终的工作是在委员会和小组委员会中进行的。由于小组委员会的成员来自于不同的领域，不一定是所属委员会的成员，而原则上，任何贸易立法必须经过该委员会贸易小组委员会的同意，因此，如果想在一项贸易议题上达成共识，必须委员会和贸易小组委员会通力合作。另外，自 20 世纪 70 年代开始，委员会和小组委员会不断增多。原来国会主管贸易政策的委员会主要是众院筹款委员会和参院财政委员会以及相应的贸易小组委员会，随着国会改革和贸易事项的不断扩大，所涉及的委员会和小组委员会也处于膨胀状态。表 6—1、表 6—2以对华贸易为例，说明国会中涉及到的主要国际经济决策常设委员会以及其分支小组委员会。

从这两个表中可以看出，在对华贸易上共有 13 个委员会和 14 个小组委员会拥有话语权。其中，众议院有 6 个委员会、7 个小组委员会；参议院共有 7 个常设委员会和 7 个小组委员会。

在考察这些委员会及其小组委员会时，需要注意的问题是：第一，国会两院相同名称的委员会不一定具有相同的权限。同一院中可能会出现两个或多个委员会对同一事物（如对 IMF）都拥有权力，在这种情况下，两院都可以批准相关立法。第二，两院中不同的委员会也会出现权力模糊的地方。表 6—1、表 6—2 中委员会及其小组委员会各自有不同的权限（如表中所述），但是，随着贸易问题的深入发展，有些摩擦已经很难界定其所属的委员会。历史上，筹款委员会与能源和商务委员会因权力重叠，一再发生争执。第三，贸易议题上涉及的相关方随时间的发展而不断增多。众议院的筹款委员会以及参议院与之相对应的财政委员会在贸易议题上享有主要权力，因此，主要的对华贸易议案几乎全出自于此。但随着可贸易

---

① Stanley D. Nollen and Dennis P. Quinn, “Free Trade, fair Trade, Strategic Trade, and Protectionism in the U. S. Congress, 1987 - 88”, *International Organization*, Vol. 48, No. 3, 1994, pp. 520 - 521.

表6—1　拥有贸易管辖权的众议院常设委员会及其小组委员会①

委员会	小组委员会	贸易权限
农业	一般农产品和风险管理小组委员会/家畜、奶制品和家禽小组委员会	农业进口与出口，对外食品援助
拨款	商业、司法、科学及相关机构	为双边援助和进出口业务项目提供资金，美国对国际金融组织以及国际商品协议的出资
金融服务	国内外货币政策、贸易和科技	国际金融组织；IMF、进出口银行、国际储蓄与借贷事项
能源和商务	能源、贸易和消费者保护	能源政策的国际因素，一般性对外贸易，国际电讯贸易议题
外交	东亚和太平洋事务	总体国际贸易政策，双边对外援助，出口，恐怖主义，防扩散以及贸易管制，核技术和核材料贸易，国际投资政策，商品协定，海外私人投资公司，总体出口政策，对外制裁，《国际紧急经济权利法案》②
筹款	贸易	对外贸易，重点关注进口和外国关税与非关税壁垒，国际税收

资料来源：笔者根据美国国会众议院网站资料制作；国会众议院网站为 http://www.house.gov/。

商品与服务的不断发展，贸易问题的国会相关方也随之增加，原来没有利害关系的委员会与小组委员会也会卷入其中。在2007年的中美“中国制造危机”摩擦中，原来对中美贸易问题上作壁上观的一些委员会以及小组委员会开始介入，如参议院军事委员会军事委员会（Armed Services）③。另外，还有一些相关方值得注意，例如，国会联合经济委员会（the Joint

---

① 委员会以及贸易政策权限系根据美国学者斯蒂芬·科恩（Stephen D. Cohen）的研究整理，小组委员会系笔者根据众议院各委员会网站整理。参见 Stephen D. Cohen, *The Making of United States International Economic Policy: Principles, Problems, and Proposals for Reform*, New York: Greenwood Press, Inc., 1988, p. 115－116。

② 英文名称为“International Emergency Economic Powers Act.”

③ 例如：2007年6月26日，参议院军事委员会议员卡尔·莱文（Carl Levin）等四人写信给布什总统，称一些中国公司漠视美国安全法律，联邦政府应该迅速采取管制行动。来源：刘洪：《美国缘何妖魔化“中国制造”》，载《中国日报》，2007年7月12日，第4版。

Economic Committee）监督贸易议题的立法，但是没有权力提出或者评判（write or consider）立法。也有一些委员会有时会介入国际经济立法，如司法委员会（Judiciary Committee）和政府工作委员会（Government Operations）。

表 6—2　拥有贸易管辖权的参议院常设委员会及其小组委员会①

委员会	小组委员会	贸易政策权限
农业、营养与林业	国内外市场、检验、动植物健康	农业进口与出口，对外食品援助
拨款	商业、司法、科学及相关机构	双边援助基金以及进出口银行项目，美国对国际金融组织以及国际商品协议的出资
银行、住宅和城市事务	安全、国际贸易和财政	出口控制和资助（包括进出口银行项目），对外制裁，IMF，汇率政策，储蓄与借贷事项，外国在美国的直接投资，《国际紧急经济权利法案》
商务、科学和交通	国际商业、贸易和旅游	促进出口，管理流入与流出美国的外国直接投资，国际电讯贸易议题
能源与自然资源	能源	能源政策的国际因素
对外关系	东亚和太平洋事务	总体国际贸易政策，双边对外援助，国际金融局势，美国在 IMF 中的角色，对条约认可
财政	国际贸易与全球竞争力	对外贸易，重点关注进口以及外国关税及非关税壁垒，国际税收

资料来源：笔者根据美国国会参议院网站资料制作；国会参议院网站为 http：//www. senate. gov/。

3. 国会决策程序

在决定美国贸易政策的走向中，国会决策程序的作用主要体现在国会立法程序上。国会立法程序是指国会制定、修改、废除规范性法律文件的法定步骤和方法（参见图 6—1）。它具有两个显著的特点：首先是它的复

① 委员会以及贸易政策权限系根据美国学者斯蒂芬·科恩的研究整理，小组委员会系笔者根据众议院各委员会网站整理。参见 Stephen D. Cohen, *The Making of United States International Economic Policy*: *Principles*, *Problems*, *and Proposals for Reform*, New York: Greenwood Press, Inc., 1988, p. 115 - 116。

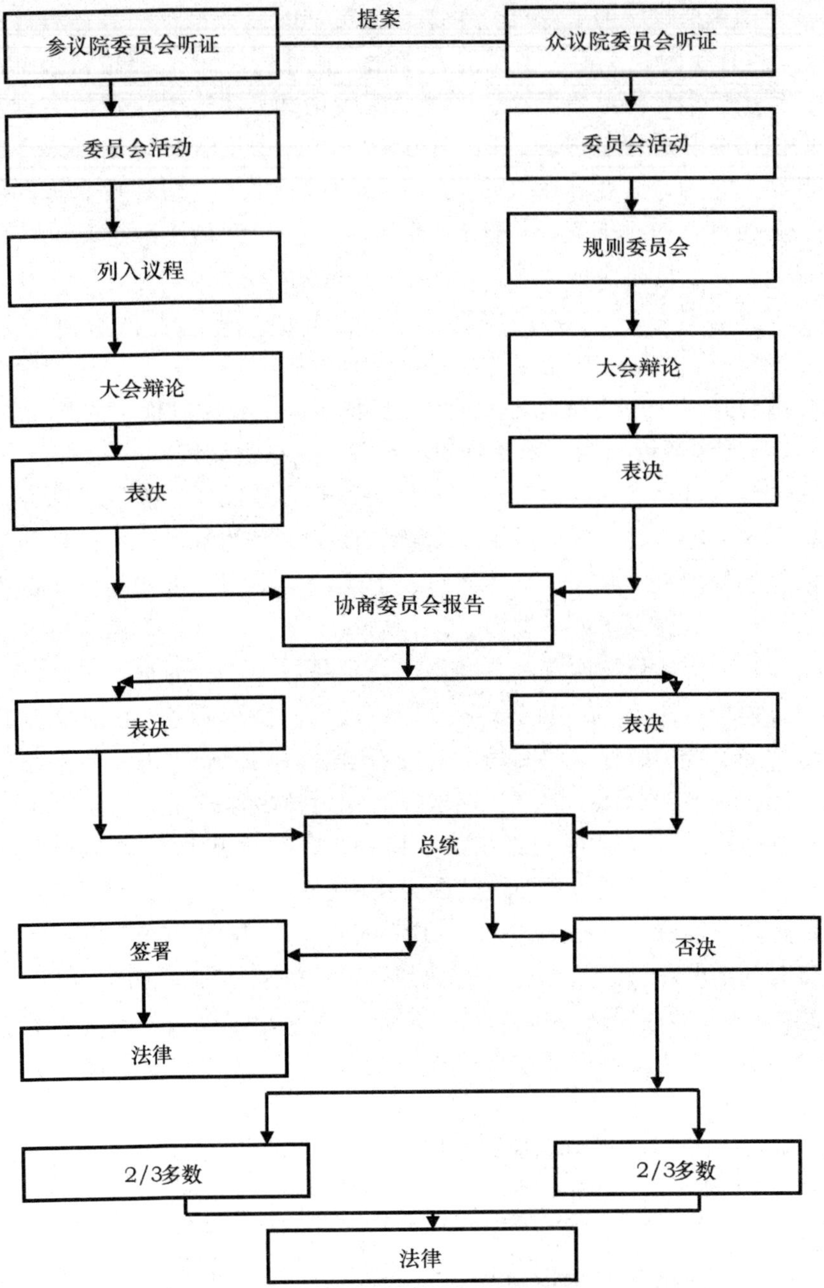

图 6—1　美国国会议案成为法律的过程

资料来源：汪熙：《美国国会与美国外交政策》，复旦大学出版社，1990 年版，第 60 页。

杂性。一项议案投票前要经过一个漫长而精细的立法过程，具体程序极为复杂，“只有在国会工作了多年的人才能了解这一切。”① 但主要包括6个步骤：提出议案、委员会审议、议院全院辩论和表决、另一议院审议和通过、两院协商和总统签署。② 在上述步骤中，每个步骤又包括了多个次步骤。其次是它的开放性。在执行立法步骤的过程中，立法程序高度向公众开放，公众可以随时加入。③ 由此可见，一项法律的最终形成是一个不能确定是否看见“隧道那头光芒”的相当漫长的过程。换言之，一个法案提出后要经过诸多关卡、层层障碍，才有可能成为法律，也可能在中间的过程就被搁置或者否决。国会立法程序准确地反映了国会复杂立法程序中的权力分散与林立，为外界影响立法出笼提供了各个程序过程中的路径点。

（二）国会政治结构、路径点理论与国会保护主义氛围

国会分散且众多的政治结构，为公众影响与游说国会提供了路径点并使游说费用低廉，这不仅刺激了公众贸易保护主义的游说热情，还造就了国会浓氤的保护主义氛围。具体而言，上述政治结构所造就的路径点为公众贸易保护主义提供了如下推力：

第一，美国实行的两院制更容易造就贸易保护主义的喧嚣。这是由两院的三方面特点决定的。首先，美国参众两院是平等的。根据上面的陈述，我们知道美国的参众两院是平等的，享有共同的权力以相互牵制，这标示着同一贸易问题两院都有管辖权，这就为贸易保护主义游说增加了路径点，同时也降低了游说的费用，贸易保护主义者更加热衷于在两院游说。据统计，利益集团每年游说国会的费用超过10亿美元，远远超过他们在政治行动委员会（Political Action Committee，缩写为PAC）以及国会议员竞选时的捐助总合。④ 因此，两院制容易与贸易保护主义相连。⑤

其次，在两院制下，两院议员选举方式不同，这放大了国会的贸易保护主义。研究表明，参议员选举依据“地域制”，这种制度安排为农业利

---

① Stephen D. Cohen, *The Making of United States International Economic Policy: Principles, Problems, and Proposals for Reform*, New York: Greenwood Press, Inc., 1988, p. 102. p. 101.

② 孙哲：《左右未来——美国国会的制度创新和决策行为》，复旦大学出版社，2001年版，第87页。

③ David J. Vogler, *The Politics of Congress*, Dubuque: Wm. C. Brown Communications, Inc, 1993, p. 8.

④ Richhard L. Hall, "Lobbying as Legislative Subsidy", *American Political Science Review*, Vol. 100, No. 1, 2006, p. 69.

⑤ Sean D. Ehrlich, "Access to Protection: Domestic Institutions and Trade Policy in Democracies", *International Organization*, Vol. 61, No. 3, 2007, p. 586.

益集团提供了游说路径点，使他们在参议院具有超过其人口比例的影响力，导致农业贸易保护主义，造成贸易扭曲。众议院施行“人口制”，受到进口冲击的工业部门通常为本州人口大量就业的产业，这种代表制就为产业贸易保护主义提供了路径点，如绣带诸州的议员常常提出对进口钢铁加征关税。最后，两院议员独立的特性。经过20世纪70年代的国会“缓慢民主化”（Creeping Democratization）改革，国会从理论上讲已经没有等级结构，“所有成员都是用同样方法选举，也以同样方式在国会平等地服务”，“所有人最终拥有同样头衔和权利”。[①] 每一个议员从技术上说都是一个相关方，因为他们是平等的，都拥有相同的一票，535位议员意味着535个游说路径点。所以，在某些观察家看来，国会已经更加难以预测、管理和任性，他们每个人的“权力不是为了促进（立法）而是为了设置障碍”。[②] 罗纳德·里根总统曾经深有体会地说：“你知道，如果一个橘子和一个苹果召开协商会议，其结果会产生一个梨。”[③]

第二，众议院较之参议院保护主义气氛更加浓厚。这是由众议院议员数目以及选区特点决定的。众议院是人民的议院，根据责任政治，众议院435名议员的贸易倾向必须“反映各种政治力量的利益和要求”，[④] 他们就成为贸易保护主义者435个游说路径点。参议员作为美国精英，人数只有100名，游说路径点减少，贸易保护主义声音较之众议院微弱。但这并不意味着参议院不受贸易保护主义的影响，只是较之众议院，有着数量上的区别。众议院独特的选区制，造就了众议院较之参议院保护主义气氛浓厚。众议院实行的是小区代表制，众议院所有政治都是地方性的，代表435个选区的国会议员均为独立变量，游说路径点多。因此，“在每个代表只是对一个很小的选区负责的选举体系中，她或他将选区利益凌驾于整个国家的利益之上，往往提出只对自己选区有利的提案。”[⑤] 实证研究也支持了这一结论：自冷战后，从102届国会到106届，众议院提出的涉华贸易

---

① Stephen D. Cohen, *The Making of United States International Economic Policy: Principles, Problems, and Proposals for Reform*, New York: Greenwood Press, Inc., 1988, p. 102.

② Stephen D. Cohen, *The Making of United States International Economic Policy: Principles, Problems, and Proposals for Reform*, New York: Greenwood Press, Inc., 1988, p. 102.

③ ［美］詹姆斯·麦格雷戈·伯恩斯等著，吴爱明等译：《民治政府》，中国人民大学出版社，2007年版，第324页。

④ 郝雨凡：《美国对华政策内幕》，台海出版社，1998年版，第303页。

⑤ ［美］杰弗里·A. 弗里登、罗纳德·罗戈斯基：《国际经济对国家政策的影响》，［美］罗伯特·基欧汉、海伦·米尔纳著，姜鹏等译：《国际化与国内政治》，北京大学出版社，2003年版，第48页。

议案数目依次为11、8、13、17、18，合计为67；参议院对应数目为：4、4、7、6，合计为21。[①]

第三，委员会制增加了贸易保护主义游说路径点，有利于保护主义。根据第一部分的陈述，我们知道国会中对贸易拥有管辖权的委员会与小组委员会数目多，以对华贸易为例，共有13个委员会和14个小组委员会拥有贸易权，如果加上同一贸易问题上拥有重叠权力的委员会和小组委员会，会有更多委员会拥有管辖权；另外，在贸易问题上，随着事态的发展可能还有随时加入的相关委员会和小组委员会，这就放大了委员会和小组委员会的数目，标志着贸易保护主义者在制度安排上至少有27个路径点可以游说，贸易保护主义水平上升。例如，公众对人民币汇率提出保护主义诉求，对这一问题拥有权限的委员会，众议院有财政委员会、能源委员会和商务委员会以及筹款委员会。从广义上讲，外交委员会也可以就此事发表自己的看法；在参议院，银行、住房和城市事务委员会，商务、科学和交通委员会以及财政委员会，外交委员会亦对此可拥有发言权。因此，无论提案的最终结果如何，仅就如此众多的路径点，每个委员会都有可能发表评论、举行听证会，这造成了国会中沸腾的保护主义氛围。

第四，两院立法程序造成并提升了两院保护主义情绪。国会的程序以及国会的会期，这可能使最具有进取精神的立法倡议取消念头。[②] 根据第一部分的阐述，一项立法最终成为法律最少经过6个步骤，这还不包括各个程序中的次程序以及次程序下的程序，如在委员会听证这一过程中的小组委会中的听证会、审改法案等。这些众多的跑道就成为众多的游说路径点，每一个议员都有可能就提案增加或删除符合或不符合自己利益的条款，“为特定产业谋求贸易保护主义的条款不可能完完整整地由委员会提交到众议院全体大会面前，往往在委员会中经历了大的修改。”[③] 如1991年7月10日，众议院不顾老布什（G. H. W. Bush）的反对，以313票对112票通过了“佩罗西议案”（即H. R. 2212），要求对中国最惠国待遇附加条件。这一提案与最初的文本相去甚远，有议员曾评价道道：“我推测佩罗西议案真正成为了一辆垃圾车，每个人都想扔进去他们所希冀得到的

---

① 根据国会图书馆网站，其中102届只统计了事关中国最惠国待遇的提案。网址 http://thomas.loc.gov/cgi-bin/thomas。

② Stephen D. Cohen, *The Making of United States International Economic Policy: Principles, Problems, and Proposals for Reform*, New York: Greenwood Press, Inc., 1988, p. 110.

③ Robert E. Baldwin, *The Political Economy of U. S. Import Policy*, Cambridge, Massachusetts: The MIT Press, 1985, p. 16.

东西。”[①] 因此，一个法案中的诸多关卡，往往就成为贸易保护主义游说的路径点，导致众多议案附有贸易保护主义条款。如克林顿政府提交给国会的对华永久性正常贸易关系法案（Permanent Normal Trade Relation，缩写为PNTR），经过贸易保护主义者在各个程序上的游说，本来只有3页的文本，通过添加附属条款，最后形成的对华永久性正常贸易法案却变成60页，成为国会奇妙的搭车案。[②]

综上所述，国会政治结构为公众贸易保护主义提供了众多的路径点，造成国会山上人头攒动，保护主义游说活动频繁，国会立法者保护主义情节不断攀升。

第二节　国会浓厚保护主义氛围的原因分析

根据路径点理论，国会政治结构提供了美国公众影响了国会的路径点，肇始了国会山上浓厚的贸易保护主义氛围，但是，这种氛围并不一定转化为现实的美国贸易政策或者最终国会贸易保护主义的形成。探究这一结果的原因，国会选举与国会功能是其根本性动因。

首先，国会定期选举是决定议员关注公众贸易保护主义倾向而同时又不注重行为结果的核心要素。

在当代，研究国会的学者们如戴维·梅休（David Mayhew）较为一致的意见是：连任成功是立法者决定怎么做以及如何做的驱动力。[③] 詹姆士·麦迪逊（James Madison）认为“人民对众院议员的选举是美国合众国政府的心脏和灵魂”；“议员是美国公民亲自参加集会的一个替代”。[④] 经常性的选举可以为美国代议制民主不断输入血液，造就议员对人民的直接依赖。正如一位学者所说的那样，“如果选民不能控制他们的议员，如果议

---

① *Congressional Quarterly Weekly Report*, June 29, 1991, p. 1741.

② 数据来源于丁孝文：《走进国会山——一个中国外交官的亲历》，复旦大学出版社，2004年版，第56页。

③ David Mayhew, *Congress: The Electoral Connection*, New Haven, Conn.: Yale University Press, 1974.

④ See David J. Vogler, *The Politics of Congress*, Dubuque: Wm. C. Brown Communications, Inc, 1993, p. 83; p. 7.

员完全是依据他们实际的判断、无外界约束地进行投票，那还遑论什么民主?”① 这导致议员在国会山上夸夸其谈，不断展示政治态度而不在意言论与举动的结果。这种现象被誉为典型的国会行动：提出议案或者对某一议案投票，但这些举动没有任何政策效果而仅仅是宣示态度。② 因为“选举依赖的是态度而不是结果”；“态度本身就是一个政治商品”。③ 因此，当公众利用国会政治结构提供的游说点对议员加以劝说时，在选举政治的左右下，议员通常都会做出姿态，表明政治态度。经常被引用的一个典型案例是 1985 年国会的一个纺织品配额法案。众议院通过了限制纺织品进口的议案，当初提出与联署这个议案的议员有 293 位，但是，投票支持该议案的议员却仅有 262 位。

在选举政治下，选区利益而不是其他成为议员的首要考量因素。选民的选票标向对议员具有指示作用。研究表明，受到进口激烈竞争的选区选民投票比率越高，代表这些选区选民的国会中议员越容易投票支持贸易保护主义。④ 选民观点是影响议员投票最为重要的因素，选区的异质性越大，关于选民特点和记名投票之间关系的可预测性越小。⑤ 美国前国会议员、来自密歇根州的詹姆士·奥哈拉（James G. O’Hara）认为投票仅仅是一件根据选区选民意愿（或者政党意愿）的事情。⑥ 因此，国会政治即为选区服务。劳伦斯·布罗兹（J. Lawrence Broz）和迈克尔·霍伊斯（Michael B. Hawes）分析了国会就“资助国际货币基金组织”投票的情况，表明了多数议员的投票不是基于美国对外政策或者全球公共物品的供给，⑦ 即不是基于国家主义也不是基于国际主义，有时甚至与国家或者外交利益相冲

---

① Robert A. Bernstein, *Election, Representation and Congressional Voting Behavior*, Englewood Cliffs, NJ: Prentice - Hall, 1989, p. xiv.

② David J. Vogler, *The Politics of Congress*, Dubuque: Wm. C. Brown Communications, Inc, 1993, p. 69.

③ David Mayhew, *Congress: The Electoral Connection*, New Haven, Conn.: Yale University Press, 1974, p. 62.

④ Robert E. Baldwin, *The Political Economy of U. S. Import Policy*, Cambridge, Massachusetts: The MIT Press, 1985, p. 12.

⑤ Michael Bailey and David W. Brady, “Heterogeneity and Representation: The Senate and Free Trade,” *American Journal of Political Science*, Vol. 42, No. 2, 1998, pp. 524 - 544.

⑥ Stephen D. Cohen, *The Making of United States International Economic Policy: Principles, Problems, and Proposals for Reform*, New York: Greenwood Press, Inc., 1988, p. 102.

⑦ J. Lawrence Broz and Michael Brewster Hawes, “Congressional Politics of Financing the International Monetary Fund,” *International Organization*, Vol. 60, No. 2, 2006, p. 369.

突;① 他们的投票更侧重的是自身选区的利益。从某种程度上说，议员代表一个选区时间越长，选区因素就越容易成为影响其投票的因素;② 他们也就越倾向于回避选区选民不喜欢的政策。施密特的2014年大数据中研究结果展示多数选民对国会作为一个整体评价不高（30%），但是对本选区的立法者工作的认同高达60%—70%。③ 这从另外一个侧面反映了这些半数以上没有护照的国会议员是在为谁工作，不是为美国国家利益，而是为本选区选民。现美国驻华大使、前参议员马克斯·鲍卡斯经常在参议院提出有关农业的法案，他的名言是：农业是我家乡的主要支柱，我会为此做一切来帮助农民和牧场主来减轻他们的负担。④ 这一言辞具有代表性。

国会功能也是造就美国国会保护主义气氛浓厚的另外一个根本性动因。作为美国政治结构之一的国会，其功能主要是代议与立法。在国会活动中，代议较之立法更为活跃。所谓“代议”（Representation），即代表民意，指国会应体现社会中诸多相互竞争的利益。换言之，美国社会中所有的利益与需要都可以在国会中得到自由表达，议员是各种诉求包括贸易保护主义等的发言人。这意味着“谈论和论证，对政策制定者清楚地表达出各种利益并确定他们的观点已经被政策制定者听到”。⑤ 就代议的本质而言，代表民意是权力的转引或者授予，授权一个代表是赋予另外一个自我以权力来行动。正因如此，众议院常以“人民的议院”自居；在1913年参议院实行直选后，也宣称代表了美国人民。从一定程度上讲，代议制允许对公众观点进行提炼与放大（enlarge）。⑥ 当公众利用国会政治结构施压议员时，国会议员必定要代表各种公众诉求在国会舞台展现。这在冷战后中美贸易中最能充分体现。中国只是美国巨额贸易逆差来源国中的一个，却常常被议员指责为主要或者根本性原因，中国经济发展却常常被讲成美

---

① J. Lawrence Broz and Michael Brewster Hawes, “Congressional Politics of Financing the International Monetary Fund”, *International Organization*, Vol. 60, No. 2, 2006, p. 392.

② Robert E. Baldwin, *The Political Economy of U. S. Import Policy*, Cambridge, Massachusetts: The MIT Press, 1985, pp. 48 – 49. Duncan Black, *The Theory of Committees and Elections*, Cambridge: Cambridge University Press, 1958; Anthony Downs, *An Economic Theory of Democracy*, New York: Harper & Row, 1957.

③ ［美］施密特、谢利、巴迪斯著，梅然译：《美国政府与政治》，北京大学出版社，2005年版，第237页。

④ 鲍卡斯办公室网站，http://baucus.senate.gov/newsroom/details.cfm? id =282346。

⑤ David J. Vogler, *The Politics of Congress*, Dubuque: Wm. C. Brown Communications, Inc, 1993, p. 69.

⑥ David J. Vogler, *The Politics of Congress*, Dubuque: Wm. C. Brown Communications, Inc, 1993, p. 6.

国的经济衰落，中国经济参与经济全球化被议员看成中国在全球拓展国际影响、消蚀美国的利益。

立法是国会另外一个根本性功能，但立法者鲜少采取这一行动。这一方面是立法的性质决定的。美国宪法规定，全国性立法机构所行使的权力应主要由立法机构来掌握。立法者意味着统治（govern）而不是代表民意（represent），立法是具有实质性将言论转化为政策的渠道，议案一旦成为法律，就意味着永久性的规范与约束。另一方面，国会代议制的性质也禁锢了国会的立法功能。换言之，使国会政治为代议的那些因素也可以使国会立法如逆水行舟。① 议员既是民意代表也是立法者。作为民意代表，他要表达选区各种利益的期待。但是，当作为立法者，面对着一个立法议案，他的投票行为就要代表选区的大多数人的利益。对保护本州的各种关切和各种地方利益的承诺使得国会议员很难停止争辩而进行立法。议员们也发现，选民更在意的是代议而不是立法。这样，议员们就更没有动力进行立法活动。

① David J. Vogler, *The Politics of Congress*, Dubuque: Wm. C. Brown Communications, Inc, 1993, p. 8.

第七章　国会贸易保护主义氛围的稀释与最终形成

第一节　国会贸易保护主义氛围的稀释

国会体制中的否决票制与“快车道授权”从先天赋权与后天提供两个因素，阻止了国会太为浓烈贸易保护主义的出笼。

一、否决票制

否决票制可谓是宪法赋予国会的先天抵制保护主义的工具。维托尔德·赫尼兹（Witold J. Henisz）、爱德华·曼斯菲尔德（Edward D. Mansfield）以及乔治·泽比利斯（George Tsebelis Tsebelis）等通过研究民主化国家否决票与经济开放之间的关系，以否决票为主分析了选民偏好与最终贸易政策形成的关系，具体阐释了否决票的研究方法。[①] 与路径点理论一样，否决票分析也试图用一个概念来诠释不同国内政治制度在贸易政策上的影响。其核心观点认为：第一，在民主国家里，一国政策制定结构中的否决票数量决定了贸易开放的程度，二者之间成反比。这些否决票的载体是贸易决策必须的独立行为体即政府竞争性的部门、一个既定部门中的联盟，“否决票者”（veto players）的赞同对于一个政策的制定是必不可少的。第二，否决票越多，政策越容易维持原状。随着握有否决权的独立行

① Witold J. Henisz, “The Institutional Environment for Economic Growth,” *Economics and Politics*, Vol. 12, No. 1, 2000, pp. 1–31; George Tsebelis, *Veto Players: How Political Institutions Work*, Princeton, N. J.: Princeton University Press, 2002.

为体数目的增多，外界改变现行政策的难度增大。在贸易政策领域，任何最后的结果都取决于这些否决票，任一拥有制定政策权力的行为体均明白最终的贸易决策必须是一揽子性的，以确保满足了所有拥有否决权的观点。鉴于拥有否决权的行为体偏好不尽相同，因此，那些拥有更多否决权的政治结构就限制了贸易政策选择的可能性。换言之，否决票维持了政策的稳定性。第三，政治系统中否决权的数量直接影响了制度对选民贸易偏好变化的反映敏感性。在美国决策系统中，总统对国会的否决、国会对总统的反否决、国会两院的平行、议会内立法者均拥有独立的一票否决权，这些否决票都影响了美国贸易政策对公众的反应灵敏度。“在既定的政策制定结构中，随着否决票数目的增多，政府对社会压力的反应将变得灵敏度不高。”[①] 这些由拥有否决权的行为体组成的政治结构就贸易政策达成一致困难重重。因此，这一制度对社会利益集团诉求贸易保护主义或者自由贸易的反应不敏感。由于这个分析的根本变量是拥有独立性的否决票，据此我们将这个观点名之为“否决票制”。在美国，由于这些否决票者的根源其实来自于美国宪法或者对宪法的解释，因此，我们认为这是宪法为牵制强势利益集团而预设的伏笔，是先天存在的，因此，它对国会内贸易保护主义的遏制是不以时间为限度的。

根据否决票制，在解释美国国会事关贸易政策中的否决票时，主要包括两院互相否决、两院多数人意志与反否决票（参见图6—1）。

两院相互否决提案是指两院相互否决已经在另一院达成通过的议案。宪法赋予两院相同的立法权，任何一院都可以就贸易问题提出议案，但是该提案在提交总统签署之前，两院必须达成一致。换言之，两院必须要有相同的共识才能有政策的产出。[②] 实际上，两院决策很难达成共识。例如：众议院提出立法建议并获得通过，然后提交参议院，但后者并不是一个复核缓办院，它有可能接受，也可能实质性否决。参议院表达否决的方式可以是在院会表决中提出修正案，或是通过冗长发言阻挠这项立法，或是坚定地不放弃某项法案。例如，在一院获得支持的产业保护主义议案不一定得到另一院的赞同，除非该产业在这一院也可获得强有力的游说结果。[③]

---

① Witold J. Henisz and Edward D. Mansfield, “Votes and Vetoes: The Political Determinants of Commercial Openness”, *International Studies Quarterly*, Vol. 50, No. 1, 2006, p. 192.

② 孙哲：《左右未来——美国国会的制度创新和决策行为》，复旦大学出版社，2001年版，第44页。

③ Robert E. Baldwin, *The Political Economy of U. S. Import Policy*, Cambridge, Massachusetts: The MIT Press, 1985, p. 51.

“多数”原则意味着没有1/2的赞同，所有议案都要“胎死腹中”。美国宪法规定：任何一项法律，或者有法律效力的两院决议、命令，必须分别获得两院多数同意；否则，就没有法律效力。具体而言：一项贸易法案最后能否在国会最终通过取决于两院在院会表决阶段的投票结果。在众议院，要赢得某项议案在院会表决的胜利，必须获得半数以上（218张选票）支持。在参议院，必须获得至少51张投票方可赢得院会表决。

国会“反否决”制度。参众两院院会表决结果并不能决定某项贸易议案的命运，议案最后能否成为公共法律在很大程度上取决于总统的反应以及国会对总统反应的再反应。若在任总统倾向于支持自由贸易，主张贸易保护的提案就有可能遭到总统的否决。主张自由贸易的议员只需在两院中任何一院争取到超过1/3的支持票即可保住总统的否决生效。与此同时，虽然争取国会两院以2/3的支持来否决总统的否决不是一件容易的事情，但一旦成功，国会的保护主义诉求也就得以实现。

国会体制中否决票制稀释了国会贸易保护主义情绪。上述否决票存在于国会繁芜的政治结构中，一方面这些结构制造了保护主义的游说路径点，另一方面也造就了自己的敌人。[①] 国会实行两院制、议员特点、选区制、委员会制以及国会程序等，使得国会内部碎片化（fragmentation），存在于各个碎片化状态中的拥有权力的否决票，对于最终政策的形成必不可少，但他们的贸易偏好各不相同，导致保护主义不可能改变现有政策，贸易战略维持原状，这样，国会内贸易保护主义氛围就成为议员不得已的情绪宣泄。

具体以提案为例，根据否决票制的观点，展示这些否决票者对贸易保护主义否决过程：一个提案要想成为法律，首先要经过国会1/2否决票者的赞同，然后是参众两院达成共识，也就是要避免两院互相否决，然后这个提案再提交总统签署，总统若否决，则需国会2/3否决票的支持，贸易保护主义法案才能成为公共法律。经验分析表明，在1/2否决票赞同之前，众多法案就被否决掉。当属于一个议院独自享有的权力却被迫与另外议员协商并请求采取国会两院联合行动时，则从另外一个侧面反映了否决票制

① 需要说明的是路经点与否决票的区别。肖恩·欧里希（Sean D. Ehrlich）认为二者之间存在重合之处，制度中的一些路径点可能是否决票者，如国会议员。但是，就国会而言，路径点的数量是多余否决票者，主要体现在国会内的程序上，每一个程序就是一个路径点，但不一定是一个独立的否决票者。Sean D. Ehrlich，“Access to Protection：Domestic Institutions and Trade Policy in Democracies，” International Organization，Vol. 61，No. 3，2007，p. 602.

的作用[①]。在通过的情况下，提交另外一院时，也常常被否决。如在布什政府（G. H. W. Bush）时期，在给予中国最惠国待遇问题上，往往是众议院反对，而参议院支持。在再次通过的情况下，由于贸易保护主义提案很少得到总统的支持，握有关键性否决票者（指总统）会使用这一票而拒绝了公众以及国会议员的诉求。[②] 因此，尽管国会议员每年要提出近5000个议案，最终能成为法律的议案只占议案总数的5%左右。[③] 另外，以对华贸易为例，自冷战后开始的历届美国国会，均提出了数目不少的对华保护主义提案：1991—1992年的102届国会提出了19个提案；1993—1994年的103届国会有12个；1995—1996年的104届国会提出了17个；1997—1998年的105届国会提出了24个；1999—2000年的106届国会有24个；2001—2002年的107届国会有6个；2003—2004年的108届国会有10个；2005—2006年的109届有27个；到110届国会，仅在2007年4月之前就已经有40个议案。[④] 尽管有如此众多的议案，但在否决票制下，最终成为法律的却寥寥无几。

概言之，否决票制的核心观点认为，政策对社会偏好变化的反应与政治体系中的正式“否决票者”（veto players）的数量成反比。随着否决票的增多而使贸易保护主义变得不太确定：改变现行的政策太为困难，现行政策中的异质性增多。也就是说，各种贸易观点并存。[⑤] 因此，尽管立法者不断有立法提案等，但这些由拥有各自否决权的行为体组成的政治结构在就贸易政策走向方面，很难达成一致，最终形成的贸易保护主义法案少。当大量的否决票存在时，对贸易保护主义持怀疑态度的拥有否决权的行为体更有可能利用权力挫败社会对贸易限制的诉求。总之，国会政治结

---

① 如众议院拥有财税权力，但总是与参议院通过联合决议，共同提出国会的此项观点，很少置参议院于脑后。

② Witold J. Henisz and Edward D. Mansfield，“Votes and Vetoes：The Political Determinants of Commercial Openness”，*International Studies Quarterly*，Vol. 50，No. 1，2006，p. 192.

③ 丁孝文：《走进国会山——一个中国外交官的亲历》，复旦大学出版社，2004年版，第90—91页。

④ 需要特别指出的是，这些数据为不完全统计，没有包括在一些约束政府授权法案中塞人的有关中美贸易问题的提案。关于数据的来源：自102届国会至108届系作者根据国会图书馆网站统计所得，其中，108届仅仅统计了涉及到人民币的提案；109届的数据直接采用了美国学者肯尼斯·舍韦等的研究；110届国会前4个月的统计数据来源与中国贸易救济网。上述来源分别为：国会图书馆网站，网址为：http：//thomas. loc. gov/；Kenneth F. Scheve and Matthew J. Slaughter，“A New Deal for Globalization”，Foreign Affairs，Vol. 86，No. 4，2007，p. 35；中国贸易救济网，http：//www. cacs. gov. cn/DefaultWebApp/showNews. jsp？newsId = 201420011137。

⑤ Witold J. Henisz and Edward D. Mansfield，“Votes and Vetoes：The Political Determinants of Commercial Openness”，*International Studies Quarterly*，Vol. 50，No. 1，2006，p. 209.

构在提供了贸易保护主义者以游说路径点的同时，否决票制也限制了保护主义政策的最终形成。形成于20世纪30年代的“快车道授权”也进一步抑制了国会贸易保护主义气氛。

二、快车道授权

仅仅是否决票制并不能有效地羁绊冷战后国会内喧嚣的贸易保护主义情绪，“快车道授权”以制度的形式保障了国会情绪不至于失控，进一步稀释了国会保护主义气氛。这一制度是国会自身创新的、用以抵抗国会浓厚保护主义气氛的后天工具。在以下部分，我们首先解释了一下什么是“快车道授权”，然后诠释它是如何稀释国会山上的贸易保护主义氛围。

“快车道授权”又被称为贸易促进授权（Trade Promotion Authority，缩写为TPA）。第一次“快车道授权”可以追溯到1934年，新政时期的国会授权富兰克林·罗斯福（Franklin D. Roosevelt）磋商关税削减。自此以后，历届美国政府都获得了此项贸易磋商的权力，除了理查德·尼克松总统（Richard Nixon）。起初，在总统的贸易磋商权力下，其达成的贸易协定无需获得国会的批准。1974年，国会通过了新的贸易授权，要求贸易磋商必须在国会与行政部门的合作之下，国会为谈判设定了特定目标，国会还根据宪法的授权，决定行政部门达成的贸易协定是否最终成为法律。这实质性修改了“快车道授权”。在这之后，国会对“快车道授权”进行了18次的修改和重新授权（参见表7—1）。

“快车道授权”实际上就是国会让渡出贸易权力给予行政部门，而自己监督行政部门行使此权力。在美国宪法以及贸易史上，国会在美国贸易政策中处于至上位置。许多研究美国贸易政策的学者认为，没有任何一个国家的政策制定结构可以与美国相比，它将国会提高到领导美国国际经济政策无与伦比的位置，也没有任何其他国家的宪法赋予立法机构如此的权力、能力以及影响对外经济政策形成和管理的权力，这种权力可以在行政部门之上或者超越他们。[①] 2008年，由于不满小布什政府的贸易政策，民主党控制的众议院拒绝给予当时的美国政府快车道授权。美国宪法明确赋予了国会独享的“监管对外贸易”的权力。这不仅包括了各种经济权力，而且还享有管理后来出现的知识产权的权力，国会得以“管理版权和专利权”。除了上述明示权力，国会另外还拥有宪法规定的弹性条款延伸出的

---

① Stephen D. Cohen, *The Making of United States International Economic Policy: Principles, Problems, and Proposals for Reform*, New York: Greenwood Press, Inc., 1988, p. 98.

贸易权力。美国宪法第一章第八节结束时总结到："为执行上述权力及宪法赋予合众国政府或其部门官员的所有其他权力，制订所有必要与合适之法律"。对国会职责的这一含糊陈述至少在理论上使国会对总统贸易权力的扩张构成了制约。宪法没有明确赋予总统为首的行政部门任何贸易权力。依据宪法第二章所赋予的对外事务权，"总统有权……缔结条约……"，总统演绎出了管理国际经济政策的贸易谈判权。因此，就宪法而言，行政部门管理国际经济政策实际上可以看作是引申出的。宪法赋权造成了国会在与总统就贸易问题产生的争端中处于理论上的优势。当总统的权力与国会对此的权力发生冲突时，最高法院的判决总是确认国会在此领域的主导权力。① 1953 年的法院裁决说明："规范国际贸易的权力归属国会，而不是行政部门或者法院。行政部门不得通过签署行政协定而行使此项权力。"②

实际上，尽管国会在理论上完全享有贸易权力，但是，在贸易政策制定的实践中，它可以有三种方式行事贸易权力：完全不授权给行政部门、完全授权给行政部门和授权但限制行政部门（参见图 7—1）。③ 具体而言，即为如下三种形式：（1）国会主导型：国会保留贸易权力，不授权给总统。在这种类型中，国会提出贸易法案。通常是每一个立法者根据本选区利益提出贸易议案，无论立法者多数投票支持或否定议案。总体而言，在这种行使权力的方式下，贸易政策中的保护主义水平高。（2）总统主导型：这是国会决定授权给总统中的形式之一。在这种形式中，总统被赋予了无限的权力，贸易政策中的保护主义水平极低。（3）授权与调和型（model of delegation and accommodation），这是国会决定授权给总统中的另外一种形式。在这种形式中，国会赋权，总统调和，最终输出贸易政策。具体内容为：国会部分授权给总统，国会以简单多数予以否决或接受，不能更改总统的建议。假如总统得到多数支持，这项建议就得以执

---

① Peter Buck Feller and Ann Carlisle Wilson, "United States Tariff and Trade Law: Constitutional Sources and Constraints", *Law and Policy in International Business*, Vol. 8, No. 1, 1976, p. 107.

② Stephen D. Cohen, *The Making of United States International Economic Policy: Principles, Problems, and Proposals for Reform*, New York: Greenwood Press, Inc., 1988, p. 99.

③ 部分观点借鉴了美国学者苏姗妮·罗曼（Susanne Lohmann）和夏琳·奥哈劳兰德（Sharyn O' Halloran）的研究成果。See Susanne Lohmann and Sharyn O' Halloran, "Divided Government and U. S. Trade Policy: Theory and Evidence", *International Organization*, Vol. 48, No. 4, 1994, p. 603。

行；如果否决，就维持原状。[①] 此时，贸易保护主义水平适中。从形式上看，国会主导型和总统主导型是国会授权的两种极端形式，而授权与调和型则处于中间。

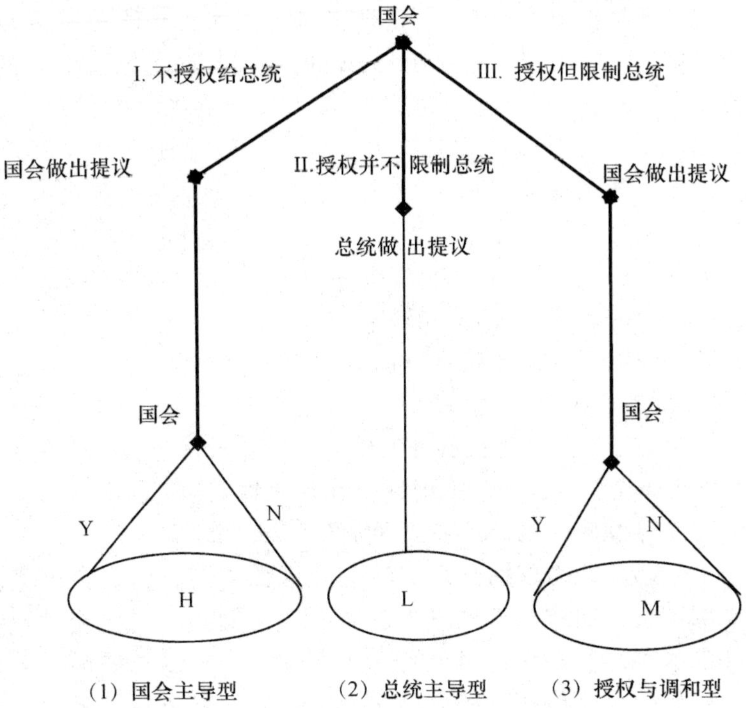

图 7—1 国会授权类型与贸易保护主义水平

注：Y：投票支持；N：投票反对；H：高贸易保护；L：低贸易保护；M：中度保护。

资料来源：根据苏姗妮·罗曼和夏琳·奥哈劳兰研究更改整理。See Susanne Lohmann and Sharyn O' Halloran，"*Divided Government and U. S. Trade Policy: Theory and Evidence*"，*International Organization*，Vol. 48，No. 4，1994，p. 603。

国会吸收历史的教训，避免采取国会主导型的贸易决策模式。贸易保护主义在美国具有悠久的历史，二战前，国会在历次贸易保护主义浪潮中高居要位，不断利用宪法赋予的权力将贸易保护主义理念加以立法及准司

① 苏姗妮·罗曼和夏琳·奥哈劳兰认为会进入国会主导形式，本书持维持原状观点。参见 Susanne Lohmann and Sharyn O' Halloran，"Divided Government and U. S. Trade Policy: Theory and Evidence"，*International Organization*，Vol. 48，No. 4，1994，p. 603。

法化。《1930年关税法》（the Tariff Act of 1930）即《斯穆特—霍利法》（Smoot – Hawley Bill）达到了美国关税的高峰，被称为经济领域的《慕尼黑协定》，修订了关税目录中的两万多个税则，税率几乎全都提高。根据一项估算，它建立了美国历史上最高的普通税率结构，使总体实际税率达到了应税进口商品价值的60%。[①]《斯穆特—霍利法》给美国以及世界带来了灾难性后果。在国内乃至国际上引起的争议与谩骂比有史以来任何关税措施都多。[②] 这一关税的通过堪称保护主义影响国会的杰作，实际上，国会开始只是试图帮助美国食品产业，仅仅温和地提高了进口食品的关税，但发生了“滚雪球效应”。工业利益集团纷纷加上了对自身有利的关税保护条款。但是，这一关税结果事与愿违，出口下降的幅度甚至超过了进口下降的幅度：进口额从1929年的44.0亿美元降到了1933年的14.5亿美元，出口额则从51.6亿美元跌至16.5亿美元。[③] 各国一个接一个地提高关税壁垒加以报复，导致全球商务大幅下滑，世界贸易变成了泥沼。至1934年，世界贸易额仅为1929年的1/3。[④] 这一结果使国会清醒地意识到，完全国会主导型的贸易政策决策模式并不是最优选择。一位参议员助手认为，如果国会自己决定什么时间、在什么地点以及如何惩罚其他国家的不公平贸易行为时，“结果将是不明智的”。[⑤]

国会担心以总统为首的行政部门太为重视美国整体政策效果而忽视了美国局部利益，回避总统主导型的贸易决策模式。与国会相比，总统更善于从国家整体利益看待对外贸易。在经济上，以总统为首的行政部门是自由贸易的忠实信徒，尽力确保美国对外经济政策不受贸易保护主义等站不住脚的观点所迷惑，也免受国会山上过度夸张地偏狭经济观的影响。二战后特别是在冷战结束之后，国会虽也赞同开放的经济政策，但它更看重国内的就业，当开放的经济政策影响到国内就业时，国会宁

---

① John M. Dobson, *Two Centuries of Tariffs: The Background and Emergence of the United States International Trade Commission*, (Washington, DC: US International Trade Commission, December 1976), p. 34.

② Joseph M. Jones, Jr., *Tariff Retaliation: Repercussions of the Hawley – Smoot Bill*, Philadelphia: University of Pennsylvania Press, 1934, p. 1, quoted in I. M. Destler, *American Trade Politics*, Washington, DC: Institute for International Economics, 2005, p. 11.

③ I. M. Destler, *American Trade Politics*, Washington, DC: Institute for International Economics, 2005, p. 12.

④ 数据来源于布鲁斯·斯都克斯：《保护主义与政治》，载《新交流》，2007年夏季刊，第7页。

⑤ Stephen D. Cohen, *The Making of United States International Economic Policy: Principles, Problems, and Proposals for Reform*, New York: Greenwood Press, Inc., 1988, p. 112.

肯放弃贸易的开放性。在政治上，总统能以更加宽广的视野看待经济问题。在关注美国对外经济政策给予美国整体福利的同时，也注重其他国际经济体的关联影响。但是，国会在政治上更注重开放经济政策的国内影响，担心这种自由贸易制造了太多国内失败者，造成社会的不稳定。此外，在国会看来，总统在制定经济政策时，过于重视缘政治上的目标。如老布什（G. H. W. Bush）总统就认为，“一个总统必须关注两国关系中的战略重要性。”① 1994 年 5 月，克林顿决定继续给予中国最惠国待遇，并将人权与此脱钩。在解释其行为时，克林顿说：应该把对华关系放在美国在亚太地区利益的广泛背景下加以看待。② 但是，国会却认为注重地缘政治利益将使之凌驾于国内经济利益之上。国会亦认为地缘政治上的目标会导致政府选择对美国经济利益不大的自由贸易协议伙伴。③ 综上所述，国会不可能采用完全授权给予总统的形式，否则国会的诉求与关注就可能被总统忽视甚至束之高阁。

国会最终采取了授权与调和型的模式。国会的目的有如下两方面：一方面，确保自己的关切在贸易政策中有所体现，同时，又能使美国分享到自由贸易带来的经济红利。在第六章中，我们已经论述了国会必须回应公众的需要，如果国会不能加以回应，则会受到公众的惩罚。因此公众可以引导国会立法者的行为，立法者必须要求行政部门在贸易政策中体现公众的诉求。有鉴于此，立法者在让出自己权力的同时，必定为自己在贸易政策制订中预留了一定的位置。通过采取授权与调和型的模式，国会将贸易权力不完全授予了总统，总统则在贸易政策领域不断的削减关税与非关税壁垒，美国获得了贸易的好处。自二战后，贸易使美国国民生产总值每年提高 1 万亿美元，相当于为每个美国家庭每年提供 9000 美元的收入，全球化使得美国财富增加了 10%。④ 根据 2014 年最新数据，2014 年美国出口产业提供了 11.7 百万个就业岗位，在 2004 出口额的基础上，2014 年提升

---

① *Public Papers of the President of the United States*, *George Bush*, 1989, *Book I, II*, Washinton DC: United States Government Printing Office, 1993, p. 79.

② *Public Papers of the President of the United States*, *William J. Clinton*, 1994, *Book I, II*, Washinton DC: United States Government Printing Office, 1995, p. 992.

③ 李淑俊、郭增栋：《美国贸易保护主义中的国会因素》，载《当代世界与社会主义》，2007 年第 4 期，第 95 页。

④ USTR, "*Trade Promotion Authority Delivers Jobs, Growth Prosperity and Security at Home*," Jan. 31, 2007, http://www.ustr.gov/Document_Library/Fact_Sheets/2007/Trade_Promotion_Authority_Delivers_Jobs,_Growth_Prosperity_Security_at_Home.html.

了 102%。[①] 另一方面，也是最为重要的方面，通过贸易授权，国会既保持了宪法赋予自己贸易权力的同时，又使自己摆脱了保护主义的巨大压力。通常情况下，国会缺乏足够的政治意志，容易受利益集团的掣肘。以总统为首的行政部门则完全不同。稳定性高于国会的行政部门，由于较少面临选举压力，他们能够承担起阻挡贸易保护主义浪潮的重任；另外，总统拥有真正的国家选区，可以宣称代表了国家利益，不易屈从于特定产业的贸易保护主义。戴斯勒认为，立法者认识到他们不能抵抗来自特定产业利益集团贸易保护主义的压力，故而他们选择将制定贸易政策的权力转让给总统，后者对贸易保护主义持怀疑态度。这样就隔离了国会与贸易保护主义的诉求，避免了国会承担自由贸易的负面效果。[②] 这一结论与实证分析相符，自 1934 年授权后美国关税一路削减，应税商品的平均税率水平从 1931 年的 60% 降到了 1970 年的 10%；至 WTO 乌拉圭回合后，美国产业关税（不包括农业）为 3.5%。[③] 在这两方面原因的作用下，学者们认为，国会应该对总统的所作所为（包括经济政策）表现出依从或默认的态度，或者，尽管国会参与对外经济政策制定，但是不要产生实质性影响，犹如“只见炊烟不见火”。[④] 实证研究也表明确实如此，国会做出让权是便于行政部门推行自由贸易政策。尽管“快车道授权”存在条件限制，但是国会通常不愿意行使这些权力。[⑤]

实际上，授权与调和型的模式就是“快车道授权”。在 1934 年《互惠贸易协定法》（the Reciprocal Trade Agreements Act）中，国会授权总统磋商自由贸易协定与削减关税 50% 的权力，这给予了总统制定关税的幅度，结束了国会制定具体关税的时代。[⑥] 这是“快车道授权”制度的开始，这

① https://ustr.gov/sites/default/files/United%20States%20of%20Trade.pdf.

② See I. M. Destler, *American Trade Politics*, Washington, D. C: Institute for International Economics, 2005.

③ 数据来源于 John M. Dobson, *Two Centuries of Tariffs: The Background and Emergence of the United States International Trade Commission*, Washington, DC: US International Trade Commission, December 1976, p. 844; James McBride, “*The Future of U. S. Trade Policy*”, June 25, 2015, http://www.cfr.org/trade/future-us-trade-policy/p36422。

④ 刘永涛：《美国总统、国会与对华政策》，载谢希德、倪世雄：《曲折的历程——中美建交 20 年》，复旦大学出版社，1999 年版，第 119 页。

⑤ 关于这方面的论证可参见 I. M. Destler, *American Trade Politics*, Washington, D. C: Institute for International Economics, 2005; Robert A. Pastor, *Congress and the Politics of US Foreign Economic Policy*, 1929-1976, Berkeley: University of California Press, 1980。

⑥ 具体章节为 *Trade Agreements Act of* 1934, 73d Cong., 2d sess., 1921, ch. 474, sec. 350。

一授权安排在以后历届国会中继续得到了延续。这个“最为著名的授权”[①]核心内容为，国会将贸易裁量权赋予给了以总统为首的行政部门，政府可以不经国会批准与外国贸易伙伴磋商贸易壁垒，国会必须在90天内对政府提出的贸易法案进行可否实施的表决，不得修正。另外，“快车道授权”还包括贸易救济机制等内容。从这些内容我们可以看出，国会的授权是有条件限制的，“如果发现有严重的偏差，议员就会使用‘可怕的武器库’中的武器来矫正这些问题。”[②] 这一简单的制度改革历来被认为是具有革命性后果，根本改变了贸易政策制订的过程和美国未来贸易关系，它标志着制定关税的权力开始从立法机构转向行政部门。

总之，即使在冷战结束后。国会仍坚持“快车道授权”。这是立法者有意设计的一种机制，这种机制执行的政策结果与国会立法者亲自立法的结果不同。[③] 尽管冷战后美国贸易逆差一路攀升，美国贸易保护主义压力史无前例，国会也不愿意历史重演，谢绝贸易权力上的国会主导型；恐于总统过度关注整体利益而忽视局部利益，国会也不能采用总统主导型；最好的形式是授予总统以权力，而总统又必须协调国内经济利益，维持适度的贸易保护主义。因此，我们可以看出，“快车道授权”削弱了国会政治结构中浓厚的贸易保护主义气氛，因为它同时也保证了整体的自由贸易政策。

第二节　国会贸易保护主义的最终形成

在前面的论述中，我们已经应用路径点理论详细阐述了国会政治结构造成的浓郁贸易保护主义气氛，否决票制与“快车道授权”稀释与阻碍了国会的这种贸易保护主义。在下面的部分，我们将诠释国会如何将稀释后的贸易保护主义的气氛化为现实保护主义行为。

国会最终贸易保护主义的形成依赖于两个途径：第一为间接途径，通

---

① Robert E. Baldwin, *The Political Economy of U. S. Import Policy*, Cambridge, Massachusetts: The MIT Press, 1985, p. 34.

② David J. Vogler, *The Politics of Congress*, Dubuque: Wm. C. Brown Communications, Inc, 1993, p. 9.

③ Susanne Lohmann and Sharyn O' Halloran, "Divided Government and U. S. Trade Policy: Theory and Evidence", *International Organization*, Vol. 48, No. 4, 1994, p. 597.

过业已形成的制度达到目的，这包括否决票制与“快车道授权”形成；一个为直接途径，主要是国会利用宪法赋予的国会职能。其中，直接途径最为重要。

一、间接途径

否决票制与“快车道授权”是国会形成保护主义的制度工具，它们既有稀释保护主义的功能，确保“美国外交决策最后还是在白宫完成”①，也有保护国会形成立法者可以不负责任的国会贸易保护主义的属性。②

（一）否决票制

否决票制属于国会制约总统自由贸易权力的结构性障碍，也被称之为自动防故障装置（Fail－Safe Mechanisms），它可以保证行政部门的回应符合国会的优先关注事项。以反否决为例，1958 年，在延长《贸易协定法》（the Trade Agreements Act）立法之际，国会在文本中引入一个新条款以取代原有条文。新条款规定：允许国会以 2/3 的支持票推翻总统对免责条款的反对意见，而原有法律规定，总统可以反对国际贸易委员会做出的关于免责条款的决定。这个新条款最后通过，国会在以后的贸易法中不断加以修改使之更利于国会贸易倾向。在 1962 年和 1974 年的贸易法中，国会修改了国会反对票的票数。首先，只需要每院认可人数（authorized membership）中的多数则可以就总统的否决提出异议；然后，仅仅需要出席人员的多数就可以投票最终决定。虽然国会从来没有使用过这个否决权，但是它的存在无疑对总统的自由贸易谈判是一个潜在的威胁工具。在 1983 年一个判例中，最高法院认为国会的否决条款是违反宪法的，因为它们违反了宪法的陈述条款（The Presentment Clauses of The Constitution）。随后，在 1984 年的贸易和关税法（the Trade and Tariff Act of 1984）中，国会修改了这个条款以符合最高法院的判决。国会关于这个权力的规定现在的陈述如下：如果总统否决了 ITC 确认的损害，那么 ITC 可以再次确认救济这个损害，并付诸实施，但这一救济是有前提条件的，那就是国会两院必须通过一个联合决议案（Joint Resolution）反对总统的否决，这个决议案总统可以进一步否决，但是，国会两院可以以 2/3 的支持来否决总统的否决。国会获得了最终裁决权，这也就确保了国会贸易偏好的最终实现。因此，

---

① 沈丁立：“驴象之战进入新阶段——美国国会中期选举后的政策走向”，《国际展望》，2007 年 2 期，第 15 页。

② 详细参见 I. M. Destler, *American Trade Politics*, Washington, DC: Institute for International Economics, 2005, pp. 11－37。

当国会拥有了浓厚的保护主义气氛，只要它决心将之变为现实的保护主义，否决票制就提供了方便。总起来说，否决票制下的贸易保护主义是由国会直接输出的。

（二）快车道授权

在贸易政策上，鉴于总统自由主义，“快车道授权”又加强了国会贸易保护主义的本能。[①] 国会贸易保护主义的主要例证是国会实质性地减少了总统在具体贸易案例上的裁量权。[②] 概括地讲，“快车道授权”下的贸易保护主义是由国会迫使行政部门输出的。主要表现在：

首先，国会授权是有所保留的，“在一定条件下，国会将此权力（贸易权力）赋予了总统”，[③] 国会保留了决定总关税政策以及寻求救济的程序，将对个案的决定权给予了行政部门。通过有保留的授权，国会保持了自身的灵活性。国会一方面摆脱了贸易保护主义者的直接压力，立法者乐意让渡出一部分他们的权力，让别人来分担这份决定可能带来的风险而自己可以保持关键性作用并对这个议题发表评价。[④] 国会另一方面又可以行使贸易保护主义，因为国会没有将制定总关税的权力转让给行政部门，这就为国会保留了随时可以行使贸易权力赢得选民支持的工具。

其次，国会要求总统在行使贸易权力时，行政部门的贸易建议要完全符合国会提出的无数磋商要求。这实际上仍旧是保留了限制总统自由主义的部分本质。[⑤] 国会对行政部门的要求或者希望可能满足也可能拒绝。约翰逊政府在肯尼迪回合中向与会贸易伙伴保证取缔关税估价体系中的美国售价制（the American Selling Price），但国会拒绝对此修改美国贸易法律。1978—1979 年，美国加入国际糖协会（the International Sugar Agreement）被搁置，这归因于参议员弗兰克·丘奇（Frank Church），他认为只有卡特政府同意提高国内食用糖达到了政治上可以接受的水平，以他为首的糖业集团的代表才会赞同表决议案。因此，自 1934 年以后，美国贸易政策可以

---

① 李淑俊、倪世雄：《美国贸易保护主义的政治基础——以中美贸易摩擦为例》，载《世界经济与政治》，2007 年第 7 期，第 72 页。

② Stephen D. Cohen, *The Making of United States International Economic Policy: Principles, Problems, and Proposals for Reform*, New York: Greenwood Press, Inc., 1988, p. 112.

③ “*A New Trade Policy For America*”, May 04, 2007, http://waysandmeans.house.gov/media/pdf/NewTradePolicy.pdf.

④ Stephen D. Cohen, *The Making of United States International Economic Policy: Principles, Problems, and Proposals for Reform*, New York: Greenwood Press, Inc., 1988, p. 113.

⑤ Susanne Lohmann and Sharyn O' Halloran, “Divided Government and U.S. Trade Policy: Theory and Evidence”, *International Organization*, Vol. 48, No. 4, 1994, p. 598.

被诠释为国会持续地与行政部门就可以接受的协定不断授权，避免具体贸易政策制定的失败和政治风险，同时保证国会意愿在贸易执行中得到最好的落实。总之，国会批准的行政部门请求很少有没有经过附加、删除、更改等。[①]

最后，授权有时间限制。这给予了国会借重新授权的机会来限制总统削减关税的权力。[②] 例如：20 世纪 40 年代与 50 年代的例外条款与危险点条款的添加、冷战后的贸易保护主义授权条件多与新问题相连。现在的授权也被绑架上了贸易保护主义条款。2007 年 5 月，众议院议长佩洛西宣称贸易促进授权必须注意公平贸易。[③] 2015 年的贸易促进授权更具有保护主义色彩。由于没有达到众议院民主党贸易救济的宽泛目标，在参议院已经通过了"快车道授权"与贸易调整援助捆绑法案后，众议院在 2015 年 6 月初的投票中，反对授权总统"快车道授权"。在众议院已经通过拆分开的、单独的"快车道授权"方案后，参议院再一次的投票中，为获得民主党方面的支持，参议院多数党共和党领导人米奇·麦康奈尔（Mitch McConnell）和众议院共和党领导人、议长约翰·博纳（John Boehner）保证，有关贸易议题的 4 个法案，包括关税法案、非洲贸易法案、贸易促进授权以及贸易调整援助，都会获得通过。

表 7—1 给出了自"快车道授权"以来重新授权的情况。从整体上看，授权的时间间隔愈来愈长，这从一个侧面说明国会对于美国政府贸易政策的不满与控制。鉴于国会山上的浓烈保护主义氛围，这一定程度上也预示了国会保护主义的输出。

---

① Stephen D. Cohen, *The Making of United States International Economic Policy: Principles, Problems, and Proposals for Reform*, New York: Greenwood Press, Inc., 1988, pp. 100 – 101.

② Robert E. Baldwin, *The Political Economy of U. S. Import Policy*, Cambridge, Massachusetts: The MIT Press, 1985, p. 35.

③ I. M. Destler, "American Trade Politics in 2007: Building Bipartisan Compromise", p. 10.

表 7—1　1934—2015 年快车道授权情况一览表

快车道授权			
总统（党派）	法案	年份	国会多数党
罗斯福（民主党）	互惠贸易协定法	1934	民主党
	延长	1937	民主党
	延长	1940	民主党
	延长	1943	民主党
	延长	1945	民主党
杜鲁门（民主党）	贸易协定延长法	1948	共和党
	延长	1949	民主党
	延长	1951	民主党
艾森豪威尔（共和党）	贸易协定延长法	1953	共和党
	延长	1954	共和党
	延长	1955	民主党
	延长	1958	民主党
肯尼迪（民主党）	贸易拓展法	1962	民主党
约翰逊（民主党）	贸易拓展法	1962	民主党
福特（共和党）	贸易法	1974	民主党
卡特（民主党）	贸易法	1974	民主党
	贸易协定法	1979	民主党
里根（共和党）	贸易协定法	1979	民主党
	贸易和关税法案	1985	共和党参议院/民主党众议院
	综合贸易法案	1988	民主党

续表

快车道授权			
总统（党派）	法案	年份	国会多数党
老布什（共和党）	综合贸易法案	1988	民主党
克林顿（民主党）	延长	1993	民主党
小布什（共和党）	贸易法	2002	共和党参议院/民主党众议院
奥巴马（民主党）	贸易促进授权法案（快车道授权）	2015	共和党

资料来源：1934—2002 年情况来源于 Office of the U. S. Trade Representative，2015 The President's Trade Agenda：Made In America，2015 年授权情况来源于美国贸易代表办公室新闻简报。

二、直接途径

直接途径表现为国会利用其功能达到贸易保护主义实现的目的。国会最为基本的职能有代议、立法和监督等，其中，代议有利于贸易保护主义气氛的营造，这在第一部分中我们已经进行了分析；而后两者最有利于国会输出贸易保护主义。

（一）国会立法功能下的贸易保护主义

立法是宪法明文规定的国会最基本的权力之一。关于国会的结构、权力和运转的第一条规定：本宪法所赋予之一切立法权，均属于合众国国会。国会立法贸易保护主义包括三方面的内容：总统提交的贸易协定法案中加入保护主义、其他法案中塞入保护主义条款以及修改已有贸易法案。

首先，国会经常迫使总统在行政部门提交的贸易协定文本中加入保护主义的内容。对于立法者实施贸易保护主义的目标来说，合适的时间是当总统试图将贸易协定成为法律时。① 当总统寻求国会对特定贸易文件进行立法时，多数总统会对他们的初始文本做出折中，以顾及国会的贸易保护主义倾向，避免不能获得任何立法的彻底失败。这些折中包括对贸易政策加入一般性贸易保护主义条款，如放宽救济标准，也可能是行政部门答应

① Robert E. Baldwin, *The Political Economy of U. S. Import Policy*, Cambridge, Massachusetts: The MIT Press, 1985, p. 52.

在立法之外对特定产业资以行政保护。2015年，国会通过的总统快车道授权法案规定行政部门磋商的自由贸易协定中，必须有关于汇率错配的条款。

其次，国会经常在其他法案特别是预算和拨款法案中搭车兜售贸易保护主义。在美国，预算和拨款的权力（俗称“钱袋子权”）全部归于国会，而任何一项法律和政策的出台都必须有合理的配套资金。国会利用这项权力经常奖励表现优异者，惩罚不听话者。[①] 阿瑟·施莱辛格（Arthur M. Schlesinger）曾感叹道：如果某个部门主义迎合国会的要求，那么它就更容易得到授权。[②] 保护钢铁业著名的《伯德修正案》(Byrd Amendment)，它就是被来自于西弗吉尼亚州的资深参议员罗伯特·伯德（Robert Byrd）塞进2000年的一项拨款议案中而成立的。《1990—1991财年国务院授权法》中就包含有7项对华制裁的措施；1998年美国参众两院分别通过的《1999财政年度国防授权法案》，其中含有多项对华政策条款，在事关贸易的问题上，表现出了国会狭隘的贸易观。

修正案就是对一项法案、决议或提案提出修改建议。这主要包括两类：一类是国会对成文法的修改。随着美国贸易状况的改变，无论是国会还是行政部门均认为已有法规不能解决现有的贸易问题，贸易政策执行部门的裁决往往找不到法理依据，导致贸易伙伴的不断申诉。在2007年3月30日的美国对华铜版纸适用反补贴法律事件中，美国商务部就面临着法理难题：早在20世纪80年代，美国法律就确定了反补贴法不适用于来自非市场经济体国家。对此，国会议员多坚持修改美国已有贸易法。另一类修正案是国会对已经提出的议案进行修改，这是该项提案成为法律必经的程序过程。一项统计说明，美国众议院最后通过的议案中，25%的附有修正案，而参议院的此项比重则高达80%。[③]

（二）国会监督功能下的贸易保护主义

监督是国会根据它所颁布的法律来保证国会意图按照国会要求的方式得到实施和执行的过程。国会立法只能指出国会的意图、原则和目标并为此拨款，法律如何执行，须授权行政部门拿出方案、制定条例或细则。这些方案、条例和细则具有法律效力，它们决定法律的执行状况，国会为了确保行政部门忠实地实施法律，便要审查行政方案、行政条例或细则。自

---

① Robert E. Baldwin, *The Political Economy of U. S. Import Policy*, Cambridge, Massachusetts: The MIT Press, 1985, p. 39.

② Arthur M. Schlesinger, *The Imperial Presidency*, Boston: Houghtor Mifflin, 1973, p. ix.

③ 徐育苗主编：《中外代议制度比较》，商务印书馆，2000年版，第224页。

20 世纪 70 年代起，国会的监督功能得到了加强。[①] 在行政部门行使此项权力的过程中，国会的“火警”、“警察”作用以及可信的制裁威胁有效地限制了总统制定政策的空间。因此，行政部门在制定贸易政策的过程中，需要不断听取以及研究国会的贸易偏好。

实际上，监督功能起到了对行政部门吓阻的作用。国会监督行政部门的贸易政策是为了确保政府政策的执行反映了公众的偏好。为了达到这个目标，议员可采取打电话（包括写信、发表演讲等）、举行听证会、调查、修改某部门的预算规模及对总统推荐来掌管主要部门的高级人选进行严格审查等。例如，在国会监督职能下，议员的电话迫使政府某机构不能等闲视之。[②] 再如，通过听证会，国会可以从行政部门相关机构与人员中收集信息并有效影响政府的决策。[③]

在这种吓阻下，在国内，国会议员拥有了更大的活动余地。一方面，满足了其服务选民的职能；另一方面，又迫使行政部门在贸易谈判中承受着国会的掣肘，不得不时刻关注国内保护主义的动向。例如，美国总统在采取任何一项对华政策倡议时不得不考虑来自国会的反应。[④] 在国外，国会的吓阻造成了贸易保护主义的凸显，导致贸易谈判伙伴面临来自美国国会的间接压力。它们也不得不接受立法者的部分观点来安抚美国国会。

---

① David J. Vogler, *The Politics of Congress*, Dubuque: Wm. C. Brown Communications, Inc, 1993, p. 9.

② Morris P. Fiorina, *Congress: Keystone of the Washington Establishment*, （New Haven, Conn.: Yale University Press, 1989）, p. 47.

③ David J. Vogler, *The Politics of Congress*, Dubuque: Wm. C. Brown Communications, Inc, 1993, p. 9.

④ 刘永涛：《美国总统、国会与对华政策》，载谢希德、倪世雄：《曲折的历程——中美建交20年》，复旦大学出版社，1999 年版，第 136 页。

第八章　放大与稀释：国会与美国贸易保护主义的实证研究

第一节　美国国会主要涉华提案

自1991年1月至2008年8月，美国国会参众两院共提出涉华经贸议案200个左右。

一、检测工具与方法：对华经贸提案

笔者在本章中，将对华经贸提案作为检测国会对华贸易倾向的主要指标。为使研究尽可能严谨、科学，笔者对国会对华经贸提案做出了如下设定：

对华经贸提案的时间。笔者选取了自102届国会（1991—1992年）至110届国会，具体研究截至的时间为2008年8月。从研究的科学性角度讲，近17年的提案资料可以使笔者的研究结果更为准确，它一方面可以说明过去，总结出规律性结论；另一方面，笔者得出的结论也可以有效预测未来。

对华经贸提案的选择。这包括三方面内容：（1）选择国会对华经贸提案的标准。本书所涉及的国会对华提案必须是主要内容针对中美经贸的所有议案，不包括：附在综合议案以及针对中国问题的综合提案、涉及中美经贸议题条款的国会拨款法案和授权法案。（2）负向提案与国会对华贸易保护主义。这涉及到对议案性质的归类，笔者采取了一种“非黑即白”的分类方法，将议员所提对华经贸议案分为正向议案和负向议案。划分正、负向议案的依据是借用了贸易保护主义的概念，凡是目的在于或者实际上造成限制中美货物或服务自由通畅流动的提案，或者是对中美贸易设定先

决条件的，就为负面提案；反之为正面提案。如 1997 年 10 月参议院提出的 S. 1327，主旨是“只要中国加入世贸组织，保证给予中国永久正常贸易关系。”就本提案看，给予中国永久性正常贸易关系是促进中美货物的通畅流动，但是，它设定了条件即中国加入世贸组织。表面上看，中国加入世贸组织是正向的对华贸易倾向，但是在提案的具体内容中，提案人又对中国加入世贸组织提出了诸多前提。在本书中，笔者就视之为负向议案。再如，2000 年 5 月的 S. 2548，主旨是对中国产品适用最惠国待遇（MFT），但设定了条件是中美两国就如何执行 MFT 达成协议。这个条件的最终完成是不可预期的。笔者就将此议案统计为负向提案中。另外，在本章中，笔者暂且规定，美国国会对华负向提案就为对华贸易保护主义，正向提案就为对华自由贸易。（3）表 8—1 与表 8—2 中“一院通过”与“两院一致通过”的提案。两院一致通过的议案包含在一院通过的提案中。换言之，两院一致通过的议案一定是一院通过的议案，但一院通过的议案不一定成为两院一致通过的议案。（4）本章所涉及的美国国会对华提案指仅为针对贸易的提案，不包括附在综合议案以及针对中国问题的综合提案中有关对华贸易的条款的所有提案。

资料来源。笔者下述表 8—1、表 8—2、表 8—3、表 8—4 与表 8—5 中议案数据与内容主要是根据美国国会图书馆的官方网站、美国政府出版局官方网站、美国国会众议院网站、参议院网站以及《华盛顿邮报》网站所提供的资料分析统计而成。

二、1991 年 1 月至 2008 年 8 月美国国会主要对华经贸提案

表 8—1 给出了 1991 年 1 月至 2008 年 8 月美国国会参众两院主要的涉华经贸提案。

表 8—1　1991. 01—2008. 08 美国国会主要涉华经贸提案

国会届数（时间）	多数党与提案数量		提案时间、编号、主旨与结果
102（1991—1993）	参议院（民主党）	8	1. 1991. 1. 14，S. 38：反对给予中国 MFT：两读，然后提交给财政委员会 2. 1991. 5. 9，S. 1020：有条件延长对中国的 MFT；两读，然后提交给财政委员会

续表

国会届数（时间）	多数党与提案数量		提案时间、编号、主旨与结果
102 （1991—1993）	参议院（民主党）	8	3. 1991. 5. 16，S. 1084：反对给与中国 MFT；在委员会中没有得到报告的机会 4. 1991. 5. 23，S. 1167：反对给与中国 MFT；两读，然后提交给财政委员会 5. 1991. 6. 3，S. J. RES. 153：联合决议案：不赞同总统延长中国最惠国待遇；议场辩论一致同意推迟 6. 1991. 6. 25，S. 1367：有条件 MFT；参议院议场辩论并一致同意不定期推迟 7. 1991. 7. 11，S. 1469：关于延长最惠国待遇；两读，然后提交财政委员会 8. 1992. 6. 4，S. 2808：有条件延长 MFT；与 H. R. 5318 一并报告
	众议院（民主党）	11	1. 1991. 5. 1，H. R. 2188：不给予中国最惠国待遇；分给贸易小组委员会并举行了听证会 2. 1991. 5. 2，H. R. 2212：要求对中国最惠国待遇附加条件；在众议院获得通过 3. 1991. 5. 17，H. R. 2381：不给予中国最惠国待遇；分给贸易小组委员会并举行了听证会 4. 1991. 5. 23，H. R. 2468：关于延长对华最惠国待遇；分给了贸易小组委员会并举行了听证会 5. 1991. 5. 29，H. J. RES. 262：反对延长对中国的最惠国待遇；分给贸易小组委员会并举行了听证会 6. 1991. 5. 30，H. J. RES. 263：反对延长对中国的最惠国待遇。提交参议院议场辩论，一致同意不定期推迟 7. 1991. 6. 5，H. J. RES. 502：反对延长对中国的最惠国待遇；众议院通过并提交给参议院，两读，然后转交给财政委员会 8. 1991. 6. 25，H. R. 2759：以中国放弃计划生育政策为条件支持给予中国最惠国待遇；提交给筹款委员会贸易小组委员会 9. 1991. 6. 26，H. R. 2792：有条件延长中国最惠国待遇；提交给小组委员会 10. 1991. 7. 9，H. RES. 189：请求对中国的最惠国待遇考虑联合决议案、提案或者是协同决议案；众议院通过 11. 1991. 6. 3. H. R. 5318：关于中国最惠国待遇；在参议院没有通过

续表

国会届数（时间）	多数党与提案数量		提案时间、编号、主旨与结果
103（1993—1995）	参议院（民主党）	4	1. 1993. 4. 22，S. 806：有条件延长中国 MFT，两读，然后提交给财政委员会 2. 1993. 5. 26，S. 1034：直到中国停止因人民币汇率获得的不公平竞争优势，总统才可以给予中国 MFT；两读，然后提交给财政委员会 3. 1993. 5. 28，S. 1065：拒绝给与中国 MFT，两读，然后提交给财政委员会 4. 1994. 7. 1，S. 2260：有条件给与中国 MFT，两读，然后提交给财政委员会
	众议院（民主党）	8	1. 1993. 4. 22，H. R. 1835，有条件延长中国 MFT 2. 1993. 4. 28，H. R. 1890：有条件延长中国 MFT 3. 1993. 5. 5，H. R. 1991：有条件延长中国 MFT，转至小组委员会 4. 1993. 6. 8，H. J. RES. 208：反对延长对中国的 MFT，筹款委员会没有通过 5. 1994. 5. 26，H. J. RES. 372：反对给予中国 MFT，转交小组委员会 6. 1994. 6. 8，H. J. RES. 373：反对给予中国 MFT，没有通过筹款委员会 7. 1994. 6. 16，H. R. 4590：有条件给予中国 MFT，两读并提交给对外关系委员会 8. 1994. 8. 5，H. RES. 509：呼吁考虑就中国 MFT 提出联合决议案和法案，在众议院通过
104（1995—1997）	参议院（共和党）	4	1. 1995. 1. 15，S. CON. RES. 2：中国应购买美国小麦以平衡中美贸易失衡，提交给财政委员会 2. 1995. 7. 10，S. J. RES. 37：反对给予中国 MFT，两读，然后提交给财政委员会 3. 1996. 6. 6，S. J. RES. 56：反对给予中国 MFT，两读，然后提交给财政委员会 4. 1996. 6. 13，S. RES. 262：参议院认为应该对中国进行制裁，直到美国贸易代表证明中国遵守了与美国签订的保护知识产权的协议；提交给财政委员会

续表

国会届数（时间）	多数党与提案数量		提案时间、编号、主旨与结果
104（1995—1997）	众议院（共和党）	13	1. 1995. 1. 4，H. R. 139：禁止中国强制劳动的产品进入美国，提交给筹款委员会贸易小组委员会 2. 1995. 1. 4，H. R. 149：禁止美国卫星出口，以防止使用中国发射设备发射。提交给国际关系委员会的亚太小组委员会 3. 1995. 1. 30，H. RES. 50：表达众议院对正在进行的美中关于知识产权保护的关注，提交给筹款委员会贸易小组委员会 4. 1995. 6. 16，H. J. RES. 96：反对延长中国的最惠国待遇 5. 1996. 5. 8，H. R. 3421：对中国产品提高关税，直到总统证明中国遵守了它同美国签署的保护知识产权的协议；提交给筹款委员会 6. 1996. 5. 9，H. RES. 429：表达众议院关于中国遵守中美知识产权强制协议等；提交给筹款委员会 7. 1996. 6. 4，H. R. 3569：有条件支持给予中国 MFT。提交给筹款委员会 8. 1996. 6. 4，H. R. 3577：反对国际金融机构给予中国援助供应，提交给银行与财政委员会，转至国内与国际货币政策小组委会 9. 1996. 6. 12，H. J. RES. 181：反对延长对华最惠国待遇，提交给筹款委员会贸易小组委员会 10. 1996. 6. 13，H. J. RES. 182：反对延长对华最惠国待遇，没有通过筹款委员 11. 1996. 6. 20，H. R. 3684：禁止美国进口来自中国军队或者任何国防工业贸易公司的产品；提交给筹款委员会 12. 1996. 6. 25，H. RES. 461：表达美国对中国诸多问题的关注，包括中美贸易摩擦，在规则委员会通过；6 月 27 日在众议院通过 13. 1996. 9. 12，H. R. 4065：总统支持中国加入世贸组织之前必须获得国会的批准，如果中国加入世贸组织没有经过美国的支持，则美国将退出世贸组织
105（1997—1999）	参议院（共和党）	7	1. 1997. 3. 18，S. 465：建立一个紧急委员会以结束贸易逆差，两读，并提交给财政委员会 2. 1997. 5. 13，S. 737：支持给予中国最惠国待遇；两读，并提交给财政委员会 3. 1997. 6. 3，S. J. RES. 31：联合决议案反对给予中国 MFT；两读，并提交给财政委员会

续表

国会届数（时间）	多数党与提案数量		提案时间、编号、主旨与结果
105（1997—1999）	参议院（共和党）	7	4. 1997. 10. 21，S. 1303：鼓励中国融入世界经济，以保证美国的贸易利益、建议与中国保持战略工作关系，使中国成为世界社会中负责任的一员；两读，提交给财政委员会 5. 1997. 10. 22，S. 1306：禁止将加利福尼亚州长滩海军站转让给中国海洋运输公司；两读，并提交给军事服务委员会 6. 1997. 10. 28，S. 1327：只要中国加入世贸组织，保证给予中国永久正常贸易关系；两读并提交给财政委员会 7. 1998. 10. 7，S. 2567：确保中国军队拥有的实体不会与美国个人有商业行为；两读，并提交给财政委员会
	众议院（共和党）	17	1. 1997. 1. 7，H. R. 87：反对任何国际金融机构给予中国援助，提交给银行与财政委员会，转至国内与国际货币政策小组委会 2. 1997. 1. 7，H. R. 320：禁止进口中国强迫劳动的产品，提交给筹款委员会贸易小组委员会 3. 1997. 3. 20，H. R. 1140：美国支持中国加入世贸组织的决定必须得到国会的赞同，如果中国加入世贸组织没有得到美国的支持，则美国将退出这个组织；提交筹款委员会，规则委员会将之转至贸易小组委员会 4. 1997. 3. 21，H. CON. RES. 56：美国政府坚决支持台湾在中国加入世贸组织之前加入，提交给筹款委员会贸易小组委员会 5. 1997. 5. 22，H. R. 1712：为鼓励中国加入 WTO，将其从 1974 年贸易法中条款四（title IV）删除，为那些在对华贸易中受到威胁的产业提供救济；提交给筹款委员会贸易小组委员会 6. 1997. 6. 3，H. J. RES. 79：反对延长对中国的 MFT，未能通过筹款委员会 7. 1997. 7. 17，H. R. 2188：确保中国人民解放军的商业活动或者其他中国共产主义军事公司不享受美国提供的正常关税或者将其视为正常的商业贸易行为 8. 1997. 7. 17，H. R. 2195：采取措施监督中国强迫劳动的产品 9. 1997. 7. 17，H. RES. 190：表达国会观点：台湾应该加入 WTO，如果没有台湾加入，中国也不能加入；提交给筹款委员会贸易小组委员会

续表

国会届数（时间）	多数党与提案数量		提案时间、编号、主旨与结果
105（1997—1999）	众议院（共和党）	17	10. 1997. 9. 30，H. R. 2580：确保中国人民解放军或者共产主义中国的任何军事公司的在美国的商业活动都受到监控，并在《国际紧急经济权利法案》授权权限之内，提交给国际关系委员会 11. 1997. 10. 2，H. R. 2605：美国反对国际金融组织给予中国企业的让步性贷款；提交给银行和财政委员会，并转至东亚和太平洋事务小组委会，举行了听证会 12. 1997. 10. 9，H. R. 2647：确保中国人民解放军或者共产主义中国的任何军事公司的在美国的商业活动都受到监控，并在《国际紧急经济权利法案》授权权限之内；两读，转至银行和财政委员会 13. 1997. 10. 9，H. R. 2651：建立紧急委员会来结束贸易逆差，提交给筹款委员会，转至贸易小组委员会 14. 1997. 10. 23，H. R. 2715：禁止长滩海军站的不动产转卖给中国海洋运输公司；提交给国家安全委员会，并转至军事设施小组委员会 15. 1997. 11. 5，H. R. 2814：对来自中国的产品调整关税，基于美国产品出口到中国的关税产额；亦即使美国、中国的产品在中、美两国之间交往中关税等同；提交给筹款委员会，并转至人力资源小组委员会 16. 1998. 6. 4，H. J. RES. 121：反对给予中国 MFT，未通过筹款委员会 17. 1998. 8. 6，H. R. 4433：确保中国军队拥有的实体不会与美国个人有商业行为
106（1999—2001）	参议院（共和党）	8	1. 1999. 1. 9，S. 89：表明美国对中国一些行为的政策，对中国这些行为设立特定限制；两读，提交给对外关系委员会 2. 1999. 3. 25，S. 742：关于中国加入世贸组织，国会对此要求的一些澄清；两读，提交给财政委员会 3. 1999. 3. 25，S. 743：关于中国加入世贸组织，国会要求在赞同中国加入之前取得国会的支持；两读通过，提交给财政委员会 4. 1999. 6. 7，S. J. RES. 27：反对给予中国 MFT。未通过财政委员会

续表

国会届数（时间）	多数党与提案数量		提案时间、编号、主旨与结果
106（1999—2001）	参议院（共和党）	8	5. 2000. 2. 19，S. 2115：确保对中国加入世贸组织所作承诺进行充分监督，创建新程序来保证中国遵守这些承诺；两读，提交给财政委员会 6. 2000. 3. 23，S. 2277：结束中国适用 1974 年贸易法中的条款四 7. 2000. 5. 11，S. 2548：对中国产品适用 MFT，条件是中美两国就执行达成协议；两读，并转至财政委员会 8. 2000. 5. 25，S. 2645：对非法销售、转让或者滥用美国管制产品给中国的一些特定适用措施
	众议院（共和党）	14	1. 1999. 1. 6，H. R. 281：禁止向中国出口卫星；提交国际关系委员会 2. 1999. 2. 4，H. R. 577：鼓励中国加入 WTO，将中国从 1974 年贸易法的条款四移除，对那些不能充分享受到中美贸易益处的产业提供救济；提交筹款委员会并转至贸易小组委员会 3. 1999. 3. 1，H. R. 884：以国会支持为前提支持中国加入 WTO；提交筹款委员会并转至贸易小组委员会 4. 1999. 6. 7，H. J. RES. 57：反对延长 MFT；未通过筹款委员会 5. 2000. 3. 22，H. RES. 442：呼吁总统对一些国家出口到美国的钢材采取行动；提交筹款委员会并转至贸易小组委员会 6. 2000. 5. 10，H. R. 4417：授权商务部长拥有控制卫星及其相关项目的权力，对中国出口的卫星及相关项目制定特定程序 7. 2000. 5. 15，H. R. 4444：授权延长对华对惠国待遇，建立美中关系框架；5 月 24 日，众议院通过，9 月 19 日参议院通过，2000 年 10 月 10 日总统签字，成为公共法 8. 2000. 5. 23，H. RES. 510：呼吁对提案 H. R. 444 采取进一步的行动，授权延长对中国 MFT；通过了规则委员会，5 月 24 日，在众议院通过

续表

国会届数（时间）	多数党与提案数量		提案时间、编号、主旨与结果
106（1999—2001）	众议院（共和党）	14	9. 2000. 5. 24，H. CON. RES. 335：如果中国侵犯台湾，美国应该撤销 PNTR；提交筹款委员会和国际关系委员会，并转至国际关系委员会中亚太事务小组委员会 10. 2000. 5. 30，H. CON. RES. 334：如果中国侵犯台湾，美国应该撤销 PNTR；提交筹款委员会并转至贸易小组委员会 11. 2000. 6. 13，H. R. 4649：由于对中国产品给与了最惠国待遇，修改 1974 年贸易法，设立过渡调整援助计划，以帮助受到伤害的美国工人；提交筹款委员会 12. 2000. 6. 23，H. J. RES. 103：1974 年贸易法 402 部分（c）适用中国，不赞同放弃适用；未通过筹款委员会 13. 2000. 7. 12，H. R. 4829：鉴于对中国特定控制产品存在非法交易、转让或者错误使用，制定特定申请程序 14. 2000. 7. 12，H. R. 4836：鉴于对中国特定控制产品存在非法交易、转让或者错误使用，制定特定申请程序
107（2001—2003）	参议院（民主党）	1	2001. 8. 2，S. 1307：禁止中国国营企业在美上市。
	众议院（共和党）	5	1. 2001. 2. 6，H. R. 457：修改 1974 年贸易法，建立过度调整援助计划，为那些因给予中国最惠国待遇而受到不利影响的工人；提交筹款委员会的贸易小组委员会 2. 2001. 4. 4，H. R. 1467：撤销给予中国的最惠国待遇；提交筹款委员会的贸易小组委员会 3. 2001. 4. 4，H. R. 1497：撤销给予中国的 PNTR；提交给筹款委员会的贸易小组委员会 4. 2001. 6. 5，H. J. RES. 50：不赞同放弃中国适用《1974 贸易法》中的 402 条款；众议院没有通过 5. 2002. 9. 25，H. RES. 557：表达对美国森林、树木、木材以及造纸等相关产业的支持并鼓励这些产业对中国的不公平贸易提出保护；提交筹款委员会

续表

国会届数（时间）	多数党与提案数量		提案时间、编号、主旨与结果
108（2003—2005）	参议院（共和党）	5	1. 2003. 9. 5，S. 1586：与中国磋商人民币低估事项，不成功就采取适当的行动；两读，提交财政委员会 2. 2003. 9. 8，S. 1592：汇率问题；两读，提交财政委员会 3. 2003. 9. 9，S. RES. 219：鼓励中国建立以市场为基准的人民币汇率机制，鼓励它履行国际贸易协议的承；9 月 26 日在参议院通过 4. 2003. 10. 20，S. 1758：要求财政部长分析并报告中国汇率政策，以中国与美国货币操中的程度决定对来自中国的产品加征附加关税；两读，提交财政委员会 5. 2003. 11. 6，S. RES. 262：鼓励财政部长监督中国建立以市场为基准的人民币汇率机制以及鼓励中国履行国际贸易协议下的承诺；两读，提交财政委员会
	众议院（共和党）	11	1. 2003. 9. 10，H. R. 3058：要求财政部长分析并报告中国的汇率政策，如果中国操纵了人民币与美元之间的汇率，对中国出口到美国的产品加征额外关税；提交筹款委员会的贸易小组委员会 2. 2003. 9. 17，H. CON. RES. 285：对外国政府操纵货币从而伤害了美国经济表达关注。提交筹款委员会的贸易小组委员会 3. 2003. 10. 21，H. R. 3364：如果与中国磋商人民币低估以及货币操纵不成功，授权采取合适的行动；提交筹款委员会的贸易小组委员会 4. 2003. 10. 23，H. R. 3228：撤销给予中国产品的最惠国待遇；提交筹款委员会的贸易小组委员会 5. 2003. 10. 28，H. RES. 414：鼓励中国遵守国际贸易协定中的承诺，支持美国制造业，确定货币和金融市场改革；10 月 29 日在众议院通过 6. 2004. 1. 21，H. R. 3716：修改 1930 年关税法中的条款 7（title VII），使平衡税适用于非市场经济国家 7. 2004. 3. 24 ，H. RES. 576：敦促中国政府提高保护知识产权 8. 2004. 6. 24，H. RES. 697：敦促中国政府对焦炭出口采取行动

续表

国会届数（时间）	多数党与提案数量		提案时间、编号、主旨与结果
			9. 2004. 7. 22，H. R. 4986：要求财政部长分析并报告中国的汇率政策，并在符合 WTO 框架下美国义务的基础上采取适当的措施来平衡中国汇率政策所导致的美国厂家处于不利地位的情况；提交筹款委员会的贸易小组委员会 10. 2004. 9. 8，H. R. 5026，《针对中国纺织品及服装市场保护法》（Textiles and Apparel China Safeguard Act），要求总统修改针对中国进口纺织品的市场保护措施的实施法规，为美国本土纺织品及服装业提供“实质性”保护 11. 2004. 9. 23，H. CON. RES. 498：敦促总统立即采取行动、制定计划，采纳美中经济安全审查委员会 2004 年报告，平衡美中贸易不平衡问题；提交筹款委员会
109（2005—2007）	参议院（共和党）	10	1. 2005. 1. 15，S. 377，关于某些国家操纵货币的问题，美国要与之磋商与采取适当的行动 2. 2005. 1. 24，S. 14，为美国工人提供公平工资、通过在美国投资创造新就业就会、公平贸易和竞争 3. 2005. 2. 3，S. 295，授权总统与中国就被低估的人民币币值谈判，若失败，则采取适当行动 4. 2005. 4. 26，S. CON. RES. 28，表达国会在世界知识产权日对保护知识产权重要性的关注；4 月 26 日在参议院通过 5. 2005. 5. 10，S. 984，修改并界定 1988 年汇率和国际经济政策协调法中的汇率操纵概念 6. 2005. 5. 16，S. RES. 142，美国贸易代表应该就中国侵害知识产权一事诉诸于 WTO 7. 2005. 7. 15，S. 1412，反对中国海洋石油有限公司购买优尼科（Unocal） 8. 2005. 10. 6，S. RES. 270，表达参议院关于国际货币基金组织调查中国是否操纵人民币和美元之间汇率的关切 9. 2006. 1. 9，S. 2267，停止对中国的正常贸易关系待遇，对中国产品适用 1974 年贸易法中条款四的规定 10. 2006. 9. 28，S. 3992，修改 1988 年汇率和国际经济政策协调法案，澄清汇率操纵的概念

续表

国会届数（时间）	多数党与提案数量		提案时间、编号、主旨与结果
	众议院（共和党）	18	1. 2005. 1. 26，H. CON. RES. 33，敦促总统立刻采取措施，采用美中经济安全委员会 2004 年致国会报告中的推荐方法，纠正美中双边贸易和经济关系中不平衡 2. 2005. 2. 9，H. R. 728，要求撤销给予中国的 PNTR 3. 2005. 3. 17，H. R. 1450，要求对中国在内的非市场经济国家征收附加关税 4. 2005. 4. 6，H. R. 1498，认为在美国贸易法中反平衡关税条款以及特定产品安全监管机制下，可以对中国汇率操纵问题采取行动 5. 2005. 4. 12，H. R. 1575，与中国就其被低估的人民币操纵进行磋商，如否，则授权采取适当的行动 6. 2005. 5. 10，H. R. 2208，修改并界定 1988 年汇率和国际经济政策协调法中的汇率操纵概念 7. 2005. 5. 17，H. R. 2414，要求财政部长分析并报告中国汇率政策，美国可以采取与 WTO 规则符合的措施以平衡中国汇率导致的美国不利因素 8. 2005. 6. 21，H. R. 3004，要求财政部分析和报告中国汇率政策，采取相应加征关税的措施以抵消美国生产者的不公 9. 2005. 6. 29，H. RES. 344，对寻求控制美国关键能源设施和生产能力的中国国有能源公司表达不满 10. 2005. 6. 30，H. CON. RES. 203，敦促中国立即展开加入世贸组织关于政府采购的谈判 11. 2005. 7. 14，H. R. 3306，修改 1930 年关税法和 1974 年贸易法，对一些国家的贸易行为导致美国厂家处于不利地位提供救济 12. 2005. 7. 14，H. R. 3283，《美国贸易权利执行法案》（United States Trade Rights Enforcement Act），使反补贴适用于非市场经济国家；7 月 26 日在众议院通过 13. 2005. 11. 17，H. CON. RES. 303，敦促美国贸易代表采取行动确保中国遵守其保护知识产权的义务 14. 2006. 2. 28，H. R. 4808，报复中国制定的汽车关税法 15. 2006. 4. 5，H. CON. RES. 380，表达国会关于在全球保护美国知识产权的关切 16. 2006. 6. 29，H. R. 3113，关于暂停对某些中国产茶杯（有无托盘均可）临时关税 17. 2006. 7. 20，H. R. 5849，就纺织品转运提高罚款和监禁监管 18. 2006. 12. 8，H. RES. 1110，总统应该公开表示支持中国“工人合同法草案”中的工人权力和保护条款，谴责一些美国公司和它们在中国的代表企图消除这些权力和保护条款

续表

<table>
<tr><th>国会届数
（时间）</th><th colspan="2">多数党与
提案数量</th><th>提案时间、编号、主旨与结果</th></tr>
<tr><td rowspan="2">110
（2007—2008.08）</td><td>参议院
（民主党）</td><td>15</td><td>1. 2007. 2. 13，S. 571：中断与中国的正常贸易关系，根据1974年贸易法的某些条款，限制中国产品的进口
2. 2007. 3. 7，S. 796：2007年汇率公平法案
3. 2007. 3. 22，S. 974：修改1930年贸易法，使非市场国家适用反补贴法
4. 2007. 5. 3，S. 1306：2007年含铅玩具法案
5. 2007. 7. 18，S. 1815：2007年山地车标准和执行法案
6. 2007. 7. 19，S. 1833：2007年儿童产品安全法案
7. 2007. 7. 21，S. 1677：2007年汇率改革与金融市场准入
8. 2007. 9. 11，S. 2037：关注产品安全
9. 2007. 9. 11，S. 2038：关注产品安全
10. 2007. 9. 12，S. 2045：关注产品安全
11. 2007. 9. 20，S. 2081：关注产品安全
12. 2007. 10. 29，S. 2256，关注产品安全
13. 2008. 3. 4，S. 2688：关注海产品安全
14. 2008. 4. 3，S. 2813：中国货币操纵法
15. 2008. 7. 31，S. 3385：关注产品安全</td></tr>
<tr><td>众议院
（民主党）</td><td>41</td><td>1. 2007. 1. 9，H. R. 321：人民币汇率问题
2. 2007. 1. 10，H. R. 388：不公平的中国汽车关税
3. 2007. 1. 18，H. R. 571：关于中国补贴问题
4. 2007. 1. 31，H. R. 782：2007年汇率公平法
5. 2007. 2. 12，H. R. 1002：人民币汇率问题
6. 2007. 2. 28，H. R. 1229：2007年非市场经济贸易救济法，关注中国补贴问题
7. 2007. 4. 19，H. R. 1958，根据1974年贸易法的某些条款，限制中国产品的进口
8. 2007. 5. 24，H. R. 2474：关注产品质量安全；10月9日在众议院通过
9. 2007. 6. 16，H. Res. 925，谴责中国不安全的出口产品
10. 2007. 6. 28，H. R. 2942：人民币汇率问题
11. 2007. 7. 17，H. Res. 552：加大中国对美国金融服务业市场的开放；众议院9月5日通过
12. 2007. 7. 18，H. R. 3077：2007年外国海产品食品安全法
13. 2007. 7. 19，H. R. 3100：2007年进口产品安全法</td></tr>
</table>

续表

国会届数（时间）	多数党与提案数量		提案时间、编号、主旨与结果
	众议院（民主党）	41	14. 2007. 8. 1，H. R. 3273：加强美中市场联系，促进美国出口 15. 2007. 9. 7，H. R. 3499：关注儿童产品安全 16. 2007. 9. 9，H. R. 3477：关注儿童玩具产品安全 17. 2007. 9. 19，H. R. 3588：关注家庭用品安全法案 18. 2007. 9. 20，H. R. 3610：2007 年食品和药品产品安全法 19. 2007. 9. 20，H. R. 3624：关注食品安全 20. 2007. 9. 27，H. R. 3691：关注消费品安全 21. 2007. 10. 1，H. R. 3716：儿童玩具安全法案 22. 2007. 10. 10，H. Res. 730，关注华为购买 3com 公司 23. 2007. 10. 3，H. R. 3743：关注儿童产品安全 24. 2007. 10. 18，H. R. 3903：儿童玩具安全法案 25. 2007. 10. 23，H. R. 3937：2007 年进口食品安全法案 26. 2007. 10. 1，H. R. 4040：《2008 年消费品安全促进法》（Consumer Product Safety Improvement Act of 2008），2007 年 12 月 19 日在众议院通过，2008 年 3 月 6 日在参议院通过，8 月 14 日总统签字成为法律 27. 2007. 10. 6，H. Res. 804，关注产品安全 28. 2007. 10. 6，H. Res. 803，关注产品安全 29. 2007. 11. 13，H. Res. 819：表达众议院已经对消费品安全协会（CPSC）主席南茜·诺德（Nancy Nord）失去信心 30. 2007. 12. 4，H. R. 4261：关注玩具产品安全 31. 2007. 12. 12，H. R. 4516：关注产品安全 32. 2008. 1. 16，H. Res. 925：谴责中国不可接受的商业行为，包括制造与出口不安全产品、破坏环境以及剥削式的用工 33. 2008. 1. 16，H. Res. 926：确认产品食品和产品安全的重要性，审视美国贸易政策 34. 2008. 1. 17，H. R. 5069：2008 年食品和产品责任法 35. 2008. 3. 13，H. R. 5636：2008 年消费品和食品安全信息法 36. 2008. 4. 9，H. R. 5738：商业海产品消费保护法 37. 2008. 4. 10，H. R. 5762：食品安全召回信息法

续表

国会届数（时间）	多数党与提案数量		提案时间、编号、主旨与结果
	众议院（民主党）	41	38. 2008. 4. 16，H. R. 5827：2008 年美国食品安全法 39. 2008. 4. 29，H. R. 5913：关注进口产品安全 40. 2008. 5. 4，H. R. 5960：支持美国制造业法案；针对中国产品，修改 1974 年贸易法，在处理市场扰乱时，限制总统的裁量权 41. 2008. 8. 1，H. R. 6795：建立紧急委员会来结束美国贸易赤字

资料来源：根据美国国会图书馆的官司方网站、美国政府出版局官方网站、美国国会众议院网站、参议院网站以及《华盛顿邮报》网站整理绘制。

第二节　美国国会对华贸易保护主义的放大与稀释

根据 102 届至 110 届国会议员所提对华经贸议案情况（表 8—1），笔者绘制了表 8—2，表 8—3，表 8—4 和表 8—5。

表 8—2　美国国会对华经贸负向提案数目一览表

（1991. 1—2008. 8）

国会届数	提案数		合计数量	一院通过议案数		两院一致通过议案数	公共法律
	众院	参院		众院	参院		
102	11	8	19	3	1	1	0
103	8	4	12	1	0	0	0
104	13	4	17	1	0	0	0
105	15	5	20	0	0	0	0

续表

国会届数	提案数		合计数量	一院通过议案数		两院一致通过议案数	公共法律
	众院	参院		众院	参院		
106	10	7	17	0	0	0	0
107	5	1	6	0	0	0	0
108	11	5	16	2	1	0	0
109	17	10	27	1	1	0	0
110	40	15	55	3	1	1	1
合计	130	59	189	11	4	2	1

资料来源：根据国会图书馆网站、美国政府出版局网站、《华盛顿邮报》网站整理。①

根据上述表格8—2、8—3和8—4，我们可以看出：

第一，国会对华贸易保护主义氛围浓厚，这主要表现在：

首先，负向提案众多，正向提案数量极少。自102届国会起到110届国会，在不到18年的时间里，参众两院共计提出对华经贸负向议案189个，平均每年约提出10个议案；同期，正向议案仅仅有6个，平均约3年提出一个。除106届国会较少外，其他各届国会提出的负向议案都在两位数以上；就正向议案而言，仅在105届、106届和109届国会有议员提出，其余均没有。这说明，国会山上常年充斥着对华贸易保护主义的情绪性语言，夸大对华贸易的不利方面是其氛围的主流。

其次，较之参议院多，众议院对华贸易保护主义更为强烈。自102届国会起至110届，参众两院共计提出负向对华贸易议案189个，其中众议院有130个，约占69%，参议院有59个，约占总数的31%，众议院负向对华贸易提案是参议员提案的2倍多。因此，较之参议院，笼罩于众议院的经济民族主义也较之参议院更为浓厚。

① 上述网站的网站分别为：http：//thomas. loc. gov/home/multicongress/multicongress. html。

表 8—3　美国国会对华经贸正向提案数目一览表

（1991. 1—2008. 8）

国会届数	提案数		合计数量	一院通过议案数		两院一致通过议案数	公共法律
	众院	参院		众院	参院		
102	0	0	0	0	0	0	0
103	0	0	0	0	0	0	0
104	0	0	0	0	0	0	0
105	1	2	3	0	0	0	0
106	2	0	2	1	1	1	1
107	0	0	0	0	0	0	0
108	0	0	0	0	0	0	0
109	1	0	1	0	0	0	0
110	0	0	0	0	0	0	0
合计	4	2	6	1	1	1	1

资料来源：根据国会图书馆网站、美国政府出版局网站、《华盛顿邮报》网站整理。

最后，在中美经贸存在问题议题时，负向提案更多，国会对华贸易保护主义情节尤重。从表 8—2 看，102 届、105 届、109 届、110 届国会对华经贸负向提案最多，这主要是 102 届国会密切关注中国人权问题，对是否给予中国最惠国待遇问题反响激烈，105 届国会面临国内“中国威胁论”议题，[①] 提出事关中美贸易诸方面的提案，试图阻碍中美贸易自由的流动。

① 1997 年 2 月，由两名前驻中国记者理查德·伯恩斯坦、罗斯·芒罗合写的《即将到来的美中冲突》出版，此书是“中国威胁论”的集大成者。鼓吹“中国威胁论”由此达到了一个新的高潮，这无疑影响了国会对华贸易倾向。有鉴于中国经济的发展模式是出口推动型，为遏制中国经济超常速发展，国会议员提出各种议题的议案，试图阻止中国对美出口商品。以 105 届众议院的 15 个负向提案为例：1 个提案为反对给予中国最惠国待遇；3 个反对中国加入 WTO；4 个禁止美国商界与中国军控企业发展商业关系；2 个反对任何国际金融机构给予中国援助；3 个禁止美国进口中国劳改产品；1 个关注中美贸易逆产；1 个禁止出售美国军事设施给中国企业。关于《即将到来的美中冲突》与“中国威胁论”的介绍参见陶文钊：《中美关系史》（1972—2000）（下卷），上海人民出版社，2004 年版，第 282—297 页。

109 届国会议员对中国人民币议题抓住不放，110 届国会出现了中国输美产品安全质量问题。表 8—4 以 109 届和 110 届国会为例，给出了各议题下的议员对华负向经贸提案。我们可以看出，人民币议题提案占 109 届国会整个提案的 37%，产品质量问题占 110 届国会对华经贸提案的 67%。追究原因，主要是国会议事结构是公开的，此外，更多的国会委员会和小组委员会介入，在出现摩擦时，这些不断增加的路径点为公众增加了游说路径，降低了游说成本。

表 8—4　109 届、110 届国会对华经贸提案数目一览表（按内容划分）

国会届数	议案	人民币		产品安全		知识产权		中国公司并购		PNTR 或 WTO		反倾销与反补贴		其它	
		众院	参院	众院	参院	众院	参院	众院	参院	众院	参院	众院	参院	众院	参院
109	27	5	5	—	—	2	2	1	1	2	1	3	1	4	—
110	55	4	3	27	10	—	—	1	—	—	1	3	1	5	—

资料来源：根据国会图书馆网站、美国政府出版局网站、《华盛顿邮报》网站整理。

第二，国会实质性对华贸易保护主义少。这说明了国会制度稀释了上述浓氤的经济民族主义。这表现在：

其一，参众两院各院通过的负向议案数量极少。纵观 102 届至 110 届国会，从整体上看，参众两院共提出负向议案 189 个，分别在两院通过的共计 15 个，通过率为 7.9%。从各院看，众议院共有 130 个负向议案提出，在众议院通过的仅有 11 个，约占整个提案的 8.5%；参议院提出负向议案的总数为 59 个，其中，有 4 个通过，约占总数的 6.8%。

其二，参众两院一致通过的负向提案与成为公共法律的议案更为稀少。两个视角可以使我们得出上述结论：从负向提案自身看，自 1991—2008 年，历经 9 届国会，参众两院一致通过的负向提案仅仅有 2 个，约占全部负向提案 189 个的 1.06%；成为公共法律的仅有 1 个：110 届国会的 H. R. 4040：2008 年消费品安全促进法（Consumer Product Safety Improvement Act of 2008），这一提案与 189 个提案总和的比率仅为 0.53%。

与正向提案比较看，自 102 届至 110 届国会，虽然正向提案总数比较小，仅有 6 个，但是，参众两院各有 1 个在各院通过，通过率为 16.67%，远远大于负向提案的通过率。同期，成为公共法律的亦有 1 个，通过率为 16.67%，比较负向提案的通过率 0.53%，是负向提案通过率的 3100 多倍。两相比较，这些数据充分说明了国会立法者的意图，因为一个议案通过与否完全掌握在议员自身手中，而不是其他。

表 8—5　102—110 届国会负向提案通过情况一览表

国会届数	提案通过数目		提案编号	提案主旨
102	众院	3	H. J. RES. 502	反对延长对中国的最惠国待遇
			H. RES. 189	对中国的最惠国待遇考虑联合决议案等
			H. R. 5318	关于中国最惠国待遇
	参院	1	H. R. 5318	关于中国最惠国待遇
103	众院	1	H. RES. 509	呼吁考虑就中国最惠国待遇提出联合决议案等
104	众院	1	H. RES. 461	表达美国对中国诸多问题的关注
108	众院	2	H. RES. 414	鼓励中国遵守国际贸易协定中的承诺，支持美国制造业等
			H. RES. 576	敦促中国政府提高保护知识产权
	参院	1	S. RES. 219	鼓励中国建立以市场为基准的人民币汇率机制，鼓励它履行国际贸易协议的承诺
109	众院	1	H. R. 3283	对非市场经济国家适用反补贴法
	参院	1	S. CON. RES. 28	关注知识产权
110	众院	3	H. R. 4040	2008 年消费品安全改进法
	参院	1	H. R. 2474	产品安全民用惩罚改进法
			H. Res. 552	要求中国加大对美国金融服务业的开放
			H. R. 4040	2008 年消费品安全改进法

资料来源：根据国会图书馆网站、美国政府出版局网站、《华盛顿邮报》网站整理。

其三，在两院各自通过或者一致通过的负向提案自身性质也说明了立法者的意图，即重在表达保护主义情绪而不是使保护主义成为政策现实。有鉴于两院一致通过的提案和成为公共法律的提案需首先在国会参众两院通过，因此，分析参众两院通过的负向提案的议案类型，就可充分说明立法者的意图。自102届国会至110届，共有11个负向议案在众议院通过，参议院的数目为4个，两院一致通过的有2个（参见表8—5）。上述11个负向议案中，就议案类型而言，基本属于决议案的类型，占全部通过数的63.64%，只有4个提案属于法案类型（H. R. 5318、H. R. 3283、H. R. 4040、H. R. 2474），占全部通过数的30.77%。决议案不同于法案，前者重在表达两院对某一问题的看法，而法案的目的重在立法。因此，当立法提案在两院通过的基本属于决议案时，意味着立法者重在表明他们的贸易保护主义情绪，而不是旨在立法。

小　　结

美国公众贸易偏好是保护主义的，它需要通过政治制度的安排加以实现，国会是转化的关键。早期研究社会力量与贸易政策联系的文献忽视了这一现象，鲜少关注政治制度在其中的作用。自新经济理论开始，政治制度成为贸易政策研究重点，国会也被囊括其中。在这些研究中，路径点理论对于解释国会浓厚的贸易保护主义氛围最为充分。该理论的核心观点有三个：第一，在民主国家里，制度提供的路径点的数量与该制度下的贸易保护主义水平成正比；第二，路径点的多寡和游说费用成反比；第三，贸易保护主义者较之自由贸易者更乐于开展游说活动。

根据路径点理论，美国公众塑造国会贸易观的路径是国会繁芜的政治结构，主要包括两院制、贸易委员会和各贸易小组委员会与国会决策程序。这些政治结构上体现出的所有不同点或者独立性实际上就是保护主义者进行游说的路径点。这些分散的国会结构为游说提供了路径点，降低了游说费用，造就了国会山上浓厚的贸易保护主义气氛。表现在：美国两院制容易导致保护主义的喧嚣；众议院较之参议院保护主义气氛更加浓厚；委员会制增加了保护主义游说路径点，有利于保护主义；两院立法程序造成并提升了两院保护主义情绪。国会浓厚保护主义气氛的根本性动因乃是国会定期选举，其次是国会代议、立法等职能。

尽管国会贸易保护主义氛围浓厚，但是国会先天具有的否决票制以及后天自我创立的快车道授权稀释了这种氛围。否决票制的核心观点认为，一国政策制定结构中的否决票数量与贸易政策开放度成反比关系；随着否决票的增多，改变现行贸易政策的难度亦增加；否决票的数量直接决定了贸易政策制订者对保护主义的反应敏感度。在美国国会中，否决票制包括两院互相否决、两院多数人意志与反否决票。较之其他国家或政治结构，美国国会中的否决票数量众多，这导致美国现行贸易政策改变困难，贸易保护主义氛围被稀释。“快车道授权”是国会行使宪法赋予它的独享的贸易权力的形式之一。国会有三种方式展示贸易权力：第一种是国会主导型；第二种是总统主导型；第三种是授权与调和型。其中，第三种方式实质上就是快车道授权。这三种权力与贸易保护主义的关系是国会主导型贸易保护主义水平最高，总统主导型贸易保护主义水平最低，“快车道授权”下保护主义程度适中。国会吸取历史的教训，回避国会主导型模式，国会也避免出现总统主导型的模式，以免国会成为被总统忽视的角色。国会选择了授权与调和型，在一定条件下，授权行政部门行使贸易权力，既保证了贸易政策的自由贸易方向，而又不忽视国内保护主义的诉求。但实际上，这就削弱了国会保护主义的气氛。

经过稀释的国会贸易保护主义气氛转换为现实的保护主义，主要有两个途径即间接途径与直接途径。间接途径主要指通过国会制度安排达到的保护主义，包括否决票制与“快车道授权”。否决票制下贸易保护主义是由国会自身直接输出的，而快车道授权下的保护主义是由行政部门在国会的压力下输出的。直接途径的贸易保护主义是指国会利用自身职能达到的保护主义目的，包括国会立法功能下的贸易保护主义和国会监督功能下的贸易保护主义。前者可以细化为三种类型：法律文本（主要是总统提交的贸易协定议案）的贸易保护主义、搭车案贸易保护主义和修改已有法案增加的保护主义条款。分析表明：立法功能下贸易保护主义是由国会直接输出的，而国会监督功能下的贸易保护主义则多需借助于行政部门。

对国会议员 1991 年 1 月至 2008 年 8 月所提议案的实证研究证明了上述理论：一方面，国会制造了浓厚的贸易保护主义氛围；另一方面，也稀释了保护主义，最终只输出了有限的国会贸易保护。

第四部分

美国贸易保护主义的政府视角

一种合理的假设是迫于期望选举获胜的压力，政客们不会站在非民选政策制定者所持有的立场上。在美国，政策制定对官僚不仅意味着工作，它是民选政客的成果，甚至官僚们也清醒地意识到了美国的政治现状。民选政客们——在国会或白宫里——制定对外政策的时候，脑子里还有其他同等重要的目标。他们必须满足国内的各种要求。

——葆拉·斯特恩：《水之边缘：国内政治与美国对外政策的制定》

但是另一方面，我们也必须承认，公众利益的确在一定程度上影响了政策的制定。

——贾格迪什·巴格沃蒂：《今日自由贸易》

第九章　美国贸易决策阶段与公众、国会贸易保护主义的输入

第一节　美国贸易政策决策阶段与公众、国会保护主义的输入

在现实中，我们可以观察到这样的贸易政治现实：冷战后，尽管学界关于美国整体对华战略存在诸多分歧，但对美国涉华经贸政策却存在较为一致的看法，认同美国政府奉行以接触为主的战略。虽然这一政策在美国颇有争议，多数公众与国会议员拥有与美国政府迥异的贸易政策偏好，美国政府对华贸易决策时常受到公众与议员的掣肘，最终政策的出笼也不得不兼顾美国公众与议员的诉求。在本节中，笔者试图解构这一贸易政治，分析公众贸易偏好如何成功地转化为美国贸易政策的组成元素。对这一问题的研究可以帮助我们廓清美国政府贸易政策决策的实际运作和制定状况，以资我们理解与预测美国对华贸易政策。

一、对外政策决策论与公众议题关注周期

关于公众观点能否影响美国对外政策的争论由来已久，早期研究对此持基本否定态度。[①] 例如，国际关系理论中的现实主义信奉对外政策精英

① 本书关于早期、后期与新近研究的划分是以学派观点首次出现的时间为标准。在 20 世纪 60 年代，加百利·阿尔蒙德（Gabriel A. Almond）等提出了早期观点；冷战结束后，本杰明·佩奇（Benjamin I. Page）等则提出了后期研究的主张；自进入 21 世纪始，一些学者，如托马斯·奈西特（Thomas Knecht）等提出了新近研究的观点。需要指出的是，由于各派观点为后来不同时期的学者所认同，因此，由时间决定的早期、后期与新近研究的划分并不表明这一观点已经结束。有关早期、后期与新近研究的代表性文献参看下文有关注释。

决策模式（Elite－Centric Model），认为一般大众是被误导的、对外交政策议题态度摇摆和容易被感情（mood）左右。① 汉斯·摩根索（Hans Morgenthau）认为，好的对外政策的理性需求使之不能出于公众意见，公众意见的特点是感性大于理性。② 这促使政策制定者依据国家利益而不是公众偏好来制定外交政策。这一派偶尔也承认公众观点在对外政策中的作用，但通常做出某种限定，诸如政府控制异质信息，因而也就掌控了政策选择的范围，公众的观点依从于政府做出的决定。③ 赞同这一主张的学者亦给出了大量经验性论证说明了公众观点与对外政策决策鲜少有关。

后期研究的一些学者则认为公众观点能够影响美国对外政策，他们不断质疑上述观点，挑战精英决策模式。这派学者通常认为公众意见也是对国际事件与政策的理性反应，在公众意见与外交政策之间，明显存在着牢固的相互关系，甚至较之这二者在国内议题上的联系更为密切；公众观点设定了对外政策可以接受的范围，约束着政治上可行的选择或者决定着外交政策制定。④ 支持这种观点的依据是政治精英最终要对公众负责，公众通过代议制而掌握了高于政府与国会的最终权力，理性的政治家试图将公众支持的观点合法化，以获得民意调查（以下简称“民调”）上的优势。正如早期研究的学者，持后期观点的学者也给出了大量实证研究以证明他们的主张。

在批评上述研究的基础上，最新的研究发展并推进了公众影响美国对外政策决策的分析。研究者认为，尽管上述两派主张存在着根本性的区别，但在一定视角上，都承认只要公众关注度高，政策制定者在决策对外

---

① 代表性文献有：Gabriel A. Almond, *The American People and Foreign Policy*, New York: Praeger, 1960; Philip E. Converse, “The Nature of Belief Systems in Mass Publics”, in David E. Apter, ed., *Ideology and Discontent*, New York: Free Press, 1964; John J. Mearsheimer, “Back to the Future: Instability in Europe after the Cold War”, *International Security*, Vol. 15, No. 1, 1990, pp. 5－56。

② Hans J. Morgenthau, *Politics Among Nations: The Struggle for Power and Peace*, New York: Alfred A. Knopf, 1978.

③ 代表性文献有：Michael Margolis and Gary Mauser, eds., *Manipulating Public Opinion: Essays on Public Opinion as a Dependent Variable*, Belmont: Wadsworth, 1989; Edward S. Herman and Noam Chomsky, *Manufacturing Consent*, New York: Pantheon, 1988; Benjamin Ginsberg, *The Captive Public: How Mass Opinion Promotes State Power*, New York: Basic Books, 1986。

④ 代表性文献有：Ole R. Holsti, *Public Opinion and American Foreign Policy*, Ann Arbor: University of Michigan Press, 2004; Alan D. Monroe, “Public Opinion and Public Policy, 1980－1993”, *Public Opinion Quarterly*, Vol. 62, No. 1, 1998, pp. 6－28; Benjamin I. Page and Robert Y. Shapiro, *The Rational Public: Fifty Years of Trends in Americans' Policy Preferences*, Chicago: University of Chicago Press, 1992。

政策时就会受到约束。[1] 尤其是后期的研究，更是将公众意见推至核心地位。但是，美国学者汤姆斯·内彻特（Thomas Knecht）与史蒂夫·韦瑟福德（M. Stephen Weatherford）等认为，这两派研究都有其严重的缺陷：早期的精英决策模式对公众影响对外政策仅是一笔带过，重视程度不够；后期研究的缺陷是没有清晰地给出导致政策决策者回应强弱的影响因素，同时，也很少将政府决策的演进过程化。[2] 换言之，后期研究没有精确地勾勒出公众观点的强弱变化与政府决策的过程。为此，新近的研究在已有的研究基础上，提出了“对外政策决策阶段论”，将对外政策制定划分出具体的阶段，并引进了公众“议题关注周期（Issue Attention Cycle）”，以“对外政策决策阶段论”和“议题关注周期”这两个概念来诠释公众影响美国对外政策制定的过程。[3]“对外政策决策阶段论”将以总统为首的行政部门的决策划分为四到五个不等的连续阶段，这一过程对应着一个公众议题关注周期，这个周期中的公众关注强度决定了总统决策阶段的变化。根据安东尼·唐斯（Anthony Downs）的研究，一个公众“议题关注周期”经历五个阶段：[4]（1）问题前阶段。问题已经出现，但没有引起公众关注。（2）惊诧发现和乐观情愫（Alarmed Discovery and Euphoric Enthusiasm）阶段。公众突然意识到问题的存在并注意到这一特定议题中的危险性，但认为问题能够解决。（3）理智阶段。公众认知到取得进展的代价，即解决问题需要付出成本。（4）兴趣消退期。公众对此议题的兴趣慢慢减弱，逐渐转向新议题。（5）问题后阶段。问题淡出公众视角。唐斯的公众议题关注周期适合于分析非危机型议题，因之，它亦适用于公众对国际问题的关注。换言之，公众对国际议题的关注也有一个周期历程；这个关注周期可以说明公众是如何充分集中于某一个给定议题，并相应地引出足够的政治

---

① Thomas Knecht and M. Stephen Weatherford, “Public Opinion and Foreign Policy: The Stages of Presidential Decision Making”, *International Studies Quarterly*, Vol. 50, No. 3, 2006, p. 705.

② Thomas Knecht and M. Stephen Weatherford, “Public Opinion and Foreign Policy: The Stages of Presidential Decision Making”, *International Studies Quarterly*, Vol. 50, No. 3, 2006, pp. 705 – 706.

③ 代表性文献有：Thomas W. Graham, “Public Opinion and U. S. Foreign Policy Decision Making,” in D. Deese, ed., *The New Politics of American Foreign Policy*, New York: St. Martin's Press, 1994; Philip E. Converse, “The Nature of Belief Systems in Mass Publics”, in David E. Apter, ed., *Ideology and Discontent*, New York: Free Press, 1964; Thomas Knecht and M. Stephen Weatherford, “Public Opinion and Foreign Policy: The Stages of Presidential Decision Making”, *International Studies Quarterly*, Vol. 50, No. 3, 2006, pp. 705 – 727。

④ Anthony Downs, “Up and Down with Ecology: The Issue – Attention Cycle”, *Public Interest*, Vol. 28, Summer, 1972, pp. 39 – 41.

压力与变化。

关于对外决策阶段论，学者道格拉斯·福伊尔（Douglas Foyle）与托马斯·格雷厄姆（Thomas Graham）都曾对此做出了研究，① 但是，内彻特等认为，他们提出的阶段论较之福伊尔与雷厄姆的观点，对对外政策的决策过程更加细化，将对外决策过程划分为五个阶段，而福伊尔与格雷厄姆只有三个阶段。另外，五阶段论的应用范围广泛，不仅仅是传统危机性议题，还可以分析非危机性课题如国际贸易、食品援助等；同时，五阶段论也可以消弭福伊尔与格雷厄姆解释的矛盾之处。② 在将对外决策阶段化后，内彻特等也分析了公众的关注度，吸收了上述唐斯的“议题关注周期”，以此来解决公众关于国际问题的关注，认为公众对国际问题的关注也有一个周期过程。③

根据内彻特与韦瑟福德的对外政策决策阶段论，美国政府决策者制定对外政策时将经历五个相互关联的阶段。具体而言，这五个阶段分别为：（1）问题呈现。它指决策者界定政策中的利害关系（stake）。（2）产生选项。在这个阶段，选项菜单已经提供，总统可以做出选择并配置人员。（3）决策。政策决策是在既定的对外政策中选择关键的一个决策。（4）执行。“执行”指在执行决策时的战略和计策。（5）政策回顾。它指这个政策的选择是否继续、还是需要修改或放弃。

与对外政策阶段论相关联，内彻特与韦瑟福德也提出了公众“议题关注周期”，诠释在对外政策决策的相关阶段中公众关注度的变化。通过追踪上述五个连续阶段的公众关注特点，“议题关注周期”给出了公众影响力在总统对外政策决策过程中强弱曲线，总体呈现倒置的“V”字型图式（参见图9—1）。公众关注不仅随着议题的不同（危急性还是非危急性议题）会出现关注度大小变化，而且即使在同一个议题上，亦会出现这种情况。就同一个议题而言，在一个议题关注周期中，公众关注度经历了一个由弱而强而弱的过程。在问题呈现阶段，公众的关注度是低且弱的，公众对此议题的认知甚至是模糊的。相比较而言，决策者是深知此议题的利害

---

① See Douglas C. Foyle, *Counting the Public In: Presidents, Public Opinion and Foreign Policy*, New York: Columbia University Press, 1999; Thomas W. Graham, "Public Opinion and U. S. Foreign Policy Decision Making", in D. Deese, ed. *The New Politics of American Foreign Policy*, New York: St. Martin's Press, 1994.

② Thomas Knecht and M. Stephen Weatherford, "Public Opinion and Foreign Policy: The Stages of Presidential Decision Making", *International Studies Quarterly*, Vol. 50, No. 3, 2006, p. 712.

③ Anthony Downs, "Up and Down with Ecology: The Issue－Attention Cycle", *Public Interest*, Vol. 28, Summer, 1972, pp. 38－50.

所在。当进入产生选项阶段，公众开始对议题有了明确的认知，关注度上升，但比较缓慢。总统开始行动，并制定了方案。等到了决策阶段，公众关注最大，达到倒置的“V”字型的顶尖，总统做出了决策。自执行与政策回顾阶段，公众关注度沿着“V”字型的下划线开始下行，并逐渐企稳，与问题产生阶段齐平，公众关注度重新回到低且弱的问题呈现阶段，此议题基本解决。因此，内彻特与韦瑟福德得出的结论是总统对公众意见回应程度随着公众关注度变化而变化。在公众关注度最大而不是平静期时，总统最有可能将大众意见加入政策制定。①

根据内彻特等的研究，对外政策决策阶段论以及公众议题关注周期适用于所有类型的对外政策议题，特别是非危机性议题。自然，国际贸易政策也隶属其中。在公众关注下，在这种议题中，总统被迫平衡国内和战略利益，正如他们处理危机性议题一样。② 但是，危急性议题的决策与非危急性议题的决策过程虽然没有很大的出入，但在公众关注周期上存在不同。在非危机性议题中，公众的关注集中于总统做出“决策”阶段时，在这之前是平静的，但是在政策做出后、自执行阶段就开始降低，到政策回顾阶段只是适度关注，恢复到议题呈现阶段的关注度。这样，在执行与回顾阶段，总统摆脱了公众的关注，就拥有了相当的自主权，可以根据国家长期利益来执行和评估贸易政策，即使公众与之并不享有同样的观点，随着公众关注度的降低甚至消失，总统的行为并不能带来非议。这不同于危机性议题，公众高度关注的是执行而不是决策，如伊拉克战争。在政策执行与回顾阶段，公众关注度也较之非危急性议题高，难以恢复到议题呈现阶段的关注度。

二、公众、国会贸易保护主义对美国贸易决策的输入

没有程序，就没有民主。③ 一个正确组织的决策过程并不保证高质量的决定，但是，没有有序的过程，决策一定会是不公平的。④ 因此，美国

---

① Thomas Knecht and M. Stephen Weatherford, “Public Opinion and Foreign Policy: The Stages of Presidential Decision Making”, *International Studies Quarterly*, Vol. 50, No. 3, 2006, pp. 705 – 706.

② Thomas Knecht and M. Stephen Weatherford, “Public Opinion and Foreign Policy: The Stages of Presidential Decision Making”, *International Studies Quarterly*, Vol. 50, No. 3, 2006, p. 706.

③ 孙哲：《左右未来——美国国会的制度创新和决策行为》，复旦大学出版社，2001 年版，第 86 页。

④ Stephen D. Cohen, *The Making of United States International Economic Policy: Principles, Problems, and Proposals for Reform*, New York: Greenwood Press, Inc., 1988, p. 55.

的贸易决策有其必须经历的决策过程或者阶段。美国贸易政策的决策过程必须历经决策阶段，公众和国会通过影响这个过程，保证了保护主义成为美国决策者考量贸易政策的选项之一。

根据上述内彻特等的对外决策阶段论以及公众关注周期的特点，我们就可以知道公众影响贸易决策的关键期是决策阶段，次之为产生选项阶段。在经过了这两个阶段后，贸易决策者就可以依据长期的国家利益处理贸易问题。换言之，在政府制定贸易政策的不同阶段，公众议题关注周期表现出不同的关注特点与强度。下面以总统决策阶段为依据，详细分析公众（包括国会）传输过的贸易保护主义是如何影响美国贸易政策的制定（参见图9—1）。

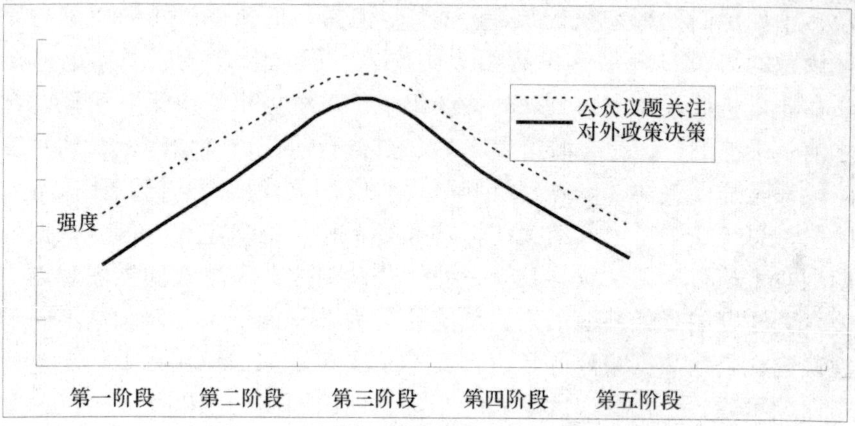

图9—1　公众议题关注周期与对外政策决策阶段

注：第一阶段为公众议题关注周期的“问题前阶段”和对外政策决策阶段的“问题呈现”阶段；第二阶段为公众议题关注周期的“警觉危机和满怀乐观阶段”和对外政策决策阶段的“产生选项”阶段；第三阶段为公众议题关注周期的“理智阶段”和对外政策决策阶段的“决策”阶段；第四阶段为公众议题关注周期的“兴趣消退期”和对外政策决策阶段的“执行”阶段；第五阶段为公众议题关注周期的“问题后阶段”和对外政策决策阶段的“政策回顾”阶段。

资料来源：作者参考以下文献绘制：Thomas Knecht and M. Stephen Weatherford，“Public Opinion and Foreign Policy：The Stages of Presidential Decision Making”，*International Studies Quarterly*，Vol. 50，No. 3，2006，pp. 705 - 727；Anthony Downs，“Up and Down with Ecology：The Issue - Attention Cycle”，*Public Interest*，Vol. 28，Summer，1972，pp. 38 - 50。

（一）问题呈现阶段

在总统决策处于此阶段时，公众议题关注周期处于问题前阶段。这一阶段的基本特点是：尽管已有一些专家或者利益集团就此议题发出警告，但公众并没有意识到问题的存在，关注度低；总统仍拥有较大的制定贸易政策的自主权；公众与总统都维持原有贸易观点。

尽管“在制定外交政策的过程中，总统要考量到公众的反应”，[①] 但是，在能够避免的情况下，决策者还是力避公众施加的压力。在此阶段中，贸易议题初露端倪，但政策制定者却了解问题的关键所在；与此同时，从一个议题关注周期的视角观察，公众对美国贸易领域中出现的问题关注度低。因此，总统制拥有较大的贸易自主权，受到公众与国会掣肘的力度小。此时，公众、国会以及总统都保持原有的贸易态度。

冷战后，美国劳动力要素流动处于低水平，促使公众贸易偏好日趋保护主义，也更加相信美国知识精英以及贸易实践专家的反思性观点。[②] 在理论界，傅高义（Ezra Vogel）与查尔默斯·约翰逊（Chalmers Hohnson）等认为，贸易理论依赖的是“静态比较优势”，但是，生产商获得国际竞争力的过程却是动态的，并且受国家政策的影响。各国政府可能通过确定增长型部门来建立比较优势，帮助和保护那些有朝一日强大起来并征服世界市场的产业。[③] 同时，那些经历了贸易实践的行政官员也不断反思，他们通常对东亚实施干预性贸易政策深有体会。里根政府任期时期的美国贸易谈判代表小克莱德·普雷斯托维茨（Clyde V. Prestowitz, Jr.）、克林顿政府时期的劳工部长罗伯特·莱克（Robert B. Reich）认为，简单地采取防守措施只会使美国的情况更糟，他们大都倾向于进行某种形式的干预。其中一个建议是美国必须“超越自由贸易”，即与贸易有关的美国政策不应是放任自流，而应是预先调适的。[④] 在这些观点的影响下，美国公众对贸易自由化持怀疑态度，巅峰时期表现为1999年西雅图世贸组织部长级会议，以人们疯狂的反贸易自由化而失败。

以总统为首的行政部门的贸易政策偏好是自由主义的。美国是总统主

---

① Thomas Knecht and M. Stephen Weatherford, “Public Opinion and Foreign Policy: The Stages of Presidential Decision Making”, *International Studies Quarterly*, Vol. 50, No. 3, 2006, p. 707.

② 关于美国公众贸易保护主义观点的详细分析，参见李淑俊、郭增栋：《美国贸易保护主义中的国会因素》，载《当代世界与社会主义》，2007年第4期，第94—95页。

③ Paul R. Krugman, ed., *Strategic Trade Policy and the New International Economics* , Cambridge, MA: MIT Press, 1986; Ezra Vogel, *Japan as Number One: Lessons for Americans* , Cambridge, MA: Harvard University Press, 1979; Chalmers Johnson, *MITI and the Japanese Miracle: The Growth of Industrial Policy*: 1925 – 1975 Stanford, CA: Stanford University Press, 1982.

④ Clyde V. Prestowitz, Jr., *Changing Places: How We Allowed Japan to Take the Lead* , New York: Basic Books, 1988; Robert B. Reich, “Making Industrial Policy”, *Foreign Affairs*, Vol. 60, No. 4, 1982, pp. 852 – 881.

义国家，自 1932 年以来，所有的美国总统都是自由贸易主义者。[①] 这主要是基于两方面原因：首先，总统在经济议题上主要追求目标是经济增长和增加就业。既然逆差伴随着经济增长并压低了通货膨胀，因此，急剧改变逆差状况不一定符合美国利益。《2006 年总统经济报告》指出，经常账户逆差“并非心头大患”。[②] 曾主管亚洲贸易谈判的前美国贸易副贸易代表卡兰·巴提亚（Karan Bhatia）2006 年 3 月 21 日指出，美国政府不以减少贸易赤字为目标。在谈及贸易对工人的影响时，稍微提及了贸易一定程度上影响工资的不平等。[③] 其次，因为总统的选举高度依赖多数人的投票，他通常反对针对具体行业的贸易保护主义，以强调整体国家利益的实现。丹尼尔·尼尔森（Daniel L. Neilson）研究了总统在贸易政策上的影响。他认为总统倾向于自由贸易，因为总统是由全国选民选出，不容易屈服于贸易保护主义者的局部利益。[④] 因此，当总统独自制定贸易政策时，贸易保护主义水平低。

总起来说，在问题呈现阶段，占据主导地位的是行政部门关于贸易政策的理念，而不是公众偏好。

（二）产生选项阶段

在此阶段，公众议题关注周期进入“警觉危机和满怀乐观”阶段。这一阶段的基本特征是：公众开始关注议题并冀望政府能够尽快解决，国会也加入其中。政府注意到了公众与国会贸易态度的变化，提出了解决问题的诸多方案，并配置人员。总体而言，公众、国会和政府的贸易观在这个阶段都有所改变。

具体而言，在这个阶段，公众议题关注周期中关注度开始缓慢上升，行政部门的贸易决策也开始关注公众观点。此时，行政部门开始制定各种方案应对贸易问题，并配置了相关机构和人员负责这一议题。“相对于公众沉默之时，由于各种关注增大”，这可能限制总统的决策，总统贸易自

---

① Stanley D. Nollen and Dennis P. Quinn, “Free Trade, fair Trade, Strategic Trade, and Protectionism in the U.S. Congress, 1987 – 88”, *International Organization*, Vol. 48, No. 3, 1994, p. 493.

② 转引自何伟文：《贸易不平衡不应成为中美经济关系中的重大问题》，《国际经济评论》，2007 年第 3 期，第 52 页。

③ 转引自何伟文：《贸易不平衡不应成为中美经济关系中的重大问题》，《国际经济评论》，2007 年第 3 期，第 52 页。

④ Daniel L. Neilson, “Supplying Trade Reform: Political Institutions and Liberalization in Middle Income Presidential Democracies”, *American Journal of Political Science*, Vol. 47, No. 3, 2003, pp. 470 – 91.

主权受到约束，贸易政策上的选项增加了公众观点。①

首先，公众开始关注贸易议题，突然意识到问题的存在并担心由此带来的危险，但仍旧对此议题保持相对乐观的认知。在贸易问题彰显并被大量报道的情况下，公众意识到已有贸易政策存在问题，希望借助新机会重塑贸易政策。自第二次世界大战后，美国奉行一种“内嵌式自由主义”的对外经济政策，将自由贸易与国内补偿结合，以安抚受损的美国公众。②但冷战后，这种制度广受诟病，公众认为已经失去了效果。③ 公众首先利用贸易法赋予的权利表达贸易偏好。《1974 年贸易法》第 135 条规定：要求贸易代表与各种一般和行业委员会就贸易谈判进行磋商。进而，法律又规定了这些委员会人员的组成要具有全面代表性，“尽可能地代表所有的工业、劳工组织或农业的利益……”公众力争进入这些咨询机制。此外，在亲自不能陈诉的情况下，公众可以借助议员。立法者是美国公众通过投票选举出来的，从法理上说他们是选民的代言人。顺应公众保护主义的需要，议员经常就政府贸易政策提出批评。例如，110 届国会认为，克林顿政府平均每年提起 WTO 案件 11 起，小布什政府每年只提起 3 起，而外国政府每年针对美国提起的 WTO 案件达 47 起。④ 显然，美国政府应该采取更多的行动，以回应公众的贸易诉求。

相对于公众沉默时，由于各种关注增大，美国政府贸易政策制定开始处于被持续关注的显微镜下，政府被迫考虑公众与国会贸易倾向的变化。正如凯恩斯的名言所说，“当事实发生变化，我会改变我的想法”。⑤ 这基于多方面原因，但最重要的是民主国家的领导要对定期的选举负责。关于选举和投票的研究表明，公众中有相当比例的人，在选择竞选人时，考虑到他们外交政策议题的态度。在研究外交政策制定的大量理论中，都涉及

---

① Thomas Knecht and M. Stephen Weatherford, “Public Opinion and Foreign Policy: The Stages of Presidential Decision Making”, *International Studies Quarterly*, Vol. 50, No. 3, 2006, p. 706.

② ［美］杰弗里·加勒特：《全球市场与国家政治：碰撞的过程还是有效的循环?》，载［美］彼得·卡赞斯坦等编，秦亚青等译：《世界政治理论的探索与争鸣》，上海人民出版社，2006 年版，第 185—188 页。

③ 关于补偿制度失效的分析参见：Stuart E. Eizenstat and Marney L. Cheek, “Ending the Trade War in Washington: Saving the Trade Agenda by Protecting Workers”, *Foreign Affairs*, Vol. 86, No. 3, 2007, pp. 15 – 22; I. M. Destler, *American Trade Politics*, Washington, D. C: Institute for International Economics, 2005, pp. 137 – 167。

④ http://www.cacs.gov.cn/DefaultWebApp/showNews.jsp?newsId=201420010876.

⑤ ［英］克里斯蒂娅·弗里兰：《与萨默斯共进午餐》，载《金融时报》（中文网络版），2009 年 7 月 20 日，http://www.ftchinese.com/story.php?storyid=001027651&page=3。

到了公众成本问题。[①] 总统需要维持或者提供政治资本以影响外交政策制定。而政治资本中的关键要素就是支持率，高支持率的总统在与国会的较量中具有更大的影响力。不受欢迎的外交政策很快销蚀尽政治资本，削弱行政部门的国内外议程前景。[②] 在《美国 90 年代的经济政策》一书中《引言》中，杰弗里·法兰克尔和彼得·奥萨格在分析这一时期的政策时，总结道：克林顿总统太看重中间选民的意见，他总是让民意测验和公众议论来决定他的政策定位。[③] 进一步讲，并不是公众现在的态度对政治人物的核算是关键的，而是公众潜在观点即"潜在偏好"（potential preferences）对未来的选举产生负面影响。1991 年 9 月，在 1992 年大选来临之前，有高达 66% 的美国人认为，他们的总统（即老布什，G. H. W. Bush）把"太多的时间花在国外问题上"，没有拿出足够的时间考虑国内问题。[④] 这种潜在观点直接导致了老布什总统竞选连任的失利。另外，促使总统采取行动的另外一个因素是国会。国会常常凭借在对外经济领域的宪法地位，要求行政部门倾听并理解他们的诉求，"行政部门常常被迫采取行动以回应国会"。[⑤] 为消除国会敌对情绪、获得国会合作，总统必须采取折中的意愿。因此，当国会需要对政府提出的贸易法案进行立法之际，行政部门贸易政策选项中，保护水平就高。

（三）决策阶段

决策是总统制定贸易政策过程的关键性阶段，也是公众贸易要求转换为政府权威性决策的阶段。这一阶段的基本特征是：公众议题关注周期攀升至倒"V"字型图式顶峰，公众高度关注总统贸易政策决策；此时，总统贸易政策的抉择要平衡公众、国会与自身偏好，通常选择一揽子贸易政策。

---

① Moroslav Nincic, "A Sensible Public: New Perspectives on Popular Opinion and Foreign Policy", *The Journal of Conflict Resolution*, Vol. 36, No. 4, 1992, pp. 772 – 780; James Fearon, "Domestic Political Audiences and the Escalation of International Disputes", *American Political Science Review*, Vol. 88, No3, 1994, pp. 577 – 592; Alastair Smith, "International Crises and Domestic Politics", *American Political Science Review*, Vol. 92, No. 4, 1998, pp. 623 – 638.

② Thomas Knecht and M. Stephen Weatherford, "Public Opinion and Foreign Policy: The Stages of Presidential Decision Making", *International Studies Quarterly*, Vol. 50, No. 3, 2006, p. 708.

③ ［美］杰弗里·法兰克尔、彼得·奥萨格：《引言》，载［美］杰弗里·法兰克尔、彼得·奥萨格主编，徐卫宇等译：《美国 90 年代的经济政策》，中信出版社，2004 年，第 XVII 页。

④ Quoted in I. M. Destler, *American Trade Politics*, Washington, D. C: Institute for International Economics, 2005, p. 134.

⑤ Stephen D. Cohen, *The Making of United States International Economic Policy: Principles, Problems, and Proposals for Reform*, New York: Greenwood Press, Inc., 1988, p. 109.

在决策阶段，公众与国会情绪一方面达到了经济民族主义高潮，另一方面也意识到解决贸易问题所需付出的成本。从美国公众的视角看，美国贸易情势严峻并急需新的政策应对。“不公平竞争导致美国制造业的不断消亡”,[①]“如果没有人来阻击中国，所有的这些（指纺织业）生产商都将倒闭”，“以后也就不会还有阻击的战斗，因为没有了需要阻击的行业存在”。[②] 公众“议题关注周期”达到高峰，采取各种手段，积极影响政府的贸易决策选项，胁迫政府采纳其诉求。这些手段包括：写信、打电话、结社、到国会或行政部门举行的听证会作证等；公众贸易理念表现为重新分配贸易的收益以及关注贸易中出现的新问题，前者表现为免责条款、不公平贸易行为以及贸易调整援助，后者主要指环境与国外劳工标准。国会表现出非理性行为，试图制定法律单方面退出《北美自由贸易协定》。[③] 2015年奥巴马政府获得快车道授权的过程中，5月底，为了获得参议院民主党的支持，参议院在通过贸易促进授权法案时是与贸易调整援助法案一起进行表决的。但在众议院，民主党议员认为他们诉求的贸易调整援助法案的深度与广度都没有达到，因此，他们坚决反对参议院的方案，自己击败了自己一贯支持的贸易援助法案。与此同时，公众也意识到解决贸易问题可能带来的代价。经常被加以引用的是一名美国消费者在拒绝购买中国产品一年后发现自己无功而返，她依旧不得不购买中国产品。总体而言，此一阶段的公众与国会理性与非理性交织，早期出现的是经济民族主义的狂热，为达到实现自己贸易偏好表现出不惜一切代价的姿态；后期又回归理性，意识到了由此可能带来的自身福利的削减。

在公众高度关注下，总统及其团队的决策受到公众的约束，被迫做出决策调整，采纳受到公众普遍欢迎的决策。美国前财长萨默斯曾经在采访中说道：“好的政策是科学也是艺术，它取决于市场心理，也取决于基本现实。”[④] 面对高涨的经济民族主义，总统已经无法唯国家长期利益为瞻，

---

① Cletus C. Coughlin, K. Alec Chrystal, Geoffrey E. Wood, “Protectionist Trade Policies: A Survey of Theory, Perspectives on Global Power and Wealth, *Beijing*: *Peking University Press*, 2003, p. 315.

② ［美］皮厄特拉·里佛利著、肖建平等译：《T恤的全球之旅：一位经济学家对世界贸易的市场、权力与政治的考察》，上海财经大学出版社，2006年版，第123页。

③ “*President Bush Meets with Former Cabinet Secretaries and Senior Government Officials on Free Trade Agreements*,” February 26, 2008, http://www.whitehouse.gov/news/releases/2008/02/20080226-6.html.

④ ［英］克里斯蒂娅·弗里兰：《与萨默斯共进午餐》，载《金融时报》（中文网络版），2009年7月20日，http://www.ftchinese.com/story.php?storyid=001027651&page=3。

急于应对的是现实的考虑。从国际层面看，执行贸易保护主义会损害美国与其他国家之间的关系。因为，贸易保护主义经济政策可能损害另外一个国家的利益。① 但是，从国内层面看，总统确实必须如此。一方面，赋予总统“快车道授权”的政治协定是非常脆弱的。一位专业研究国会游说的学者认为，快车道授权看起来以及听起来很强大，实际情况正是相反。一些国会议员总想限制或者废除它。110 届国会众议员马西·卡普托（Marcy Kaptur）认为，国会应该忘记“快车道授权”，以建立一个新的政策，帮助削减创纪录的贸易赤字以及保护美国制造业。② 另一方面，政府也意识到一些利益集团确实有足够的政治权力来阻止或者拖延自由贸易政策，除非他们得到慷慨的补助或者其他援助措施。③ 战后美国贸易史说明了这个问题，尽管这些利益集团的权力已经衰退，但他们的政治支持对于提高行政部门的权力必不可少。因此，政府必须坚持奉行那些为特定利益集团群体所喜爱的贸易政策，比如对农业以及棉花的长久补贴，尽管美国曾经是欧盟以及日本农业补贴的受害者，也知道这违背世贸组织原则。奉行自由贸易原则的里根总统，用他的财政部长詹姆斯·贝克三世的话来说，被迫“向美国工业提供的贸易救助多于半个世纪以来的任何一位前任”。④ 这样，在抉择阶段，政府被迫接受带有保护主义色彩的贸易政策。杰弗里·加勒特认为，开放性与国内补偿的结合仍然是强有力且有效的方法。⑤ 它可以帮助总统暂时缓解贸易保护主义的压力，摆脱政治困境。总之，在决策阶段，尽管有自己的理念与偏好，政府也不得不折中贸易倾向，做出取悦公众的决策。

（四）执行阶段与政策回顾阶段

总统决策处于执行与回顾这两个阶段时，公众议题关注周期则从决策阶段的高潮走向平静，经历了“公众兴趣的消退”与“问题后阶段”。这

---

① ［美］罗伯特·吉尔平著，杨宇光等译：《国际关系政治经济学》，经济科学出版社，1989 年版，第 399 页。

② Mark Drajem, *Bush Loses Trade Negotiation Lever With Collapse of WTO Talks*, Jun. 22, 2007. http://www.bloomberg.com/apps/news? pid = 20601070&sid = a9FslqOGBCpQ&refer = politics.

③ C. Michaael Aho, Thomas O. Bayardm, “Costs and Benefits of Trade Adjustment Assistance”, in Robert E. Baldwin and Anne O. Krueger, eds., *The Structure and Evolution of Recent U. S. Trade Policy*, Chicago: University of Chicago Press, 1984, p. 160.

④ Quoted in I. M. Destler, *American Trade Politics*, Washington, D. C: Institute for International Economics, 2005, p. 104.

⑤ ［美］杰弗里·加勒特：《全球市场与国家政治：碰撞的过程还是有效的循环?》，载［美］彼得·卡赞斯坦等编，秦亚青等译：《世界政治理论的探索与争鸣》，上海人民出版社，2006 年版，第 213 页。

两个阶段的总特征是：伴随总统执行决策时的战略、计策以及评估贸易政策的效用，公众对这一议题的关注逐渐减弱并转向新出现的议题，政策制定者拥有几乎全部的贸易决策权。具体而言，在执行阶段，政府提供已定决策的实现手段；在回顾阶段，政府将谨慎合理地评估与修正已定贸易政策与战略，因为“好方法不一定确保取得好的结果”。[①]

在此两个阶段，公众关注度持续降低。首先，解决这一议题的新机构、项目与政策已经设立或确立，它们不会随着公众关注的消退而丧失功能，仍将继续有效行使其职能。其次，公众的预期。公众高度认同政府既定贸易决策的预期结果与实际结果二者之间的关系。公众认为政府将忠实地执行在公众和国会参与下制定的政策，实现政策目标，将“处方变化为结果”。最后，越来越多的公众认识到解决贸易问题需要漫长的时间，逐渐失去兴趣，关注点转向新出现的问题。

此时，总统及其团队拥有了相对宽松的政治环境以制定实行贸易决策的战略，并考量已定的贸易决策。政策执行是实现政策的必不可少的过程，是实现政策想法的努力，它的主要目的是履行已经做出的决策。[②] 从某种意义上讲，政府在执行政策的阶段已经走出了政策决策是偏重选举、讨好公众的短期利益，这决定了它在执行政策的过程中将做出一些变通，将国家的长远利益以及行政部门的个体利益加入，实行一些纠偏方案。这样，已定政策变为一揽子政策，各种利益被囊括其中，特点是模糊。因此，政策执行实际上成了一个政治过程。一方面它确实被执行，输出贸易保护主义；另一方面，它也确实发生了变化，考虑到自由贸易主义者的利益。这与上述公众的“顺应过程”形成了对比。这是输出的贸易保护主义主要有三种方法：世界贸易组织与国际货币基金组织等多边框架下的磋商、双边框架下的谈判、依据美国贸易法的单边主义。进入政策回顾阶段，随着公众关注度的不断降低，政府评判贸易保护主义政策。评判的理念有两个，政策制定时所设定的短期目标以及执行阶段添加的长期目标。从短期理念看，当评估一项政策时，只要其已经达到了预设目标，这项政策可能就走出了历史舞台，宣告了退出；当还能发挥作用时，它可能就会依然存在下去。2002 年 3 月，美国总统布什（G. W. Bush）宣布对来自包括中国在内的多个国家和地区的钢铁产品征收 8%—30% 的惩罚性关税，

---

① Alan F. Holmer, “*Establishing New Habits of Cooperation in U. S. – China Economic Relations*”, Nov. 27, 2007. http://www.treas.gov/press/releases/hp679.htm.

② ［韩］吴锡泓、金荣枰著，金东日译：《政策学的主要理论》，复旦大学出版社，2005 年版，第 363 页。

有效期为3年。中国随即与其他几个相关国家一起就此向WTO提出了申诉，2003年12月，世贸组织裁定此举违反了世贸组织规则。同月，布什总统取消了这些关税，并宣称这些关税已经达到了其既定目的。由于此时美国公众关注已经弱化，几乎不存在，这就为政策的执行提供了相当宽松的环境，符合政策制定者追求国家利益的概念，[①] 布什的政策没有引起波澜。从国家长期利益看，总统可以依据国家长期利益做出贸易政策评估，是否达到了政策应有的效果以及是否需要更改，或者放弃。一般说来，随着国内公众对此议题关注度的降低，政府开始注意政策的长期目的，希冀短期目标与国家利益的长期目标融合。行政部门认为自己的行动从长远来看，亦有其合理性。尽管所有学派的经济学家都认为自由贸易比贸易保护好，即使其他国家都采取了贸易保护，自由贸易仍然是最好的政策，但是，在过去的两个世纪，贸易限制一直是世界经济的普遍特征。[②] 开放经济在营造财富的同时，也制造了大量的失败者。因此，一个国家愈对外开放，愈应该采取更多的调整措施来帮助竞争中的失败者。[③] 一个国家不要"把所有的鸡蛋都放进一个篮子里"，即搞"单打一"的经济政策，一国应该定出对外贸易的最佳水平。[④] 总之，不管自由贸易作为一个目标有多诱人，其作为一项可行的政策至今还没有实现。[⑤] 当从国家的长期理念与短期想法评判保护主义时，政府执行的这项政策才能在回顾阶段得出取舍的正确评判。

综上所述，在美国贸易政策制定过程中，决策者通常经历相互关联的五个阶段。伴随这个过程，公众存在"议题关注周期"，表现为倒"V"字型的一个图式，在决策阶段为峰顶。经过一个周期，公众贸易保护主义诉求影响了贸易决策，贸易保护主义在政策中有了一席之地。在下面的部分，我们将介绍由行政部门输出的此种形式的保护主义。

---

① Thomas Knecht and M. Stephen Weatherford, "Public Opinion and Foreign Policy: The Stages of Presidential Decision Making", *International Studies Quarterly*, Vol. 50, No. 3, 2006, p. 706.

② ［美］罗伯特·吉尔平著，杨宇光等译：《全球政治经济学——解读国际经济秩序》，上海人民出版社，2006年版，第178页。

③ Stephen D. Krasner, "State Power and the Structure of International Trade", *World Politics*, Vol. 28, No. 3. 1976, pp. 317 – 347.

④ ［美］罗伯特·吉尔平著，杨宇光等译：《国际关系政治经济学》，经济科学出版社，1989年版，第216页。

⑤ I. M. Destler, I. M. Destler, *American Trade Politics*, Washington, D. C: Institute for International Economics, 2005, p. 4.

第二节　公众、国会与美国贸易政策制定
——基于2007年《中国制造》危机的实证分析

上述第一节从理论上分析了公众贸易偏好是如何通过政府贸易决策过程转化为贸易政策的组成部分。美国对华贸易政策的制定亦是如此。在本节中，笔者将对上述结论进行实证检验，检验在美国贸易政策制定的五个阶段中，在公众关注的影响下，总统及其团队贸易政策制定的变化。笔者选择的案例是自2007年3月开始的“中国制造”议题。

一、“中国制造”及测量指标与方法

关于“中国制造”的界定。首先，在本书中，“中国制造”作为名词指代，仅指发生在美国的、产自中国的问题商品的一系列召回事件。其次，笔者限定了“中国制造”研究的时间阶段：2007年3月至2008年3月（参见表9—1）。2007年3月，美国食品和药物管理局（FDA）召回了某些中国制造的宠物食品或其他产品，由此引起了中国输美产品系列安全问题。随后，产自中国的大量产品被发现存在质量安全问题或隐患。2008年3月，美国次贷危机加深，[①] 公众转而关注这一议题，笔者借此推定公众在“中国制造”议题上的关注趋于平静。最后，笔者将“中国制造”议题划分为五个阶段：“中国制造”出现阶段（2007年3月至5月）、“中国制造”选项阶段（2007年6月至8月）、“中国制造”决策阶段（2007年9月至11月）、“中国制造”政策执行阶段（2007年12月）和“中国制造”政策回顾阶段（2008年1月至3月）。实际上，这一议题发生的五个阶段是一个连续的过程，很难做出一个时间上的明确界限，而之所以做出上述划分，仅为研究方便。笔者划分的依据是各个时间段上“中国制造”发生的多寡与第二部分中政策决策五个阶段的特征。

---

① 笔者认为美联储决定拯救贝尔·斯特恩斯（Bear Stearns）就为美国次贷危机加深的标识。这一结论源于媒体普遍认为美联储的行为表明市场已经不能自我修复。参见［英］马丁·沃尔夫：《全球自由资本主义之死》，载《金融时报》（中文网络版），2008年4月7日，http：//www. ftchinese. com/sc/story. jsp? id = 001018443&pos = COVER_ STORY。

表 9—1　2007 年中美贸易摩擦之“中国制造”事件

时间（年月）	事件
2007 年 3 月	食品和药物管理局（FDA）召回某些宠物食品或其他产品
2007 年 5 月	中国牙膏在美国等地被发现含有二甘醇
2007 年 6 月	消费者产品安全委员会（CPSC）宣布召回某些中国含铅漆玩具火车
2007 年 6 月	美国高速公路安全管理局下令召回 45 万个中国轮胎；FDA 禁止从中国进口水产养殖产品
2007 年 7 月	美国召回鲜姜事件
2007 年 8 月	美泰公司先后三次主动召回其已销售的中国玩具
2007 年 9 月	美泰公司再行召回部分中国玩具
2007 年 10 月	CPSC 召回 54.4 万件商品，星巴克（Starbucks）主动召回中国产品
2007 年 11 月	CPSC 下令召回 400 多万套中国工艺玩具

资料来源：作者根据 FDA、CPSC、《纽约时报》、中国贸易救济信息网等整理自制。它们的网址分别为：http：//www. fda. gov/；http：//www. cpsc. gov/；http：//www. nytimes. com/；http：//www. cacs. gov. cn/。

关于公众“中国制造”议题贸易偏好的测量工具与方法。笔者在本节中选择了两个可以量化的工具：民调与国会议员提案。民调可以视为公众在此议题上的直接测量方法，用以说明在此问题上美国公众的具体观点为多少人持有。笔者选择了盖洛普（Gallup）自 2007 年 2 月至 2008 年 2 月所进行的数次关于中美贸易与“中国制造”议题上的调查数据，这就保持了数据的前后一致性，但缺点是陋于一家之言。议员提案可以看作是间接测量方法，作为公众在国会山上的代表，立法者需就本选区公众在“中国制造”议题上的观点做出清晰的表达，提出议案就是议员的手段之一。笔者选择了美国会自 2007 年 3 月至 2008 年 3 月期间事关“中国制造”的提案（参见表 9—3），这就弥补了民意调查测量的局限，对民意调查测量结果起到了补充与佐证的作用，因为民调倾向应该与提案性质或提案数量正相关。这样，从研究的科学性角度讲，则可以使我们的观察更趋向于严谨。

另外，在盖洛普民调数据的基础上，笔者将公众意见划分为两类：一是公众对具体的“中国制造”的倾向；二是对此阶段政府治理能力的满意度调查。关于议案，笔者选择议案的标准是：该提案必须是主要内容针对中国制造的产品安全问题，不包括涉及“中国制造”议题条款的国会拨款法案和授权法案。

关于各个决策阶段政府贸易观的考察工具，笔者采用了政府象征活动。① 这主要包括政治性演讲、政治性典礼和仪式以及政治人物的肖像。为便于考察，这里以政治性言论为分析的重点，即考察总统及其团队自2007年3月至2008年3月发表的主要贸易语言。根据这些言论所表达出的贸易倾向，笔者将其各个决策阶段的贸易观划分为三类：其一，正向接触论。这指对华经贸接触论占据绝对主导，经济民族主义式微。其二，正负包容性接触论。在对华经贸政策上，持“接触论”的地位下降，经济民族主义地位相对提升。但是，就整体而言，接触论占据主导。其三，负正包容性接触论。从表象看，经济民族主义短时间内超越接触论，但实质上，接触论仍旧为主导。需要指出的是，笔者将对华经贸政策接触论划分为上述三种类型，只是为详细分析决策者在五个决策阶段贸易偏好所发生的具体变化，乃为分析所需，不具有普遍性指导意义。

关于资料来源。本书所采用的数据主要是根据盖洛普民调网站与美国国会图书馆的官方网站以及《华盛顿邮报》网站所提供的资料统计分析而成。

二、“中国制造”议题上的公众观点与最终政府贸易政策的出笼

根据盖洛普民调、国会议案与政府贸易观，笔者制作了“中国制造”议题决策的五个阶段三者之间的关系表（见表9—2）。本节以表9—2为基础，详细分析公众是如何在政府决策的五阶段施加影响，使公众贸易偏好最终转化为政府对华政策的组成部分。

---

① 本节“象征活动”的概念来自于加布里埃尔·A. 阿尔蒙德等人的研究。他们认为，政治体系的政治实际作为有四个方面：提取资源、分配活动、对人类行为的管制和象征活动。参见加布里埃尔·A. 阿尔蒙德等著，曹沛霖译：《比较政治学——体系、过程和政策》，上海译文出版社，1987年版，第299—300页。

表 9—2　民调、议案与政府贸易偏好

"中国制造"（时间）	民调				国会议案（个）	政府贸易观
	对"中国制造"		对政府			
	正	负	正	负		
出现阶段（2007.3—5）	48%	47%	–	–	2	正向接触论
选项阶段（2007.6—8）	74%	25%	71%	29%	4	正负包容性接触论
决策阶段（2007.9—11）	29.25%	69.12%	31%	67%	18	负正包容性接触论
执行阶段（2007.12）	–	–	–	–	2	正负包容性接触论
回顾阶段（2008.1—3）	42%	52%	–	–	4	正向接触论

资料来源：由笔者绘制。

表 9—3　"中国制造"危机中的国会提案与"对外政策决策阶段"

序号	时间	提案	对外政策决策阶段
(1)	2007.5.3	S. 1306：2007 年无铅玩具法案	问题呈现
(2)	2007.5.24	H. R. 2474：产品安全民用惩罚改进法	
(3)	2007.7.18	H. R. 3077：2007 年外国海产品食品安全法	产生选项
(4)	2007.7.18	S. 1815：2007 年山地车标准和执行法案	
(5)	2007.7.19	S. 1833：2007 年儿童产品安全法案	
(6)	2007.7.19	H. R. 3100：2007 年进口产品安全法	
(7)	2007.9.7	H. R. 3499：2007 年儿童产品安全法	决策
(8)	2007.9.9	H. R. 3477：儿童玩具安全法	
(9)	2007.9.11	S. 2037：修改消费品安全	
(10)	2007.9.11	S. 2038：禁止销售或运输含铅等儿童产品法	
(11)	2007.9.12	S. 2045：CPSC 改革法	
(12)	2007.9.19	H. R. 3588：家庭用品安全保护法	

续表

序号	时间	提案	对外政策决策阶段
(13)	2007. 9. 20	S. 2081：2007 年食品和产品责任法	决策
(14)	2007. 9. 20	H. R. 3610：2007 年药品进口安全法	
(15)	2007. 9. 20	H. R. 3624：2007 年消费者食品安全法	
(16)	2007. 9. 27	H. R. 3691：消费者食品安全法	
(17)	2007. 10. 1	H. R. 3716：儿童玩具安全法	
(18)	2007. 10. 3	H. R. 3743：要求儿童产品弃绝含铅等有害物质	
(19)	2007. 10. 18	H. R. 3903：儿童玩具安全法	
(20)	2007. 10. 23	H. R. 3937：2007 年进口食品安全法	
(21)	2007. 10. 29	S. 2256：国际和国内产品安全法	
(22)	2007. 11. 1	H. R. 4040：2008 年消费品安全改进法	
(23)	2007. 11. 6	H. Res. 804：表达国会对于 CPSC 主席的不信任以及敦促其辞职	
(24)	2007. 11. 6	H. Res. 803：表达国会已经完全对 CPSC 主席失去信心，要求她立刻辞职	
(25)	2007. 12. 4	H. R. 4261：玩具安全法	执行
(26)	2007. 12. 12	H. R. 4516：婴儿玩具产地安全法	
(27)	2008. 1. 16	H. Res. 926：确认食品、产品等的重要性	评估
(28)	2008. 1. 17	H. R. 5069：2008 年食品和产品责任法	
(29)	2008. 3. 4	S. 2688：海产品消费者保护法	
(30)	2008. 3. 13	H. R. 5636：消费品和食品安全信息法	

资料来源：笔者根据美国国会图书馆网站资料制作，网址为 http：//thomas. loc. gov/cgi – bin/thomas。

(一) “中国制造” 出现

这一阶段总特征是：“中国制造” 问题肇始并扩散；公众议题关注周

期处于倒“V”字形的最初阶段，公众关注度极低；公众、国会以及政府维持原有对华贸易偏好。

2007年初，美国公众秉承其原有对华贸易倾向，总体持比较摇摆的态度，但并不积极反对政府对华经贸接触政策。换言之，默认了政府对华贸易观。公众的上述贸易姿态可在盖洛普每年2月份公布的公众对华态度上得以体现。2007年2月调查发现：在美国公众中，对中国持“非常欣赏”态度者有7%，“比较欣赏”者占41%，“比较不欣赏”者占32%，“非常不欣赏”者为15%。总体而言，美国人对中国持正面态度者占被调查人数的48%，而持负面态度者则占47%。①

此时，虽然部分国会议员观察到了“中国制造”问题的存在，但国会总体上没有采取大范围的行动。整个问题呈现阶段，仅有2个议案被提出，参见表9—3之（1）与（2）。

总体而言，美国政府坚持对华经贸正向接触政策。2007年3月3日，副国务卿约翰·内格罗蓬特（John D. Negroponte）访华，他表示美国仍将奉行与中国在各个层面上进行接触的政策。② 3月27日，美国务院分管东亚和太平洋事务的副助理国务卿柯庆生（Thomas J. Christensen）在众院作证时认为，美国应奉行对华接触政策，中美两国经济各自的发展以及中国市场在美国出口中的地位证明了与华接触的好处。③ 5月10日，小布什总统重申了自由贸易的益处。④ 但是，政府决策层面也已意识到“中国制造”的出现，5月23日，在中美第二次战略经济对话中，食品安全是其中一个议题。

（二）“中国制造”选项

这一阶段的特点是：“中国制造”井喷式发展；公众议题关注周期处于倒“V”字形的上升期，公众蓦然发现大量中国产品问题并认定政府能够制订出方案。国会随之主要关注点转移至“中国制造”，政府被迫应对，

---

① http://www.gallup.com/poll/1627/China.aspx.

② 《唐家璇会见美国常务副国务卿内格罗蓬特》，2007年3月4日，参见中华人民共和国外交部网站，http://www.fmprc.gov.cn/chn/wjdt/wshd/t300987.htm。

③ Thomas J. Christensen, *Testimony on U.S. – China Relations Before the House Committee on Foreign Affairs, Subcommittee on Asia, the Pacific, and the Global Environment*, March 27, 2007, http://foreignaffairs.house.gov/110/34480.pdf.

④ 布什认为，开放经济能够给个体以权力、给所有人以经济机会和繁荣，为自由社会提供基础。参见 Henry M. Paulson, Jr., *Testimony before the House Committee on Financial Services on the State of the International Financial System*, June 20, 2007, http://www.ustreas.gov/press/releases/hp469.htm。

贸易观随之将调整为正负包容性接触论。

随着“中国制造”一系列召回事件的曝光，民调显示公众突然对“中国制造”产品产生了信任危机。2007 年 7 月 12—15 日执行的民调显示，在具体对待“中国制造”议题上，有 74% 的美国人担心居住地来自中国食品的安全，仅有 25% 的不怎么关心。[①] 这说明在“中国制造”议题上的公众关注度开始上升。与此同时，民调亦显示公众对政府解决此议题持乐观与相信的倾向。7 月 12—15 日，关于对政府确保美国食品供给安全的信心调查中，其中对政府持非常放心和相当放心的各占 18% 和 53%，有积极信心的合计为 71%；其中不怎么有信心和根本没有信心的各占 21% 和 8%，持负面观点的合计为 29%。[②] 这表明了此阶段中，公众对待“中国制造”总的倾向是意识到问题的大量存在，但相信政府能够化解此类问题。

国会在民调推动下，亦加大了对此议题的关注。议案由呈现阶段的 2 个上升到 4 个，但远远少于决策阶段的 18 个议案。这 4 个提案具体参见表 9—3 至（3）、（4）、（5）与（6）。究其原因，基于责任政治，国会必须对“中国制造”议题上的公众经济民族主义情绪上升有所反映，这导致议员提案增多；同时，鉴于公众对政府解决产品安全能力的基本肯定，立法者的关注点没有完全集中于“中国制造”议题，所以提案增幅不大。

面对公众与国会的关注，美国政府贸易倾向发生了变化，由原来的正向接触论逐渐转变为正负包容性的接触论。政府在反对国会基于中国产品安全问题而对华实施贸易保护法案的同时，也展现了其负向性：政府认为很难对公众和国会山上的行为加以引导，因为“中国制造”事关消费者的安全。[③] 2007 年 6 月 5 日，保尔森在演讲时指出，政府将利用一切机会对中国政府施压。[④] 此外，为回应公众对其解决问题的乐观认知，7 月 18 日，布什总统签署行政命令，成立一个政府部门间高级工作小组，负责监管与分析来自全球进口食品的安全，并最终向总统提交一份建议报告。

（三）“中国制造”决策

这一决策阶段上的特点是：“中国制造”事件继续涌现；公众与国会

---

① July 11，2007，http：//www. gallup. com/poll/28102/Half – Grocery – Shoppers – Seek – Made – America – Label. aspx.

② http：//www. gallup. com/poll/6424/Nutrition – Food. aspx.

③ 《美逐步强化进口监管》，路通社华盛顿 8 月 15 日电，转引自《参考消息》，2007 年 8 月 17 日，第 4 版。

④ Henry M. Paulson，Jr.，“*China and the Strategic Economic Dialogue*，” at the Heritage Foundation Lee Lecture，June 5，2007，http：//www. treas. gov/press/releases/hp439. htm.

对总统决策此议题政策的关注达到顶峰，政府被迫接受经济民族主义诸多主张，其贸易政策转变为负正包容性接触论。

针对“中国制造”议题，公众认知呈现非理性与理性相交织，但前者处于优势地位。公众的非理性表现为：已经从上一阶段对中国制造产品的心理恐慌转化为实际停止购买中国产品。2007 年 9 月 24—27 日，对食品、玩具和家具等 8 类在美国市场占据主导的中国制造产品进行民意调查，加权平均后的数据显示，购买美国产品的美国人高达 69.12%（在表 9—2 中体现为对“中国制造”负向倾向），购买中国产品的美国人仅为 29.25%（在表 9—2 中体现为对“中国制造”正向倾向）。[①] 公众的理性行为首先表现为公众认为“中国制造”的出现是美国政府治理不力，而非中国单方面原因。2007 年 9 月 14—16 日的民调显示，公众对政府执政能力的满意度为 31%，不满意为 67%。[②] 这与选项阶段对政府的高度信任形成了鲜明对比。另外，公众也意识到了杜绝“中国制造”的产品是根本不可行的，美国本土很早已经不再生产上述产品。

当公众关注达到顶峰，国会议员提案飙升，议案数量从 4 个迅速增加到 18 个，参见表 9—3 之（7）至（24）。分析其原因：首先，公众对“中国制造”议题的贸易倾向发生了质的变化，已经从心理恐慌转化为拒绝购买中国产品；其次，公众已经对政府执政能力高度否定，这完全不同于选项阶段。国会必须以这种数量上的变化来回应公众，同时，它也向政府施压。总之，国会经济民族主义亦达到了最高潮。

在此阶段，较之选项阶段，美国政府贸易观发生变化，选项阶段的正负包容性接触论的贸易观转化为负正包容性接触论。探究原因，满足公众与国会短期利益或者阶段性诉求的考虑战胜了政府对长期利益的考量。这种正负包容性接触论所包含的政策内容首先是向中国施压和与中国对话，然后是改变美国政府治理“中国制造”的能力。其中向中国施压的表现是：2007 年 11 月 6 日，白宫公布了进口产品安全行动计划，对进口产品

---

① 美国人在八类商品上购买美国产品、中国产品的人数比例分别是：（1）食品：94%、6%；（2）儿童玩具：82%、16%；（3）家具：76%、22%；（4）家用电器：67%、32%；（5）鞋：63%、35%；（6）家庭用品（亚麻制品、厨房用品）：61%、37%；（7）衣服：60%、38%；（8）电子器件：50%、48%。详细参见 October 18，2008，http：//www. gallup. com/poll/102058/Putting - Premium - AmericanMade - Products. aspx。

② http：//www. gallup. com/poll/27286/Government. aspx.

设定了更加苛刻的进口检查程序;[①] 政府依据国内法特别是各州地方法律严格监控中国产品。[②] 与中国对话表现为：2007 年 9 月 6 日，布什与胡锦涛举行会晤，产品安全为中心话题之一。[③] 同年 10 月 23 日，在布什美中关系会议（George H. W. Bush U. S. – China Relations Conference）上，亨利·保尔森（Henry M. Paulson，Jr.）与苏珊·施瓦布（Susan C. Schwab）全面而详尽地阐述了美国对华贸易政策，表示布什政府处理中美贸易争端的核心是接触政策[④]，方式是双边对话[⑤]。改进政府执政能力表现在要求美国食品和药物管理局与消费者产品安全委员会改进监管方式。

（四）“中国制造”政策执行

这一事件在时间上界定为 2007 年 12 月[⑥]，基本内容是美国政府制定实施第三阶段政策的战略，主要特征是：公众与国会关注度开始沿倒“V”字形边线下滑，政府贸易观重新改变为正负包容性接触论。

公众与国会对于“中国制造”议题的关注从顶峰回落。一方面，公众认为政府已制定好解决“中国制造”的政策，另一方面，也意识到解决“中国制造”问题时间的漫长，不可能在短时间内一蹴而就，逐渐丧失或转移了关注。因此，在这一个月内，盖洛普没有就此一议题进行民意调查。由于公众关注度的下降，国会立法者所提议案随之下降，仅有 2 个提案表达了议员将继续关注“中国制造”，参见表 9—3 之（25）与（26）。

公众与国会关注度的降低，为政府实施政策创造了宽松的环境，政府

---

① 该计划为上述进口安全性机构间小组提交给布什。详细参见 Interagency Working Group on Import Safety，“*Action Plan for Import Safty：A Roadmap for Continual Improvement*”，November 2007，http：//www. importsafety. gov/report/actionplan. pdf。

② 根据美国法律，对消费者的保护是联邦政府和州政府共享的权力，当联邦政府法律在此领域不完善时，各州法律可以对此加以管辖。参见 Kenneth J. Meier，“The Political Economy of Consumer Protection：An Examination of State Legislation”，*The Western Political Quarterly*，Vol. 40，No. 2，1987，pp. 343 – 359。

③ 胡锦涛与布什的会晤中还谈到了汇率、气候变化和苏丹问题。参见《布什与胡锦涛就汇率等问题交换意见》，载《华尔街日报》（中文网络版），2007 年 9 月 6 日，http：//chinese. wsj. com/gb/20070906/bch181926. asp？ source = whatnews1。

④ Susan C. Schwab，“*Remarks by U. S. Trade Representative Susan C. Schwab at George H. W. Bush U. S. – China Relations Conference*”，October 23，2007，http：//www. ustr. gov/assets/Document_ Library/Transcripts/2007/October/asset_ upload_ file961_ 13422. pdf.

⑤ Henry M. Paulson，Jr.，“*Managing Complexity and Establishing New Habits of Cooperation in U. S. – China Economic Relations*”，October 23，2007，http：//www. ustreas. gov/press/releases/hp633. htm.

⑥ 需要说明的是，这一时间段的划定是为了分析之便，实际上，只要有些中国产品仍存在质量问题，关于这一议题的政策执行阶段就会处于进行状态。

采取的战略说明了其贸易倾向重新改变为正负包容性接触论。正向性充分彰显：政府反对国会贸易倾向上的单边主义，认为立法是解决“中国制造”等问题上的最不合适的手段，力倡双边框架下的对话与磋商。① 12月4日召开的中美两国第三轮战略经济对话上，产品安全成为讨论的首要议程。② 负向性渐渐隐去。

（五）“中国制造”政策回顾

这一阶段的特征是：公众与国会对于“中国制造”的一个议题关注周期结束，关注度恢复到议题开始前，政府贸易观随之也修正到正向接触论。

顺承执行阶段，公众与国会关注度持续降低，逐渐减弱到“中国制造”议题出现阶段，完成一个议题关注周期。公众对于中国的态度，2008年2月的盖洛普民调显示，对中国友好的美国人为42%，不友好的为55%。较之2007年数据，公众对华态度负向增加。③ 国会所提议案数量为4［表9—3之（27）至（30）］，比问题出现阶段与执行阶段有所增加。这与公众民调对华态度趋于负面有关。

鉴于公众与国会对此议题的关注已经减弱，并经过了一段时间，政府对“中国制造”政策已经进入评估阶段，贸易偏好重新界定为正向接触论。自选项阶段起，政府被迫将对华贸易政策调整为正负包容性接触论、负正包容性接触论和正负包容性接触论，这种调整归根到底是政府的短期诉求，即获得公众与议员对政府的支持，政府并不谋求将这种暂时性的、情绪性的观点转化为中美经贸关系中结构性的、永久性的约束。当公众与国会关注度降低或静态化，政府则更多考量国家利益，美国政府对“中国制造”议题的政策复又为正向接触论。这可通过中美贸易数据得到佐证。根据美国商务部经济分析局数据，2007年中国输美产品再创新高，以玩具为例，尽管不断受到产品召回的影响，但却实现了25%的增长率。④

① 格雷格·黑特：《中国问题成为美国大选年枪靶》，载《华尔街日报》（中文网络版），2007年12月31日，http：//chinese. wsj. com/gb/20071231/ecb201216. asp？ source = channel。

② 彭博新闻社华盛顿12月7日电，转引自《参考消息》，2007年12月10日，第1版。

③ http：//www. gallup. com/poll/1627/China. aspx.

④ 《2007年美国对外贸易及中美贸易情况》，2008年5月8日，http：//www. cacs. gov. cn/cacs/news/xiangguanshow. aspx？ PageNum = 2&articleId = 40135。

第十章　美国行政贸易保护主义

第一节　美国贸易政策制定中的行政部门

总体而言，美国没有一个集中的部门统一管理国际贸易，贸易管理权分散。主要贸易职能机构分散在整个职能部门里，贸易政策制定和执行杂乱无章，有时甚至互相矛盾。从实际政策制定情况看来，主要包括：总统办事机构、行政各部和机构、独立机构。为本书研究简洁方便，我们将这些机构均视之为美国贸易政策决策中的政府部门。[①] 另外，在概括这些机构时，涉及到中美贸易摩擦的机构及其职能，笔者皆略加详细地指出或特别说明。

一、总统办事机构

总统办事机构被誉为超级三大强权之一。[②] 这包括总统本人以及为他服务的白宫顾问班子，这些顾问班子包括国家安全委员会（the National Security Council，缩写为NSC）、经济顾问委员会（the Council of Economic Advisers，缩写为CEA）以及白宫指派的一些小组委员会。国家安全委员会是最古老的白宫涉及外部经济关系的机构。它依据于《1947 年的国家安全法》（the National Security Act of 1947）设立。只要涉及到国家安全，NSC就可以广泛或者仅局部地介入经济政策。经济顾问委员会根据《1946

---

① S. D. 库恩在其著作中也这样通称这些决策部门。详细参见 Stephen D. Cohen, *The Making of United States International Economic Policy: Principles, Problems, and Proposals for Reform*, New York: Greenwood Press, Inc., 1988。

② Stephen D. Cohen, *The Making of United States International Economic Policy: Principles, Problems, and Proposals for Reform*, New York: Greenwood Press, Inc., 1988, p. 57.

年全民就业法》（Full Employment Act of 1946）成立，对美国经济发展提供全面的评估和解释，以提供给总统促进经济发展和稳定的政策建议。其主席兼任美国在 OECD 中的经济政策委员会（the Economic Policy Committee）中的美国代表；经济顾问委员会的成员也是美国在 OECD 中的专门经济委员中的成员之一。自 1971 年以来，美国政府遵循这样的原则：高级别的经济政策调和应该由白宫指派的小组控制，而不是这些部门机构自身解决。例如，自 2006 年开始的中美战略经济对话（2009 年升级为战略与经济对话），这一机制就是由小布什总统提议并指派财政部负责组成美方代表小组。20 世纪 70 年代的国际经济政策委员会（the council on international Economic Policy）、经济政策管理委员会（the Economic Policy Board）以及 80 年代中期的经济政策委员会（the Economic Policy Council）在美国对外经济政策制定过程中发挥了重要作用。在冷战结束后的克林顿政府时期，美国政府曾在白宫内成立了国家经济委员会（National Economic Council，缩写为 NEC），其主要任务全权负责国内和国际经济政策。它的一部分职责是政策总协调，分担了美国贸易代表办公室的部分职能。

从理论上看，美国总统是贸易政策的最终决定者，但事实上，顾问班子及白宫的其他部门是美国国际经济政策的主要决策人。[1] 一方面，总统关注的领域和问题甚多，不可能事必躬亲；另一方面，顾问班子及白宫的其他部门拥有与最高行政领导接近的机会，又控制着调和不同意见的权力。这些因素使顾问班子及白宫的其他部门对最终政策的形成拥有了巨大的潜在权力。但是，尽管如此，总统的作用也是不可或缺的，白宫官员以及各个小组的服务对象是总统，在最后的决定出笼前，没有人有权力听取所有的观点，只有总统，总统是名誉上所有对外经济政策的输出者。

二、美国贸易代表办公室

从理论上看，美国贸易代表办公室（Office of the United States Trade Representative，缩写为 USTR）属于上述总统办事机构中的一员。但实际上，它是一个两栖机构，虽然名义上属于行政部门，但它也是“国会的一个机构”，“它对寻求贸易保护主义势力的敏感性要高于国务院或经济顾问委员会”。[2] 根据《1962 年扩大贸易法》第 241 节（Section 241 of the

① 潘锐：《美国国际经济政策决策过程中的政府部门》，载《太平洋学报》，1997 年第 3 期，第 65 页。

② I. M. Destler, *American Trade Politics*, Washington, D. C: Institute for International Economics, 2005, p. 104.

Trade Expansion Act of 1962)，政府设立了负责贸易谈判的总统特别代表一职，即特别贸易代表办公室（Office of the Special Trade Representative，缩写为 STR），这就是美国贸易代表办公室的前身。在其创建之后，历届美国政府都试图削减或取消这个职务，国会却一再加强其合法性，《1974年贸易法》使之成为总统行政部门中的一个法定机构，设在总统行政事务办公室内，贸易代表享有内阁成员的地位和报酬。在卡特政府时期，国会扩大了该机构的规模和权力，并且把它命名为美国贸易代表办公室，这一名称沿用至今。

自美国贸易代表办公室成立以来，它在重大多边与双边贸易谈判中扮演了一个明确的主要角色。核心职责有两项：（1）贸易谈判：USTR 在经过授权的谈判中担任"美国首席代表"，如世贸组织多边和美国与其他国家的双边贸易谈判。（2）贸易政策协调：贸易代表担任由总统主管的贸易类谈判的"跨部门贸易组织"的主席。

三、美国财政部

美国财政部（United States Department of The Treasury）被誉为"美国贸易决策中可怕的后来者"[①]，在总体对外经济决策中日益占据首要地位。[②] 财政部在第二次世界大战结束后开始介入美国贸易政策领域，其后，贸易权力经历了慢慢变大、上升与下滑并企稳的过程。在 1979 年贸易法通过前，其处于上升期，它的贸易否决权仅次于总统，被誉为超级三大强权之一。[③] 这消解了国务院在制定国际经济政策中过度排他的权力。财政部长被总统视之为政府高级经济政策官员，随总统每年参加经济峰会，财政部长在 OECD 与八国峰会（先为五国、后成为七国、现为八国）的部长级会议中代表美国。另外，根据布雷顿森林协议法（the Bretton Woods Agreements），美国财长负责国际货币基金组织、世界银行（WB）的事务以及一些地区多边发展银行（如泛美开发银行、亚洲开发银行等），美国在这些银行中的投票取决于财政部的指示。具体负责财政部国际经济活动的是国际事务助理部长办公室（the office of the Assistant Secretary for Inter-

① Stephen D. Cohen, *The Making of United States International Economic Policy: Principles, Problems, and Proposals for Reform*, New York: Greenwood Press, Inc., 1988, p. 60.

② ［美］杰里尔·A. 罗赛蒂著，周启明等译：《美国对外政策的政治学》，世界知识出版社，1997 年版，第 229 页。

③ Stephen D. Cohen, *The Making of United States International Economic Policy: Principles, Problems, and Proposals for Reform*, New York: Greenwood Press, Inc., 1988, p. 57.

national Affairs，缩写为 OASIA）

财政部在经济政策领域的主要职能集中在贸易和金融事务。自 1971 年美国出现贸易赤字，贸易政策就成为财政部的全职工作。主要处理不公平贸易，决策美国国际金融政策（包括汇率、收支平衡、国际货币改革、资本流动、国际金融市场、国际税收政策等）。特别需要指出的是，根据 1988 年的《综合贸易和竞争法》，财政部监管一国的汇率，每年 2 次、每半年向国会提供外国汇率评估报告，关于中国人民币汇率的评估依据就出源于此处。

四、美国国务院

美国国务院（U. S. Department of State）是三大超级强权中曾经最为强势的一个。1934 年，体制安排使国务院取代国会成为了贸易政策的主角，但在二战后的几年里，国务院在贸易决策中的位置一路下滑。自 20 世纪 70 年代中期，国务院已经变成了一个贸易决策的主要参与者，而不是公认的领导者。一是国务院的贸易观，“当形势的发展要求将国内问题排在国际问题前面时，国务院对此总是否决的”。[①] 国务院的主要职能是为国家安全负责，因此商业服务并不是它的首要职能，它也就经常强调贸易对维持盟国关系的重要性。二是国务院权力的削弱也来自于白宫和贸易代表办公室合作地位的上升。国务院贸易权力的顶峰是 1960 年的关贸总协定（GATT）多边贸易回合谈判，以当时副国务卿道格拉斯·狄龙（C. Douglas Dillon）命名，被称为狄龙回合。“这是国务院最后一次在多边贸易领域发号施令了。”[②] 自此开始，国务院在贸易政策领域便成为一个从属角色，其关于贸易政策的建议受重视程度在冷战后时代亦相应地下降。但是，国务院的作用不是可有可无的，在多数国际经济组织和会议上，国务院至少名义上是美国政府的代表。

从理论上讲，国务院的职能是参与并主管、制定对外政策，国际经济政策属于其中之一。国务院常驻国外的外交大使提供了绝大多数的经济报告。虽然财政部、农业部以及商务部的经济官员经常被任命为驻外使节，但是国务院领导和控制着华盛顿和驻外使节之间的经济部门和交流。同时，在国务院高层官员中，负责经济和农业事务的助理国务卿是国际贸

① Stephen D. Cohen, *The Making of United States International Economic Policy: Principles, Problems, and Proposals for Reform*, New York: Greenwood Press, Inc., 1988, p. 59.

② I. M. Destler, *American Trade Politics*, Washington, D. C: Institute for International Economics, 2005, p. 105.

易、农业、能源、金融、运输、与发展中国家相互关系等方面的主要顾问。在国务院低层机构中，负责经济和商业事务的司局承担着日常与对外经济事务相关政策的拟定和实施。其他司局在国际经济事务中也承担主要责任，例如国际组织事务局以及海洋、国际环境及科学事务局。

五、美国商务部

美国商务部（U. S. Department of Commerce）是非农业贸易经营责任的核心。1980 年贸易政策重组时，商务部和贸易代表办公室是最大的赢家，得到了财政部处理反补贴与反倾销的权力以及国务院过去驻外商务专员的管辖权。有专门负责贸易的副部长，下面有国际贸易局。商务部现在是美国进出口项目的主要管理者。在进口方面，商务部加强了对进口制成品的监管，这是它增加的最显著的功能。由于国会认为财政部在反倾销与平衡税法中过于宽松（对外国产品），这项权力转让给商务部。这意味着商务部在决定外国产品是否触犯了美国法律以及是否推荐进口限制方面具有最后的裁决权。在出口方面，根据出口管理法（the Export Administration Act），商务部负责出口管理项目，制定促进出口产品的关税；同时，也颁发出口许可证，实施美国各项出口管制法律。特别需要指出的是，具体负责出口管制方面的司局是工业与安全局（Bureau of Industry and Security），在事关对华出口敏感技术产品方面，该局每年都要拿出具体配额与管制清单。另外，如果与外国政府约定联合制裁某个国家，商务部负责对美国商业的监管。同样，商务部为美国政府收集对外贸易和投资数据。

但是，尽管有如此多的权力，在美国对外经济政策制定过程中，商务部仍旧只是一个从属机构。在美国政府影响力方面，商务部仍旧是最弱的一个。这主要是由历史原因造成的，美国一直奉行制造业与政府之间有一定距离的模式，政府很少对产业部门进行计划，也没有国家产业发展计划；与此同时，产业部门宁肯保留与行政部门、国会的松散关系，以代替对他们的直接管理。因此，商务部在这些产业部门面前与其说是一个政策制定者，还不如说是一个管理者。

六、美国农业部

农业部（United States Department of Agriculture，缩写为 USDA）是美国政府中一个特殊部门，它代表着不愿让商务部插手其事务的美国农业界利益。[1] 美国是世界上最大的农产国，同时也是最大农业出口国。美国农业部对国际农业趋势与美国贸易政策深切关注，主要服务对象为农场主，为其提供资金、技术和商务上的一揽子的服务，包括专家技术、数据收集、外国经济报告、促进农产品出口。

促进美国农产品的出口主要是由农业部下属的对外农业服务局（the Foreign Agricultural Service，缩写为FAS）负责，通过其设在海外美国大使馆中的代表，拓展农业出口，向国外政府提供正式文函，就外国农产品、贸易和政策向农业部提供报告、为美国农场主提供国外市场报告、分析国外竞争者的价格和市场技术。同时，对外农业服务局代表农业部参加国际会议，管理美国出口加强计划（the Export Enhance Program），该计划旨在为美国农产品出口提供补贴，开始于1985年，这样可以对冲欧盟对农产品的补贴，有利于美国对第三世界国家的出口。FAS下设商品信用公司（the Commodity Credit Corporation，缩写为CCC），这是一个美国政府持有的创建于1948年的永久性公司，以保护美国农场收入、价格等。

同样，农业部对进口政策也负有主要责任，特别是一些敏感的农产业，如奶制品以及肉类等。农业部根据农业调整法案第22部分（the Section 22 of the Agriculture Adjustment Act ）对总统进行政策建议。在操作层面，农业部管理对农产品的进口配额，包括农业出口国的每年双边分配。

七、美国劳工部

劳工部（U. S. Department of Labor）本来在国际经济政策中没有特别的作用，但是，自20世纪60年代中期起，随着进口的激增，在国际经济政策中必须为美国工人利益考虑的必要性增加，因此，劳工部负责国际事务的常务副部长要确保国际贸易和投资政策不会伤害美国工人的利益。主要责任有：负责维护美国工人的利益，负责失业工人的调整性援助与参加国际劳工会议。与农业部一样，劳工部经常受到劳工组织的游说，如劳联—产联，这些组织希望劳工部推动限制进口和控制美国公司的国外活动，以防止外包与工作流失。

八、美国食品与药物管理局

食品与药物管理局（U. S Food and Drug Administration，缩写为FDA）

① 潘锐：《美国国际经济政策决策过程中的政府部门》，载《太平洋学报》，1997年第3期，第67页。

这一机构在上述2007年中美两国关于产品安全风波中经常曝光。隶属于美国卫生与公众服务部，是行政部门的一个分支。主要职责是确保食品的安全与卫生；各种药品、生物产品和医疗器械的安全和有效。下设有药物评估和研究中心、生物评估和研究中心、食品安全和应用营养中心、兽医中心、设备和放射卫生中心、全国毒物学研究中心。

九、国际贸易委员会等其他独立机构

在美国国际贸易活动中，有三个独立机构经常被提及：国际贸易委员会、进出口银行以及中央情报局。国际贸易委员会实际上不属于行政管理的范围，也不隶属于国会。根据国会《1974年贸易法》，国际贸易委员会（International Trade Commission，缩写为ITC，1916年建立）是关税委员会的重新命名，在这次立法中，国际贸易委员会被赋予了新的意义。它拥有6名成员，对国内工人或公司提出的进口救济，在基于无偏向、无党派调查的基础上，确定是否存在对美国相关产业和工人的伤害，然后向总统提出建议。《1974年的贸易立法》放宽了例外条款的严格申请标准、削减了总统否决ITC建议的权限。进出口银行（Eximbank）于1934年成立，是一个独立政府公司，旨在“为进出口提供融资和帮助”。它没有政策功能，主要负责促进美国产品在国外的销售，向购买美国产品的外国买主提供贷款。中央情报局（Central Intelligence Agency，缩写为CIA）为贸易政策制定者提供情报，拥有复杂的分析国际经济关系的能力。现在，联邦政府使用的能源数据就为中央情报局提供。自20世纪70年代起，中央情报局开始定期公布一些非机密性经济议题研究。例如，它提供中国经济形势年度报告，其东亚处经常就中国军力与经济关系发表评论或者到国会作证。

除上述机构外，还有一些部门和机构也涉足其中，但仅局限于他们的专有领域，例如能源部。因此，从理论上讲，这些参与者的名单没有穷尽。有鉴于本书主要研究贸易问题，因此，不一一列举。总体来讲，与本章直接相关的行政部门主要是总统办事机构、贸易代表办公室、财政部、商务部与国际贸易委员会。

第二节 美国行政贸易保护主义

不同的行为主体产生的保护主义具有不同的形态、核心观点与本质，

对其识别与防范应具有各不相同的方法。本节试图详细分析在美国行政部门作用下产生的贸易保护主义，即行政保护主义（Administered Protectionism）。

目前，美国行政部门在快速推进自由贸易的同时，遵循着行政保护主义的三个原则：[①]（1）经常批准以各种形式出现的在例外条款下的临时救济，以回应受到进口竞争而承受着主要压力的混乱产业；（2）针对外国政府的不公平贸易行为（如倾销与补贴）采取快速的报复；（3）采取有力与成功的措施，要求外国政府对美国商品开放市场，且必须与美国对该国市场的开放等同。实际上，这也就是美国行政贸易保护主义包含的两项内容：有约束力的美国贸易政策中的行政保护主义（简称为"有约束力的行政保护主义"）、无约束力的美国贸易政策中的行政保护主义（简称为"无约束力的行政保护主义"）。其中，前两项原则属于有约束力的行政保护主义，而第三个原则属于无约束力的行政保护主义。

一、有约束力的行政保护主义

依据行政保护主义的呈现形式，可以将其分为两种类型：有约束力的行政保护主义和无约束力的行政保护主义。所谓"有约束力的行政保护主义"是指行政部门依据国会颁布的法律而执行的贸易保护主义。依据理查德·库珀（Richard Cooper）划分制定国际政策的路径方法，笔者将有约束力的行政保护主义分为技术路径行政保护主义和政治路径行政保护主义。理查德·库珀将制定国际关系的政策路径（Policy Tracks）分为高级与低级两种。低级路径也称之为技术路径，指"惯例"（Rules）路径，根据法律已经建立的标准、行政规则以及先例，这些惯例已经被决定（determined），不需要决策（decided）了。政治影响对其是间接的，这形成了低级路径的技术本质。高级路径又称之为政治路径，其决策很少受限于惯例和规则，需要被赋予裁决权的政府官员根据政治责任，仔细考量。总之，高级路径的典型特点是受制于政治影响。[②] 在贸易领域，这些政府官员主要指我们在第十章第一节中阐述的行政部门。

（一）技术路径

技术路径的特点是决定低级路径案例的是技术因素而不是政治因素，

---

① Stephen D. Cohen, *The Making of United States International Economic Policy: Principles, Problems, and Proposals for Reform*, New York: Greenwood Press, Inc., 1988, p. 113.

② Richard N. Cooper, "Trade Policy is Foreign Policy", *Foreign Policy*, No. 9, Winter, 1972-73, pp. 18-36.

主要体现为"VII 条款"。

"VII 条款"即"不公平贸易法"，包括反倾销和反补贴。[①] 在美国，"VII 条款"是受进口商品损害的美国产业通常寻求保护的第一选择。[②] 根据《1921 年反倾销法》（Anti－Dumping Act of 1921），如果外国企业被发现以低于其国内市场的价格向美国市场出口，美国政府则可因此征收抵消性反倾销税。这种反倾销涉及的产品包括进入美国的产品，甚至是没有进入的产品，以报复外国政府进口贸易中的不公平贸易行为以及不合理或歧视性的进口政策，同时授权总统一定范围的关税权，以平衡商品之间成本的不同。反补贴主要针对在美国市场的涉及补贴出口的销售。根据 1897 年的丁立关税法（Dingley Tariff）的规定，美国财政部长如果发现外国政府用"补助金或拨款"补贴出口，便可以征收抵消性特别关税（即反补贴关税）。概括而言，"VII 条款"的实施程序，以反倾销为例，主要如下：商务部（1979 年之前是财政部，下同）与 ITC 同时调查并确认倾销的存在并伤害了美国相关产业，二者意见一致，则倾销成立。不涉及总统的决定。倾销费以及倾销幅度都由商务部决定。在 1974 年之后，这一条款的覆盖范围包括了应税产品与无税产品。在 1974 年贸易法下，平衡税的征收需要经过财政部长的同意。财长需要考虑正在进行的贸易谈判、外国政府消除补贴的计划。在《1979 年贸易协定法》之后，平衡税的调查转移到商务部，ITC 要确认这个产业确实受到了进口产品补贴的损害。

美国 VII 条款贸易保护主义性质主要体现在下述方面：

第一，技术实施。反倾销与反补贴更具有技术路径的性质。[③] 这表现为其有详细清晰的倾销与补贴界定以及操作流程。如反倾销，在法律文本上，仅定义就有 300 行，另加联邦注册中行政规则 1000 行。在计算外国商品价格时，特别地规定"一般性费用的数额不低于在本段中规定的成本的 10%……利润数也不应该低于上述一般费用和成本的 8%"。在具体核算

---

① 早期，人们一直称"反倾销"与"反补贴"为"不公平贸易法"，但是，随着对不公平贸易法的不断质疑，部分学者认为"反倾销"与"反补贴"应被称为"Title VII"条款更为精确，因为它们处于贸易法中的"Title VII"位置。详细参见 Wendy L. Hansen and Thomas J. Prusa, "Does Administrative Protection Protect? A Reexamination of the U. S. Title VII and Escape Clause Statutes", *Regulation*, Vol. 16, No. 1, 1993。

② Gary N. Horlick and Geoffrey D. Oliver, "Antidumping and Countervailing Duty Law Provision of the Omnibus Trade and Competitiveness Act of 1988", *Journal of World Trade*, Vol. 23, No. 3, 1989, p. 5.

③ J. M. Finger, H. Keith Hall, and Douglas R. Nelson, "The Political Economy of Administered Protection", *American Economic Review*, Vol. 72, No. 3, 1982, p. 453.

时，界定外国价值亦有明确的标准如替代国标准、累积原则、结尾审查制度和关税差额（Duty Margins）。

具体而言，该方法鼓励商务部在计算某个产品的“外国市场价值”（即外国生产商的国内市场平均价格）时，不考虑任何低于该厂商平均成本的销售情况，而且在计算其在美国销售的平均价格时，亦不考虑任何高于外国市场价值的情况。如果关于受指控生产商的生产成本数据不足，商务部则代之以一个根据估算平均生产成本加管理费用加利润而得出的“推定价值”。这也是对中国非市场经济体常常采用的替代国标准。这种方法本身存在问题，一方面使倾销自动成立。由于产品在各种情况下都以低于平均生产总成本的价格销售，而且从毛利的定义上看，以任何高于边际成本的价格进行销售都可以赢利，这是企业界的通行惯例。这意味着，生产商避免被裁定为倾销行为的唯一办法，就是在美国市场上以远远高于国内的价格销售其产品。“基本法律是强制性的：如果发现有补贴行为，关税‘将得到实施’。”① 另一方面，在替代国问题上，各国的生产情况不同，导致成本核算不准确。例如：在2007年3月商务部关于中国铜版纸补贴案例中，美国官员认定中国的价格“应该”参照来自替代“市场经济”国家（多为印度）的定价和企业数据，这就忽略了中国与印度生产成本的不同。因此，这种方法表明不公平贸易法集中于比较国内外竞争者成本的不同，而不是外国贸易行为的公平。② 这些反补贴的判断标准是“一大堆美国制定的规定”，数据通常依据“可获最佳信息原则”（Best Information Available），而这些“信息”的提供者是国内提出申诉的产业，“它们往往有利于提高而不是降低倾销和反补贴关税的收益率”。③ 因此，最初是为维持公平竞争而设的抵消性的反倾销和反补贴税已经逐步蜕变为贸易保护的手段。

另外，这种技术特性造成了“VII条款”程序实施上的欺骗性以及随意性。从法律上看，判断这个“VII条款”需要确定倾销幅度与国内产业受损害的程度。这是一个技术性问题，因此没有细致的训练难以理解。这意味着这些资料无法吸引媒体，不会像政治路径那样吸引公众关注。另

---

① I. M. Destler, *American Trade Politics*, Washington, D. C: Institute for International Economics, 2005, p. 145.

② J. M. Finger, H. Keith Hall, and Douglas R. Nelson, “The Political Economy of Administered Protection”, *American Economic Review*, Vol. 72, No. 3, 1982, p. 455.

③ Richard Boltuck and Robert E. Litan, *Down in the Dumps: Administration of the Unfair Trade laws*, Washington, DC: Brookings Institution, 1991, p. 13.

外，公众通常对技术性问题缺乏兴趣，有的只是对这些技术问题的困惑，因为那需要经年的专业历练。① 有学者甚至认为，“公众的困惑维持了这些机制的运行。”② 因此，技术程序，无论出于他们何种目的，趋向于模糊、困惑，这帮助管理者服务于受益的集团，而又不被不利的集团诘问，③ 以至于这些机制走的“太远”，进一步催生了国内厂家回避外国竞争的动力。

第二，弹性条款。实施“VII 条款”的法律赋予了执行机构弹性条款，即相关行政机构在解释事关“VII 条款”的法律时，可以依据具体情况相机行事，这意味着财政部（1979 年之后是商务部）和国际贸易委员会拥有无限的自我裁量权。从法律上看，判断不公平贸易中，需要确定倾销或补贴幅度与国内产业受损害的程度，通常由财政部（1979 年之后是商务部）调查倾销或补贴幅度，即执行伤害调查，而损害调查则是国际贸易委员会的事情。如果两家机构裁决结果一样，则反倾销或反补贴成立。

在弹性条款下，商务部在确定伤害调查上，最易受外部压力影响。④ 温迪·汉森和托马斯·普萨（Thomas J. Prusa）研究表明，商务部在做出“不公平贸易”决定时，被公认为往往有利于国内产业。例如，从 1980—1988 年，在所有申诉的反倾销的案例中，仅有 6% 的案例被商务部驳回，而同一数字，ITC 则为 31%。⑤

特别是，国际贸易委员会在弹性条款上，较之商务部拥有更大的权力。有关法律规定，在案例最终原因裁决中，国际贸易委员会的决定不一定与法律文本中的裁决原因一致，即明确具有弹性条款。⑥ 尽管关于反倾销的标准是有详细规定与限度，但是，贸易法明确告知国际贸易委员会可以考虑“所有经济要素，如果它认为相关，包括（而不局限于）下述所列……”这就使国际贸易委员会在裁决容易受到利益相关法的压

① Thomas Knecht and M. Stephen Weatherford, “Public Opinion and Foreign Policy: The Stages of Presidential Decision Making”, *International Studies Quarterly*, Vol. 50, No. 3, 2006, p. 711.

② J. M. Finger, H. Keith Hall, and Douglas R. Nelson, “The Political Economy of Administered Protection”, *American Economic Review*, Vol. 72, No. 3, 1982, p. 454.

③ J. M. Finger, H. Keith Hall, and Douglas R. Nelson, “The Political Economy of Administered Protection”, *American Economic Review*, Vol. 72, No. 3, 1982, p. 454.

④ Jeffrey M. Drope and Wendy L. Hansen, “Purchasing Protection? The Effect of Political Spending on U. S. Trade Policy”, *Political Research Quarterly*, Vol. 57, No. 1, 2004, pp. 27 – 37.

⑤ Wendy L. Hansen and Thomas J. Prusa, “Does Administrative Protection Protect? A Reexamination of the U. S. Title VII and Escape Clause Statutes”, *Regulation*, Vol. 16, No. 1, 1993.

⑥ Judith Goldstein, “the Political Economy of Trade: Institutions of Protection,” *American Political Science Review*, Vol. 80, No. 1, 1986, p. 175.

力。1983 年，美国联邦最高法院驳回了国会赋予自己的权力，强迫行政机构接受国际贸易委员会的进口限制，如果进口导致伤害，依据例外条款的诉求。

需要说明的是，这里外界因素的介入是技术标准的放松而不是政治标准的直接规定。

第三，机制上的隐蔽性。如果归纳“VII 条款”的特点，那就是具有隐蔽性，有助于美国实现其国家利益，突出表现为它将一种零和游戏转变为正和结果（Postive - sum Solution）。本来，该机制是应用在进口限制上，以应对进口过多而不是稀缺的申诉，这使它事实上重视了国内厂家的利益而忽视了国内消费者以及以这些进口产品作为中间产品的国内用户。也就是说，行政部门在国内利益冲突的双方中发生偏向，支持了一方的利益。①而每一个政策行为都有与之俱来的成本和收益，这称之为政策抵换（Policy Trade - offs）。一般而言，成本是由某个群体承担，受益则由另一个群体享有。这就是说，受到进口冲击的企业的收益是以国内消费者以及以这些进口产品作为中间产品的国内用户的损失为成本的。这种机制造就的保护主义将涉及的收入大量转移，从消费者及国内用户手中转入生产厂商，这是一种零和游戏。在美国这种定期选举类型的国家里，上述操作极为困难，但是，政策制定者却以最小化决策的政治成本，以复杂的法律和技术标准将这个问题化解。这些法律和标准为政府决策提供了坚实的基础，政府可以据此拒绝受到损失的那方，因为从法律上已经不可能得到另外的决定，这种判决帮助稀释了决策政治成本，无须采取行动诠释为什么另外一些人从政策中受益。实际操作过程中，也确保了没有反对者的声音。“批评者很难证明他们的贸易成本相对于整个美国国际贸易成本确实太大了”②，因此，技术轨道将一种零和局面转变成为正和结果。

正是这种隐蔽性使技术轨道比政治程序成本廉价，造就了“VII 条款”申诉以及不公平成立的大量上升，而公众对此泰然自若。以反倾销为例，商务部“没有发现倾销”的调查结果变得越发罕见（1980—2003 年期间为

---

① J. M. Finger, H. Keith Hall, and Douglas R. Nelson, “The Political Economy of Administered Protection”, *American Economic Review*, Vol. 72, No. 3, 1982, p. 454.

② I. M. Destler, *American Trade Politics*, Washington, D. C: Institute for International Economics, 2005, p. 166.

5%，1995—2003 年期间为 3%）。[1] 国际贸易委员会对反倾销案例伤害性的裁决中，肯定地案例中百分比呈上升趋势，从 20 世纪 80 年代初的 45% 上升到 2000 年的 60%。[2] 公众认同政府关于国外贸易伙伴不公平裁决，赞同继续加强“VII 条款”。国会立法者也支持公众意见，在中美关于中国政府补贴出口产品问题上，众议员史蒂夫·卡根甚至认为，“中国的真正优势在于政府补贴”。[3]

（二）政治路径

政治路径最大的特点是行政保护主义的裁决取决于政治争斗而不是技术因素。另外，较之技术路径的隐蔽性，政治路径具有透明性，是在公众关注范围内，决策得以制定，决策者直接对公众负责。从这种意义上讲，政治路径的决策标准是相当公开的，任何寻求保护的产业可以提出理由，只要它感觉具有说服力。

政治路径主要体现在免责条款、美国贸易法的片面性、“301 条款”和“超级 301 条款”。

1. 免责条款[4]

它被公认为行政路径中最具有政治性的国会创新。[5] 在这个条款下，救助在自由贸易谈判后受到降低关税冲击的产业。20 世纪 90 年代末，美国国内产业要求根据“201 条款”进行的调查日益增多。免责条款主要诉诸于下述手段：

第一，技术事实。《1934 年互惠贸易协定法》设立了“免责条款”，其目的是要把美国竞争力弱的商品排除在关税减让之外；《1962 年扩大贸易法》要求产业证明它受到严重伤害的“主要原因”是，因美国减让关税而导致的进口增长（“主要原因”是指大于所有其他因素的总和）。《1974 年贸易法》中的免责条款降低了这一技术门槛，只规定进口是“造成或可能造成严重损害的重要原因”（其定义是“不小于任何其他原因”）。在这

---

① Quoted in I. M. Destler, *American Trade Politics*, Washington, D. C: Institute for International Economics, 2005, pp. 239 – 240.

② 沈国兵：《中美贸易平衡问题研究》，中国财政经济出版社，2007 年版，第 137 页。

③ *Congressional Record*, March 5, 2007, p. H2149.

④ 免责条款主要针对的是急剧增长的进口，至于这是公平贸易还是不公平贸易的结果，则无关紧要。反倾销和反补贴关税针对的是存在不公平贸易实践的特定国家，而免责条款与这二者不同，涉及所有进口来源国。详细参见［美］詹姆斯·德林著，毛悦等译：《美国贸易保护商务指南》，社会科学文献出版社，2007 年版，第 169 页。

⑤ J. M. Finger, H. Keith Hall, and Douglas R. Nelson, “The Political Economy of Administered Protection”, *American Economic Review*, Vol. 72, No. 3, 1982, p. 452.

个贸易法中，还取消了免责条款的一项条件：损害必须是具体美国关税减让的结果。同时，相比较于上述关于“VII 条款”的规定，关于总统的免责条款在《1974 年贸易法》中只有一个句子“出于美国国家经济利益”；在同一个问题上，关于国际贸易委员会的判断标准只有 35 行。这些技术性规定事实上扩大了免责条款的实用范围。

第二，运作程序。运作程序赋予了执行免责条款的相关行政部门以无限的自我裁量权。免责条款的执行在于行政部门。国际贸易委员会判定损害的存在并决定给予救济的方式和种类。按照美国国际贸易委员会的规定，如果生产商符合受进口损害的法定标准，并且得到国际贸易委员会的确认，后者将建议并由总统下令进行临时救助。国际贸易委员会的调查局限于损害是否存在或者可能造成损害，对国内产业可能或者直接造成竞争。如果对国内产业发现造成伤害，国际贸易委员会建议的报告将给出可用的救济手段，包括高关税、关税配额、进口配额、有序市场安排、调整援助或者几种救济手段联合使用。如果总统推翻了国际贸易委员会的救助裁决，则国会有权利反对或否决总统的决定，并且在两院中以多数票表决结果实施国际贸易委员会的建议。

从运作程序的实际操作看，总统的作用是关键性的。在总统与国会的关系中，按照运作程序，从技术上看，国会拥有最终的裁量权，国会可以推翻总统不同于 ITC 的决定，但事实上，国会从来没有使用过这个权力。①因此，实际上，总统拥有最后的裁量权。在总统与国际贸易委员会关系中，相比较于“VII 条款”，“总统通常没有权利以更广泛的美国利益的名义推翻该程序（指‘VII 条款’）”；在免责条款上，《1974 年贸易协定法》规定：总统如果认为“提供这一救助不符合美国国家经济利益”，则拥有修改或拒绝国际贸易委员会救助建议的自行裁量权。历届总统运用这个模糊的标准，拒绝或修改国际贸易委员会提出的免责条款建议。也就是说，总统很少完全接受国际贸易委员会的建议，通常要进行修改。② 因此，总统在与国际贸易委员会的争斗过程中，其作用得到了加强。“总统的介入使得国际贸易委员会的作用不断淡化，主要由于国际贸易委员会的建议可

① I. M. Destler, *American Trade Politics*, Washington, D. C.: Institute for International Economics, 2005, p. 143.

② Judith Goldstein, “the Political Economy of Trade: Institutions of Protection”, *American Political Science Review*, Vol. 80, No. 1, 1986, p. 171.

以被否决。"[1] 如果国际贸易委员会做出了伤害定论，总统可以拒绝提供进口救济或调整援助，可以采纳另外的建议，或者与外国贸易伙伴磋商，达成有序市场安排。因此，国际贸易委员会的功能就相当于一个主要的陪审团，委员会成员仅负责审查，由总统做出决定，因此，国际贸易委员会的决定并不是案例的结果，这个结果是否得到执行取决于总统。而总统裁量要考虑的多种因素，包括平衡某个受损害产业的要求、贸易政治的需要，抑制通货膨胀的需要以及国际经济领先地位的需要等等。但是，总统也会赞同国际贸易委员会的裁决，形成行政保护主义，以帮助那些受到进口伤害的产业和个人。2001 年，小布什总统为了获得快车道授权，行政部门做出了妥协，首先提出了一项"201 条款"诉讼来安抚众议院中代表钢铁业的共和党核心人物，该诉案为钢铁业争取到临时性关税保护。之后，政府还加大了对纺织产业的保护力度。

2. 美国贸易法的片面性

行政保护主义还表现在行政部门对贸易伙伴指责美国贸易法片面性的回避上。这实际上就是"美国法律的治外法权"。冷战后，美国政府更加强化美国贸易法的自我保护性和主动性，依据《1988 年贸易和竞争综合法案》对不符合美国要求的国家和地区实施单方面的贸易制裁。

美国法律或者惯例是外国政府在 WTO 争端解决机制中诉讼美国最多的案例，绝大多数诉讼涉及反倾销、反补贴或者美国其他保护主义行径有关。截至 2005 年 1 月，在世贸组织仲裁小组或上诉机构做出的裁决中，美国被裁定在 74%（34 宗中的 25 宗）的诉案中违反了它的贸易义务。[2] 其中比较突出的是，欧盟控告美国通过优惠关税待遇制度补贴其出口产品的做法与墨西哥诉美国法律禁止进口未用防海龟渔网捕捞的虾类等。从技术上讲，在世贸组织诉案中败诉的国家有义务按照规定修改其法律或惯例。但是，与美国最高法院裁定某项美国法律无效的情况形成鲜明对比的是，世贸组织的裁决不能直接在美国得到遵守，这主要取决于美国政府。在取消"海外销售公司制度"问题上，美国一直拖延不

---

① Judith Goldstein, "the Political Economy of Trade: Institutions of Protection", *American Political Science Review*, Vol. 80, No. 1, 1986, p. 173.

② 如果单个计算案例（如 8 个不同的国家在 2002 年控告美国实行钢铁保护措施的上诉），美国胜诉的有 9 个，败诉的有 37 个，占最终结案的世贸组织案例的 80%。这些数字没有计算双方协商解决的、尚未解决的以及搁置的案例。该统计结果依据的案例资料公布在 http://www.iie.com 网站上。详细参见：I. M. Destler, *American Trade Politics*, Washington, D. C: Institute for International Economics, 2005, p. 244。

办，欧盟不得已在2004年初开始实施征收逐年递增的报复性关税，敦促美国采取行动。关于反倾销与反补贴，美国政府亦倾向于采用拖延的战略加以应付。WTO乌拉圭回合协议的一个成果是夕阳规则：反倾销法令不能无限期地实施下去，必须每五年重新审查一次。一般说来，美国政府倾向于抵制这项改革，其方法是把夕阳规则审查工作推迟到规定期限的最后一刻进行。①

美国贸易法令中的原产地规则也广为诟病。但美国不但没有修改，反而不断加强其贸易保护性。如纺织业在北美自由贸易协定中的三重转换标准（Triple Transformation Test）。服装若要被认定为北美产品，以下三个过程必须都在本地区完成：纤维的生产、纤维制成布料、最后制成衣服。安东尼·艾斯特瓦奥达尔（Antoni Estevadeordal）和凯蒂·索米宁（Kati Suominen）研究表明，这个产地规则完全不具备自由贸易的性质，他们对5个不同自由贸易协议中20个产品类别的原产地规则进行了广泛的分析，发现该协议中的纺织品—服装规则是限制性最高的②，这“使北美公司获得了竞争优势”。③

3. “301条款”和“超级301条款”

不同于免责条款、“VII条款”以及美国贸易法的片面性，“301条款”和“超级301条款”是美国贸易法单边主义的典型。免责条款通常为货物买卖合同中条款之一，双方事先约定；在世贸组织有关条文，免责条款与“VII条款”都有规定；美国贸易法的片面性主要涉及了美国贸易法与其他国家共有，唯其适用程度偏颇。但是，“301条款”和“超级301条款”，无论是买卖双方签订的合同抑或世贸组织，都没有就此做出阐述，因此，它们是美国特有的，完全根据美国单方面的主观判定，对那些在货物（特别是尖端技术产品）、服务贸易和投资方面设置壁垒及侵犯美国知识产权的国家采取的制裁措施，其贸易保护性质全球闻名④。尽管自2000年起，WTO已裁定美国“301条款”违反WTO义务，但美国仍欲恢复“301条款”的效力。

---

① I. M. Destler, *American Trade Politics*, Washington, D. C.: Institute for International Economics, 2005, p. 241.

② Antoni Estevadeordal and Kati Suominen, “*Rules of Origin in FTAs: A World Map*”, Apr. 15, 2005, http://www.iadb.org/intal/foros/LAestevadeordal.pdf.

③ I. M. Destler, *American Trade Politics*, Washington, D. C.: Institute for International Economics, 2005, p. 134.

④ ［美］詹姆斯·德林著，毛悦等译：《美国贸易保护商务指南》，社会科学文献出版社，2007年版，第209页。

“301条款”和“超级310条款”经历了不断加强的过程，越来越表现出其咄咄逼人之单边主义精神。“301条款”首次出现在美国《1974年贸易法》中，该法授权总统对“维护不公平或不合理关税或其他进口限制”或“……向其出口产品发放会大幅度减少美国同类产品销量……之补贴”的国家采取一系列报复行动中的任何一种措施，常用的手段是以关闭美国市场相威胁迫使外国开放某些市场。1979年和1984年的美国贸易法进一步加强了其效力，为报复行动制定了时间表，并设定了具体的判断标准，鼓励美国政府自己主动提出诉讼。《1988年综合贸易和竞争法》把“301条款”扩大应用到更多的所谓不公平贸易行为中（即“超级301条款”），并指示美国贸易代表每年发表一份不公平贸易者的名单，且与相关国家谈判消除贸易不公平的方法。

就本质而言，“301条款”服务于政治压力和政策目标，彻底违背了对等减让、非歧视和公平标准原则，与GATT/WTO体制相矛盾，属于典型的贸易保护主义行为。国会最初颁布“301条款”是为了提供给美国产业一个机制，以帮助国内受到进口竞争的企业，希望美国政府通过利用“301条款”的威胁性制裁迫使国外贸易伙伴做出让步。随着时间的推移，国会将“301条款”从在国际条约下提出条件的有限法律工具变为美国产业挥舞的用途更广的政策武器，加强了对执政当局的政治压力。2007年5月，42名美国议员联名向美国贸易代表办公室提出申请，要求将“301条款”适用于人民币汇率。[①] 这样，“301条款”适用范围扩大。“301条款”的主要执行方是USTR，根据“301条款”执行程序，USTR自我裁量权大。“301条款”执行程序是企业提出“301条款”请求，USTR可以接受或拒绝其请求。USTR很少拒绝请求。在这个程序执行中，美国公司可宣称某一外国竞争者从事不公平贸易行为“不合理”，“并使美国商业增加负担或使其受限”。但法令并未对“不合理”这一术语做出定义；“增加负担或使其受限”暗示有损害类型的风险，但也没有给出确切定义，因此，从理论上说，USTR可做出各种解释。在程序进程中，有关法令未明确对USTR如何展开行动做出规定和指导，也未对模糊标准的确切含义进行说明。因此，USTR有了很大的自由度，导致美国更多的单边主义行为，更乐于采取报复行为。在USTR的操作下，自1998年起，连续8年中国被列为

---

① USTR, “*Administration Declines Section* 301 *Petition on China's Currency Policies*,” Jun. 13, 2007, http://www.ustr.gov/Document_Library/Press_Releases/2007/June/Administration_Declines_Section_301_Petition_on_Chinas_Currency_Policies.html.

"301 条款监管"对象。2006 年，USTR 年度贸易评估报告，中国在"不公平贸易壁垒"名列榜首；2007 年，USTR 年度报告指责中国"不公正贸易行为"。多边贸易谈判未能有效阻止美国"301 条款"的使用。日本、巴西、印度等国都曾是它打击的对象。1995 年，克林顿政府发现日本在汽车及其配件的市场准入方面毫不妥协时，根据"301 条款"实施了制裁，对来自日本的进口豪华轿车征收 100% 关税。但实际上，在《1974 年贸易法》规定了常规"301 条款"后，美国贸易代表所发起的"301 条款"并没有达到应有效果，贸易伙伴并没有改变其贸易行为。①

综上所述，基于上面的研究，我们可以就技术路径行政保护主义和政治路径行政保护主义的未来可能做出预期。从理论上讲，技术路径贸易保护主义最终要退出贸易实践。技术路径保护主义重在校正外国贸易伙伴的不公平贸易行为，而一旦对方调整了贸易行为，美国不公平贸易法就没有了存在的前提。政治路径贸易保护主义则有可能长期存在。因为它本身针对的是公平贸易，主要将其作为平衡自由贸易的手段，有鉴于此，只要自由贸易在，政治路径的贸易保护主义就不会轻易被消除。

当然，在政治路径中，行政部门还有其他的动因或者法律的约束，输出行政贸易保护主义。在国际贸易谈判的程序上，《1974 年贸易法》规定，国会要有一定比例的人员参与对外贸易谈判，签署最终协议前，贸易协定文本要听取国会的意见。因此，国会在其中的作用较大。国会有可能设定贸易协议谈判的目标，《1988 年贸易法案》就为 1992 年的关贸总协定谈判提出了法定的环保目标。另外，总统在提出贸易立法提案时，也会顾忌国会的态度，在与国外贸易伙伴磋商时，将保护主义条款列入，然后提交国会批准成为保护主义的条款。如北美自由贸易协定中的劳工条款以及环境条款。

那么，技术路径与政治路径有什么不同呢?

相比较于技术路径裁量中的多部门决策，政治路径是单头决策，只有一个行政部门决定是否实施保护主义。在免责条款运作中，总统是最终裁决者。1983 年，美国最高法院驳回了国会赋予自己的权力。国会认为行政机构必须接受国际贸易委员会的进口限制，认为行政机构有权力依据自我裁量决定是否实施国际贸易委员会的裁决。这包括三方面内容：第一，在总统与国际贸易委员会关系上，在二者互动过程中，总统的裁决地位得到

① Kishore Gawande and Wendy L. Hansen, "Retaliation, Bargaining, and the Pursuit of 'Free and Fair' Trade", *International Organization*, Vol. 53, No. 1, 1999, p. 121.

了加强。“总统的介入使得国际贸易委员会（ITC）的作用不断淡化，主要由于国际贸易委员会的建议可以被否决。”① 因此，ITC 的功能就相当于一个主要的陪审团，委员会成员仅负责审查并推荐裁决结果，由总统做出最终决定。例如，1979 年，美国汽车工人联合会和福特汽车公司向国际贸易委员会申请进口补偿。在对汽车产业进行了详细的调查后，国际贸易委员会认为进口并没有引起对美国汽车产业的严重伤害，反对采取“201 条款”，但里根政府拒绝了国际贸易委员会的建议，选择继续向那些已被发现没有受到进口伤害的产业提供“201 条款”的帮助。前国际贸易委员会担任主席的葆拉·斯特恩认为，“201 条款”富裕了总统处于从更宽的国民经济范围和贸易角度参考，他有权调整美国国际贸易委员会推荐的建议。② 第二，在国会与总统的关系上，总统实际上是掌握着话柄权。根据“201 条款”的操作程序，国会是理论上的最终决策者，它可以推翻总统不同于 ITC 的决定，但是，在免责条款运作的历史上，国会从来没有使用过此项权力。基于此，国会的作用也就成了文本上的象征性符号。第三，根据《1974 年贸易法》的规定，总统的裁量依据不仅仅是考虑具体案例或产业的利益，还要考量美国整体经济利益与国家安全利益等。历届总统运用这个模糊的标准，修改或拒绝 ITC 提出的建议。在“301 条款”上，美国贸易代表办公室（USTR）是法定的唯一裁决者，它的调查、取证与裁量更多依赖于政治影响而非技术路径，它视“301 条款”为其缓释政治压力和贸易政策服务的工具。

此外，行政部门的政治影响力还表现在技术路径是其实现贸易保护的手段。行政部门不断放宽与模糊的技术标准上。在“201 条款”上，ITC 现依据《1974 年贸易法》做出损害确定。其技术门槛规定，进口是“造成或可能造成严重损害的实质性原因”，进而，“实质性原因”是指一个重要的且不亚于其他任何原因的原因，即不小于任何其他原因。在这个贸易法中，还取消了免责条款的一项条件：损害必须是具体美国关税减让的结果。这实际上降低了《1962 年扩大贸易法》中的相关规定，即欲申诉免责条款的产业必须证明它受到严重伤害的“主要原因”是，因美国减让关税而导致的进口增长，所谓“主要原因”是指大于所有其他因素的总和。这一退让有利于行政部门的自我裁决。另外，关于“301 条款”，关键性概念

① Judith Goldstein, “the Political Economy of Trade: Institutions of Protection”, *American Political Science Review*, Vol. 80, No. 1, 1986, p. 173.

② ［美］马丁·费尔德斯坦主编，王健等译：《20 世纪 80 年代美国经济政策》，经济科学出版社，2000 年版，第 607 页。

与操作程序界定模糊。“301 条款”规定美国企业提出申诉必须基于某一外国竞争者从事不公平贸易行为，即外国竞争者的行为不合理，使美国商业增加负担或使其受限。但是，法令并未对“不合理”这一术语做出具体定义，“增加负担或使其受限”暗示有损害类型的风险，但法令仍未提供定义，因此在各案例中，USTR 往往有不同的解释。在“301 条款”程序进程中，法令对 USTR 如何展开行动做出的规定甚少。总之，从理论上说，言语不详的界定使 USTR 可依据自我裁量自由展开行动。

二、无约束力的行政保护主义

无约束力的行政保护主义主要指总统和政府其他行政部门官员的讲话、答记者问、做出有约束力的行政保护主义倾向等，其目的在于获得不战而胜的贸易保护主义，使用的手段是战略威慑（strategic deterrent）。所谓“战略威慑”，意指行政部门将保护主义作为自由贸易的平衡措施或威胁手段，以此向国外贸易伙伴施压，达到在享受自由贸易益处的同时，又满足国内贸易保护主义者的利益诉求，其用意不在于一定要达成保护主义的主张，而是迫使当事方注意到美国国内异议者的观点。实际上，战略威慑就是合作性战略博弈，美国政府是博弈的发起者，贸易伙伴是被迫参与博弈的理性应对者，由于这是一场基于不对称性力量的博弈，贸易伙伴不符合美国经济利益的贸易行为不得不调整或结束。战略威慑具有三个特点：首先，威慑强度是不断增大的，但有其最大值即吓阻点（Threat Point）。一旦威慑强度到达吓阻点，无约束力的行政保护主义则宣布告罄。其次，威慑在于不战而胜。保护主义不用付诸于行动，贸易伙伴就能感知到美国政府即将采取单边主义贸易措施，不得不自行做出让步。最后，威慑下的报复性言辞并不会转化为实际的贸易行动，但是，它们必须确实使得博弈的另一方相信：如果他们不改变已有贸易行为，上述言辞的行将转化为贸易行动。总之，行政部门无约束力的保护主义追求的是以最小的国内成本威慑外国不合乎美国利益的贸易行为。

这种无约束力的美国行政保护主义所诉诸的主要手段公众、国会和行政部门自身。

（一）公众、国会与无约束力的行政贸易保护主义

正如王缉思在《美国霸权的逻辑》一文中分析美国对华外交政策制定中所提出的，“如果中国要改变美国此项政策（对华政策），必须首先说服

美国公众和国会议员”。[①] 美国政府输出行政保护主义亦然，公众和国会是其首选手段。

1. 公众

行政部门首先利用美国公众观点影响贸易伙伴，从而实现战略威慑目的。一方面，公众确实拥有游说政府的权力。根据美国贸易决策程序，最终是行政部门决定是否存在外国不公平的贸易行为。实际上，公众确实也大力游说行政部门。有时聘请前政府官员进行游说，如前国际贸易委员会委员保拉·斯特恩（Paula Stern）长期为寻求贸易保护主义的公司提供游说。[②] 这些官员既有专业知识，又历经贸易实践，懂得贸易谈判的关键，无疑确实为行政部门带来了压力。

从总统的视角看，他也乐意将真实的贸易状况告知人民。根据统计，20 世纪初期以来，总统对公众说的多，对国会说的少。自 1900 年以来，50% 的总统讲话是针对公众的。[③] 总统常常越过国会领袖和政治精英，直接将情况摆在人民面前。这样，在对外贸易谈判中，美国政府借公众的意愿发出行政保护主义的言辞。在一个有关日美钢铁摩擦的案例中，联邦政府政治人物充分展示了在反倾销上的政治性。无论是在公开的演讲中还是在有关的佐证中，他们都声称日本的钢铁存在倾销，要求国际贸易委员会对日本的钢铁出口征收惩罚性关税。这给日本政府造成了巨大压力。[④] 为迫使中国政府采取行动削减中美之间巨额的贸易失衡，前财长亨利·保尔森（Henry “Hank” Merritt Paulson, Jr）认为，“随着中国成为全球竞争真实与想象中的反面教材，美国公众的反华情绪也显现出来”，他要求中国立刻采取行动，“即使是对话这种想法对美国人以行动为本的观念来说，也似乎是过于消极了”。[⑤] 在美国政府不断输出贸易保护主义的言论后，2007 年 6 月 12 日，中国政府允许受到严格控制的人民币汇率出现高于通常幅度的上升，市场认为，此举表明政府打算加快人民币的升值速度。《华尔街日报》据此认为，中国政府采取的做法显然意在缓解美国的不满

---

① 王缉思：《国际政治的理性思考》，北京大学出版社，2006 年版，第 108 页。

② Jeffrey M. Drope and Wendy L. Hansen, “Purchasing Protection? The Effect of Political Spending on U. S. Trade Policy”, *Political Research Quarterly*, Vol. 57, No. 1, 2004, p. 28.

③ ［美］施密特、谢利、巴迪斯著，梅然译：《美国政府与政治》，北京大学出版社，2005 年版，第 282 页。

④ Jeffrey M. Drope and Wendy L. Hansen, “Purchasing Protection? The Effect of Political Spending on U. S. Trade Policy”, *Political Research Quarterly*, Vol. 57, No. 1, 2004, p. 28.

⑤ 米歇尔·M. 菲利普斯等：《保尔森要求美中对话取得成果》，载《华尔街日报》，2007 年 5 月 23 日，http://www.chinese.wsj.com/gb/20070523/bus120257.asp? source = Upchina。

情绪，至少是部分出于这一目的。①

2. 国会

保护主义是国会固有的本能，行政部门也经常利用国会达到其目的。②

行政部门有时主动利用国会向贸易伙伴施压。1999年4月6日，中国总理朱镕基访问美国，“带来了一份中国单方面为加入世贸组织而承诺的长长的减让清单”，③ 但美国政府拒绝了这样的提议，幻想得到更大的让步，其理由就是“目前国会反对中国加入世贸组织的声音很大，除非政府取得可以抵抗国会议员炮火的‘防弹’协议”。④ 这种行政部门的不作为、根本没有签署协议事实上形成了行政保护主义。

行政部门利用国会多半是出于被动，原因是国会立法否决的存在。所谓立法否决，即指国会对它授权行政部门制定的行政方案、行政条例或细则的审查，并否决其中不合乎国会意图者，以确保行政部门忠实地实施国会立法的宪政行动。⑤ 上文所述的准司法条款被认为是一般贸易政策的补充，包括了服务和偏向国内贸易保护主义的所有要素。⑥ 它们是由国会立法制定的，具有法律约束力，但是，国会立法只能指出国会的意图、原则和目标并为此拨款；法律如何执行，须授权行政部门拿出方案、制定条例或细则。这些方案、条例和细则具有法律效力，它们决定法律的执行状况。国会使用立法否决来确保这些准司法手段得到实施，否则，将加以惩罚，克林顿总统任内两次未能赢得国会对其贸易促进授权的立法。这导致行政部门在执行贸易法律以及贸易谈判中承受着国会的掣肘，不得不时刻关注国内保护主义的动向。

在贸易政策领域，行政部门不得不顾忌国会态度亦来源于府会争斗的客观教训。根据宪法，国会拥有至上的贸易权力。在美国贸易史上，总统

---

① 米歇尔·M. 菲利普斯等：《布什将拒绝把中国归入汇率操纵国》，载《华尔街日报》，2007年6月13日，http：//chinese. wsj. com/gb/20070613/bus114139. asp？ source = whatnews1。

② 国会的主流文化是自由贸易的，但从一定意义上讲，保护主义是其本能。在1934年贸易体制确定将国会贸易权力转让给总统之前，国会掌控制定关税等的权力，保护主义在1930年达到高潮。在体制确立之后，国会让权预设了先决条件，这些条件经常是国会救济保护主义的主要路径与手段，因此，国会常有保护主义的贸易倾向与态度。关于这一方面的文献参见：I. M. Destler, *American Trade Politics*, Washington, D. C：Institute for International Economics, 2005。

③ I. M. Destler, *American Trade Politics*, Washington, D. C.：Institute for International Economics, 2005, p. 277.

④ 巩小华、宋连生：《中国入世全景写真》，中国言实出版社，2001年版，第133页。

⑤ 蒋劲松：《美国国会史》，海南出版社，1992年版，第387页。

⑥ Judith Goldstein, “the Political Economy of Trade：Institutions of Protection,” *American Political Science Review*, Vol. 80, No. 1, 1986, p. 167.

与之争斗的结果总是以失败告终。在贸易权力上，当总统与国会发生冲突时，最高法院的判决总是确认国会在此领域的主导权力。因此，如果不经过国会的同意，从严格意义上看，行政部门签订的贸易协定没有效力。1996 年，国会通过了允许总统单项否决的法律；自 1997 年 1 月 1 日起，克林顿开始行使这项权力；1998 年，最高法院判决以 6 ∶ 3 推翻。“宪法中没有哪一条款授权总统颁布、修改或者废除法令。”有鉴于此，政府在行使贸易权力时就会格外关注国会的态度。

这种利用国会的手段，使行政保护主义达到了不战而胜的战略威慑目的。贸易谈判伙伴面临着来自美国国会的间接压力：其他国家明白，在这些要求的背后，存在着美国国会通过保护主义立法越来越大的危险。恐于美国落入保护主义的窠臼，即使明知国会的“吓阻”是证据不足且政治性浓厚，它们也不得不接受行政部门的部分观点来安抚美国保护主义情绪。在这种情况下，美国政府通常也感觉到了国会真的要采取立法行动或者对他期待的贸易立法措施不悦，担心国会可能采取的行动会更加关注贸易保护主义。而行政部门对国会“只有适应，没有变化国会组织、程序的任何能力”。[①]“为了防止国会通过贸易保护主义法规，美国政府新的贸易政策中已经采用了从前弃置一旁的特别互惠概念。”[②]“实际上，最能表明国会行动的主要标记是行政部门的经济行动。”[③] 在行政贸易保护主义出现后，国会通常都会偃旗息鼓。

基于上述分析，当外国政府在 WTO 争端解决机制中诉讼美国贸易法违背了 WTO 原则时，美国官员通常振振有词，辩解说，虽然此项政策也许有不合理之处，但它是由美国贸易法为基础的，得到了美国国会和公众的支持。

（二）行政部门与无约束力的行政贸易保护主义

鉴于行政部门为美国贸易政策的最终输出者，之于国外贸易伙伴，它所发出的贸易战略威慑可信度更高，因此，也就具有了更大的吓阻力度。

这种状况下行政部门的无约束力的保护主义主要表现为：（1）发表言论。2001 年，小布什总统提出“快车道授权”提案，最终在众议院全院以

---

① Stephen D. Cohen, *The Making of United States International Economic Policy: Principles, Problems, and Proposals for Reform*, New York: Greenwood Press, Inc., 1988, p. 115.

② ［美］罗伯特·吉尔平著，杨宇光等译：《国际关系政治经济学》，经济科学出版社，1989 年版，第 414 页。

③ I. M. Destler, *American Trade Politics*, Washington, D. C.: Institute for International Economics, 2005, p. 112.

215 : 214 的比率通过，投下关键一票的是众议员罗宾·海斯（Robin Hayes），小布什对其的回报是：立即发表声明支持纺织业的立场以及纺织业的某些贸易目标，例如，进一步限制原本按照美国与加勒比海和安第斯集团国家的贸易协议可以享受优惠待遇的服装进口。[①]（2）成立监督机构。2000 年 5 月 3 日，为了使对华永久性正常贸易关系议案在众议院获得通过，克林顿政府在国会事关此议案投票前夕，出台了一项贸易监督方案：在商务部设立负责中国事务的助理部长帮办的新职务，专门负责监督中国执行贸易承诺的情况。同时，白宫还表示支持由共和党议员毕莱特（Douglas Bereuter）和民主党议员桑德尔·莱文提出的议案：设立一个"国会—行政部门中国委员会"，由 23 人组成，5 人由总统任命，参众两院各有 9 人参加，以"促进中国在一系列领域改善其记录，如人权、实行劳动标准、发展法治社会"。[②] 2012 年 2 月 28 日，美国总统奥巴马签署命令，在美国贸易代表办公室内部设立跨部门贸易执法中心（Interagency Trade Enforcement Center），以确保中国及其他国家能遵循贸易游戏规则，保护美国企业海外利益。按奥巴马的话说，该中心将"动用美国联邦政府的全部资源"，协调美国贸易代表办公室与国务院、财政部、司法部、农业部、商务部、国土安全部、国家情报总监办公室等部门之间的贸易执法行动。该机构将设主任一名，由贸易代表办公室的高级官员担任，由贸易代表指派；设副主任一名，由商务部高级官员担任，由商务部长指派。[③]（3）发表报告。如美国贸易代表办公室每年一次公布的外国贸易壁垒评估报告，财政部每年两次提供的外国货币政策报告等。这些都是政府给予外国贸易伙伴发出的讯息，表示美国政府可能采取的行动。2005 年 4 月，美国贸易代表办公室在有关中国知识产权问题的特别报告中援引美国国际知识产权联盟（International Intellectual Property Alliance，缩写为 IIPA）[④] 的数字，认为中国 85% 的录音制品及 95% 的电影为盗版产品，2004 年导致美国相

---

① I. M. Destler, *American Trade Politics*, Washington, D. C: Institute for International Economics, 2005, p. 296.

② "Representative Sander Levin Feb. 16 Statement in China, WTO", *Washington File*, February 18, 2000, p. 31.

③ "Executive Order – Establishment of the Interagency Trade Enforcement Center", February 28, 2012, https: //www. whitehouse. gov/the – press – office/2012/02/28/executive – order – establishment – interagency – trade – enforcement – center.

④ 代表美国 1900 多家与知识产权相关的公司会员。成立于 1984 年，目的在于代表美国以版权为基础的产业采取双边、多边行动，以保护美国的版权产品。

关产业的损失高达 25 亿—35 亿美元。① 在这一报告之后，2005 年 10 月，美国联合日本和瑞典在 WTO 控诉中国知识产权保护问题。美国政府在向中国驻世贸组织代表提交的一份信件中，要求中国就 2001—2004 年实际侵犯知识产权的一些重要案例做出澄清，包括法律基础、长期和临时补救措施、侵权发生的地点和年份、移交司法程序的情况、侵害的产品和涉及的国家等等。②

如果推究行政部门发出无约束力保护主义的原因，基本无外乎如下原因：希望国会通过自己的提案、迎合公众经济民族主义或者是警告外国贸易伙伴。另外，是否将举行全国性的选举也直接决定了行政保护主义的输出，③ 例如，在每次大选前，在任总统通常都会就钢铁业发出保护主义言论，这与钢铁业“在很多选区和州具有高度的政治重要性”有关，直接决定了投票选举的结果。④ 上述奥巴马政府设立跨部门贸易执法中心的原因部分也是因为 2012 年为大选年，角逐共和党总统候选人的罗姆尼此前抨击奥巴马的对华贸易政策。2011 年，美国对中国的贸易赤字飙升至纪录高位。

通过使用上述手段，行政部门通常可以达到其目的，实现无约束力的贸易保护主义。实证分析美国对欧盟、对日本的威胁性贸易报复亦得出了这一结论。

小　　结

通过“快车道授权”，国会将自己拥有的最高贸易权力有条件地赋予了以总统为首的行政部门，后者获得了最终决定美国贸易政策的权力。因此，从理论上讲，公众和国会的贸易保护主义诉求必须通过行政部门加以完成。

正如长期研究美国贸易政策者所言，美国政策制定者面临的大多数问

---

① 王勇：《中美经贸关系》，中国市场出版社，2007 年版，第 155—156 页。

② 王振华：《知识产权：中美贸易谈判新回合》，《参考消息》，2005 年 11 月 17 日，第 4 版。

③ Robert E. Baldwin, *The Political Economy of U. S. Import Policy*, Cambridge, Massachusetts: The MIT Press, 1985, p. 49.

④ Robert E. Baldwin, *The Political Economy of U. S. Import Policy*, Cambridge, Massachusetts: The MIT Press, 1985, p. 49.

题都涉及到政治现状的边际变化。政策制定者可资利用的许多外部的学术研究对于评价这样的问题并不是特别有用。正如赫伯特·斯坦（Herbert Stein）曾经写到的那样，一个总统经济顾问“必须根据时空约束得出结论，在这方面，他很少能从经济学期刊上发表的大多数经济理论中得到帮助。一般而言，他必须从其观察和经验中‘推敲’出自己的结论”。[①] 那么，如何“推敲”呢？这需要知道公众议题关注周期。

美国公众和国会通过“议题关注周期”影响政府贸易决策过程。在本部分中，作者借用公众“议题关注周期”与“对外政策决策阶段论”两个理论。公众议题关注周期包括：问题前阶段、警觉危机和满怀乐观阶段、理智阶段、兴趣消退期和问题后阶段；对外政策决策阶段论认为总统决策贸易政策先后经历了的五阶段：问题呈现、产生选项、决策、执行和评估。在美国政府决策贸易政策的过程中，公众议题关注周期与对外政策决策阶段呈现正相关关系，表现为一个倒“V”字形的图式。政府决策阶段与议题关注周期相互作用，行政部门在对外经济政策中输出了行政贸易保护主义。

上述理论结论在美国对华贸易政策决策的案例分析中得到了实证检验。通过分析中美之间在2007年发生的“中国制造”危机，美国公众对这一议题的关注经历了“中国制造”危机为发生前的阶段；发觉到危机并预警的阶段，同时也乐观预见到美国政府会解决此议题的阶段；经历了抵制后的理智阶段；随着新议题生产而兴趣转移与消退的阶段。政府也相应经历了“中国制造”危机呈现、“中国制造”问题解决选项、针对“中国制造”制定决策与执行、对“中国制造”危机解决方案的评估。

公众、国会贸易保护偏好输入到美国贸易政策制定系统后，行政部门则输出了行政保护主义。

在美国贸易决策的过程中，没有一个统一的部门集中管理对外贸易，贸易管理权相对分散。冷战后，这种管理贸易政策的权力主要集中于总统及其白宫顾问班子、美国贸易代表办公室、财政部、商务部，隶属于美国卫生与公众服务部的食品与药物管理局在2007年中美关于产品质量安全的风波中处于经常曝光的位置。另外，属于独立机构的国际贸易委员会也是贸易争端中经常涉及的部门。

行政保护主义主要体现为有、无约束力的两种类型的美国贸易政策。

---

① ［美］杰弗里·法兰克尔、彼得·奥萨格：《引言》，载［美］杰弗里·法兰克尔、彼得·奥萨格主编，徐卫宇等译：《美国90年代的经济政策》，中信出版社，2004年，第XVI页。

有约束力的行政保护主义主要是通过技术路径和政治路径实现的。技术路径依赖于技术条款输出行政保护主义，主要指“VII 条款”。政治路径依赖于政治操作得以实施，主要体现为免责条款、美国贸易法的片面性、“301 条款”和“超级 301 条款”。无约束力的美国行政保护主义主要指总统或政府高级官员的讲话、答记者问、提出制裁或诉讼等，其目的在于“战略吓阻”，它实现的手段主要有三个：公众、国会以及行政部门本身。

上述结论无疑具有政策启示意义。首先，公众正日益上升为影响美国对华贸易保护主义的关键因素。在2007 年中国制造危机中，国会与政府常常处于公众诘责之中，其行为也处于公众监督之下。这就要求我们在处理这类议题时，不仅重视政策的决策者，而且要高度关注美国国内公众的情绪。此外，影响美国公众的最佳时期应该是在政府做出决策之间，而不是决策之后的执行和政策回顾期。这有助于美国政府决策做出有利于中美经贸发展的政策。其次，技术性壁垒将有可能成为制约中国出口的新壁垒，产品安全就属于其中。冷战后，贸易保护主义的特点就是由关注产业发展转向社会价值的维护。因为它对于将健康和安全视为头等大事的消费者来说，具有巨大的说服力。现在，中国出口已经成功转型，开始了由劳动力密集型产品出口转向机电等资本密集型产品。2007 年的产品安全风波虽然已经过去，但“利用标准、质量安全作为技术性贸易壁垒，抓住个别有问题的食品，为进口加以限制，已经成为国际贸易保护主义的一个新特点。”① 这就需要我们提前做好应对措施。

① 吴仪在“国际食品安全高层论坛”开幕式上的致辞。详细参见中国贸易救济网，2007 年 11 月 27 日，http://www.cacs.gov.cn/DefaultWebApp/showNews.jsp? newsId=201420011785。

第五部分

美国贸易保护主义的对华视角

坦率地讲，（在美国）政治的力量是如此之大，它淹没了少数主张在原则上应当抛弃自动出口限制贸易协定的声音。

——莱昂内尔·H. 奥尔默：《20世纪80年代的美国经济政策：贸易政策》

第十一章　兼顾保护主义的美国对华贸易政策

第一节　美国自由贸易为主的对华经济政策

在第一章中，笔者已经阐明了美国整体对外经济政策并得出了结论：美国国际经济政策总体导向是自由贸易的，但保护主义是其有机组成部分。实际上，美国对华贸易政策亦不例外。

一、美国自由贸易为主的对华经济政策之理论分析

追究美国贸易政策制定者坚持自由贸易为主的对华经济政策，这既有其经济学理论原因，也有美国国家利益的政治考量。与其他国家相比，美国经济政策更多地建立在经济学的抽象理论之上。①

一方面，美国贸易政策制定者意识到中美贸易属于典型的比较优势理论所阐述的互补性贸易，这种结构性特点可以使美国分享到来自中美商业交换的收益以及由此带来的规模经济效益。因此，美国政府在原则上反对政府在中美双边贸易中发挥强大作用，倡导放宽限制和开放市场。根据经典国际贸易理论即比较优势说，如果每个国家都出口具有比较优势的商品，则两国间的贸易能使双方都受益。所谓“比较优势”，指如果一个国家在本国生产一种产品的机会成本低于其他国家生产该种产品的机会成

① ［美］罗伯特·吉尔平著，杨宇光等译：《全球政治经济学——解读国际经济秩序》，上海人民出版社，2006 年版，第 137 页。

本，则这个国家在生产该种产品上就拥有比较优势。① 而比较优势的发生源于进行贸易的各个国家之间禀赋各异。总之，贸易能使双方均受益，一国与其他国家互相销售自己的产品和劳务通常总是对双方都有利。进而，学者们在比较优势的基础上，提出了规模经济的概念。这种观念认为，如果每个国家只生产一种或少数几种该国拥有比较优势的产品，就能进行大规模生产，达到规模经济。这时生产效率比每一种产品都生产时要高很多。概言之，自由贸易能够提高生产率，降低价格，为整个经济创造规模效益。互补性贸易最能达到比较优势阐述的理想贸易状态，作为世界上最大的发达国家和最大的发展中国家，美中贸易属于典型的按照比较优势发展的互补性贸易，能够给贸易双方带来互利共赢的结果。正因如此，1972年美国总统尼克松访华，《中美上海公报》签署，在提到中美经贸关系时，中美两国认为：双方把双边贸易看作是另一个可以带来互利的领域并一致认为平等互利的经济关系是符合两国人民利益。

另一方面，美国贸易政策制定者力图排除非经济因素对美国对华贸易政策的影响。这在中国加入WTO之前、美国每年一度关于中国最惠国待遇问题上的争论最为典型。1991年6月，美国国内就是否给予中国商品最惠国待遇问题辩论正酣，当时的副国务卿劳伦斯·伊格尔伯格（Lawrence S. Eagleburger）在美国国会参议院听证会上指出，“从没有一个国家处于双边政治分歧的理由而建议取消它（最惠国待遇）。”② 1994年，负责中国事务的国务院东亚事务助理国务卿温斯顿·洛德（Winston Lord）在一次演讲中认为，在事关美国在对华关系上，经济将成为第一位的考量因素。③ 2007年10月18日，美国商务部工业与安全局（Bureau of Industry and Security）表示，授予中芯国际集成电路制造有限公司（Semiconductor Manufacturing International Corp.，缩写为中芯国际）等五家中国企业“合法终端用户”（Validated End-user，缩写为VEU）地位，旨在促进中美贸易。工业安全局副局长马里奥·曼库索（Mario Mancuso）表示，中国为一个非常重要的市场，美国需要促进对华贸易、加强与蓬勃发展的中国经济的联

① ［美］保罗·克鲁格曼、茅瑞斯·奥伯斯法尔德著，海闻等译：《国际经济学》（第五版），中国人民大学出版社，2002年版，第12—13页。

② 周敦仁：《中美经济贸易关系》，载谢希德、倪世雄：《曲折的历程——中美建交20年》，复旦大学出版社，1999年版，第106页。

③ 吴心伯：《“中国热”烫醒了美国人》，载《环球时报》，2007年12月20日，第11版。

系，并增加美国出口商在海外市场的竞争力。[①] 比较 2001 年，美国商务部工业与安全局等组成的技术出口审查委员会极力阻止中芯国际向中国转让两项光电子技术，这说明从某种程度上看，美国已将经济因素视为评估中美关系的首要动因。

另外，经济因素中非常重要的是：中国市场之于美国产品与投资的重要性。2007 年开始的金融危机以来，中美经贸关系最为重要的一个变化是美国对中国出口的增速超过了中国对美国出口的增速。中国拥有近 14 亿人口的大市场，而且增长非常迅速。在过去的十多年里，中国成为了美国商品与服务出口增长最快的市场。2000 年，中国大陆是美国出口的第 11 大市场，到 2007 年中国大陆就超过日本成为美国第三大出口市场。据美国海关统计数据，从 2010 年起，中国已成为美国海外最大的农产品出口市场，不仅是大豆，还包括小麦、玉米、牛羊猪肉和禽肉。到 2014 年，中国是除加拿大与墨西哥之外，最大的出口市场。根据美中商业委员会（U. S. –China Business Council）的数据，2013 年，对于美国公司而言，中国是一个拥有 3500 亿美元的市场，这包括美国公司对华直接和间接出口以及美资在华公司的销售。[②] 如果我国经济依照设定的速度发展，对于美国产品的对华出口，其市场前景可期。这无疑有助于 2010 年 1 月奥巴马总统在国情咨文中提出“五年出口倍增计划”实现，增加美国出口和就业。

从美国国家利益的视角思考，美国奉行对华开放的政策有助于核心利益的实现。美国的根本利益是主导世界。2014 年 5 月，美国贸易代表迈克·弗罗曼（Mike Froman）对美国外交关系委员会（Council on Foreign Relations）表示：“美国通过在贸易领域发挥领导作用，有助于进一步强化我们实力的基础。”[③] 冷战结束后，美国政府认定的美国所面对的主要威胁与挑战，它们主要来自于欧亚大陆，尤其是来自亚洲，确切地说，是来自中亚、南亚、东亚和西亚，而这些地区都与中国相联。因此，美国国家利益的实现高度依赖于中国。“虽然对美国和中国构成威胁的苏联已经崩溃，

---

① 《美国放松对华企业出口敏感技术的限制》，载《华尔街日报》，2007 年 10 月 19 日，http：//chinese. wsj. com/gb/20071019/bus120418. asp？ source = whatnews1。

② Wayne M. Morrison，“China – U. S. Trade Issues”，*CRS Report for Congress*，March 17，2015，p. 2.

③ “A Conversation on the President's Trade Agenda with Michael Froman”，June 17，2014，http：//blogs. cfr. org/renewing – america/2014/06/17/a – conversation – on – the – presidents – trade – agenda – with – michael – froman/.

然而，中美两国仍有共同的战略利益。”① 1972 年以来，历届美国政府在解决亚洲地区问题上总是要寻求中国的合作。接触政策就是美国制定的应对这一目标的对华整体战略，对华经济开放为接触政策的组成部分之一。自尼克松政府开始，美国政策一向是对中国开放。② 这一政策经历了从杰拉尔德·福特到贝拉克·奥巴马的美国历任总统，他们都坚定支持降低美国对华贸易壁垒。

具体言之，美国将对华经贸政策视为美国国家利益的组成部分。1992 年 3 月，在每年一度关于中国商品最惠国待遇问题上，美国前国务卿赛勒斯·万斯（Cyrus R. Vance）认为，美国“不应该让一种利益决定”中美关系。③ 6 月 2 日，老布什总统宣布，他将延长中国的最惠国待遇一年。白宫在宣布这一决定时称：“如果我们希望影响中国，孤立中国就是错误的。”他强调，“维持与中国接触的建设性政策是符合美国利益的。”④ 1994 年 5 月 10 日，众议员外交委员会主席李·汉密尔顿（Lee H. Hamilton）撰文号召对美国的国家利益给予更广泛的理解。他指出，对人权至高无上的强调损害了美国寻求其安全利益，“一个团结一致、有效的和满足中国人民需要的中国政府的存在是符合美国利益的”。他质疑对中国的最惠国待遇附加的条件是否是达到美国对华政策目标的好办法。他建议美国领导人“超越最惠国待遇”，考虑“采取更好的政策来促进美国的国家利益”。⑤ 8 月 9 日，美国国会众院经过长时间的激烈辩论，以 356 票对 75 票否决了共和党众议员杰拉尔德·所罗门（Gerald Solomon）提出的要求国会推翻克林顿总统 5 月 26 日的决定、取消对华最惠国待遇的议案；以 270 票对 158 票否决了民主党众议员南希·佩罗西（Nancy Pelosi）提出的部分取消对华最惠国待遇的议案。众院在此同时以 280 票对 152 票通过了众院外委会主席李·汉密尔顿提出的支持克林顿总统延长对华最惠国待遇的决定。众院

---

① 美国前助理国务卿理查德·所罗门 1992 年 2 月 25 日在一次讲话中的发言，转引自胡涵钧：《当代中美贸易（1972—2001）》，复旦大学出版社，2002 年版，第 104 页。

② I. M. Destler, *American Trade Politics*, Washington, D. C: Institute for International Economics, 2005, p. 274.

③ 转引自胡涵钧：《当代中美贸易（1972—2001）》，复旦大学出版社，2002 年版，第 104 页。

④ *Congressional Quarterly Weekly Report*, June 6, 1992, p. 1594; Done Oberdorfer, “Bush Faces Opposition on Renewal of Trade Benefits for China”, *Washington Post*, June 3, 1992, p. A – 20.

⑤ Lee H. Hamilton, “Introduction”, in James R. Lilley and Wendell L. Willkie II, eds., *Beyond MFN: Trade with China and American Interests*, Washington, DC: The AEI Press, 1994, pp. 4 – 8.

议长托马斯·弗里说："我们未必非要支持人权而损害同中国的关系"，"并不认为实行制裁有助于保护中国的人权"。他称，中国的帮助对于解决美国面临的最重要和最艰难的问题是"至关重要的"。[①] 因此，无论是分裂性政府还是统一性政府，正如一位国会议员助手所言，"华盛顿内部各派对中美关系存在着共识。"[②] 1997 年 10 月 24 日，克林顿在美国之音关于美中两国之间共同利益的讲话是历任总统关于这一问题的最系统、最全面的阐述。他认为中美关系有六大共同利益：维护世界和平、繁荣和稳定，在亚太地区的建设性合作、防止大规模杀伤性武器的扩散，打击贩毒和有组织的国际犯罪，经贸关系，能源，环保。这表明中美两国政府对两国间的共同利益达成了一个共识，这一公式进一步体现为"共同致力于建立中美建设性战略伙伴关系"的决定。[③]

综上所述，在美国对华贸易政策制定过程中，美国政府不仅依据经济学的成本—收益分析的贸易所得制定经济政策，更为重要的是，政策制定者也依据美国国家利益所得制定美国对华贸易战略。换言之，美国贸易政策制定者是从一个广阔的视阈思考与决策中美经贸关系。2015 年 6 月，中美战略与经济对话召开，在开幕式上，国务卿克里发言认为："因此我觉得，我们双方都愈发确认，我们的伙伴关系是解决全球问题的一个基本出发点，而且这种伙伴关系甚至可以变得更加重要，它会对一个无序甚至混乱日渐增多的世界，至少世界上有一些地方是那样，提供更好的结构感和秩序感。"[④]

二、美国自由贸易为主的对华经济政策实证分析

美国奉行以自由贸易为主的对华经济政策以及中美贸易实际上是互补性的贸易，这二者都可以得到实证的检验。

（一）以自由贸易为主的美国对华贸易实证分析

美国对华贸易以自由贸易为主可以从冷战后中美之间主要发生的贸易大事以及中美贸易额的急速攀升表现出来（图 11—1）。

---

① 刘连第：《中美关系的轨迹——1993—2000 年大事纵览》，时事出版社，2001 年版，第 559 页。

② 吴心伯：《"中国热'"烫醒了美国人》，载《环球时报》，2007 年 12 月 20 日，第 11 版。

③ 陶文钊：《冷战后的美国对华政策》，重庆出版社，2006 年版，第 4 页。

④ 约翰·克里在第七轮美中战略与经济对话开幕式上的讲话，2015 年 6 月 23 日，http：//chinese. usembassy - china. org. cn/sed2015 - opening - ceremony. html.

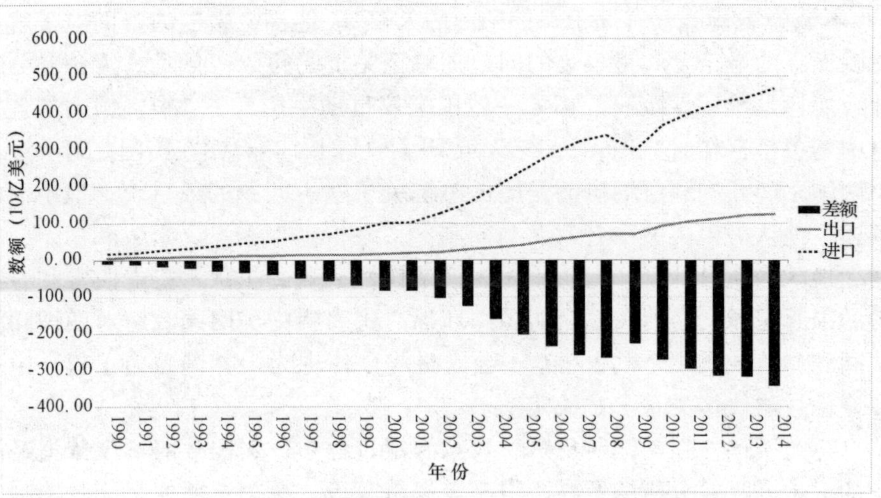

图 11—1　1990—2014 年美国对华商品出口额、进口额和贸易差额

资料来源：U. S. Census Bureau，Foreign Trade Division，Data Dissemination Branch，Washington，D. C. 20233。

冷战后，尽管局部中美贸易摩擦不断，但总体上，自老布什总统开始、历经克林顿政府至小布什再至奥巴马政府，美国对华贸易政策是开放性的。冷战后，美国对华贸易的部分实例可以说明这一问题，我们可以考察四任总统期间中美贸易概况，自由贸易始终占据经济交往主流。在老布什总统任职的 1990 年、1991 年、1992 年，美国政府都无条件延长对华最惠国待遇。在克林顿政府长达八年的时间里，除一年（1993 年）外，美国政府也给予了中国无条件最惠国待遇。尤其需要指出的是，1998 年 7 月，克林顿在白宫签署了美国国内税务署改革法案，其中包括将“最惠国待遇”的提法改为“正常贸易关系”。这一更改具有重要的意义，“它恢复了事物的本来面目，美国公众的一些误解也会随之消除。因为它从来不是美国给予其他国家的贸易优惠待遇，更不是什么单方面的恩赐，而是一种正常的贸易关系”。[①] 1999 年 11 月，在中美政治关系经历了美国炸毁中国驻南斯拉夫大使馆以及所谓“中国窃取美国核技术”等一系列负面因素之后，中美两国经过漫长的马拉松式的谈判，最终就中国“入世”达成协

① 1998 年 7 月 27 日中国外交部发言人对克林顿总统做出更改名称后发表的评论。转引自韩云川：《中美人权之争》，宁夏出版社，2003 年版，第 50—51 页。

议。2000 年 3 月 8 日，克林顿正式向国会提交了对华永久性正常贸易关系法案，并同时说明了这一议案的重要性。他在致国会的信中说，“支持中国加入世贸组织不仅符合我们的经济利益。这无疑符合我们更大的国家利益。这是自 20 世纪 70 年代尼克松总统访华和卡特总统使两国关系正常化以来、能够影响中国发生积极变化的最具有重大意义的机会。”① 国会经过长时间辩论，最终通过了该法案，中美之间的贸易关系终于有了一个稳固的法律基础。② 在小布什时期，2001 年，他签署国会送交的对华永久性正常贸易关系法案，使之自 2002 年 1 月 1 日起成为正式的法律。在 2003 至今，美国财政部每年两次送交国会的外国汇率报告中，皆没有将中国列为汇率操纵国。2006 年，由中国国家主席胡锦涛和美国总统小布什共同倡议设立了中美经济战略对话机制并举行了多轮对话。这一机制的目的是通过对话而不是保护主义的方法来解决双边贸易中存在的问题。此后，2009 年，奥巴马就任美国总统，中美经济战略对话升级为中美经济与战略对话，前后已经进行了七轮。在新近举行的第七轮对话闭幕式上，美国国务卿约翰·克里（John Kerry）说：“我们在这里参与的对话确实反映了美国和中国共同致力于在有共同利益的领域合作，在有分歧的地方寻求建设性解决方案。”③ 此外，2013 年 6 月，奥巴马与习近平举行峰会，双方积极谈论缔结双边投资条约。中美投资协定谈判于 2008 年在第四次中美战略经济对话上正式启动。在 2013 年中美战略与经济对话中双方确认以准入前国民待遇和负面清单为基础展开谈判，此后谈判进入了实质阶段。在 2014 年 7 月举行的中美战略与经济对话中，中美两国达成共识将争取尽快完成双边投资协定的文本谈判，并尽早开始进行负面清单谈判。双边投资协定是中美经济关系的重要组成部分，达成一个高标准的双边投资协定，将有助于中美两国建立更紧密的联系，提高两国经济贸易合作的质量，将迈出建立中美自由贸易区建设的极为重要的一步。如果达成，这是自中国加入 WTO（2001 年）以来，最为重要的与贸易相关的协定。

美国对华贸易以自由贸易为主也表现在中美双边贸易的快速增长。从

---

① 刘连第：《中美关系的轨迹——1993—2000 年大事纵览》，时事出版社，2001 年版，第 446 页。

② I. M. Destler, *American Trade Politics*, Washington, D. C: Institute for International Economics, 2005, p. 277.

③ John Kerry, “*The Strategic & Economic Dialogue / Consultation on People - to - People Exchange Closing Statements*”, June 24, 2015; http://www.state.gov/secretary/remarks/2015/06/244208.htm.

贸易总额（即出口加进口）上看，自建交后，中美双边一直稳定发展，在2001年中国加入世贸组织后更是跨越式增长。李克强总理在2014年两会回答记者提问时，曾经这样解释：去年（2013年）我们双边贸易额达到5200多亿美元，粗略算的话，每一个工作小时，中美之间可能有1亿美元的生意已经做成了。中美两国于1979年1月建立了正式外交关系、1979年7月签订了双边贸易协定、1980年开始相互提供最惠国待遇，随后，两国贸易得到了显著的发展。根据美方统计显示，1979年，中美贸易额是20亿美元，中国是美国第23大出口市场，第45位的进口来源地。在2014年，双边贸易额是5920亿美元，中国是美国第二大贸易伙伴（仅次于加拿大），第三个美国出口市场（仅次于加拿大与墨西哥），最大的进口来源地。在过去的十年里，中国是美国增长最快的出口市场之一。依据现在中国经济增长速度，中国市场的重要性之于美国是显而易见的。那么，自1979—2014年，双边贸易额增加到5900亿美元，相当于每年增长月164亿美元。①

图11—1给出了中美两国双边贸易自1990—2014年的数据情况。从表中我们可以看出，中国输美商品总额不断累加。从1990年的152亿美元升至2014年的约4668亿美元，2014年的数据是1990年的约31倍。在这些年份中，1995年与2002年各是一个拐点。尽管美国经济在1995年经历了中期降温（Midcycle Pause），但随着克林顿调整对华贸易政策，1994年将对华最惠国待遇与人权问题脱钩，中国对美出口冲破了455亿美元大关。2001年中国正式加入世界贸易组织，美国原来束缚中国商品输入美国的壁垒减少，激发了中国对美出口的潜力，中国原来深藏的出口能力释放。2007年开始的金融危机影响了美国公众的消费力。2009年，中国输美产品出口额降低，仅为2963.7亿美元，但仍较危机爆发前的2006年数据高出86亿美元，此后，美国对华进口额一直上扬，2014年达到了历史最高值。

（二）中美贸易互补性的实证分析

美国进出口中国的商品种类与美国对华逆顺差的商品分析可以说明中美贸易的互补性。②

---

① Wayne M. Morrison, "China - U. S. Trade Issues", *CRS Report for Congress*, March 17, 2015, pp. 2 - 3.

② 需要特别说明的是，美国商品的优势其实最明显的是在服务业，但由于服务业多为无形商品，无法直接地加以观察或衡量，具体划分服务业商品品种非常困难，所以，在落实到商品种类的进出口时，统计数据通常只显示有形商品的贸易。但是，在明确一个国家进出口总额时，数据又包括了服务贸易，因为这时候不涉及到具体服务贸易的品种细分类别。

1. 美国进出口中国的商品种类分析

（1）美国商品对中国的出口

从中美贸易史上看，美国对华出口的商品主要集中在美国具有比较优势的高技术产品、资本产品以及工业原料，特别是在高端制造业和现代服务业。在克林顿政府时期，克林顿曾提出了“国家出口战略”，详细列出了重点出口的产品，确定半导体、电脑、通讯、环境保护、咨询软件工业及服务业等高科技产业和知识密集型产业为六大重点出口产业。这些产业也是美国对华出口的重点。具体而言，中国主要进口美国的飞机、动力设备、机械设备、信息技术产品等。另外，在一些传统行业如汽车业以及农业，美国较之中国，也具有相对比较优势。如中国是美国最大的大豆和棉花出口市场。表 11—1 给出了 2002—2014 年近 10 多年美国对华出口前 5 项的产品，它们分别是：半导体和电子原件、飞机及零部件、废碎料、油籽和谷物、树脂和合成纤维等。总体而言，这些具有比较优势的产品拉起了美国对华出口总额的不断增长。

1991 年苏联解体时，美国对中国的出口还不及对欧洲小国奥地利的出口。但是，在过去的 10 多年里，中国是美方出口增幅最快国家。早在 1994 年，美国商务部就将中国列为十大新兴市场之首，这反映了美国对中国市场前景的充分肯定。[①] 可以预料的是，未来美国飞机、集成电路、软件、农产品等在中国将会有更大需求。波音公司预测，未来 20 年里，中国将成为美国以外的商业空中旅行的最大市场。在此期间，中国将购买 2300 架飞机，价值 1830 亿美元。到 2023 年，中国这艘航空母舰上有望起飞 2801 架飞机。[②] 中国政府计划，到 2020 年，中国将拥有 1.4 亿辆汽车（是目前的 7 倍），每年汽车的销售数量将从 720 万辆（2006 年）增长到 2070 万辆。[③] 2015 年，美国财富 500 强公司视中国为影响他们发展的至关重要的市场。[④]

---

① 周敦仁：《中美经济贸易关系》，载谢希德、倪世雄：《曲折的历程——中美建交 20 年》，复旦大学出版社，1999 年版，第 113 页。

② Kerry Dumbaugh：“China – U. S. Relations：Current Issues and Implications for U. S. Policy”，*CRS Report for Congress*，Nov. 9，2007，p. 5.

③ Kerry Dumbaugh：“China – U. S. Relations：Current Issues and Implications for U. S. Policy”，*CRS Report for Congress*，Nov. 9，2007，p. 5.

④ 杰弗里·贝德，《改变对华政策——我们是否在自寻敌人?》，载《金融时报》（中文网络版），2015 年 6 月 30 日，http：//www. ftchinese. com/story/001062759？page = rest。

表 11—1　2002—2014 年美国对华主要出口品种

单位：10 亿美元和百分变化率

品种／年份	半导体和其他电子元件	航空产品和部件（主要是飞机和部件）	废碎料	油籽和谷物（主要是大豆）	树脂、合成橡胶、人工和合成纤维及细丝	商品总额
2002	2.2	3.6	1.2	0.9	0.9	22.1
2003	3.0	2.7	1.9	2.9	1.2	28.4
2004	3.6	2.1	2.5	2.8	1.6	34.7
2005	4.0	4.5	3.7	2.3	2.1	41.8
2006	6.8	6.3	6.1	2.6	2.5	55.2
2007	7.4	7.4	7.3	4.1	3.3	65.2
2008	7.5	5.5	7.6	7.3	3.5	71.5
2009	6.0	5.3	7.1	9.4	4.0	69.6
2010	7.6	5.8	8.6	11.2	4.3	91.9
2011	5.7	6.4	11.5	11.5	4.5	103.9
2012	4.9	8.4	9.5	16.5	4.3	110.6
2013	5.7	12.6	8.8	15.7	4.2	121.7
2014	6.5	13.9	7.1	16.6	4.3	124.0
2013—2014 变化率（%）	13.2%	10.6%	-19.0%	5.6%	1.4%	1.9%

资料来源：美国国际贸易委员会数据库。

（2）美国对中国商品的进口

从中美贸易史上看，美国对华进口主要集中在中国具有比较优势的中低端商品，特别是劳动密集型产品。根据有关学者的研究，在中国加入世贸组织之前，美国自中国的进口经历了三个阶段：[①]（1）20 世纪 70 年代末至 80 年代中期。美国进口中国的产品主要集中在初级产品、技术含量低的劳动密集型产品，另外，原油和成品油在 20 世纪 80 年代初期是美国进口中国商品的两个主要大宗产品，每年中国原油对美国的出口量约为 300 万—400 万吨，成品油约为 100 万吨。美国对中国纺织品和服装的进口在 20 世纪 80 年代中后期已占到整个美国进口中国商品额的最大比重。（2）20 世纪 80 年代中后期至 90 年代。美国自中国的进口呈现多样化特点，在保持原有进口品种的同时，对中国机械产品的进口开始占据重要位置。另外，电子产品特别是电视机、收音机等劳动密集型电子产品也开始出现在美国输入中国产品的品类中。这一时段总体来说，初级产品的进口减少，劳动密集型产品在美国进口中国的产品中比重不断上升。（3）20 世纪 90 年代后半期至 2001 年中国加入世贸组织。这一时期，机电产品逐渐成为占主导的美国进口中国产品。1997 年中国输美前五名的商品品种是：机电产品（83.33 亿美元）、玩具及家具（51.82 亿美元）、鞋类（48.15 亿美元）、纺织品（35.72 亿美元）、金属制品（17.39 亿美元）。一般认为，机电产品占据主导的原因是外资企业在中国投资的加工贸易所致。因为机电产品本质上讲是一种加工装配业务。

从最近几年美国自中国进口商品的贸易看（表 11—2），中美贸易商品有些细微变化，但是，这不是贸易结构的质变。在冷战结束后的 20 世纪 90 年代，美国从中国进口的几乎所有商品都是低价值的劳动密集型产品，如玩具和游戏器具、消费类电子产品、鞋类、纺织品和服装。然而，过去几年来，美国从中国进口的商品由技术上更加先进的产品如计算机构成，并且，比例越来越大。但是，相关专家一致认为，美国从中国的急速增长主要是生产设备从其他（主要是）亚洲国家向中国迁移的结果。也就是说，过去在日本，中国台湾、香港等地生产，然后出口到美国的各种产品目前在中国生产（实际上是由在中国的外国企业生产），然后出口到美国。[②] 从表 11—3 和图 11—2 中我们可以看出这种变化。表 11—3 给出了 2000—2006 年美国进口计算机设备和部件的情况。2000 年，日本是美国计算机设备的最大外国供应商，而中国名列第四，在仅仅 6 年时间内，日本的排名降至第四，它的发货价值下降一半以上，占发货总额的比重下降到

① 胡涵钧：《当代中美贸易（1972—2001）》，复旦大学出版社，2002 年版，第 111—113 页。

② 如尼古拉斯·拉迪（Nicholas R. Lardy）。参见［美］尼古拉斯·拉迪：《中国，是巨大的、新的经济挑战吗?》，载［美］C. F. 伯格斯坦主编，朱民等译：《美国与世界经济：未来十年美国的对外经济政策》，经济科学出版社，2005 年版，第 121—140 页。

7.5%（2006年）。2006年，中国是美国计算机设备的最大供应国，占美国进口总额的47.8%。虽然在2000—2006年里美国从中国进口的计算机设备增加了382%，但美国从世界上进口的这些商品的总价值只增长了22%。许多分析家都认为，中国计算机生产的增量有很大一部分来自在中国有制造设备的外国计算机公司。根据有关数据，2006年美国市场上80%的玩具、25%的电视、20%的服装均来自于中国。2007年后情况参看图11—1。因此，从实际情况看，美国自中国的进口仍旧是劳动密集型产品为主。尽管计算机设备突出，但主要是组装，对于中国，贸易产品的性质没有发生质的变化，仍旧是发挥劳动力密集的优势。

表11—2　2002—2014年美国自华进口的前五大商品①

单位：10亿美元和百分变化率

品种 / 年份	计算机设备	各种各样的制造品（如玩具、游戏器具等）	服装	音像设备	通讯设备	商品总额
2002	12.0	19.5	7.7	8.9	4.4	125.2
2003	18.7	21.8	9.0	10.0	5.9	152.4
2004	29.5	23.7	10.5	12.6	9.0	196.7
2005	35.5	26.4	16.4	15.6	14.1	243.5
2006	40.0	28.9	19.2	18.8	18.0	287.8
2007	44.5	34.8	23.0	19.1	23.2	321.5
2008	45.8	35.8	22.6	19.7	26.6	337.8
2009	44.8	30.7	22.7	18.3	26.4	296.4
2010	59.8	34.2	26.6	19.5	33.5	364.9
2011	68.3	32.7	27.6	15.9	39.8	399.3
2012	68.8	32.7	26.9	15.9	51.9	425.6

① Wayne M. Morrison, "China - U.S. Trade Issues", *CRS Report for Congress*, March 17, 2015, p. 6.

续表

品种/年份	计算机设备	各种各样的制造品（如玩具、游戏器具等）	服装	音像设备	通讯设备	商品总额
2013	68.1	32.4	27.4	13.8	58.8	272.1
2014	67.0	33.5	27.1	14.6	64.2	284.1
2013—2014 变化率（%）	-1.6%	3.4%	-1.0%	5.9%	9.0%	4.4%

资料来源：美国国际贸易委员会数据库。

表11—3　2000—2006年美国计算机设备进口的主要外国供应者

单位：10亿美元和百分变化率

年份	2000	2001	2002	2003	2004	2005	2006	2000—2006年变化率（%）
总　额	68.5	59.0	62.3	64.0	73.9	78.4	83.8	23.3
中　国	8.3	8.2	12.0	18.7	29.5	35.5	40.0	381.9
马来西亚	4.9	5.0	7.1	8.0	8.7	9.9	11.1	126.5
墨西哥	6.9	8.5	7.9	7.0	7.4	6.7	6.6	-4.3
日　本	13.4	9.5	8.1	6.3	6.3	6.1	6.3	-53.0
新加坡	8.7	7.1	7.1	6.9	6.6	5.9	5.6	-35.6

注：根据2006年前六大供应国排名。

来源：美国国际贸易委员会贸易数据库。

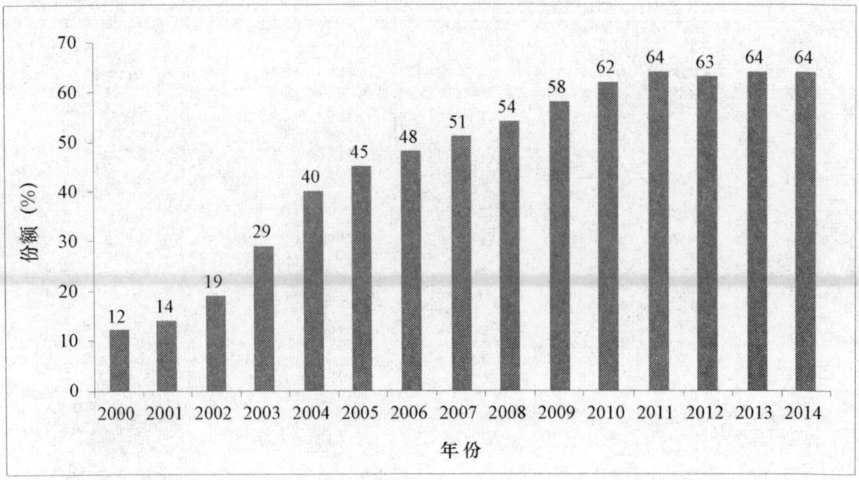

图 11—2　美国自中国的进口计算机设备的份额

资料来源：Wayne M. Morrison，“China－U. S. Trade Issues”，CRS Report for Congress，March 17，2015。

2. 美国对华逆顺差商品分析

实际上，通过分析造成美国逆差与顺差的商品品种也可以说明中美贸易是互补性的，表 11—4 给出了中美贸易中美方对华贸易的逆顺差情况。

根据美国人口普查局国际贸易分类标准（缩写为 SITC），1997—2006 年美中贸易商品种类主要可以分为 10 大类：（0）食品与活动物；（1）饮料与烟草；（2）非食用原料（不含燃料）；（3）矿物燃料、润滑油及相关原料；（4）动植物油、脂与腊；（5）化学及相关产品；（6）原料制品；（7）机械与运输设备；（8）杂项制品（家具、服装服饰、鞋类及小商品）；（9）未被 SITC 分类的其他商品。表 11—4 给出了 1997—2014 年美中贸易 10 类商品的进出口总额。

表 11—4　1997—2014 年美中 10 大类商品分类贸易状况①

（美国对华进口减去对华出口）

单位：百万美元

年份＼分类	0	(1)	(2)	(3)	(4)	(5)	(6)	(7)	(8)	(9)	合计
1997	-329	-10	1115	-331	161	674	-4975	-11017	-34652	-380	-49747
1998	-243	-11	555	-261	312	532	-6111	-13360	-37768	-542	-56898
1999	-537	-8	667	-126	68	415	-7414	-19249	-41761	-724	-68668
2000	-548	-28	1952	-670	13	516	-9015	-26879	-48235	-917	-83810
2001	-633	-34	2551	-294	8	147	-9697	-24659	-49415	-1020	-83046
2002	-951	-41	2702	-322	22	537	-12065	-34438	-57380	-1179	-103115
2003	-1190	-22	6086	-318	94	597	-14212	-48302	-65153	-1540	-123961
2004	-1020	-8	7072	-806	23	967	-19692	-71626	-74882	-2007	-161978
2005	-1632	-16	8604	-859	7	247	-25042	-91374	-89727	-2486	-202278
2006	-2160	43	12235	-963	47	-2	-32502	-107597	-100213	-2989	-234101
2007	-2259	43	14962	-363	134	1105	-36077	-119424	-113243	-3383	-258506
2008	-2486	100	18296	-1615	133	-1515	-38769	-124334	-114367	-3483	-268040
2009	-1704	127	19763	226	24	1488	-27853	-114292	-101498	-3157	-226877
2010	-1666	166	25980	865	379	1921	-32663	-146602	-118782	-2639	-273042
2011	-691	148	30460	1688	136	490	-36989	-165548	-121787	-3157	-295250
2012	481	146	33386	2134	291	-952	-40061	-181406	-125470	-3660	-315111
2013	2731	228	30545	2443	118	-1154	-41969	-179850	-128648	-3155	-318711
2014	1514	268	29215	1354	111	-2348	-46086	-190448	-133086	-3127	-342633

注：正数表示美国对华贸易顺差，负数表示美国对华贸易逆差。

数据来源：美国人口普查局。

① 数据系根据美国人口普查局与商务部统计数据计算，参见 http：//www. census. gov/foreign - trade/balance/c5700. html；http：//tse. export. gov/TSE/TSEHome. aspx。

从表11—4中我们可以看出，自1997年至今，美中贸易逆差不断扩大，但是，从美中贸易具体的商品分类看，1997—2014年并非所有的美中商品分类都呈现出贸易逆差。在18年中，美中贸易分类中第2类和第4类始终处于贸易顺差，也就是非食用原料（不含燃料），和动植物油、脂与腊两大类贸易中，美国对华是出口大于进口。这些商品都是技术含量高、需要大资本投入的种类。相对比而言，在其余7类上，第0类、（1）类、（3）类和（5）类上，美国时有逆差，时有顺差。仔细分析，在0类、（1）类和（3）类中，美国现有逆差，后出现顺差。这三类中，前两类关系到人类健康安全问题，在2007—2008年食品危机后，美国产品取得了优势，所以顺差出现。在第（3）类中，关于环境问题，由于美国页岩油革命及没有原有优势，逐渐出现顺差。在（5）化学产品中，美国是逆差与顺差交错，但顺差稍微占据优势。美国对华有4类始终皆是逆差，严重逆差的是第6类、第7类与第8类和第9类，即在原料制品、机械与运输设备与杂项制品（家具、服装服饰、鞋类及小商品）以及其他产品上。进一步核算，我们发现，这三类逆差总合与美国对华逆差总合几乎接近。基本上，这就使我们得到了结论，美中贸易逆差主要集中在原料制品、机械与运输设备与杂项制品（家具、服装服饰、鞋类及小商品）。这些产品都是劳动密集型产品和资源易耗性产品，技术含量低、附加值也低。

这样，通过对美国进出口中国的商品以及美国对华商品种类逆顺差分析，我们可以看出中美贸易实际上属于“非竞争性的、互补性，贸易的性质更多的是满足当地市场的供应不足而不是与当地工业争夺市场”。[①] 因此，中国对美贸易的增长以及中国国力的增长“不一定损害其他国家经济，也许倒会增进其他国家的福利”。[②] 据摩根斯坦利测算，美国400万—800万个就业机会与中美贸易密切相关。皆因为此，中美贸易不是一种零和博弈，双方谋求的是不同的市场份额与竞争优势。

① 胡涵钧：《当代中美贸易（1972—2001）》，复旦大学出版社，2002年版，第109页。

② ［美］罗伯特·吉尔平著，杨宇光等译：《全球政治经济学——解读国际经济秩序》，上海人民出版社，2006年版，第161页。

第二节 美国对华贸易政策中的保护主义

自冷战结束后，由于美国政府奉行自由贸易为主的对华贸易政策，中美经贸关系获得了长足的发展，但是，在涉及到许多具体贸易问题时，美国政府也采取了限制中美双边贸易依据市场力量自由发展的措施，这触发了中美贸易摩擦。这种干预贸易自由交换的行为实际上就是贸易保护主义。整体上，如果以贸易保护主义发生的时间探究分析，冷战后美国对华贸易保护主义经历了一个发展的过程。

在老布什时期，贸易代表办公室累年将中国列入知识产权“重点观察国家”名单。

在克林顿政府内，1993 年，克林顿签署有条件延长对华最惠国待遇行政命令，将对华最惠国待遇问题与中国人权问题挂钩；1993—1994 年与 1998—2000 年，贸易代表办公室连续确认中国为“301 条款监管”对象，1996 年，贸易代表办公室又将中国确定为唯一“特别 301 条款”重点国家。

在小布什内，自 2000—2008 年，中国连续被美国贸易代表办公室列为“301 条款监管”对象；2006 年，贸易代表办公室年度贸易评估报告，中国不公平贸易壁垒名列榜首；2007 年，贸易代表办公室年度报告指责中国“不公正贸易行为”，《报告》全文 650 页，总共指责了 63 个贸易伙伴的“不公正贸易行为”，其中关于中国（不包括香港特区和台湾省）的分报告就占了 68 页，超过全部篇幅的 1/10，远远超过欧、日等美国主要贸易伙伴的篇幅；① 2005 年 5 月，在全球纺织品配额制度取消后，开始对中国产品实施进口限制；8 月，中国海洋石油公司被迫退出收购美国优尼科公司（Unocal Corp.）；2006 年，美国商务部公布了加强对华出口控制新法规，扩大许可证制度监管范围；2007 年 3 月，对中国铜版纸实施反补贴法，对造纸行业的保护要求予以考虑；同月开始了所谓的“中国制造”危机。

有媒体戏称奥巴马政府的贸易举动也许可以称为“ABC”——“中国

---

① See USTR, “2007 *National Trade Estimate Report on Foreign Trade Barriers*”, Apr. 2, 2007, p. 104. http://www.ustr.gov/assets/Document_Library/Reports_Publications/2007/2007_NTE_Report/asset_upload_file855_10945.pdf.

除外”（Anyone But China）。①这部分说明了奥巴马政府的对华贸易政策中的保护主义。从时间序上看，2009 年以来，美国对华发起大量的贸易救济调查。2009 年 9 月 11 日，奥巴马决定对中国输美所有小轿车和轻型卡车轮胎产品实施为期 3 年的惩罚性关税，涉案金额达 22 亿美元，此举掀起了美国对华采取贸易救济措施和贸易保护行为的高潮。2009 年 11 月 5 日，美国对从中国进口的油井管征收 29.94%—99.14% 的反倾销税，涉案金额达 27 亿美元。2010 年 11 月和 2011 年 5 月，美国国际贸易委员会发布了两份关于中国知识产权和自主创新政策的报告，报告指责了中国政府。2014 年 5 月，中国中集集团与胜狮货柜遭美双反调查等等。此外，奥巴马也在世贸组织对中国发起了 8 次诉讼（参见表 11—5）。

表 11—5　2001.12—2015.07 美国政府在 WTO 诉中国贸易议题一览表

序号	时间		诉讼议题	裁决结果
	起	止		
（1）	2006.03	2008.12	美国等就中国对进口汽车零部件征收高关税的政策提出诉讼	美国胜诉，2009 年中国废除了相关措施
（2）	2007.02	2008.01	美国等诉中国采取了 WTO 禁止的补贴计划	中国与美国等达成协议，中国同意至 2008 年 1 月 1 日前取消所有涉及的补贴，至 2009 年 1 月 1 日至取消最后 1 项补贴
（3）	2007.04	2009.01	美国向 WTO 提出针对中国的申诉：中国对盗版和假冒注册商标商品的刑事处分门槛过高、中国海关处理没收的侵犯知识产权物品的规则违反了 WTO 关于上述违规物品应该完全置于市场之外的原则、对在等待审查阶段的音像制品明显缺乏知识产权保护	WTO 支持了美方后两项诉讼主张，对第一项主张进行了法律理清、2010 年 3 月，中国参照裁决修改了相关规定

① 杰夫·代尔：《美国自贸协定撇开中国》，2013 年 4 月 3 日，载《金融时报》（中文网络版），http：//www.ftchinese.com/story/001049760。

续表

序号	时间		诉讼议题	裁决结果
	起	止		
(4)	2007.04	2009.12	中国对外来图书音像产品设置了准入门槛	支持美国主张
(5)	2008.03	2008.11	美国等就中国影响金融信息服务和外国金融信息提供商的相关措施提出申诉	2008 年 11 月双方磋商达成协议，中国于 2009 年 5 月 30 日前废除限制
(6)	2008.12	2009.12	美国向 WTO 提起诉讼，指控中国违反 WTO 规则，向包括服装、农产品以及电子产品在内的所谓的驰名商标生产商提供现金补助、贷款和研究经费	双方达成谅解备忘录，中国同意终止对“驰名商标”的补贴
(7)	2009.06	2013.01	美国等诉中国稀土限制出口政策	WTO 支持美国主张，2013 年 1 月，中国参照裁决修改相关规定
(8)	2010.09	2012.07	美国向 WTO 指控中国发布的多项限制措施使人民币支付卡交易由银联垄断，限制了外国信用卡公司提供服务	WTO 支持美国主张，2013 年 7 月，中国参照裁决修改相关规定
(9)	2010.09	2012.01	美国就中国对其取向电工钢（grain－oriented electrical steel）采取的反倾销反补贴措施提起世贸组织争端解决机制下的磋商请求	WTO 支持了美方主张
(10)	2011.09	2013.08	美国就中国对美国产白羽肉鸡产品采取反倾销反补贴措施诉诸 WTO 争端解决机制	WTO 支持了美国主张，中国在 2014 年 7 月参照裁决修改相关规定
(11)	2012.03	2014.03	美国等诉中国稀土等限制出口政策	WTO 裁定中方涉案产品的出口管理措施违规

续表

序号	时间		诉讼议题	裁决结果
	起	止		
(12)	2012.07	2014.05	美国向WTO起诉中国向美国所产汽车征收反倾销反补贴的“不公正”	WTO支持了美方主张
(13)	2012.09		美国向WTO正式提起诉讼，指责中国在2009—2011年间为汽车出口商提供了价值10亿美元的“非法”补贴；美国向WTO提出诉状的焦点是中国的“出口基地”项目，即中国支持选定地区的汽车业制造商，试图将这些地区建设为汽车产品出口中心	裁决中
(14)	2015.02		美国已就中国“示范基地公共服务平台”出口补贴项目提出与中国在WTO争端解决机制下进行磋商	裁决中

注：裁决结果以美方结论编制。

资料来源：United States Trade Representative，“2014 Report to Congress On China's WTO Compliance”，December 2012；United States Trade Representative，“2011 Report to Congress On China's WTO Compliance”，December 2011，“2008 Report to Congress On China's WTO Compliance”，December 2008；http：//www.ustr.gov/；Inside U.S. Trade，http：//insidetrade.com/。

如果将这些具体事件归类，那么实际上，时间序上的保护主义主要有如下类：在中国加入世贸组织之前，主要体现为最惠国待遇（1998年后称之为“正常贸易关系”，该问题的核心借口即是中国人权状况）、贸易逆差与知识产权；在中国加入世贸组织后，主要是人民币问题、所谓“中国政府补贴问题”以及产品安全问题等。自奥巴马政府时期，中美贸易摩擦主要集中于贸易规则的解释，贸易摩擦主要地理区域从美国转向中国。

需要特别指出的是，上述问题经过了一个时间历程，并不是说，在一定的时间尺度后，该问题已经消失，笔者只是提供这些问题大约出现的时间，并不涉及它们存续的时间长度。实际上，一些问题在中国加入世贸组织后，更加凸现，如贸易逆差与知识产权。

在下面的部分，笔者将以时间为序，分别阐述美国对华贸易保护主义上的各种议题。有鉴于关于最惠国待遇问题的研究业已成熟，本书将略去对这一议题的分析。[①]

一、对华贸易逆差

贸易摩擦已经成为中美重要的矛盾。[②] 无论是根据美方统计数据还是中方统计数据。中国是美国最大的贸易逆差来源国，自 20 世纪 70 年代以来，除 1973 年有过短暂的顺差外，美国对华贸易一直处于逆差，而且逆差额基本处于不断扩大的状态。20 世纪 90 年代开始，美国方面不断抱怨美国对华贸易存在巨额贸易逆差。根据美国人口普查局统计数据（参见图 11—1），1979 年中美进出口贸易额仅为 23. 7 亿美元，1990 年增加到 200. 5 亿美元，2002 年快速上升到 1473. 2 亿美元，2014 年双边贸易额是 5920 亿美元。与此同时，美国对华贸易存在逆差问题。根据美国的统计，这种逆差肇始于 1983 年，1985 年数据为 0. 06 亿美元。1990 年达到了 104. 31 亿美元。1991 年为 126. 91 亿美元，根据这一统计数字，从这一年起，中国成为仅次于日本的美国贸易逆差国。2000 年为 838. 33 亿美元，也是自此年开始，中国取代日本成为美国最大的贸易逆差来源国。2014 年达到了创纪录的 3430. 8 亿美元，是美日逆差的 5. 1 倍。

中国方面对这一逆差存在异议，主要是在贸易逆差出现的年份以及数额上。中国认为，美国对华贸易逆差是事实，但美国方面显然把逆差的程度严重地夸大了。依据中国海关统计，1979 年中美进出口总额为 24. 5 亿美元，1990 年为 117. 7 亿美元，经过 10 年多推进市场经济改革与开放，2002 年中美贸易总额为 971. 9 亿美元。在 2004 年，美国超过日本成为中国第一大贸易伙伴，双边贸易总额为 802. 8 亿美元。在 1979—1992 年的 14 年里，中国一直对美贸易存在逆差，自 1993 年转为顺差，进入 2004 年后，中国对美贸易盈余一直保持在高位。中方顺差从 1993 年的 62. 7 亿美元增

① See James R. Lilley and Wendell. L. Willkie II, eds. , *Beyond MFN*: *Trade with China and American Interests*, Washington, DC: The AEI Press, 1994; 王勇：《最惠国待遇的回合：1989—1997 年美国对华贸易政策》，中央编译出版社，1998 年版；胡涵钧：《当代中美贸易（1972—2001）》，复旦大学出版社，2002 年版，第 125—152 页。

② Aaron L. Friedberg, "Bucking Beijing: An Alternative U. S. China Policy", *Foreign Affairs*, September/October, 2012. https://www.foreignaffairs.com/articles/china/2012-08-18/bucking-beijing.

加到2004年的802.8亿美元，至2006年，这一顺差数值为1442.6亿美元，是1993年的23.01倍。对比中美统计结果，我们可以发现，中美两国关于双边贸易平衡状况的统计数据存在明显的差异。以2006年的数据为例，美方数据为2325.88亿美元，中方则为1442.6亿美元，二者相差883.28亿美元。

对二者之间差异的不同认识，引发了中美贸易摩擦，美国采取的措施是基本忽视中方数据，偏面分析逆差根源；中国认为这种差异的存在是由于中美两国采用的统计口径不同。很多美国学者通过分析美方数据认为，中国是造成美国国际收支失衡的根本原因。高盛公司的分析认为，在美国贸易赤字中，与中国的商品贸易占据了主导地位。如果扣除与中国的商品贸易部分即在非有形商品这一类中，在过去的五年里，美国的贸易赤字没有大的变化。[①] 普通美国公众以及国会中的一些立法者面对这样的分析结果，毫无疑问地选择对中国贸易加以限制的政策。尤其在20世纪90年代末，当对华最惠国待遇问题已经不像冷战结束初期那样成为主要争议问题后，对华贸易赤字就成为广受关注的问题。美国限制中美贸易的发展，希冀以保护主义的措施实现中美贸易数值上的平衡。实际上，中美两国贸易统计数据上的差异主要是由于美中两国贸易统计差异，特别是对香港特区转口贸易统计方法上的不同所致。[②] 此外，也与中国处于全球价值链中的位置相关。

世界贸易组织等的数据提供了中国对华贸易逆差的另外一种诠释。2013年初，WTO与OECD明确地指出，他们所采用的“附加值”贸易测算方法更为准确。WTO和OECD在一项历时一年的研究课题中使用“附加值”方法计算贸易额，这种方法强调产品制造过程的分散性和全球性。这种方法追踪了商品部件与服务（而非制成品）的来源，首次凸显了“中国制造”和“德国制造”标签的种种缺陷。经合组织和WTO表示，它们对于商品与服务实际生产方式的调查，彰显了贸易壁垒的荒谬之处。经合组织秘书长安赫尔·古里亚（Angel Gurría）表示：“我们只能给商品和服务

---

① ［美］安德鲁·蒂顿、莫妮卡·富恩特斯：《美国贸易出口缺失的情况分析》，载全国美国学会、浦东美国经济研究中心编：《美国经济走势与中美经贸关系》，上海社会科学出版社，2006年版，第17—24页。

② 很多学者对此做出了详尽的分析：Jialin Zhang，“U. S. – China Trade Issues after the WTO and The PNTR Deal：A Chinese Perspective”，*Hoover Essays in Public Policy*，No. 103，Stanford University，2000，pp. 1 – 24；姚枝仲：《美国的贸易逆差问题》，载《世界经济》，2003年第3期，第12—15页；沈国兵：《贸易统计差异与中美贸易平衡问题》，载《经济研究》，2005年第6期，第82—93页。

贴上‘世界制造’的标签，这将迫使我们彻底改变看待贸易流动的方式。”尽管传统贸易数据把在慕尼黑组装、之后销售至美国的宝马（BMW）轿车完全归为“德国”出口，但轿车的许多部件都将采购于德国以外。联合调查显示，2009年，美国对华贸易逆差并非1760亿美元，而是1310亿美元（两者差距达25%），这是因为“中国”出口电子产品的相当大部分价值，包括零部件，都采购自其他国家。古里亚表示，把政策焦点对准双边贸易问题是“没有道理的”。现有的贸易收支测算方法自大卫·李嘉图（David Ricardo）时代以来几乎没怎么变过。这位英国经济学家有一个著名论断：出口国和进口国都会从贸易中受益，因为各国在提供不同商品和服务方面具有比较优势。然而200年前李嘉图写出关于比较优势的论文时，商品主要是由一国内生产的零部件制造出来的。尽管他的理论至今仍是正确的，但生产过程的实际情况已经发生了巨大改变。审视苹果手机（iPhone）的生产过程就可以发现，为何最常用的贸易收支测算方法（这种方法仅以商品和服务的贸易总流量为基础进行计算）不能反映贸易在整体经济中的作用。根据相关学者的研究，苹果的产品由包括美国在内的5个国家中的9家企业制造。所有的元件都被运到设在中国大陆的台资公司富士康（Foxconn），组装成iPhone后再运往美国。以2009年为例，当时每生产一部iPhone，元件生产企业（没有一家在中国）合计可以获得172.46美元，而富士康可以得到6.5美元。然而，在双边贸易数据中，每部手机178.96美元的价值却全部记录在中国出口项目下。从账面上看，富士康参与iPhone生产给中国的贸易收支带来了20亿美元的进账，尽管这20亿美元中多数转移给了外国公司，其中也包括美国公司——美国的元件制造商从每部iPhone上可以获得10.75美元。按照“附加值”测算方法，中国从这一生产活动中获得的贸易收入只有7300万美元，这样一来，中国对美国的贸易顺差就要相应缩小。[①]

但是，中美之间数额巨大的贸易失衡将继续，双方之间的贸易顺差（中国）和逆差（美国）也构成了全球失衡的庞大部分，也必将是彼此持续摩擦的原因。[②]

---

① 克里斯·贾尔斯、克莱尔·琼斯：《美中贸易逆差低于官方数据》，载《金融时报》（中文网络版），2013年1月17日；克莱尔·琼斯、克里斯·贾尔斯：《分析：“附加值”贸易统计的意义》，载《金融时报》（中文网络版），2013年1月18日。

② C. Fred Bergsten, Gary Clyde Hufbauer and Sean Miner, *Bridging the Pacific: Toward Free Trade and Investment Between China and the United States*, Washington, DC: Peterson Institute for International Economics, October 16, 2014, p. 8.

二、知识产权

所谓知识产权是指在智力创造活动中的智力劳动及智力成果。它是所有人依据法律所享有的一种潜在的、无限可分的可获利权。[①] 美国所指的知识产权产业把所有依赖于专利保护、版权保护产业的行业都包括在内。主要包括化工、制药、信息技术、交通、软件、娱乐、出版、广播等“传播”产业。[②] 在美国，知识产权等无形生产要素已经被界定为除了资本和劳动力之外的另一种产品构成要素，足见其对经济增长的重要程度；[③] 因之，它也成为美国对华贸易保护主义的高发点。

中美两国关于知识产权的摩擦内容可谓日日更新。早期中美摩擦事件多集中于中国制造的一些产品以及一些在中国的盗版行为等等。时下，随着高科技技术的时时更新，美国关注的中国知识产权问题内容不断更新与扩展，地理领域突破到中国在美国的虚拟商业存在。USTR 在其 2015 年中国贸易壁垒评估报告中，关于知识产权的内容包括：商业秘密（Trade Secrets）、药物专利（Pharmaceutical Patents）、软件盗版（Software Piracy）、在线盗版（Online Piracy）。在最近几年的冲突中，商业秘密引起的贸易摩擦最为吸引眼球。例如，2013 年 3 月，国会、智库以及奥巴马政府同时指责中国利用网络黑客所窃取的商业机密为中国企业服务。2014 年 7 月，美国起诉一名中国商人侵入波音（Boeing）和其他防务承包商的电脑，下载有关军用飞机的信息。美国政府认为，上述案例是国家支持的实体在利用情报手段获取商业优势。

美国经常利用知识产权问题威胁或者实行对华贸易制裁。自 20 世纪 80 年代以来，中美之间关于知识产权问题的纠纷就不断发生。2010 年 11 月，美国国际贸易委员会发布了关于中国知识产权报告，它指出：在美国查获的违反知识产权保护的产品中，来自中国的违规产品无论是价值还是数量都出现了极大的增长，所占价值份额和数量份额在 2010 年均已超过 50%。该报告估算，中国违反知识产权保护的行为在 2009 年总计给美国公司带来了 482 亿美元的损失，其中 366 亿美元是销售损失，116 美元是版权和许可费用损失；美国公司为此在 2009 年要付出 48 亿美元用来对抗中

① 胡涵钧：《当代中美贸易（1972—2001）》，复旦大学出版社，2002 年版，第 186 页。

② 王勇：《中美经贸关系》，中国市场出版社，2007 年版，第 43 页。

③ 这一观点是新增长理论的核心主张，也是它区别于新古典经济学的分歧点。详细分析参见［美］罗伯特·吉尔平著，杨宇光等译：《全球政治经济学——解读国际经济秩序》，上海人民出版社，2006 年版，第 102—106 页。

国的知识产权违法行为以保护自己的权益，美方认为如果中国加强知识产权保护和执法，那么将会给美国公司增加10%—20%的销售收入，10%—20%的版权和许可证费用，2%—5%的就业，其中这些就业可以转化为922588个新的美国工作岗位。① 伯格斯坦认为："中国未能保护好知识产权……可能是美中双边经济关系中引起摩擦的第二大重要根源。"② 20世纪90年代以来，特别是中国加入世贸组织后，中美关于知识产权的争斗更加明显，美国越来越强调以经济民族主义的方式处置中国侵犯知识产权的问题，"以往的经验是，我们正面解决问题，中国便妥协。经验告诉我们，美国或许应该更强硬一些"。③

美国主要依据国内贸易法与世贸组织下的《与贸易有关的知识产权协议》（Agreement On Trade - related Aspects of Intellectual Property Rights，缩写为TRIPs）对中国的经济行为提出异议，国内贸易法主要指"301条款"与"337条款"。

"301条款"是中国未加入世贸组织之前美国约束中国事关知识产权的主要国内贸易法之一。1991年，USTR年度报告中中国被列为重点国家，中国被指责在知识产权法律、做法和政府行为中均有不足和缺陷，诸如《专利法》有缺陷，尤其是不对化学品、包括药品和农业化学品提供专利保护，对于首次发表于中国之外的美国作品不提供版权保护，《著作权法》对版权保护水平过低，对商业秘密保护不足等，美国随就知识产权问题对中国发起"特别301调查"。1992年4月，USTR年度报告以监督中美两国1992年1月"谅解备忘录"的执行情况，将中国列入"301观察名单"。1993年11月，USTR年度报告以中国对"侵犯美国知识产权的行为"执法不力为由，将中国列入"优先观察名单"（Priority Watch List）。1994年6月，鉴于对侵犯美国知识产权的行为执法不力以及对伪造的刑事处罚不充分，USTR年度报告将中国列入优先指定国家。1995年4月，中国被USTR年度报告列入观察名单，理由是监督1995年3月谅解备忘录的执行情况。1996年4月，USTR年度报告将中国列入优先指定国家，其原因是对1995

---

① 冯远、张继行：《奥巴马政府对华贸易政策回顾与走向分析》，载《国际贸易》，2013年第3期。

② C. Fred Bergsten, Bates Gill, Nicholas R. Lardy and Derek Mitchell, *China: The Balance Sheet: What the World Needs to Know about the Emerging Superpower*, New York: Public Affairs, 2006, p. 95.

③ 马利德：《北京与美国贸易往来呈紧张态势》，载《金融时报》，2007年4月11日，转引自《参考消息》，2007年4月12日。

年谅解备忘录的实施情况不满意，中国盗版多发率情况依旧。自1998—2005年，美国贸易代表连续8年将中国列为“301条款监管”对象，列入“301”贸易报复名单，将中国界定为“优先观察名单”，尽管各年的缘由不尽相同。2006年4月，美国贸易代表办公室在其“301条款”报告中，中国被列为重点观察的外国，并将广东省、北京市、浙江省和福建省确定为需要格外注意和投入知识产权执行资源的热点。2007年的“301条款”报告包括了对中国省级知识产权保护状况的调查，中国是USTR2007年知识产权保护和执法的两个首要国家之一（另一个为俄罗斯）。在2014年特别“301”报告中，中国再次被列入“优先观察名单”，在其“恶名市场”（Notorious Markets）名单中，中国依然有企业被列名其中。

近年来，随着WTO争端解决机制的设立以及中国在知识产权保护方面立法的健全，美国“301条款”已失去重要作用，因此美国就越来越多地利用“337条款”。现在，“337条款”逐渐成为美国遏制我国具有一定出口潜力，特别是技术密集型和高附加值产品对其出口的重要手段。“337条款”是指美国国际贸易委员会根据美国《1930年关税法》第337节的规定，针对不公平的进口行为进行调查并采取制裁措施的做法。“337条款”主要约束进口产品侵犯美国知识产权的行为，它包括两方面的内容：一是要求外国政府对美国的知识产权提供有效保护，防止侵权行为的发生。无论是美国企业还是外国企业，只要其在美拥有知识产权，如认为进口到美国的产品侵犯了其知识产权，便可向美国国际贸易委员会提出调查申请。二是在美国进口与过境贸易中，对侵犯美国知识产权的私人厂商及其产品上市制裁。“337条款”对中国出口的损害更大。首先，由于“337”调查涉案产品67%为机电产品，近年来，60%的涉华案件都涉及机电出口产品，且涉案产品的结构在不断升级，其中精密机电产品的涉案比例由2000年以前的9%迅速升至2000年以来的70%。① 鉴于近几年来中国输美产品机电产品比率累年递增，“337条款”的适用不利于中国机电生产厂家。此外，“337”调查范围也逐渐辐射至化工、生物、轻工、医疗器械等行业的产品。这对其他出口厂家也形成了威慑。造成“337”巨大杀伤力的原因是由“337条款”的特点决定的。首先，“337”调查申请门槛低但制裁措施严厉。原告无需证明侵权产品对其造成损害即可提交申请，且可针对所

① 本段中关于“337条款”的相关数据均来源于中国贸易救济网；“美对华337调查危及高科技产业链”，2007年9月11日，http：//www.cacs.gov.cn/DefaultWebApp/showNews.jsp？newsId=201420011503。

有相关侵权产品向美国国际贸易委员会提出“普遍排除令”的请求。其次，“337”调查程序时间短（一般12—15个月）、程序复杂、诉讼费用高（专利类案件每家应诉企业120万—150万美元，商标类一般20万美元）。再次，调查和诉讼多“双管齐下”，原告通常会同时在美国、欧洲、日本针对同一生产商（进口商）提起侵权诉讼，分散我国应诉企业精力，使其疲于应付。所以中国中小型企业较多选择放弃应诉，在已结案的39起案件中，未应诉率降到28%。在中美贸易实践中，美国政府频频使用“337条款”。据中国商务部统计，1975—2007年10月，美国共对中国发起75起“337调查”，占美国“337调查”立案总数的12.1%。其中，60起案件都是2002年以后发起的，占全部对华案件总数的80%。近3年来的年均涉案金额达13.5亿美元。仅2007年1—10月，美国已对中国产品发起“337调查”14起，占美国同期立案总数的50%以上。按上述发展态势不难预测，随着中国机电产品，尤其是具有高技术含量的精密机电产品和信息技术产品对美国出口的进一步扩大，美国对中国的“337调查”案件数量仍将呈现上升态势。在已有的75起诉讼调查中，只有两起是在1995年之前发起的，其余都是在1995年以后发起的。

此外，美国“337”最新进展实例（“产品来源于中国而无中国企业涉案”）表明，“337调查”可能对今后中国企业的贸易方式产生深远影响。根据中国贸易救济网的更新消息，自1986年美国启动首起涉华“337调查”以来，截至2014年9月，涉华“337调查”共计206起，其中“产品来源于中国而无中国企业涉案”的达67起，占比32.5%。将中国作为原产地调查国，而未将中国的任何一家企业列为被申请人（Respondent），就法律层面而言，则意味着中国企业不具有指明被申请人才能启动的调查程序的权利，但却可能受到“337调查”裁决结果的约束。而且，“337调查”的周期仅15个月左右，如此快速的调查程序对于被申请人，尤其是未明确列出的企业而言极为不利。实践中，“产品来源于中国而无中国企业涉案”的“337调查”案件一般有两种情况，且除了极少数情况外，一般此类案件对中国企业的影响较为深远。一种情况是外国品牌在中国代工的，另一种情况是被诉方是中国企业在美国设立的关联公司或经销商，产品是中国企业自己设计、生产的，这种情况下可以说，即使没有将中国企业列为案件的被申请人，但“337调查”的裁决结果对中国企业的影响与被明确列为被申请人的影响几乎一样。考虑到中国目前的主要贸易方式构成，即代工贸易在中国进出口贸易中的地位，美国“337调查”的影响不言而喻。

另外，美国也利用 TRIPs 对中国知识产权问题提出质疑。2005 年 10 月，根据 TRIPs 第 63 条第 3 款，美国联合日本和瑞典要求在世贸组织框架内获得中国执行保护知识产权的信息。美国政府在向中国驻世贸组织代表提交的一份信件中，要求中国就 2001—2004 年实际侵犯知识产权的一些重要案例做出澄清，包括法律基础、长期和临时补救措施、侵权发生的地点和年份、移交司法程序的情况、侵害的产品和涉及的国家等等。[①] 美国的目标是“找到问题所在，然后决定下一步的行动”。[②] 2006 年秋，美国贸易官员认为中国知识产权执法不充分，威胁在世贸组织框架内，对中国提起两项争端决议诉讼，但最后都推迟了。[③] 此外，美国官员还表示，他们正在筹划有关知识产权的世贸组织诉讼的过程之中，这次申诉也会包括中国对知识产权相关产品的贸易壁垒（它被视为中国盗版率高的重要因素之一）。2007 年 4 月 10 日，美国贸易代表办公室最终还是决定对中国提出两项世贸组织申诉，分别针对中国反盗版法的执行不力以及中国对外国电影、音乐及印刷材料销售的严格控制问题。USTR 认为中国的行为不符合世贸组织框架下中国签署的 TRIPs 下的义务。这是自 2001 年中国加入世贸组织以来美国首次在知识产权问题上起诉中国。2009 年 1 月和同年 12 月，世贸组织做出了裁决，支持了美国主张。

三、中国政府补贴

中国政府补贴已经成为美国政府对华制造贸易保护主义最为重要的借口之一。根据美国政府的界定，所谓“补贴”，指一种特定的补助行为，如仅给予特定公司或特定产业，使一种出口产品或受进口竞争的产品受益。[④] 根据世贸组织的《补贴与反补贴措施协议》，补贴是指政府或任何公共机构向某一企业或某一产业提供财政捐助或对价格或收入的支持，直接

---

① 王振华：《知识产权：中美贸易谈判新回合》，载《参考消息》，2005 年 11 月 17 日第 16 版。

② The address of US Trade Representative Rob Portman. See USTR, “*USTR Pursues WTO Process to Probe IPR Enforcement in China*”, Oct. 26, 2005. http: //www. ustr. gov/Document_ Library/Press_ Releases/2005/October/USTR_ Pursues _ WTO _ Process _ to _ Probe _ IPR _ Enforcement _ in _ China. html.

③ Wayne M. Morrison, “China - U. S. Trade Issues”, *CRS Report for Congress*, March 17, 2015, p. 26.

④ USTR, “*U. S. Proposes Strengthened Subsidy Rules to World Trade Organization*,” Jun. 04, 2007, http: //www. ustr. gov/Document_ Library/Press_ Releases/2007/June/US_ Proposes_ Strengthened_ Subsidy_ Rules_ to_ World_ Trade_ Organization. html.

或间接地增加出口、减少进口或因此对其他成员的利益造成损害。[①] 中国有关专家对补贴的解读是：补贴必须是政府行为；补贴的对象主要是国内生产与销售企业，但不一定仅指出口补贴，包括对国内各产业部门、行业、企业或地区、科研部门的财政捐助和政策信息；被授予方必须实际享受到了利益；补贴应具有专项性，即指成员方政府有选择地、有差别地而非普遍性地给予某一个企业、行业或地区等等。[②] 美国许多中国贸易政策的批评者认为中国政府对众多产业提供了相当多的补贴，正是这些补贴造成了美国中小企业特别是钢铁业、造纸业，甚至高科技产业不能在美国市场、中国市场以及其他国家市场公平与中国产品竞争。美国产业界也认为中国政府的补贴是中国产品在美国低价以及占据美国市场的关键原因。[③] 2007 年 5 月 23 日，时任国际贸易委员会主席丹尼尔·皮尔森（Daniel R. Pearson）认为，中美逆差 2006 年为 2330 亿美元，这是中国政府的补贴政策导致，“这些政策明显在加速中美贸易失衡方面起主导作用，并对中国的以国内市场为主的制造业、服务业厂家以及农场主造成了伤害”。[④]

时至今日，美国政府所认定的“中国政府补贴”内容与种类实际上没有完全给出，我们只能依据美国贸易代表办公室向世贸组织提出的诉讼、美国贸易谈判代表在世贸组织会议上给出的削减政府补贴的归类以及其他一些场所美国政府相关人员的谈话笼统总结出。2007 年 2 月 2 日，美国和墨西哥一道，针对中国政府的一系列“禁止性补贴”措施向世贸组织提起申诉。依据美国向世贸组织提出的磋商文本，美国所提出的中国政府执行的“禁止性补贴”包括了“出口补贴”与进口替代两部分。中国政府的“出口补贴”主要包括：出口退税、所得税减免与优惠的国有银行贷款和赠款、债务减免等其他的政府支付方式；进口替代主要指政府提供补贴如

---

① 杨振宇：《预警 2007——国际贸易争端热点追踪》，中国贸易救济网，2007 年 5 月 16 日，http：//www. cacs. gov. cn/DefaultWebApp/showNews. jsp？ newsId = 201190000147。

② 杨振宇：《预警 2007——国际贸易争端热点追踪》，中国贸易救济网，2007 年 5 月 16 日，http：//www. cacs. gov. cn/DefaultWebApp/showNews. jsp？ newsId = 201190000147。

③ USTR，“2007 *National Trade Estimate Report on Foreign Trade Barriers*，” Apr. 2，2007，p. 104. http：//www. ustr. gov/assets/Document_ Library/Reports_ Publications/2007/2007_ NTE_ Report/asset_ upload_ file855_ 10945. pdf.

④ http：//waysandmeans. house. gov.

税收减免等购买中国货物而不是美国产品。① 这些"禁止性补贴"的共同特点是不透明。2007 年 6 月 4 日，在多哈回合补贴规则磋商小组召开会议期间，时任美国贸易代表施瓦布向 WTO 规则磋商小组递交了一份文件，建议在 WTO 已经确认为补贴行为的基础上，再增加一些导致贸易扭曲的补贴。WTO 已公布的两种补贴类型是出口补贴与进口替代补贴，美国另外建议的禁止性补贴包括 5 种类型：（1）政府担保营业亏损（coverage of operating losses）；（2）免除国营企业债务；（3）贷款给信用级别不够的公司（"uncreditworthy" companies）；（4）对没有股票发行资格的公司进行股权投资（equity investments in "unequityworthy" companies）；（5）其他金融资助，如特许权融资、不采用商业惯例等。美国认为，经过加强的 WTO 规则可以处理 WTO 成员国重要贸易扭曲行为，这些扭曲导致了不公平贸易。②

另外，最新的进展是，人民币汇率逐渐被界定为政府补贴。国会议员认为，中国政府干预货币市场以使人民币相对美元保持低价，压低了中国出口产品的价格；他们强烈要求美国商务部将中国货币价值低估视为补贴行为。彼得森国际经济研究所主任伯格斯坦呼吁美国制定新策略，并建议包括美国政府向 WTO 申诉，控告"中国干预汇率，以此作为一项出口补贴"。③ 代表美国 1500 多个中小企业的"美国工商业协会"的研究员艾伦·托纳尔森（Alan Tonelson）更是认为，人民币汇率补贴是中国向其制造业者提供的、影响美中贸易的最大补贴。④ 根据美国相关人士的测算，人民币被低估的范围在 15%—40%之间，相应地，如果中国不改变其汇率机制，对直接或间接输美的中国加工作物、产品或制成品就应该被课以附

---

① 根据美国驻 WTO 贸易代表提交给 WTO 终端解决机构的文本以及 USTR 发布的新闻稿总结。See "*China – Certain Measures Granting Refunds, Reductions or Exemptions from Taxes and Other Payments – Request for Consultations by the United States*," Feb. 07, 2007, http://docsonline.wto.org/gen_home.asp; USTR, "*United States Files WTO Case Against China Over Prohibited Subsidies*," Feb. 02, 2007. http://www.ustr.gov/Document_Library/Press_Releases/2007/February/United_States_Files_WTO_Case_Against_China_Over_Prohibited_Subsidies.html。

② USTR, "*U.S. Proposes Strengthened Subsidy Rules to World Trade Organization*," Jun. 04, 2007, http://www.ustr.gov/Document_Library/Press_Releases/2007/June/US_Proposes_Strengthened_Subsidy_Rules_to_World_Trade_Organization.html.

③ *Testimony of C. Fred Bergsten on the Hearing of The Chinese Exchange Rate And The U.S. Economy on The Treasury Department's Report To Congress On International Economic And Exchange Rate Policy And The Strategic Economic Dialogue Before Committee on Banking, Housing and Urban Affairs of United States Senate*, Jan. 31, 2007, http://banking.senate.gov/_files/ACFC4D0.pdf.

④ 薛蒙、段聪聪：《中美补贴争端平息》，载《环球时报》，2007 年 12 月 3 日，第 15 版。

加关税，关税的税率，根据舒默等的计算为27.5%，而前国际贸易委员会经济学家彼得·莫里西（Peter Morici）则认为人民币相当于为中国提供了24个百分点的出口补贴，因此，应该加征24%的关税。[①]

更加值得关注的是，关于人民币贬值的数据随着中美贸易状况的变化而不断变化。在美国商务部公布了2007年美国逆差状况后，货币联盟的律师戴维·哈特奎斯特认为，尽管中国已经使其货币升值，但与美元相比，仍旧是贬值40%左右，他代表货币联盟紧急呼吁美国国会和总统采取行动。[②] 在国内压力之下，美国政府官员偶尔在非正式场合也将人民币汇率界定为一种补贴。时任美联储（Fed）主席本·伯南克（Ben Bernanke）2006年12月前往北京时，其演讲稿在谈到人民币问题时使用了“出口补贴”一词，但他发表讲话时却去掉了这个词。[③] 2010年3月15日，30名美国国会议员联名致信美国时任财政部长盖特纳和美国时任商务部长骆家辉，呼吁对中国进口商品征收反补贴关税，并敦促白宫在4月份发布的半年汇率报告中将中国列为“汇率操纵国”，要求美国商务部对中国商品实施反补贴制裁。奥巴马在2010年美国进出口银行的年会上也表示，中国需要实行更加市场化的汇率政策才能对全球再平衡做出必要的贡献。2015年2月10日，美国国会公布的立法草案提及，如果华盛顿方面认定中国和日本等国的“政府操纵汇率”，来自这些地方的产品将面临美国的惩罚性进口税。这些措施包含在两党联合向国会两院提交的法案中。

美国对中国商品已经开始广泛适用美国反补贴法。“美国已经发现，诉讼威胁能让中国政府集中精力，从而更有可能通过谈判来解决问题。”[④] 前贸易代表施瓦布认为，中国“扭曲市场的补贴实际上创造了不公平贸易竞技场”。[⑤] 时任商务部长卡洛斯·古铁雷斯（Carlos Gutierrez）指出，

---

① 彼得·莫里西：《如何与中国打交道》，载《华尔街日报》，2007年6月12日，http：//chinese. wsj. com/gb/20070612/opn145806. asp？ source = UpOpion。

② http：//www. chinacurrencycoalition. org/newsarticles/20080115. html。

③ 克莱夫·克鲁克：《美经济学家缘何凑人民币热闹》，载《金融时报》，2007年6月26日，http：//www. ftchinese. com/sc/story. jsp？ id = 001012319&pos = DAILY_ NEWS&pa1 = mainnews&pa2 = 0&loc = DAILY%20EMAIL。

④ 艾伦·贝蒂：《美中就中国产业补贴问题达成协议》，载《金融时报》，2007年11月30日，http：//www. ftchinese. com/sc/story. jsp？ id = 001015874&pos = MAIN_ NEWS&pa1 = 0&loc = HOMEPAGE。

⑤ USTR，“*United States Files WTO Case Against China Over Prohibited Subsidies*，” Feb. 02，2007. http：//www. ustr. gov/Document_ Library/Press_ Releases/2007/February/United_ States_ Files_ WTO_ Case_ Against_ China_ Over_ Prohibited_ Subsidies. html.

"中国正在使用的禁止性补贴触发了不公平竞争。"① 2006 年 11 月 27 日，美国商务部对原产于中国的铜版纸进行反补贴立案调查，这是自 1991 年以来，美国首次对中国产品启动反补贴调查程序。2007 年 3 月 30 日，美国商务部公布了初裁结果，决定对中国铜版纸适用反补贴法并自此开始征收 10.9%—20.4% 的临时反补贴税，以抵消中国政府的"税收优惠、债务豁免和低成本贷款"等补贴措施，同时对美国造纸行业的进口保护请求予以考虑。② 古铁雷斯认为，虽然就美国贸易法而言，中国依然是一个非市场经济体，但中国的经济改革使得中国经济的一些部门相对来说是以市场为基础的，因此，有可能确定中国政府给予受到质疑的纸业公司的补贴水平。③ 这改变了历届美国政府的政策：不对非市场经济体适用反补贴法。

在 WTO 内，美国政府也开始就中国补贴事情提出申诉（参见表 11—5）。2007 年 2 月，美国等诉中国采取了 WTO 禁止的补贴计划。2008 年 12 月，美国向 WTO 提出针对中国的申诉：指控中国违反 WTO 规则，向包括服装、农产品以及电子产品在内的所谓的驰名商标生产商提供现金补助、贷款和研究经费。2012 年 9 月，美国向 WTO 正式提起诉讼，指责中国在 2009—2011 年间为汽车出口商提供了价值 10 亿美元的"非法"补贴。美国向 WTO 提出诉状的焦点是中国的"出口基地"项目，即中国支持选定地区的汽车业制造商，试图将这些地区建设为汽车产品出口中心。2015 年 2 月，美国贸易代表办公室宣布，美国已就所谓中国"示范基地公共服务平台""出口补贴"项目，提出与中国在 WTO 争端解决机制下进行磋商。美国贸易代表迈克尔·弗罗曼（Michael Froman）指责中国扶植出口行业，在信息技术、产品设计和行业工人培训等多方面提供补贴。据《纽约时报》报道，所涉及的七大行业分别是纺织、服装和鞋类、俗称稀土的稀有金属、特种化学品、医药产品和农产品。美国贸易代表办公室当天发表声明说，中国"似乎"通过"示范基地公共服务平台"为中国超过 150 个工业园区内七类行业的制造商和生产商提供"禁止性出口补贴"，这种"不

① USTR, "*United States Files WTO Case Against China Over Prohibited Subsidies*," Feb. 02, 2007. http://www.ustr.gov/Document_Library/Press_Releases/2007/February/United_States_Files_WTO_Case_Against_China_Over_Prohibited_Subsidies.html.

② "Commerce Applies Anti-subsidy Law to China," Mar. 30, 2007, http://www.commerce.gov/opa/press/Secretary_Gutierrez/2007_Releases/March/30_Gutierrez_China_Anti-subsidy_law_application_rls.html.

③ "Commerce Applies Anti-subsidy Law to China," Mar. 30, 2007, http://www.commerce.gov/opa/press/Secretary_Gutierrez/2007_Releases/March/30_Gutierrez_China_Anti-subsidy_law_application_rls.html.

公平”的补贴项目对美国工人和企业造成了“伤害”。他表示，“这一项目违背了中国加入 WTO 时所做的不提供特定出口补贴的承诺。”与 2012 年针对中国补贴汽车和汽车零部件行业的投诉不同，美国此次向 WTO 提交的申诉广泛针对多个行业。《华尔街日报》称，美国贸易专家认为，这一争讼代表了“在中国遭遇经营困境的美国公司的呼声”。

但是，美国所界定的“补贴”概念，并没有得到 WTO 的完全支持。2012 年 5 月，中国就美国对华油井管、铜版纸、钢制轮毂等 22 类产品反补贴调查中的错误做法，在 WTO 向美国提起磋商请求，认为美方滥用贸易救济规则的行为损害了中国企业的合法权益。2012 年 8 月，中方向 WTO 争端解决机构提起设立专家组请求，同年 9 月，专家组成立。多年来，美国一直在针对中国国有企业进行调查，美方表示这些企业受益于过度隐性补贴，这不公平地降低了生产成本。这一案例的关键之处在于美国政府实施“反补贴关税”的方式以及计算中国很多商品补贴的方法。根据 WTO 规定反补贴关税仅适用于出口商为“公共机构”。历经两年调查，2014 年 7 月，WTO 裁定，美国对来自中国和印度价值 72 亿美元的进口钢铁和太阳能电池板征收关税的做法是不恰当的，这项裁决将对 2007—2012 年间美国政府采取的很多关税措施引起争议。根据 WTO 使用的狭义定义，美国未能提供充分证据证明，中国国有企业属于“公共机构”。有关中国出口产品的裁决也否定了美国政府利用基准（而非实际交易）来确定中国出口实际成本的做法。美国认为，“中国补贴扭曲了中国市场”，中国产品价格“不能作为合理基准”。此外，WTO 裁决称，在很多相关行业中（包括钢铁、太阳能电池板、铝挤压、造纸以及柠檬酸行业），是产能过剩以及激烈竞争导致中国产品在中国及海外的价格降至最低。尽管如此，美国贸易代表迈克尔·弗罗曼（Michael Froman）依然表示，这一裁决虽然有利于中国，但美国政府将采取一切适当措施，确保美国针对不公平补贴的救济措施仍旧强力有效。①

美国政府的上述贸易保护主义举措直接遏制了中国对美贸易流通，其他受到中国产品竞争的行业如钢铁与纺织业群起效应。它们一方面游说立法者输出国会贸易保护主义，表现为许多国会立法者呼吁奥巴马针对其他中国产品扩大适用美国反补贴法的范围，极端的议员主张商务部应该将中

① USTR：“WTO Panel Issues a Mixed Result in China’s Challenge to U. S. Countervailing Duties”，July，2014. https：//ustr. gov/about – us/policy – offices/press – office/press – releases/2014/JulyWTO – Panel – Issues – Mixed – Result – in – Chinas – Challenge – to – US – Countervailing – Duties.

国货币的低估价值视为确定反补贴税的征收依据之一。另一方面，它们直接与国会合力敦促行政部门限制相关中国产品的输入。在一些行业如钢铁业，中国政府被迫自动限制出口，2007 年 4 月 15 日，中国宣布自即日起取消了 83 个税号钢材的出口退税，并将其余税号钢材的退税率从 8% 下调至5% 。[①] 5 月 21 日，中国财政部宣布自 2007 年 6 月 1 日起，将对 80 多种钢铁产品加征 5%—10% 的出口关税，从而有效地限制了此类商品的出口。

四、劳工议题

从 20 世纪 90 年代初开始，美国贸易保护主义者开始不断凸现中国劳动问题，以偏概全的媒体报道更加重了中国劳工问题的程度。这些保护主义者指责中国使用童工以及监狱犯人制造输美产品，劳工人权没有得到基本尊重、工作条件恶劣，他们甚至将制造输往美国产品的中国工厂称为“血汗工厂”，其中，劳工人权以及结社权备受关注。1992 年《华盛顿邮报》披露，世界名牌李维·斯特劳斯（Levi Strauss）牛仔裤使用了中国监狱犯人从事生产，这引起了美国消费者强烈的人权情结。1994 年 3 月，美国会多数党领袖迪克·格普哈特（Dick Gephardt）在华盛顿经济战略研究所发表讲话，要求中国证明将“尊重人权”以前，推迟接纳中国加入新的世界贸易组织。[②] 1996 年 5 月公布的民意调查显示，56% 的美国人认为美国应当在人权问题上采取强硬立场，即使这会威胁到美国同中国的外交和贸易关系。[③] 1999 年，在国会批准对华永久性正常贸易关系的方案中，责成成立特别委员会，负责审查中国的人权状况，并每年向国会回报结果。时至今日，人权问题仍被视为“中国要害”（“Chinese Achilles heel”，Joseph Nye，2007），[④] 成为随时可以燃烧的贸易保护主义导火线，以限制美国对华开放政策。2004 年 3 月，劳联—产联提出了针对中国劳工的“301 条款”申诉。2007 年 1 月 23 日，来自北达科他州的参议员拜伦·多根（Byron Dorgan）提出了 S. 367 即“体面地工作条件和公平竞争法”，要求修改《1930 年关税法》，禁止进口、出口和销售血汗工厂的货物。2007 年

---

① 《中国将对部分钢材实行出口许可证管理》，载《华尔街日报》，2007 年 5 月 1 日，http://www.chinese.wsj.com/gb/20070501/bch084738.asp? source = whatnews1。

② 刘连第：《中美关系的轨迹——1993—2000 年大事纵览》，时事出版社，2001 年版，第 577 页。

③ *The Gallup Poll Monthly*, October, 1997.

④ Ken Fireman, “China Uses ‘Tai Chi’ Diplomacy to Build Soft Power (Update1),” Nov. 26, 2007, http://www.bloomberg.com/apps/news? pid = 20601109&sid = aDe..UN_ xI8w&refer = home.

6 月，美国公平联盟（Playfair Alliance）公布的一份报告称，北京奥运会的特许商品是由中国的童工和“血汗工厂”制造的。[①]

实际上，中国劳工人权问题只是美国保护主义者阻止中国商品输入美国，而非他们所宣称帮助中国工人，劳工问题的实质是劳动力成本问题以及由劳动力成本带来的美国工人工作流失和外包问题。整体而言，较之中国，美国劳动力成本高，在全球化的背景下，美国工厂不断外迁至中国等发展中国家，导致工人工作流失。“在沃尔玛，70% 的产品来自中国，压力迫使他们这样，美国工人工资不可能 33 分/小时。”[②] 在美国，同一产业的美国工人的工资每小时是 26 美元—30 美元。美国就业数据也显示，美国在 1996—2005 年间共减少 300 万个制造业岗位，美国劳工认为这与对华贸易有关。美国前助理财政部长、经济学家保罗·罗伯茨（Paul C. Roberts）认为，外包仅仅是国内工作的出口，在这其中没有互惠行为的发生。[③] 美国经济在 20 世纪 90 年代发展强劲，实际上创造了不少新工作，但是，这些新工作却跑到了别的国家去了。[④] 根据一些国会议员提供的数字，大约有 4200 万—5600 万美国工作外包到了中国等亚洲国家。[⑤] 这主要是源于中国等亚洲国家低廉的劳动力成本，以通用汽车为例，它支付给上海工厂装配工人的工资相当于每小时 9 美元（包括各种福利在内），而在美国则是 60 多美元。[⑥]

虽然近几年中国劳动力成本不断上升，中美关于这一议题的摩擦不断减少，但也不可能得到彻底根除。因为随着中国逐渐崛起，发达经济体的劳动阶层与中产阶级的日子越来越不好过了；一个主要因素就是中国的经济开放造成了全球劳动力供应激增，这戳破了全球的薪资泡沫，对于资本

---

① 安德鲁·泰勒：《中国用童工制造奥运商品》，载《金融时报》（中文网络版），2007 年 6 月 11 日，http：//www. ftchinese. com/sc/story. jsp？ id = 001011951&pos = DAILY _ NEWS&pa1 = news&pa2 = 8&loc = DAILY%20EMAIL。

② *Congressional Record*, June 8, 2006, p. S5648.

③ Paul Craig Roberts, “Notes for free traders”, Mar. 5, 2003. http：//www. townhall. com/columnists/paulcraigroberts/pcr20030305. shtml.

④ 典型的国家是亚洲的印度和中国。See Charles Schumer and Paul Craig Roberts, “Second Thoughts on Free Trade,” *New York Times*, Jan. 7, 2004, http：//query. nytimes. com/gst/fullpage. html？res = 9A02E6DD1231F935A35752C0A9629C8B63&scp = 1&sq = Second + Thoughts + on + Free + Trade&st = nyt, 2004. http：//query. nytimes. com/gst/fullpage. html？ res = 9A02E6DD1231F935A35752C0A9629C8B63&scp = 1&sq = Second + Thoughts + on + Free + Trade&st = nyt, 2004.

⑤ *Congressional Record*, June 8, 2006, p. S5648.

⑥ 安德鲁·巴森：《美工会组织希望通过中国全总谋发展》，载《华尔街日报》，2007 年 5 月 23 日，http：//www. chinese. wsj. com/gb/20070523/bus170740. asp？ source = channel。

家来说，这意味着跟工会、加班费与养老金说“拜拜”，并跟廉价劳动力说“你好”。[①] 因此，随着美国失业人数的不断涌现以及大量业务的外包，美国借劳工问题对中国行贸易保护主义之事不可能在短期内消除。

五、环境保护

随着中国成为“世界加工厂”，中国环境问题触发了越来越多美国学者的分析与评估，这些研究的结论多是负面的。2007 年根据美国国会研究处亚洲事务专家邓凯丽（Kerry Dumbaugh）提交给国会的报告，中国环境恶化程度严重并影响了全球包括美国在内国家的环境条件。尽管自 2000 年以来，中国对石油的需求占据了全球石油增长的 40%。但是，中国经济的发展严重依赖烟煤，这使得它成与美国成为全球最大的两个二氧化碳排放国家。[②] 根据路透社的报道，2007 年 6 月 20 日，中国已经成为超过美国的第一大二氧化碳排放国。又据美国能源部的报告，自 1980—2003 年，中国二氧化碳排放量翻了一番，这直接影响了空气质量、农业、人类健康、气候变化。[③] 另外，中国的国内生产总值单位能耗和每美元产值的单位用水量都相对较高。

在美国，关注中国环境问题的人可以分为三类：一类是确实关心中国环境状况的人士，他们认为中国环境条件的变化一方面会对美国公民健康存在潜在影响，另一方面也会对中美长期贸易关系和双方各自经济发展具有影响。[④] 这一类型的人通常对中美贸易持不太明确的观点，不甚关注中美贸易的发展。另一类人是借关心中国环境的变化行贸易保护主义之事。他们在中美贸易关系上有鲜明的主张，多看到中美贸易中的不利效果，视中国输美商品为中国、美国以及全球环境变化的重要原因之一，同时也招致美国公众生活日趋两极化。最后一类是政治保守派人士，他们仇视中国的发展，中国环境问题的出现为他们提供了攻击与批评中国的新议题。这一类型的人多持“中国威胁论“观点。持后两类观点的人士经常结盟，互相支持，成为有关美国对华贸易政策斗争的强大力量。归结他们提出的观

---

① 《中国模式越来越有公信力》，载《参考消息》，2015 年 7 月 29 日，第 14 版。

② 谢申祥，王孝松，高琼：《环境损害与战略性研发政策》，载《世界经济》，2014 年第 11 期，第 53—71 页。

③ Kerry Dumbaugh："China – U. S. Relations：Current Issues and Implications for U. S. Policy"，*CRS Report for Congress* ，Nov. 9，2007，p. 24.

④ Kerry Dumbaugh："China – U. S. Relations：Current Issues and Implications for U. S. Policy"，*CRS Report for Congress*，Nov. 9，2007，p. 53.

点，主要有：中国对环境标准的低要求一方面使得美国厂家处于不公平的竞争位置，因为美国本土厂家产品成本中包括了环保成本；另一方面，他们担心美国企业在追逐利润的规则下，会迫使美国政府放松环保标准，削弱美国公众生活环境质量。"在这个处于全球化过程中的世界上，贸易竞争可能影响一个国家在没有国际合作的情况下维持这些标准的能力。"[①]

有鉴于 WTO 等国际性贸易组织并没有就贸易中的环境标准问题达成一致，通过贸易途径迫使美国政府与中国政府就环境问题采取认真地探讨就被他们视为具有特定效果的渠道。1994 年 3 月，美国国会当时的多数党领袖格普哈特在华盛顿经济战略研究所发表讲话，要求美国政府在与中国谈判接纳中国加入新成立的 WTO 时，必须规定中国制定并执行环境保护法。[②] 2006 年 12 月召开的中美第一次经济战略对话以及 2007 年 5 月召开的第二次对话都将环境问题列为会谈内容之一。2007 年 3 月，时任美国财长保尔森到访中国，加强中国的环境保护是其访华的三大议题之一。[③] 2007 年 5 月 4 日，在布什政府和国会两党达成的新贸易政策中，要求美国相关贸易伙伴执行和加强《多边环境协议》（Multilateral Environmental Agreements），作为美国最为重要贸易伙伴的中国，自然也囊括其中。[④] 2007 年 5 月 23 日，国会筹款委员会时任主席、民主党人查尔斯·兰格尔（Charles Rangel），时任副主席、共和党人吉姆·麦克雷利（Jim McCrery）等在会见参见第二次中美经济战略对话的时任中国国家副总理吴仪时，提交给她一封信，[⑤] 中国环境恶化以及全球变暖就是这封信的核心内容之一。在关注环境问题的奥巴马政府下，气候变化成为中美密切关注的核心问题之一。

---

① I. M. Destler, *American Trade Politics*, Washington, D. C.: Institute for International Economics, 2005, p. 325.

② 刘连第：《中美关系的轨迹——1993—2000 年大事纵览》，时事出版社，2001 年版，第 557 页。

③ 另外两个议题为中国进一步对外资开放服务业与加快中国总体经济改革。详细参见 *Remarks by Treasury Secretary Henry M. Paulson, Jr. on the Growth and Future of China's Financial Markets*, Shanghai, China, Mar. 07, 2007, http://www.treas.gov/press/releases/hp301.htm.

④ 美国新贸易政策的主要内容包含 5 条：第一，确保自由贸易协定提高美国生活水准、为美国货物创造新的市场；第二，保护美国工人、农民和商人，特别是遭到重挫的美国制造行业；第三，打开主要的市场，为美国工人、农民和商人创造新的机会，提高他们的生活水平，无论较之于国内还是国外；第四，制定援助和培训美国工人的战略计划，提高工人的工作技能，为工人提供医疗和退休保险及合理的工资；第五，通过贸易活动及增加对世界赤贫国家的援助进一步扩大美国外交影响力并增强美国家安全。其中，环境保护的议题被列入内容一的小类。来源："*New Trade Policy*", http://waysandmeans.house.gov/media/pdf/NewTradePolicy.pdf。

⑤ http://waysandmeans.house.gov/MoreInfo.asp? section = 12.

在中国环境问题日益彰显负面的情况下，关于美国政府力推国际贸易领域的标准正逐渐被中国接受。但是，这并不意味着美国的环境标准完全有益于国际贸易，其标准之下的一些限制贸易的做法依然需要我们谨慎对待（谢申祥等，2015）。① 这些贸易保护主义者有着很多文过饰非的措辞，但是在实质上，他们对待中国环境问题是保护主义的，多借机提出要求美国减少输入中国产品以控制中国环境污染的发展。针对美国关注中国环境的保护主义者的研究表明，他们在此议题上的看法是象征性的，没有一个针对中国的环境标准的行动和言词可以给目前他们所关注的深受全球化之苦的美国公众带来多大的具体利益。研究认为，若要帮助这些人，应该做的是在美国国内采取行动。从另一方面看，他们期待美国政府对中国施压也不一定能够取得效果。卡曾（Ka Zeng）对1975—1995年中美贸易史的研究表明，在此期间，美国政府对中国威胁使用“301条款”，基本没有收到预期效果。在1999年中美就中国加入世贸组织的谈判协议中，美国要求中国削减关税、开放市场、提高贸易政策透明度、保护知识产权以及严格限制纺织品配额制度，随后的实践证明也没有达到。② 尽管如此，但环境标准议题已经成为美国对华贸易政策的重要组正部分。在美国，公众强烈关注环境议题。耶鲁气候变化项目（Yale Project on Climate Change）的民调显示，全球变暖已经成为公众的切实担忧。③

美国国会在此议题上的态度考量的重点是中国。美国国会长久以来持有的观点就是：它绝不进行立法约束减少美国温室气体排放，除非其他主要排放国也做出类似承诺，尤其是中国。④

六、国有企业问题

国有企业问题必将成为未来中美贸易摩擦的热点领域。

美国已经在正在谈判中的TPP设定了规则。根据美国和中国方面的讯息，中国未来加入TPP必将受到约束，即使不加入，我国主要贸易伙伴也多处于这一贸易圈中，其内容对于未来中美贸易产生深远影响。由于TPP

---

① 谢申祥、王祯、胡凯：《部分私营化国有企业中的外资份额、贸易政策与污染物排放》，载《世界经济》，2015年第6期，第49—69页。

② Ka Zeng, “Trade Structure and the Effectiveness of America's ‘Aggressively Unilateral’ Trade Policy”, *International Studies Quarterly*, Vol. 46, 2002, pp. 93 - 115.

③ 尼克·巴特勒：《奥巴马“清洁电力”背后的政治算盘》，载《金融时报》（中文网络版），2015年8月5日，http://www.ftchinese.com/story/001063333。

④ 李淑俊：《国会与美国气候变化议题上的贸易保护》，载《当代世界与社会主义》，2013年第2期，第107页。

仍旧没有最终签订，其全面且正式的文本没有，根据早先透露的材料，美国政府在界定“国有企业”的概念时，强调企业中央政府持有的性质（即以产权所属为判断国有企业的标准），这种持有既可以是政府影响公司的决策，也可以是政府控制公司董事会。① 之所以国有企业成为贸易问题，盖源于美国认为国有企业较之私人企业享有过多优势：补贴、低息贷款、政府采购优先进入和贸易保护等与政府资助产业相关的议题。

具体来说，针对中国特点，事关国有企业的摩擦应该包含两方面内容：一是国有企业是否接受了政府补贴；二是中国的国有企业与相关国家的安全。已经发生的案例对此做出了诠释。2012 年 10 月，美国阻止中国中兴公司进入美国系统设备领域，理由就是中兴公司的“国有”背景，危机美国国家安全。2014 年 5 月，国有的中国国际海运集装箱股份有限公司成为美国商务部调查的“对象之一”，调查针对其向美国出口的 53 英尺干货集装箱，美方在调查其是否售价过低、损害了美国国内生产商的利益。此次申诉是由美国企业——斯托顿拖车公司（Stoughton Trailers，LLC）提起，斯托顿拖车公司称，中国出口到美国的这类集装箱存在倾销行为，倾销幅度为 84. 07%，同时中国生产商和出口商收到的政府资金补贴幅度也超过允许范围。

美国的做法必将加剧中美贸易摩擦，因为美国界定的国有企业可能在现实中有些问题。例如，在 TPP 谈判中，新加坡就认为，美国的标准对于那些虽产权为政府，但实际企业运作完全与政府无关、企业行为完全依据市场的国有企业形成了歧视。新加坡政府控股的淡马锡（Temasek）认为，如果采用美国认可的上述模式，则反将使国有企业处于较之私有企业竞争不利的地位，这使得美国的主张成为以“公平”造就“不公平”。

① “TPP Countries Face Challenges On SOEs，Including Focus On Ownership”，March 14，2013，http：//insidetrade. com.

第十二章 从“公众—国会—政府”的互动看美国对华贸易保护

第一节 美国公众的整体对华贸易认知

从整体上看，在中美贸易对美国影响上，美国公众是消极的。尽管国际社会普遍认为，美国是国际贸易以及经济全球化的最大赢家，但美国公众更倾向于美国是全球化最大的“受害者”。由于美国国内对全球化产生了忧虑，中国随之成为美国的首要目标。根据盖洛普2015年民意调查，高达44%的美国人认为作为经济大国的中国是对美国关键利益的伤害，持相反观点的人为40%，虽然做出肯定答复的人远远低于了2013年、2014年数据（52%），但仍较反对者人数占优。① 这说明多数美国人对于中国经济发展之于美国的意义是负面观点。以人民币为例，美国公众认为造成美国贸易失衡的主要原因是中国汇率政策。安娜·施瓦茨认为，攻击外国货币问题是美国贸易保护主义的重要形式之一，这在中美贸易摩擦中得到充分体现。典型观点是中国汇率机制导致美国贸易赤字不断上升；如果人民币对美元汇率顺应市场供给需要，则人民币自然升值，中国出口商品价格自然上升，美国对华贸易赤字自然下降。② 因此，尽管从理论上讲，中美经贸关系促进美国经济发展，但“美国人中的大多数认为贸易收益没有在我

① Jeffrey M. Jones, “*American See China's Economic Power as Diminished Threat*”, February, 2015. http://www.gallup.com/poll/181733/americans - china - economic - power - diminished - threat.aspx? utm_ source = china trade&utm_ medium = search&utm_ campaign = tiles.

② Anna J. Schwartz, “Dealing with exchange rate protectionism”, *Cato Journal*, Vol. 25, No. 1, 2005, p. 97.

们两个国家之间公平分配”，[①] 人民币低估对他们的工作、工资和国内社会福利造成威胁，失业并不仅仅是马来西亚、洪都拉斯和其他低成本国家的事情。[②]

美国公众对中美贸易有其直接与间接的经验，这两个因素促成了公众保护主义贸易观。从直接经验看，贸易问题是属于国内外议题汇集点，公众有来自个人的直接的观察与评估。在过去，对于普通美国人而言，中国是一个遥远的神秘国度，而现在中国在他们的日常生活中无处不在。一方面，中国制造的产品随处可见，制造业失业人口大量存在。“在过去的 30 年里，全球经济最大的事件是中国的崛起。在随后的 20 年里，7.3 亿中国工人融入全球劳动力中；这对美国工人造成了冲击。”[③] 另一方面，美国公众也亲眼见证了中美贸易逆差日益刷新。尽管很多经济学家早已就美国贸易逆差问题给出了合理的解释，例如，罗伯特·鲍德温、贾格迪什·巴格沃蒂（Jagdish N. Bhagwati）以及史蒂芬·罗奇（Stephen S. Roach）等均提出类似的看法：美国的贸易赤字之所以如此庞大是因为美国的储蓄水平较低，而不是亚洲国家要的“伎俩”。[④] 国际政治经济学者也认为，“一国的贸易/收支差额是该国支出方式的结果，尤其是国民储蓄和国内投资差

---

① Courtney Schlisserman, “*U. S. Economy: Trade Gap Narrows More Than Forecast (Update1)*”, Jun. 09, 2007, http://www.bloomberg.com/apps/news?pid=20601068&sid=aT-zf29c45an8&refer=economy.

② 2001—2005 年先后任美国总统经济顾问委员会成员、委员会主任，时任财政部负责经济政策的部助理的菲利普·斯威格尔（Phillip L. Swagel）在美国企业研究所（AEI）发表了关于人民币的观点。他提出人民币低估确实造成了失业，但那是马来西亚、洪都拉斯和其他低成本国家的失业。See Phillip L. Swagel, “China Should Revalue the RMB,” Jun. 22, 2005, http://www.aei.org/publications/filter.all, pubID.22749/pub_detail.asp。

③ U. S. Council of Economic Advisers, 2015 *Economic Report of the President*, Washington D. C.: U. S. Government Printing Office, https://www.whitehouse.gov/administration/eop/cea/economic-report-of-the-President/2015.

④ See Robert E. Baldwin, ed., *Trade Policy in A Changing World Economy*, Chicago, IL: The University of Chicago Press, 1988; Jagdish N. Bhagwati, “The Return of the Reciprocitarians: U. S. Trade Policy Today,” in Douglas A. Irwin ed., *Political Economy and International Economics*, Cambridge, Mass.: MIT Press, 1991, pp. 10-55; *Testimony of Managing Director and Chief Global Economist of Morgan Stanley in New York Stephen S. Roach on Currency Manipulation and Its Effect on U. S. Businesses and Workers before the Subcommittee on Trade of the House Committee on Ways and Means*, May 09, 2007. http://waysandmeans.house.gov/hearings.asp?formmode=view&id=5880.

额的结果。”① “造成失衡的是消费习惯、储蓄等”②，“长期的贸易逆差，……应归因于宏观经济因素，而不是贸易伙伴的欺骗。”③ 但是，自从20世纪70年代起，美国公众已经树立了牢固的看法：美国的贸易赤字表明美国商品正在世界市场上节节败退。④ 虽然经济学家一再声明，从中国进口增长中很大一部分取代了其他出口商而非美国国内生产商的产品，中国对美出口也没有20世纪80年代日本对美出口扩张那么强烈，但是，人们的关切在逐年增加。美国公众认为，一国的贸易逆差是由该国贸易伙伴的“不公平贸易手段”造成的，正是中国不当贸易方式造成了失业、童工泛滥、全球气候变暖、非法移民以及诸多贸易问题。总之，公众可以依据这种直接的经验对中美贸易做出判断。

从间接经验看，美国公众保护主义贸易倾向的塑造来源于两个渠道：一是美国知识精英特别是专业人士的观点与著作；二是美国媒体的大量报道。

美国精英提出了许多著名观点：20世纪80年代保罗·克鲁格曼提出了“自由贸易已盛极而衰”，⑤ 进入21世纪，先有保罗·萨缪尔森（Paul Sammuelson）的“自由贸易信条有可能仅仅成为经济学家们的幻觉而已”⑥，后有艾伦·布林德（Alan Blinder）的文章，他认为通过互联网外包服务业将日益把美国就业机会输出到其他国家，使美国及其工薪阶层、

① ［美］罗伯特·吉尔平著，杨宇光等译：《全球政治经济学——解读国际经济秩序》，上海人民出版社，2006年版，第183页。

② I. M. Destler, *American Trade Politics*, Washington, D. C: Institute for International Economics, 2005, p. 317.

③ ［美］罗伯特·吉尔平著，杨宇光等译：《全球政治经济学——解读国际经济秩序》，上海人民出版社，2006年版，第183页。

④ I. M. Destler, *American Trade Politics*, Washington, D. C: Institute for International Economics, 2005, p. 50.

⑤ 实际上，克鲁格曼后来改变了原有观点，“产品市场的不完美程度，尚不足以确保不进行自由贸易”，“实践中的贸易保护主义会使事情更糟糕，而非得到改善”。详细参见贾格迪什·巴格沃蒂：《经济学家不再支持自由贸易?》，载《金融时报》（中文网络版），2007年10月16日，http://www.ftchinese.com/sc/story.jsp? id=001014743&loc=SEARCH。

⑥ 萨缪尔森并不是认同自由贸易不可行，只是提醒人们注意到自由贸易的另一面，随着新兴国家的崛起，美国的福利可能受到影响，但是，美国也不应以此禁止贸易。See Paul A. Samuelson, “Where Ricardo and Mill Rebut and Confirm Arguments of Mainstream Economists Supporting Globalization”, *Journal of Economic Perspectives*, Vol. 18, No. 3, 2004, pp. 135-146.

中产阶级面临危险。[①] 最近几年，一些学者对中美贸易与美国就业进行了更为细致的实证研究，其结论亦是认为美国制造业工作的流失与中美贸易高度相关，并给出了具体数字。学者大卫·奥特尔（David H. Autor）等三人 2013 年分析了 1990—2007 年的中美贸易状况，认为来自中国的进口竞争可以解释美国国内制造业失业中的 40%。[②] 美国国家经济研究局（National Bureau of Economic Research，缩写为 NBER）2015 年 3 月发表的第 21027 号工作论文，作者为以色列耶路撒冷希伯来大学经济系教授亚伯拉罕·埃本斯坦（Avraham Ebenstein）、美国宾夕法尼亚州大学沃顿商学院管理系的安·哈里森（Ann Harrison）和美国塔夫斯大学经济系的玛格丽特·麦克米兰（Margaret McMillan）。三位学者以 2003—2008 年为研究时间期限，认为这一时期美国进口渗透率上升，中国加入 WTO，美国跨国公司在海外雇佣的员工增多。他们发现全球化影响显著，向低工资国家的生产迁徙（包含外包）和进口都与美国工人的工资下降有关。作者展示的证据表明全球化导致的重新配置使工人离开高薪的制造业就业岗位，进入其他部门和其他职业，那些换工作的工人的工资大幅度减少。

一般说来，美国公众对国际新闻不甚关心，自 1986—2006 年，持续进行的美国皮尤研究中心调查显示，美国公民对关系到美国外交政策以其他国家和地区的新闻的兴趣度在 19 个新闻类别中排行几近末尾，分别位于第 16 位和第 17 位，仅稍微高于娱乐与明星的各类八卦新闻。[③] 自冷战结束后，美国媒体对中国的关注颇为集中。根据范德比尔特电视（Vanderbilt Television）档案，在老布什政府时期，美国三大广播（NBC，CBS，ABC）关于中美贸易最惠国事件的报道多于 1700 条（同一时期关于海湾战争的报道为 1900 条）。[④] 在大量报道中美贸易增长的同时，也同时炒作了中美贸易中存在的问题。此外，有学者也在媒体上炒作中国对美国核心利益的

---

① 巴格沃蒂批判了布林德的观点，认为他的主张与美国贸易现实相背离。通过互联网外包是美国游说者在乌拉圭回合贸易谈判中最热衷的服务交易模式：“他们认为自己会成为大赢家，事实无疑也是这样”，“他们在建筑、法律、医药和会计等高技能和高价值服务行业的交易中占据绝对主导地位”。详细参见贾格迪什·巴格沃蒂：《经济学家不再支持自由贸易?》，载《金融时报》（中文网络版），2007 年 10 月 16 日，http：//www. ftchinese. com/sc/story. jsp? id = 001014743&loc = SEARCH。

② David H. Autor, David Dorn, and Gordon H. Hanson. “The China Syndrome: Local Labor Market Effects of Import Competition in the United States”, *American Economic Review*, Vol. 103, No. 6, 2013, pp. 2121 – 2168.

③ 转引自王坚：《美国人真的关注中国吗?》，《环球时报》，2007 年 10 月 9 日，第 11 版。

④ Thomas Knecht, “Public Opinion and Foreign Policy: The Stages of Presidential Decision Making”, International Studies Quarterly, Vol. 50, No. 3, 2006, pp. 713 – 714.

威胁，认为俄罗斯与中国在威胁美国的核心利益，而不是恐怖主义。①

总之，直接经验与间接经验合力最终肇始了美国公众的保护主义偏好。1991 年 6 月，一项关于贸易最惠国待遇应当给中国还是给苏联的民调表明，49% 的人主张给与苏联，只有 16% 的人主张给中国。② 盖洛普持续进行的民意调查现实，自 1989—2015 年，对于中国整体影响持负面的人数始终超过另外一面，除 2005 年相同外，2015 年的数据是：持负面的比重为 50%，支持中国的比重为 44%。③ 虽然民意调查有其固有的缺陷，但它通常描述了公众对某一具体政策问题的看法。当公众的观点有了前后一致的倾向时，政策制定者则需在决策时度量之。

总之，在这两方面因素的发酵下，美国公众贸易保护主义不断沉渣泛起。美国时任商务部长古铁雷斯认为："现在必须意识到，美国国内贸易保护主义确实存在，而且正越来越多地冒出来。"④ 公众依赖美国政治程序实现其诉求。作为投票人，公众虽然没有机会走到投票箱前，为贸易法案投票，但他们有权利决定掌握着贸易政策制定权的政府官员。总起来说，美国公众支持强制性协调的政策（如磋商），如果这个办法也行不通，就执行贸易保护主义。⑤

公众采取写信（包括打电话、演讲等）或结社等手段，将他们对华贸易的否定态度传递给"代议"他们的国会议员，以此胁迫立法者采取行动。美国锈带各州公众经常写信给议员，诉说中国廉价产品导致他们失业与工资停滞等；拥有 1200 个企业成员的精密金属制造联合会（Precision Metalforming Association）会员仅在 2007 年 4 月底就造访了 85 个国会办公室，表达他们对人民币汇率问题的担心。⑥ 面对热点的商业秘密摩擦，相关产业的公众纷纷发表声明，要求政府采取行动。华盛顿咨询公司"防务

---

① 弗朗西斯·福山：《谁在威胁美国核心利益?》，载《金融时报》（中文网络版），2014 年 06 月 30 日，http：//www. ftchinese. com/story/001056973？full = y。

② Harry Harding, *A Fragile Relationship*: *The United States and China since* 1972, Washington, D. C.: The Brooking Institution, 1992, pp. 292 – 293.

③ Jeffrey M. Jones, "*American See China's Economic Power as Diminished Threat*", February, 2015. http: //www. gallup. com/poll/181733/americans – china – economic – power – diminished – threat. aspx? utm_ source = china trade&utm_ medium = search&utm_ campaign = tiles.

④ 陈达：《古铁雷斯称美保护主义抬头对美更为不利》，载《第一财经日报》，2006 年 3 月 3 日。

⑤ ［美］罗伯特·吉尔平著，杨宇光等译：《全球政治经济学——解读国际经济秩序》，上海人民出版社，2006 年版，第 171 页。

⑥ 约翰·耐克凯瑞等：《美国国会即将就对华贸易问题摊牌》，载《华尔街日报》，2007 年 4 月 17 日，http：//chinese. wsj. com/gb/20070605/bus174051. asp？source = whatnews1。

集团”（Defense Group）副总裁毛文杰（James Mulvenon）认为应该对谋取商业秘密的当事人采取签证禁令。[①] 位于华盛顿的传统基金会（Heritage Foundation）的中国问题专家史剑道（Derek Scissors）表示，对某些个人拒发签证将是“一种象征性的举动，解决不了问题”。另一个可能性是借鉴制裁伊朗的模式，即禁止美国企业及金融机构与某些伊朗实体打交道，并冻结这些实体可能拥有的任何美国资产。“这是一个我们可能采用的可行模式”，史剑道督促国会采取行动。[②] 此外，相关研究报告也出笼。CrowdStrike 公司提供了关于网络窃取商业机密的详尽报告。CrowdStrike 的报告认为，有目的的经济间谍活动危害到全球竞争。报告指控称，中国“利用大量不同工具访问外国电脑网络”，其中包括恶意软件，用于入侵被广泛使用的、诸如微软办公软件和一些阅读软件（例如：Adobe Reader）以及远程访问工具，主要用来入侵空间技术领域。CrowdStrike 提供的报告认为，中国“盗取”了这些商业秘密，然后将之以廉价成本制造成产品或软件销售，或者提供类似于西方的技术，获得经济和技术的提升，也获得了金钱好处。[③]

第二节　作为对华贸易保护沟通行为体的美国国会

在美国对华政策制定过程中，最为重要的一个变化是国会权力得到加强。2007 年，现美国驻华大使、前参议员马克斯·鲍卡斯对时任中国国务院副总理吴仪表示：“美国政府不断更迭。在影响我们两国的关键贸易和经济问题上，一直具有主导作用的是美国国会。”[④] 自 20 世纪 90 年代以

---

① 杰夫·代尔：《美国拟立法惩罚网络间谍》，载《金融时报》（中文网络版），2013 年 3 月 29 日，http://www.ftchinese.com/story/001049698。

② 杰夫·代尔：《美国拟立法惩罚网络间谍》，载《金融时报》（中文网络版），2013 年 3 月 29 日，http://www.ftchinese.com/story/001049698。

③ 汉娜·库赫勒：《美国再度指控中国军队窃取商业机密》，载《金融时报》（中文网络版），2014 年 6 月 10 日，http://www.ftchinese.com/story/001056651#adchannelID=2000。

④ 克里什纳·古哈（Krishna Guha）、约恩·卡伦（Eoin Callan）：《美中经济会谈重心移向国会山》，载《金融时报》（中文网络版），2007 年 5 月 25 日，http://www.ftchinese.com/sc/story.jsp?id=001011609&pos=MAIN_NEWS_RS&pa1=1&loc=HOMEPAGE&pa2=0。

来，美国国会“已经成为美国国内影响中美关系的一个主要变数”[①]，甚至是一个困扰中美关系发展的麻烦制造者的负面因素。在中美关系史上，国会向来被称为“反华大本营”。从中美建交至今，美国国会的反华声音从未消停。在过去10年里，美国国会参预对华政策制订过程的程度进一步增大，而且表现得更为积极主动。[②] 丁孝文在其所著的《走进国会山》一书中写道：近5年，（美国）国会平均每年提出80多个涉华议案，超过其他所有国家，其中95%以上是批评、指责中国，或者是对白宫的对华政策表示不满的。[③] 美国前民主党参议员哈里斯·伍福德形象地比喻道，在美国国会里，两党总能就中国问题达成一致。就好像一个圆圈，不管从哪里画线，最后都回到一个点，即反华。[④] 国会在对华经济政策上亦不例外，在中美一系列贸易冲突焦点的背后，都有国会背影可循。

国会通常支持美国公众观点，这主要基于如下两个原因：

第一，冷战后国会在对外决策领域地位上升，冷战前对待行政部门决策贸易政策的克制态度在冷战后的环境中得以释放。克林顿总统的前特别助理、负责国家安全委员会成员立法事务的杰里米·罗斯纳（Jeremy D. Rosner）提出战后国会和总统在对外及防务政策领域关系变化的基本模式：每当大的战争（包括冷战）结束后，总统和国会之间的关系趋于发生戏剧性变化，即国会权力相对加强。他认为，至少四个因素可以决定两个权力之间关系发生相对变化的程度：（1）对战后安全威胁来源的认知；（2）对刚结束的战争的看法；（3）战后的国家经济状况；（4）在对外及防务政策领域，行政部门处理与国会关系的方式。[⑤] 冷战后，对照上述四个方面，国会认为，作为最大不安全来源的苏联已经消亡，国会在冷战前对行政部门的忍让作法可以在冷战后随之暂停，社会主义已经历史性终结，资本主义经济方式获得了最大胜利，美国目前应该集中于美国国内经济状况，在对外及防务政策领域，行政部门在制定对外政策前，也不得不考量国会的态度。具体应用到美国制定对华经济政策上，国会与行政部门

---

① 郝雨凡、张燕东：《无形的手》，新华出版社，2000年版，第155页。

② 刘永涛：《美国总统、国会与对华政策》，载谢希德、倪世雄：《曲折的历程——中美建交20年》，复旦大学出版社，1999年版，第117页。

③ 丁孝文：《走进国会山——一个中国外交官的亲历》，复旦大学出版社，2004年版，第94页。

④ 丁孝文：《走进国会山——一个中国外交官的亲历》，复旦大学出版社，2004年版，第95页。

⑤ 刘永涛：《美国总统、国会与对华政策》，载谢希德、倪世雄：《曲折的历程——中美建交20年》，复旦大学出版社，1999年版，第120页。

在对华经济政策认知上出现了分歧。在20世纪90年代，国会对于中国的兴趣逐年增长。20世纪80年末后，议员经常感觉到他们被行政部门排斥在对华决策之外，没有人与之商讨，他们的意见也没有被倾听。由于苏联的解体，中国没有了可以理解的战略意义，立法者开始从他们个人的角度狭隘地看待对华政策。① 在共和党老布什政府时期，国会拿人权问题为难政府，如参议院当时的多数党（民主党）领袖乔治·米切尔（George Mitchell）要求布什总统取消给予中国的最惠国待遇，或是明确地以改善人权状况为条件。而在克林顿政府时期，克林顿的对华经济政策一再受到国会推崇的台湾问题的困扰。到小布什时期，鉴于中国持续的经济增长，有些国会立法者建议美国决策者应该重新评估对华经济政策。② 议员舒默等在《纽约时报》上撰文认为，“新的时代需要新的思维和新的答案。”③ 时下的奥巴马政府，经历了自大萧条依赖最严重的经济危机，国会山上笼罩着“中国威胁论”，美国政府对华贸易决策时时顾忌到国会的态度，国会随时准备着反对与中国达成的贸易协定。④

第二，实证研究表明，国会乐意在互补性贸易中采取保护主义的立场。卡曾的研究表明了美国国会较之行政部门更乐意在互补性贸易中采取保护主义的立场。较之行政部门，国会更能感受到来自公众的贸易倾向，这主要是受到选区公众联盟的压力；而行政部门，更容易坚持自由贸易的方针，由于受到了使用中间产品厂家联盟的支持。⑤ 例如，在产业联盟的不断游说下，国会认为中国低估的人民币导致美国厂商处于不公平的竞争地位。贸易保护主义者通常相信“贸易壁垒可能使整个国家经济状况变

---

① Kerry Dumbaugh: “China - U. S. Relations: Current Issues and Implications for U. S. Policy”, *CRS Report for Congress* , Nov. 9, 2007, p. 2.

② Kerry Dumbaugh: “China - U. S. Relations: Current Issues and Implications for U. S. Policy”, *CRS Report for Congress*, Nov. 9, 2007, p. 2.

③ Charles Schumer and Paul Craig Roberts, “Second Thoughts on Free Trade,” *New York Times*, Jan. 7, 2004, http: //query. nytimes. com/gst/fullpage. html? res = 9A02E6DD1231F935A35752C0A9629C8B63&scp = 1&sq = Second + Thoughts + on + Free + Trade&st = nyt, 2004.

④ “Statement by U. S. Trade Representative Michael Froman on the Sixth Annual Strategic and Economic Dialogue”, July 2014, https: //ustr. gov/about - us/policy - offices/press - office/speeches/transcripts/2014/July/Statement - by - USTR - Froman - on - Sixth - Strategic - and - Economic - Dialogue.

⑤ Ka Zeng, “Trade Structure and the Effectiveness of America's ‘Aggressively Unilateral’ Trade Policy”, *International Studies Quarterly*, Vol. 46, 2002, pp. 93 - 115.

好，但受害的是其他国家”。① 对于议员来说，可能这个理论就转变成：贸易壁垒可能使其整个选区经济状况变好，例如，宾夕法尼亚州，但其他州（例如，严重依赖对华贸易的华盛顿州、纽约州等）如何，就不是其所能够考虑的范围之内了。这就是国会议员的贸易态度，它造成了国会山浓郁的贸易保护主义氛围，也是国会贸易观狭隘的表现。一位企业相关人员曾深有体会地描述中美两国政策的不同：“虽然我们不喜欢中国的某些政策，但至少我们清楚这些政策是什么。”他还抱怨道：“美国的问题在于，政策都是短期的……没有人知道接下来会发生什么。”②

国会为了达到向行政部门施压的目的，采取了四种形式表达其对华贸易保护主义的观点：

（1）写信、发表报告或演讲

网络安全在最近几年一跃成为美国头号政治问题，原因是数家主要报纸承认自己受到黑客侵入，同时美国一些公司把商业性网络间谍活动与中国联系起来。2012 年 10 月，时任国会众议院情报委员会（House Intelligence Committee）主席的麦克·罗杰斯（Mike Rogers）与副主席鲁珀斯伯格（C. A. Dutch Ruppersberger）发布了一个报告，建议美国公司在与某些中国电信公司（例如华为、中兴）做生意时，基于美国国家安全考虑，慎重与他们合作。这份报告共包含五项内容：第一，美国政府系统和美国政府合同方，特别是敏感系统的相关方，应该排除华为和中兴作为设备提供方，另外，美国外资委员会（Committee on Foreign Investments in the United States，缩写为 CFIUS）应该审查和阻止华为和中兴对于美国国家安全利益的威胁。第二，美国网络提供商和系统开发者应寻求其他项目提供者。第三，美国国会司法委员会和行政部门的执法机构应该调查中国电信产业的不公平贸易行为，特别是中国持续给予关键部门的金融支持。第四，中国公司应该更加开放与透明，特别是华为，应该迅速回应美国立法机构的咨询。第五，国会司法委员会应该考虑立法应对国有电信公司或不

① Douglas A. Irwin, *Against the Tide: An intellectual History of Free Trade*, Princeton, NJ: Princeton University Press, 1996, quoted in I. M. Destler, *American Trade Politics*, Washington, D. C.: Institute for International Economics, 2005, p. 4.

② 吉莲·邰蒂：《美国政治僵局是结构性悲剧》，载《金融时报》（中文网络版），2012 年 6 月 1 日，http://www.ftchinese.com/story/001044838?full=y。

被信任的公司来构建美国关键基础设施。① 罗杰斯表示，使用被盗的知识产权，与收受或使用其他任何被盗商品并无不同。

（2）提出议案

就上述商业秘密摩擦，以众议院为例，仅在112届国会第2任期内，就提出14个议案提出。罗杰斯表示，"我们有很多行动可以采取，可以放到台面上，以说明窃取知识产权是有后果的。"②

（3）举行听证会

罗杰斯所提出的议案"网络信息分享与保护法"（H. R. 3523：Cyber Intelligence Sharing and Protection Act）举行听证会，要求中国华为和中兴人员参加听证会，但美方听证会人员名单显示，这是一场预定答案一定为"否"的听证会。例如，邀请美国传统基金会的成员佐证。美国传统基金在涉及美国安全议题上，其保守观念人人皆知。

（4）立法

在网络安全这一议题上，美国国内人士感到越来越焦虑。拟议中的立法便是这种焦虑的最直接后果之一。国会的资深议员不断酝酿立法，对使用网络黑客所窃取的商业机密的中国和其他国家的企业出台新的惩罚措施。其中H. R. 3523已经在众议院获得通过。罗杰斯认为，"我们需要找到方法，使这种行为的后果大于收获，"虽然他声称法案并不特别针对中国，但他表示，中国通过黑客活动窃取商业机密的行为"规模令人震惊"。③ 国会的这些行为在于回应选区公众的关切，另外也是为了督促行政部门，避免如国会贸易问题上的重量级人物密歇根州众议员桑德尔·莱文所说的美国政府是"光说不练"。议员经常认为，美国政府通过中美对话所取得的是二流成果，"让国会越发认识到，的确有必要好好研究一下是否动用立法工具"。④ 罗杰斯表示："我们必须这么做。中国彻头彻尾地侵犯了美国

① Chairman Rogers and Ranking Member Ruppersberger Warn American Companies Doing Business with Huawei and ZTE to "use another vendor", Oct. 8, 2012, http: //intelligence. house. gov/press - release/chairman - rogers - and - ranking - member - ruppersberger - warn - american - companies - doing.

② Chairman Rogers and Ranking Member Ruppersberger Warn American Companies Doing Business with Huawei and ZTE to "use another vendor", Oct. 8, 2012, http: //intelligence. house. gov/press - release/chairman - rogers - and - ranking - member - ruppersberger - warn - american - companies - doing.

③ 杰夫·代尔：《美国拟立法惩罚网络间谍》，载《金融时报》（中文网络版），2013年3月29日，http: //www. ftchinese. com/story/001049698。

④ 格雷格·黑特：《中国问题成为美国大选年枪靶》，载《华尔街日报》，2007年12月31日，http: //chinese. wsj. com/gb/20071231/ecb201216. asp? source = channel。

的知识产权。美国政府一直十分不愿做此举动；人们担心爆发贸易战，或者中国可能会对美国债务采取措施。中国方面知道这一点，并且充分地利用了这一点。"①

此外，在总统快车道授权已经到期之际，重新授权也成为要挟政府的手段。2015 年总统"快车道授权"就是国会不断进逼，总统不断退缩，最终达成妥协的一个范例。

第三节　输出对华贸易保护的美国政府

在公众和国会的推动下，美国政府输出了对华行政贸易保护主义。

一、美国政府对华贸易概述

美国政府是美国对外经济政策的最终决策者，它一方面意识到了中美经贸关系是中美关系发展的重要推动力和维系两国关系的稳定器；另一方面，它也必须基于美国利益，对国内外压力做出反应，这导致它在维持自由贸易为主的对华政策的同时，要兼顾贸易保护主义。

促使美国政府决策者做出对华贸易保护主义的外部动因主要来自于国际体系层面的压力。中国经济的高速发展改变了美国对中美经济关系的认知，"中国威胁论"出现。20 世纪 90 年代初期，在中国国内因素与苏联解体的影响下，美国看到了一个不确定与虚弱的中国，"中国崩溃论"一度大有市场。1992 年春，邓小平南巡讲话，带动了中国改革、开放和发展的第二次高潮，吸引了美国舆论界和学界的目光，促使他们重新认识中国的发展趋势和潜力。美国《新闻周刊》预测，到 2020 年，大陆、香港和台湾组成的"大中华经济圈"的实力将超过美国而居世界第一。《时代》周刊将"下一个世纪的超级大国"的称谓给了中国。智库兰德公司则按"购买力评价"估计，中国 GDP 已达世界第三。《外交》杂志在 1993 年冬季号发表了《纽约时报》前驻北京记者纪思道的文章，标题就是"中国的崛起：这次是真的"。以此为开始，"中国威胁论"正式开始，其顶峰为 1997

① Chairman Rogers and Ranking Member Ruppersberger Warn American Companies Doing Business with Huawei and ZTE to "use another vendor", Oct. 8, 2012, http: //intelligence. house. gov/press - release/chairman - rogers - and - ranking - member - ruppersberger - warn - american - companies - doing.

年《即将到来的美中冲突》。[①] 有鉴于“经济和政治是相互密切地结合在一起的，因此很难把经济和政治分割开来”[②]，对中国经济增长的政治担心迅速增加。考虑到伴随中国强劲经济增长而带来的更加自信的外交政策，有些学者认为这消蚀了美国的利益。[③] 约翰·米尔斯海默（John Mearshimer）认为，由于中国经济发展，国力增强后将不可避免要谋求地区霸权，美国为自身利益计必须使中国大大放慢经济增长速度。[④] 美国国际贸易委员会前首席经济学家彼得·莫里奇（Peter Morici）甚至认为，中国经济放慢脚步对所有人都有好处。[⑤]

国内动因是美国政府做出保护主义决定的关键性因素。外部压力要求做出反应，但反应的性质基本上取决于国内因素。[⑥] 美国在奉行对华自由贸易为主导的同时，也注意到了这种政策的社会成本。里根执政时期的主要成员肯·杜伯斯坦（Ken Duberstein）说：“毕竟人们投票时还要考虑自己的钱包——里面还有什么和没有什么比伊拉克或者其他外交问题重要得多。”[⑦] 这意味着贸易越来越渗透到国内经济和国家事务中，这迫使人们承认一些复杂问题，减少某些贸易壁垒所付出的政治代价变得不可接受。当公众在对华贸易上形成了一致的意见，政策制定者的行动空间受到压缩，政府需小心倾听公众观点。因此，经济民族主义将限制领导人采取基于公众和美国经济长期利益的政策。[⑧] 2005 年，美国对华贸易逆差突破 2000 亿美元大关，达 2016 亿美元。美国当时的副贸易代表卡兰·巴蒂亚（Karan Bhatia）在 2006 年初谈到中美贸易不平衡时表示：“这一逆差在 2005 年超过了 2000 亿美元，成为世界有史以来规模最大的双边贸易部平衡。简而言

---

① 陶文钊：《冷战后的美国对华政策》，重庆出版社，2006 年版，第 3 页。

② ［美］罗伯特·吉尔平著，杨宇光等译《全球政治经济学——解读国际经济秩序》，上海人民出版社，2006 年版，第 172 页。

③ Kerry Dumbaugh："China – U. S. Relations：Current Issues and Implications for U. S. Policy"，*CRS Report for Congress*，Nov. 9，2007，p. 2.

④ John J. Mearshimer，"The Future of the American Pacifier"，*Foreign Affairs*，Vol. 80. No. 5，2001，p. 56.

⑤ 莫里奇：《如何与中国打交道》，载《华尔街日报》，2007 年 06 月 12 日，http：//chinese. wsj. com/gb/20070612/opn145806. asp？ source = UpOpinion.

⑥ ［美］罗伯特·吉尔平著，杨宇光等译《全球政治经济学——解读国际经济秩序》，上海人民出版社，2006 年版，第 161 页。

⑦ 《参考消息》，2008 年 1 月 28 日，第 3 版。

⑧ Alan F. Holmer，"*Establishing New Habits of Cooperation in U. S. – China Economic Relation*"，Qinghua University，China，Nov. 14，2007，http：//www. treas. gov/press/releases/hp679. htm.

之，规模如此之大的不平衡状况在经济上和政治上都不允许长期持续下去。”①

二、美国行政贸易保护实证分析：基于奥巴马政府的对华贸易实例

根据第十章关于美国行政贸易保护的分析，美国行政贸易保护可以分为有、无约束力的行政保护主义两种类型。无约束力的行政保护主义实现的核心是战略威慑，其目的在于不战而获得贸易保护主义。有约束力的行政保护主义可以分为技术路径保护主义和政治路径保护主义。技术路径在貌似公平的技术规定下，依据技术标准操作和机制上的隐蔽实现了经济民族主义；政治路径保护主义主要是通过单个行政部门不断加强的自我裁量权而实现，这也包括日益放松的技术标准。下文将以奥巴马就任美国总统以来，美国发出的典型贸易保护案例为例，分析其行政贸易保护主义。在有约束力的行政保护部分，我们依然将其分为技术路径贸易保护和政治路径保护两种类型，但划分的标准较第十章稍微做了调整，简单认定独立部门做出的贸易保护路径为技术路径保护主义，而行政部门做出的贸易保护为政治路径的保护主义。具体参见表12—1。

表12—1　2009—2015.07 奥巴马政府对华行政贸易保护实例（部分）

种类	实现手段		典型案例
无约束力的行政保护主义	战略威慑	公众（产业联盟）	2010年，在美国钢铁工人联合会的推动下，美国政府威胁向WTO“告状”，导致中国放弃一项风力发电补贴计划
		国会	2014年7月，中美就信息技术产品的贸易协定进行磋商，美国贸易代表迈克·弗罗曼等认为，若协议不能达成，将放大美国国会对于同中国谈判达成其他贸易协定的反对。这还将成为“涉及中国可能感兴趣的其他谈判的一个重要数据点”

① 美国副贸易代表敦促中国在全球贸易中发挥更大作用。美国国务院国际信息局：《美国参考》，2006-1-25。http：//us-info. state. gov/xarchives/display. html。

续表

种类	实现手段		典型案例
无约束力的行政保护主义	战略威慑	行政部门	（1）发表言论。2011 年，USTR 官员认为美国“在凭借自己的力量揭穿中国的秘密”，“不指望让中国人来告诉我们所发生的一切”。2014 年 7 月，克里认为中国的黑客活动对美国的国家竞争力构成了威胁 （2）成立监督机构。2012 年年初，奥巴马政府成立跨部门贸易执法中心，针对中国等国家的不公平贸易行为展开调查并采取措施 （3）发表报告。自奥巴马就任以来，USTR 每年一次公布中国贸易壁垒评估报告
		独立机构	2010 年 11 月于 2011 年 5 月，美国国际贸易委员会发布了两份关于中国知识产权和自主创新政策的报告报告，指责中国政府
有约束力的行政保护主义	美国贸易法	技术路径保护主义	（1）2008 年 4 月，美国钢铁工人联合会及 7 家钢铁公司于向美国政府提出对从中国进口油井管产品实施贸易救济措施的申请。美国国际贸易委员会于 2009 年 6 月份做出初步裁决，认为倾销成立 （2）2012 年 11 月，美国国际贸易委员会以 6 票对 0 票的结果做出肯定性终裁，认定从中国进口的晶体硅光伏电池及组件实质性损害了美国相关产业，对进口自中国的此类产品征收反补贴和反倾销关税
		政治路径保护主义	（1）在美国联合钢铁工人联合会的压力下，2009 年 9 月 11 日，奥巴马决定对中国输美所有小轿车和轻型卡车轮胎产品实施为期 3 年的惩罚性关税，涉案金额达 22 亿美元 （2）2010 年 12 月美国政府颁布的战略贸易许可例外授权法案中规定，在向 164 个国家和地区出口一些受控产品时提供不必办理出口许可证的特权。但中国不在此行列 （3）2012 年 9 月和 10 月，美国先后否决了三一重工关联公司在美国的风电投资和阻止华为公司与中兴公司进入美国系统设备领域 （4）2013 年 3 月，奥巴马签署新的政府支出法律含有一条修正案，其内容是限制一小批政府部门和机构采购中国制造的信息技术设备。修正案规定，这些部门和机构在采购由中国“拥有、掌控或补贴”的企业制造的设备之前，必须先征求执法部门的意见

资料来源：作者自制。

自2009年就任美国总统以来，奥巴马政府在坚持历届美国政府对华开放的政策外，也采取了行政贸易保护以保护美国利益。

（一）无约束力的对华行政贸易保护

从表12—1看，在无约束力的行政保护主义方面，基于战略威慑的手段，美国政府主要依赖于公众、国会与自身实现其贸易保护诉求。这主要体现与如下典型案例：

1. 公众与美国政府无约束力的行政保护主义

尽管美国广泛对新能源项目进行补贴，但在2010年，在美国钢铁工人联合会（United Steelworkers Union）的推动下，美国政府威胁向WTO“告状”中国政府补贴此领域，中国被迫放弃一项风力发电补贴计划。美国的行为匪夷所思。例如，美国自2009年以来显著扩大了对能源设备生产企业提供拨款以及贷款担保的现有项目规模。2012年，在美国右翼智囊机构加图研究所（Cato Institute）发表的一份研究报告中，“扭曲贸易的政府补贴呈全球泛滥之势”。但是，“美国补贴政策折射出一种‘照我说的去做，别照我做的去做’的逻辑”。①

2. 国会与美国政府无约束力的行政保护主义

鉴于国会在美国贸易政策制定中的地位，行政部门和外国贸易伙伴均在谈判中顾忌美国国会的态度。2014年7月，中美关于信息技术产品的贸易协定展开磋商。美国贸易代表迈克·弗罗曼（Mike Froman）认为，若双方不能解决围绕放开每年2万亿美元高科技产品贸易的谈判僵局，可能危及一项拟议中的双边投资条约和其他全球谈判。弗罗曼表示，若不能就信息技术产品的贸易达成协议，将放大美国国会对于同中国谈判达成其他贸易协定的反对。弗罗曼补充说，这还将成为“涉及中国可能感兴趣的其他谈判的一个重要数据点”②。在这里，国会成为中美谈判的影子参与者，协助美国政府实现其贸易诉求。

3. 行政部门与无约束力的行政贸易保护主义

行政部门实现无约束力的行政贸易保护主要有三种手段：发表言论、成立监督机构和发表报告。

（1）发表言论。2011年，美国投诉中国和印度政府未能向WTO上报补贴情况时，美国采取了不同以往的“反上报”举措，即向WTO提交自

① 艾伦·贝蒂：《用贸易法终结补贴战?》，载《金融时报》（中文网络版），2012年11月6日，http://www.ftchinese.com/story/001047325/ce。

② 肖恩·唐南：《美国敦促中国加快IT免关税谈判》，载《金融时报》（中文网络版），2014年7月7日，http://www.ftchinese.com/story/001057102。

己对这些国家政府支持的估计。美国 USTR 的一位美国贸易官员解释道，美国政府将会说汉语普通话的贸易律师数量从 1 名增加到 6 名，并且积极展开自主调查。美国政府要“凭借自己的力量揭穿中国的秘密”，这名官员说道，“不指望让中国人来告诉我们所发生的一切。”[①] 2014 年 7 月，中美战略与经济对话第六轮召开，美国国务卿约翰·克里批评中国从事网络黑客活动。他表示，此类活动“对中国的国家竞争力构成威胁”，威胁美国政府对此要采取行动。[②]

（2）成立监督机构。2012 年初，奥巴马政府成立跨部门贸易执法中心（Interagency Trade Enforcement Center），针对中国等国家的不公平贸易行为展开调查并采取措施。

（3）发表报告。自奥巴马就任以来，USTR 每年一次公布中国贸易壁垒评估报告；在总统经济报告或者贸易议程中，均有涉及中国贸易壁垒情况。

4. 独立机构与无约束力的对华行政贸易保护

美国国际贸易委员会可谓独立机构的代表。2010 年 11 月至 2011 年 5 月，国际贸易委员会发布了两份关于中国知识产权和自主创新政策的报告报告，指责中国政府违反知识产权保护的规定和“政府补贴”等行为造成的不公平贸易。

（二）有约束力的对华行政贸易保护

有约束力的对华行政贸易保护依据的是美国贸易法，可分为技术路径保护主义和政治路径保护主义。

1. 国际贸易委员会与技术路径贸易保护

2008 年 4 月，钢铁工人联合会及 7 家钢铁公司于向美国政府提出对从中国进口油井管产品实施贸易救济措施的申请。美国国际贸易委员会于 2009 年 6 月份做出初步裁决，认为倾销成立。2009 年 11 月 5 日，美国对从中国进口的油井管征收 29.94%—99.14% 的反倾销税，涉案金额达 27 亿美元。这刷新了此前涉案金额的最大值。

2012 年 11 月，美国国际贸易委员会以 6 票对 0 票的结果做出肯定性终裁，认定从中国进口的晶体硅光伏电池及组件实质性损害了美国相关产业，对进口自中国的此类产品征收反补贴和反倾销关税。

---

① 艾伦·贝蒂：《用贸易法终结补贴战?》，载《金融时报》（中文网络版），2012 年 11 月 6 日，http://www.ftchinese.com/story/001047325/ce。

② 杰夫·代尔：《美国起诉中国商人窃取军机信息》，载《金融时报》（中文网络版），2014 年 7 月 14 日，http://www.ftchinese.com/story/001057221。

2. 行政部门与技术路径贸易保护

行政部门参与的技术主要有以下四例：

（1）在美国联合钢铁工人联合会的压力下，2009 年 9 月 11 日，奥巴马依据“421 条款”（Section 421）决定对中国输美所有小轿车和轻型卡车轮胎产品实施为期 3 年的惩罚性关税，涉案金额达 22 亿美元。此举掀起了美国对华采取贸易救济措施和贸易保护行为的高潮。

（2）2010 年 12 月，美国政府颁布的战略贸易许可例外授权法案中规定，在向 164 个国家和地区出口一些受控产品时提供不必办理出口许可证的特权，但中国不在此行列。

（3）2012 年 9 月和 10 月，美国政府先后以“威胁国家安全”为由，否决了三一重工关联公司在美国的风电投资和阻止华为公司与中兴公司进入美国系统设备领域。特别需要关注的是，这是美国总统 22 年来首次以安全为由阻止的外资交易，上一次类似的情况是老布什总统于 1990 年下令禁止美国一家飞机制造公司出售给中资机构。

（4）2013 年 3 月，奥巴马签署新的政府支出法律含有一条修正案，其内容是限制一小批政府部门和机构采购中国制造的信息技术设备。修正案规定，这些部门和机构在采购由中国“拥有、掌控或补贴”的企业制造的设备之前，必须先征求执法部门的意见。

小　　结

美国奉行自由贸易为主的对华经济政策。从理论上看，这主要是基于经济学理论的比较优势学说，中美两国经济结构属于典型的互补性贸易，双方均可以从商品交换中获得贸易收益以及规模经济效益；借此，美国政策制定者力图排除非经济因素对美国对华经济政策的影响。另外，这种贸易政策也符合美国国家利益。冷战后，美国压倒一切的战略目标是在全球谋求霸权，亚洲是其关注的核心地区之一，中国因此在美国区域战略地位中上升①，接触政策是美国自 1972 年以来历届政府奉行的对华政策，经贸开放隶属于其中一项。从实证上看，自冷战结束以来，美国政府经历老布什总统、克林顿政府、小布什总统再至奥巴马政府。整体上看，美国对华

① 王日庠：《中美关系向何处去》，四川人民出版社，1993 年版，第 167 页。

贸易实践是自由贸易，虽然偶尔发生一些保护主义行径。通过对美国进出口中国的商品种类分析以及美国对华逆顺差商品状况，可以阐明中美贸易是典型的互补性贸易，美国出口的是知识、技术和资本密集型产品，而中国以劳动密集型产品为主。虽然最近几年机电产品占据了中国输美产品的最大份额，但没有根本性改变中美贸易的结构性特点。

冷战后美国对华贸易政策上的保护主义表象可以从时间序上看，在中国加入世贸组织之前，主要保护主义议题有美国对华贸易逆差、知识产权；在中国入世之后，“中国政府补贴”以及新问题展现。美国对华贸易失衡数据以及原因存在争议，美国政府忽视中国提供的证据而单方面威胁或实际采取限制贸易的举措。知识产权已经成为美国对华保护主义的高发点，美国依据国内贸易法以及世界贸易组织下的《与贸易有关的知识产权协议》限制中国对美贸易行为。总体来讲，在中国入世前，“301 条款”对中国产品约束大，在入世后，“337 条款”以及 TRIPs 影响更加深远。尽管美国政府并没有明确界定出“中国政府补贴”的含义与内容，但补贴已经成为美国经济民族主义的最大借口。在已有关于补贴涵盖“出口补贴”以及进口替代补贴的基础上，美国政府在 WTO 框架下提出了补贴的新构想。一些学术精英、进口竞争产业联盟以及国会议员认为人民币汇率应该视为“政府补贴”。时至今日，美国政府仍就没有人民币属于补贴的界定。自 20 世纪 90 年代中叶以后，美国贸易保护主义者日益采用新问题倡导贸易保护主义，这些新问题包括中国劳工问题、环境标准问题、产品安全问题以及国有企业问题。劳工问题的实质是中国劳动成本的低廉以及由此导致的美国工人的失业与产业外包；环境标准问题乃是要求中国在产品成本中加入环境成本，以遏制中国输美廉价商品的大量流入。

美国对华贸易保护主义亦可以采用公众—国会—政府的分析框架。在美国，公众从整体上对对华贸易持否定态度。这主要是公众在事关中美贸易的议题上有其自身直接和间接的经验。从直接经验看，中国产品、失业人口以及中美贸易巨额逆差均为公众可以触摸与感觉到的；从间接经验看，公众深受知识精英关于自由贸易的批判与学说和媒体的负面报道的引导。直接经验与间接经验共同塑造了公众贸易保护主义观。为了实现其主张，公众通常采取打电话、演讲、写信和结社等手段施压国会立法者。

冷战后，国会在政府决策美国对华政策中的地位增强，但其作用多半是负面的。较之行政部门，国会更易于支持公众的观点。这主要是议员属于直接选举产生，选民的选票决定了立法者的任职前景，而中美贸易数额巨大，覆盖人口与地域广大，所以涉及的议员数目多；另外，实证研究也表明，国会具有贸易保护主义的惯性，特别是在中美这种互补性贸易中。国会向行政部门输出公众对华贸易保护主义主张的方式主要有四种：写信或发表演讲、提出议案、举行听证会和立法。行政部门在这些措施下，通常会对国会的诉求做出反应。

美国政府在提倡对华自由贸易的同时，也输出贸易保护主义。作为贸易政策的最终决策者，它的保护主义行为受到了内外动因的约束。来自外部的动因主要是“中国经济威胁论”以及由此引起的政治关切；但外部的动因必须取决于内部动因。内部动因起始于开放经济带来的政治成本，即国内政治使然，这包括营造支持自由贸易的国内公众以及政治选举。但与国会达到保护主义的方式不同，行政部门采取了怀柔政策，以对话与磋商为主，实行接触的战略。

为了检验公众—国会—政府分析框架的有效性，笔者以奥巴马政府自2009 年至 2015 年 7 月的对华行政贸易保护为例验证之。

结　论

一、主要观点、有待探究的问题与局限性

（一）主要观点

国际贸易在给每个国家带来福利、财富和消费多样化的同时，也不可避免地造成了对国内行为体的负面冲击。本书研究的问题乃是探讨美国公众对开放政策的保护主义趋向以及如何借助于政治制度输出这种贸易观。

1. 自二战结束以来，美国一直奉行自由贸易为主、兼顾保护主义的贸易政策

一方面自由贸易的理念源于国际体系上美国霸权的确立，另一方面是单位层次上公众支持限定条件的开放政策。兼顾保护主义的学理原因首先是国际体系上美国霸权的相对削弱，其次是美国政策制定者对国际经济政策与国内政治基础之间互动关系的政治认知。美国二战之后的贸易实践可以验证这种自由贸易为主、兼顾保护主义的对外经济政策。

当研究的视角聚集到美国贸易政策中的保护主义时，分析表明美国贸易保护主义的理念经历了一个变迁过程：自二战后至20世纪70年代末，各种保护主义学说群雄逐鹿；进入20世纪80年代，公平贸易脱颖而出；冷战结束后，各种新问题成为贸易保护主义的新理念。这一历程也见证了美国保护主义手段的变更，在20世纪70年代之前，关税壁垒是主要贸易障碍；之后，非关税壁垒则成为美国政府主要的保护主义手段。

2. 美国公众、国会和政府之间的互动催生了美国贸易保护主义

公众、国会和政府是美国贸易保护主义产生的政治基础，本书借之以此构建了分析框架。研究表明，公众、国会和政府三者利益重合之处产生了美国贸易保护主义。公众乃为保护主义的源头，国会和政府提供了保护主义输出的政治制度保障。

公众是美国贸易保护主义的渊薮。公众贸易保护主义观的形成与美国产品生产要素的流动水平有关。斯帕尔珀—萨缪尔森范式与李嘉图—维纳

范式是经济学上诠释产品要素流动水平的经典学说。结合这二者的分析可以得出：在要素流动水平处于高位时，持有劳动力要素的公众反对自由贸易；在要素流动水平处于低位时，存在于进口竞争产业的要素持有者，无论是资本还是劳动力，都支持贸易保护主义。在不同流动水平，支持或者反对自由贸易是以要素持有者是否自开放政策中获益为依据。这些要素持有者由于具有相同的利益与诉求，往往结成联盟，就形成了贸易保护主义的两大联盟——劳动力公众联盟与进口竞争产业公众联盟。通过对测量要素流动程度的劳动力工资与行业收益指标的实证分析，冷战后美国产品要素流动处于低位，因此，进口竞争产业公众联盟较之劳动力公众联盟活跃。也就是说，冷战后，美国贸易保护主义者是以产业来划分的，而不是以打破产业的某一要素（如资本或劳动力）的持有者厘清的。

冷战后，面对破除了政治压力之后勃发的市场力量，美国进口竞争产业公众联盟基于自身利益，设定了该产业的保护主义诉求，那就是用政治法案应对进口竞争的压力，国会处于这种方案的核心。国会在美国政治体制与特有的贸易决策过程具有特殊的位置，因此，受到进口冲击的产业将国会列为其依赖的政治力量，要求本选区的议员仅仅根据本选区的产业利益行使国会的权利。但是，立法者不会自发行动，进口竞争产业联盟通常要对他们进行游说活动。无论是直接游说还是间接游说，进口产业竞争公众联盟都是希望国会立法者为其诉求服务，在巧妙的言辞包装下，将一种局部利益转化为整个社会的福利。进一步讲，进口产业的保护主义诉求的本质乃是将国民收入从消费者转移到被保护的生产者范围内的重新分配。①

结成议员联线、发表演说（包括写信、打电话等）、提出议案、举行听证会与立法等是国会议员回应进口竞争产业公众联盟贸易保护主义的主要手段和方式。究其原因，乃地理因素使然。换言之，地理因素是国会和进口竞争产业的契合点。国会制度是一种以选区或州为单位的地域选举制度，进口竞争产业亦必须有一个地理附着点。议员对特定产业的支持取决于这个产业的地理广度和深度。地理广度就是该产业辐射范围，地理深度就是产业的地理集中度。特定产业的广度和深度越大，议员对之回应的强度越高，二者之间存在正比关系。

在美国公众贸易偏好由经济理念转化为对外经济政策组成部分的过程中，国会是沟通行为体，为公众贸易保护主义转化提供了渠道。这包含两

① ［美］罗伯特·吉尔平著，杨宇光等译《全球政治经济学——解读国际经济秩序》，上海人民出版社，2006 年版，第 183 页。

方面的内容，即公众影响国会贸易观的路径与国会最终贸易保护主义的形成。

在已有研究社会政治行为体与政治制度的关系中，路径点理论对于诠释公众塑造国会贸易观的方法最为适宜。路径点理论认为，在民主国家里，制度提供的路径点的数量与贸易保护主义水平成正比；路径点的多寡和游说费用成反比；贸易保护主义者较之自由贸易者更乐于开展游说活动。在这其中，关键性的变量是路径点。应用到分析美国国会，这种路径点就是国会政治结构。国会政治结构具有分散与繁杂的特点，主要包括两院制、贸易委员会和各贸易小组委员会与国会决策程序。根据路径点理论，这种结构就容易在国会山上出现氤氲的贸易保护主义气氛。

这种保护主义氛围并不能完全转化为国会实质性的贸易保护主义，它被国会否决票制和快车道授权所稀释。根据否决票制的观点，一国政策制定结构中的否决票数量与贸易政策开放度成反比关系；随着否决票的增多，改变现行贸易政策的难度亦增加。在美国国会中，否决票制包括两院互相否决、两院2/3多数人意志与反否决票。这些否决票是国会制度先天具有的，它决定了贸易保护主义气氛转化为贸易政策困难重重，现行贸易政策得以维持。从这个角度讲，它冲淡了国会山上的保护主义浓度。“快车道授权”是国会自行创制的回避贸易保护主义的制度。美国宪法将所有的贸易权力赋予了国会，国会汲取历史的教训与研究总统自由主义的贸易观的利弊，采取了授权与调和型的模式行使贸易权力，这实际上就是有条件的“快车道授权”。它既保证了美国贸易政策的自由贸易占据主流，同时也使总统关注国会的贸易倾向。这种性质的“快车道授权”事实上削弱了国会的贸易保护主义。

国会最终还是形成了实质性的贸易保护主义。这主要通过直接与间接的路径。间接路径依赖于国会制度，即否决票制和“快车道授权”。依据国会中存在的否决票，国会自身输出了贸易保护主义。在“快车道授权”下，负有最终贸易政策决策权的行政部门时刻受到国会吓阻，不得不输出一定的保护主义以告慰国会。直接路径指国会从自身功能出发，输出贸易保护主义。立法和监督是国会两大重要功能。在立法功能下，国会贸易保护主义的达成可细分为三种方式：在总统提交的贸易协议的最终法律文本中含有正式的保护主义内容、在行政部门诉求的拨款或其他重要法案中搭车兜售贸易保护主义和修改已有法案并添加保护主义条款。监督功能下的贸易保护主义实际上就是通过行政部门输出保护主义。

政府是贸易保护主义的最终输出者。通过“快车道授权”，以总统为首的行政部门获得了最终制定美国贸易政策的权利，公众和国会的贸易保护主义诉求需经过行政部门才能最终得以实现。这就产生了两个问题：公众和国会是通过什么路径将贸易主义理念注入美国政府的决策体系，以及行政贸易保护主义是如何形成的。

公众、国会贸易保护主义偏好是通过美国贸易决策阶段与公众议题关注周期的互动过程输入美国贸易政策的。根据外交决策阶段论，美国贸易决策过程经历五个相互关联的阶段：问题呈现、产生选项、政策决策、政策执行以及政策回顾。公众和国会的关注伴随着这五个阶段并形成了一个议题关注周期，表现出强弱变化，这个周期呈现的总体图样为倒“V”字形，关注周期的峰顶与美国贸易政策决策阶段重合。在贸易决策阶段，公众和议员最为用心，制定各种策略影响行政部门的决策。在贸易决策过程阶段结束和公众、国会一个关注周期完成之后，美国贸易政策中就已经包含了保护主义的成分，这就是行政保护主义。

行政保护主义已经成了左右或者说阻碍美国贸易量的主要手段。它包含两种类型的行政保护主义：有约束力的行政保护主义和无约束力的行政保护主义。前者的实现方式包括技术路径和政治路径。技术路径依赖于技术条款，主要指“VII 条款”，即反倾销与反补贴；政治路径指通过政治操作实施行政保护主义，主要指免责条款、美国贸易法的片面性、“301 条款”和“超级 301 条款”。无约束力的行政保护主义主要指总统或政府高级官员的讲话、答记者问、提出制裁或诉讼等，其目的在于“战略吓阻”。

3. 美国对华贸易政策亦是自由贸易为主、兼顾保护主义的诉求；公众—国会—政府的研究模式适宜于分析美国对华贸易保护主义

秉承美国总体对外经济政策，美国对华经贸政策亦是自由贸易为主、兼顾保护主义的诉求。美国对华经济政策中的自由贸易主导可以从理论和实证两个方面加以研究。从理论层面看，这种政策的制定是基于经济学上的比较优势论，中美贸易属于典型的互补性贸易，双边贸易无疑使中美两国皆受惠。此外，对华贸易政策也隶属于美国整体对华接触政策，这符合美国国家利益。从实证层面看，自冷战结束后的四届美国政府，中美贸易相互开放市场是主流。通过对美国进出口中国的商品种类与美国对华逆顺差的商品具体分析，中美贸易属于典型的互补性贸易。

冷战后美国对华贸易政策上的保护主义表象可以从时间序上看，在中国加入世贸组织之前，主要保护主义议题有美国对华贸易逆差、知识产权；在中国入世之后，“中国政府补贴”以及新问题展现。美国对华贸易失衡数据以及原因存在争议，美国政府忽视中国提供的证据而单方面威胁

或实际采取限制贸易的举措。知识产权已经成为美国对华保护主义的高发点，美国依据国内贸易法以及世界贸易组织下的《与贸易有关的知识产权协议》限制中国对美贸易行为。总体来讲，在中国入世前，“301 条款”对中国产品约束大，在入世后，“337 条款”以及 TRIPs 影响更加深远。尽管美国政府并没有明确界定出中国政府补贴的含义与内容，但补贴已经成为美国经济民族主义的最大借口。在已有关于补贴涵盖出口补贴以及进口替代补贴的基础上，美国政府在 WTO 框架下提出了补贴的新构想。一些学术精英、进口竞争产业联盟以及国会议员认为人民币汇率应该视为政府补贴。时至今日，美国政府仍就没有人民币属于补贴的界定。自 20 世纪 90 年代中叶以后，美国贸易保护主义者日益采用新问题倡导贸易保护主义，这些新问题包括中国劳工问题、环境标准问题、产品安全问题以及国有企业问题。劳动问题的实质是中国劳动成本的低廉以及由此导致的美国工人的失业与产业外包；环境标准问题乃是要求中国在产品成本中加入环境成本，以遏制中国输美廉价商品的大量流入。

美国对华贸易保护主义亦可以采用公众—国会—政府的分析框架。在美国，公众从整体上对对华贸易持否定态度。这主要是公众在事关中美贸易的议题上有其自身直接和间接的经验。从直接经验看，中国产品、失业人口以及中美贸易巨额逆差均为公众可以触摸与感觉到的；从间接经验看，公众深受知识精英关于自由贸易的批判与学说和媒体的负面报道的引导。直接与间接经验共同塑造了公众贸易保护主义观。为了实现其主张，公众通常采取打电话、演讲、写信和结社等手段施压国会立法者。

冷战后，国会在政府决策美国对华政策中的地位增强，但其作用多半是负面的。较之行政部门，国会更易于支持公众的观点。这主要是议员属于直接选举产生，选民的选票决定了立法者的任职前景，而中美贸易数额巨大，覆盖人口与地域广大，所以涉及的议员数目多；另外，实证研究也表明，国会具有贸易保护主义的惯性，特别是在中美这种互补性贸易中。国会向行政部门输出公众对华贸易保护主义主张的方式主要有四种：写信或发表演讲、提出议案、举行听证会和立法。行政部门在这些措施下，通常会对国会的诉求做出反应。

美国政府在提倡对华自由贸易的同时，也输出贸易保护主义。作为贸易政策的最终决策者，它的保护主义行为受到了内外动因的约束。来自外部的动因主要是中国经济威胁论以及由此引起的政治关切；但外部的动因必须取决于内部动因。内部动因起始于开放经济带来的政治成本，即国内政治使然，这包括营造支持自由贸易的国内公众以及政治选举。但与国会达到保护主义的方式不同，行政部门采取了怀柔政策，以对话与磋商为主，实行接触的战略。

笔者采用公众—国会—政府的分析框架研究美国对华贸易保护主义。公众作为整体对华贸易态度消极。这归因于两方面原因：一方面，公众有直接的对华贸易经验，随处可见的中国制造产品以及日日刷新的贸易逆差；另一方面，美国精英与美国媒体也从负面塑造了公众的对华贸易观。公众通过采用打电话、演讲、写信和结社等手段将此偏好传输给代议他们的国会立法者。冷战后的国会甩掉了政治包袱，在府会决策对华贸易政策中地位增强，一再试图平衡行政部门自由贸易导向，支持公众的对华贸易保护主义观。这既源于国会惯于在互补性贸易中坚持保护主义的观点，也由于对华贸易涉及的地域广度和深度均较大，议员回应的强度也大。国会利用其功能输出贸易保护主义至行政部门。行政部门对华贸易态度两面，但时钟的摆向是不均衡的，自由贸易总是多于保护主义。保护主义的兼顾是源于国际与国内的动因。从国际层面看，中国的崛起相对削弱了美国的实力，“中国经济威胁论”出现。从内部看，国内政治使然。美国决策者认为，对外经济战略至少应最低限度地保护由于市场力量造成的失败者，至少使他们相信美国制度是公平的，否则美国经济所赖以存在的国内政治基础便将岌岌可危。

（二）有待深入研究的问题与研究模式的局限性

尽管笔者力图系统地阐述或者检验美国贸易保护主义的理论或者做出一般的概括，但由于篇幅和时滞的原因，关于本议题的许多内容或没有充分展开，或有待深化研究。

1. 关于美国贸易保护主义的理论总结

自由贸易理论有贯穿贸易实践的始终如一的经典理念即比较优势论，保护主义理论不然。保护主义理论是对过去发生过的贸易实践的总结，它能够解释的是过去发生的行为思想，而不能完全诠释现实。因此，从理论上看，有鉴于贸易实践不断发展，贸易保护主义理论就应该处于时时更新之中，因而也就成为了本书应该进一步探究的问题。

2. 关于美国贸易保护主义的案例选取

面对冷战后特别是在时下经济维艰之际，美国不断出现的各种形式的贸易保护主义或经济民族主义，本书研究采用的案例只是针对了保护主义的主要形式，并没有给出所有保护主义形式的典型案例，这些没有探究的保护主义案例就应成为进一步检验本书研究模式的重点。

3. 关于美国贸易保护主义核心假设的论证

本书采用了公众—国会—政府的模式，认为公众是贸易保护主义的源头，国会是沟通行为体，而政府是公众贸易观的最终输出者。在论证这一假设的过程中，笔者采用了正向分析，没有从逆向研究。在下一步的研究中，这应该是一个侧重点。只有这样，论证才完美且具有完善的说服力。

必须指出的是，本书所提出的公众—国会—政府的分析模式亦存在一定的局限性，并非一个放之四海皆准的框架。首先，笔者假定公众是理性的，追逐的目标仅为经济利益最大化，而忽略了一些文化建构或基本价值等方面的因素，如道德、权力和财富。其次，笔者假定公众、国会和政府的贸易观是随着国内外政治经济的变化而变化的，而不是始终贯一的，即为变量而不是常量。再次，假定其他因素的静止不动，其中包括影响决策者决策的政党、国内宏观经济，以及意识形态等因素都不变动。此外，对外经济决策还存在着影响贸易政策的个人无端因素和偶然因素。因此，将这种模式套用到分析特定国家时，还要注意到上述具体因素。以中美贸易为例，意识形态就往往成为有些议员思考中国问题时的决定性因素。如杰西·赫尔姆斯，国会审议的所有对华议案，只要是批评或反对中国的，他都投票赞成；反之，他都投票反对。[①] 这些因素均是我们在使用该框架时应注意的问题。但是，尽管有这些不足，但这并不意味着本书的基本假设与结论不成立。

二、对中美经贸关系的启示

在公众—国会—政府的分析框架下，我们可以得出一些关于中美经贸关系的有益启示。

（一）未来美国对华贸易政策依旧是以自由贸易为主，但贸易摩擦依旧不断

体系层次和单位层次的合力构建了美国贸易政策的主流是开放经济。一个世纪以前，著名军事战略家马汉上校（A. T. Mahan）在他的巨著《历史上海军强国的影响》一书中宣称：无论美国人愿意与否，他们现在必须开始面向海外。比尔·克林顿在评论经济事务时，对这句话所做出的反应是：要关闭国门，回到封闭自守的日子，显然毫无出路。这种企图只能是

① 丁孝文：《走进国会山——一个中国外交官的亲历》，复旦大学出版社，2004 年版，第 242 页。

徒劳，不但注定要失败，而且在此过程中会降低人们的生活水准。① 作为美国最大进口来源地与出口增长速度最快的经济体，美国对华政策将依旧延续其自与中国建交以来的经贸政策，以开放的对华政策为主。

但是，贸易保护在美国有悠久的历史，美国对于中国的贸易政策亦难以置身其外。如果说金融危机之前的中美贸易摩擦仍旧纠结于劳动密集型产品的话，那么由于中美两国的互补性越来越弱，而结构上愈来愈相似，贸易关系会变得比过去更具有竞争性，② 美国对华经贸政策中的保护主义必将不断凸显。

鉴于自由贸易是美国对外贸易政策的主流，只要中国善于与美国周旋，斗而不破，中美经贸关系必将在颠簸中长期行走。具体策略可称之为合作中斗争。正如有学者所言，中国遇到的国内外挑战，都只能靠加强国际合作来解决，而不可能通过经济摩擦、政治和意识形态冲突或军事扩张来解决。③

（二）重视美国公众、国会和政府的作用

本书研究认为，美国公众是美国政府输出贸易保护主义的始作俑者。所谓“解铃还须系铃人”，这就要求我们重视美国公众在贸易政策制定中的作用。国会是沟通行为体，类似于中介作用。国会并不是一味地唯公众贸易偏好为瞻，它以制度性安排来放大与稀释国会山上的贸易保护，它重在宣泄一种情绪与主张，最终出笼的保护主义少之又少，这就要求我们看清美国国会在贸易政策制定中的真实位置。政府是美国贸易保护主义的最终输出者。这决定了它在政策中发挥着最为重要的作用。

在公众—国会—政府的模式中，我们可以看到，公众正日益上升为影响美国对华贸易保护主义的关键因素。无论学术研究还是实证考察，美国社会贫富分化严重，普通公众日益将这一现象归因于全球化，归因于中国。国会与政府常常处于公众诘责之中，其行为也处于公众监督之下。这就要求我们在处理这类议题时，不仅重视政策的决策者，而且要高度关注美国国内公众的情绪。此外，影响美国公众的最佳时期应该是在政府做出决策之前，而不是决策之后的执行和政策回顾期。这有助于美国政府做出有利于中美经贸发展的政策。

此外，具体来说，厘清了美国贸易保护主义的上述流出程序，我们可

---

① ［美］保罗·萨缪尔森、威廉·诺德豪斯著，萧琛等译：《经济学》（前言）（第十六版），华夏出版社，1999 年版，第 4 页。

② 《参考消息》，2015 年 3 月 24 日，第 14 版。

③ 王缉思：《从国家脆弱性看中美日未来》，载《环球时报》，2008 年 2 月 20 日，第 11 版。

以有效利用其中的公众源头作用、国会的路径点、否决票以及“快车道授权”，约束美国有约束力和无约束力的行政保护主义。

总之，先贤司马迁曾说：“……耳目欲极声色之好，口欲穷刍豢之味，身安逸乐，而心夸矜执能之荣。使俗之渐民久矣，虽户说以眇论，终不能化。故善者因之，其次利导之，其次教诲之，其次整齐之，最下者与之争。”① 这一策略亦适用于中国对美未来贸易政策。

① 司马迁:《史记·货殖列传》(第10册)，中华书局，1959年版，第3253页。

主要参考文献

一、主要中文参考文献

[1] [美] C. F. 伯格斯坦著朱民等译:《美国与世界经济》,《未来十年美国的对外经济政策》,经济科学出版社,2005 年版。

[2] [美] I. M. 戴斯勒著,王恩冕等译:《美国贸易政治》,社会科学文献出版社,2006 年版。

[3] J. 德林著,毛悦等译:《美国贸易保护商务指南》,中国市场出版社,2007 年版。

[4] 丁孝文:《走进国会山——一个中国外交官的亲历》,复旦大学出版社,2004 年版。

[5] 樊勇明:《西方国际政治经济学》,上海人民出版社,2006 年版。

[6] 胡涵钧:《当代中美贸易》(1972—2001),复旦大学出版社,2002 年版。

[7] R. 基欧汉,海伦·米尔纳:《国际化与国内政治》,北京大学出版社,2003 年版。

[8] R. 吉尔平:《国际关系政治经济学》,经济科学出版社,1989 年版。

[9] R. 吉尔平:《全球政治经济学——解读国际经济秩序》,上海人民出版社,2006 年版。

[10] P. 卡赞斯坦等:《世界政治理论的探索与争鸣》,上海人民出版社,2006 年版。

[11] P. 克鲁格曼,茅瑞斯·奥伯斯法尔德著,海闻等译:《国际经济学》,中国人民大学出版社,2002 年版。

[12] 李淑俊,郭增栋:《美国贸易保护主义中的国会因素》,《当代世界与社会主义》,2007 年第 4 期,第 94—97 页。

[13] 李淑俊,倪世雄:《美国贸易保护主义的政治基础——以中美贸易摩擦为例》,《世界经济与政治》,2007 年第 7 期,第 69—74 页。

[14] 李淑俊等:《美国亚太自由贸易协定与东亚区域安全》,《教学与研究》, 2014 年第 11 期, 第 5—17 页。

[15] 李淑俊:《气候变化与美国贸易保护主义》,《世界经济与政治》, 2010 年第 7 期, 第 83—103 页。

[16] F. 李斯特:《政治经济学的国民体系》, 商务印书馆, 1997 年版。

[17] 林珏:《战后美国对外贸易政策研究》, 云南大学出版社, 1985 年版。

[18] 刘连第:《中美关系的轨迹: 1993 年—2000 年大事纵览》, 时事出版社, 2001 年版。

[19] 倪世雄等:《当代西方国际关系理论》, 复旦大学出版社, 2006 年版。

[20] 倪世雄, 李淑俊:《从公众—国会—政府的互动关系看美国贸易保护主义——以中美贸易摩擦为例》,《美国研究》, 2007 年第 4 期, 第 81—94 页。

[21] 牛向东:《国家利益使然——美国迫人民币升值采取的政治经济手段分析》,《国际贸易》, 2004 年第 2 期, 第 26—29 页。

[22] 潘锐:《美国国际经济政策决策过程中的政府部门》,《太平洋学报》, 1997 年第 3 期, 第 65—71 页。

[23] 全国美国学会, 浦东美国经济研究中心:《美国经济走势与中美经贸关系》, 上海社会科学出版社, 2006 年版。

[24] P. 萨缪尔森, 保罗 · 威廉 · 诺德豪斯著, 萧琛等译:《经济学》, 华夏出版社, 1999 年版。

[25] 商务部世界贸易组织司等:《美国贸易政策——世界贸易组织对美国贸易政策审议 (2002—2003 年)》, 中国商务出版社, 2005 年版。

[26] 沈国兵:《中美贸易平衡问题研究》, 中国财政经济出版社, 2007 年版。

[27] 盛斌:《世界经济转变中的美国对外贸易政策》,《美国研究》, 1998 年第 3 期, 第 30—49 页。

[28] 盛斌:《贸易保护的新政治经济学: 文献综述》, 世界经济, 2001 年第 1 期, 第 46—56 页。

[29] 施密特, 谢利, 巴迪斯:《美国政府与政治》, 北京大学出版社, 2005 年版。

[30] 陶文钊:《冷战后的美国对华政策》, 重庆出版社, 2006 年版。

[31] 孙哲：《左右未来：美国国会的制度创新和决策行为》，复旦大学出版社，2001 年版。

[32] 王勇：《最惠国待遇的汇合：1989—1997 年美国对华贸易政策》，中央编译出版社，1998 年版。

[33] 王勇：《中美经贸关系》，中国市场出版社，2007 年版。

[34] 王正毅，张岩贵：《国际政治经济学——理论范式与现实经验研究》，商务印书馆，2004 年版。

[35] 威尔逊著，熊希龄，吕德本译：《国会政体：美国政治研究》，商务印书馆，1986 年版。

[36] 吴锡泓，金荣枰：《政策学的主要理论》，复旦大学出版社，2005 年版。

[37] A. L. 希尔曼：《贸易保护的政治经济学》，北京大学出版社，2005 年版。

[38] M. J. 希斯考克斯：《国际贸易与政治冲突——贸易、联盟与要素流动程度》，中国人民大学出版社，2005 年版。

[39] 谢希德，倪世雄：《曲折的历程——中美建交 20 年》，复旦大学出版社，1999 年版。

[40] 谢申祥等：《环境损害与战略性开发政策》.《世界经济》，2014 年第 11 期，第 53—71 页。

[41] 谢申祥等：《部分私营化国有企业中的外资份额、贸易政策与污染物排放》，《世界经济》，2015 年第 6 期，第 49—69 页。

[42] 余淼杰：《国际贸易的政治经济学分析：理论模型与计量实证》，北京大学出版社，2009 年版。

[43] 赵可金：《营造未来——美国国会游说的制度解读》，复旦大学出版社，2005 年版。

[44] 朱民：《2007：十字路口的全球经济金融》，《国际经济评论》，2007 年第 1 期，第 24—26 页。

二、主要英文参考文献

[1] Bailey, Michael, David W. Brady. Heterogeneity and Representation: The Senate and Free Trade [J]. *American Journal of Political Science*, 1998, (42): 524 - 544.

[2] Baldwin, Robert E., Anne O. Krueger. *The Structure and Evolution of Recent U. S. Trade Policy* [M]. Chicago: University of Chicago Press, 1984.

[3] Baldwin, Robert E. *The Political Economy of U. S. Import Policy* [M]. Cambridge, Massachusetts: The MIT Press, 1985.

[4] Baldwin, Robert E. *Trade Policy in A Changing World Economy* [M]. The University of Chicago Press, 1988.

[5] Baldwin, Robert E. The Political Economy of Trade Policy [J]. *Journal of Economic Perspectives*, 1989, (3): 119 - 135.

[6] Bergsten, C. Fred. Crisis in U. S. Trade Policy [J]. *Foreign Affairs*, 1971, (49): 619 - 635.

[7] Bernstein, Robert A. *Election, Representation and Congressional Voting Behavior*, Englewood Cliffs [M]. NJ: Prentice - Hall, 1989.

[8] Boltuck, Richard, Robert E. Litan. *Down in the Dumps: Administration of the Unfair Trade law* [M]. Washington, D. C.: Brookings Institution, 1991.

[9] Bowen, Harry, Edward Leamer, and Leo Sveikauskas. Multicountry, Multifactor Tests of the Factor Abundance Theory [J]. *American Economic Review*, 1987, (77): 791 - 809.

[10] Brecher, Richard A. Minimum Wage Rates and the Pure Theory of International Trade [J]. *Quarterly Journal of Economics*, 1974, (88): 98 - 116.

[11] Busch, Marc L., Eric Reinhardt. Geography, International Trade, and Political mobilization in U. S. Industries [J]. *American Journal of Political Science*, 2000, (44): 703 - 719.

[12] Capie, Forrest H. *Protectionism in the World Economy* [M]. Vermont: Edward Elgar Publishing Company, 1992.

[13] Cline, William R. *Trade and Income Distribution* [M]. Washington, D. C.: Institute for International Economics, 1997.

[14] Cline, William R. *Trade Policy in the 1980s* [M]. Washington D. C.: Institute for International Economics, 1983.

[15] Cohen, Benjamin J. *American Foreign Economic Policy: Essays and Comments* [M]. New York: Harper and Row, 1968.

[16] Cohen, Stephen D. *The Making of United States International Economic Policy: Principles, Problems, and Proposals for Reform* [M]. New York: Greenwood Press, Inc. 1988.

[17] Deese, D. *The New Politics of American Foreign Policy* [M]

. New York: St. Martin's Press. 1994.

[18] Destler, I. M. *American Trade Politics* [M]. Washington, DC: Institute for International Economics, 2005.

[19] Destler, I. M. American Trade Politics in 2007: Building Bipartisan Compromise [J]. *Policy Brief of Peter G. Peterson Institute for International Economics*, 2007, No. Pb07 - 5 (May): 1 - 27.

[20] Drope, Jeffrey M., Wendy L. Hansen. Purchasing Protection? The Effect of Political Spending on U. S. Trade Policy [J]. *Political Research Quarterly*, 2004, (57): 27 - 37.

[21] Eizenstat, Stuart E., Marney L. Cheek. Ending the Trade War in Washington [J]. *Foreign Affairs*, 2007, (86): 15 - 22.

[22] Ehrlich, Sean D. Access to Protection: Domestic Institutions and Trade Policy in Democracies [J]. *International Organization*, 2007, (61): 571 - 605.

[23] Evera, Stephen Van. *Guide to Methods for Students of Political Science* [M]. Ithaca and London: Cornell University Press, 1997.

[24] Fearon, James. Domestic Political Audiences and the Escalation of International Disputes, *American Political Science Review*, 1994, (88): 577 - 592.

[25] Feenstra, R. C. G. M. Grossman, and D. A. Irwin. *The Political Economy of Trade Policy* [M]. Cambridge: MIT Press, 1996.

[26] Finger, J. M., H. Keith Hall, Douglas R. Nelson. The Political Economy of Administered Protection [J]. *American Economic Review*, 1982, (72): 452 - 466.

[27] Fiorina, Morris P. *Congress: Keystone of the Washington Establishment* [M]. New Haven, Conn.: Yale University Press, 1989.

[28] Fordhan, Benjamin O. Economic Interests, Party, and Ideology in Early Cold War - EraU. S. Foreign Policy [J]. *International Organization*, 1998, (52): 359 - 396.

[29] Frieden, Jeffry A., David A Lake. *International Political Economy: Perspectives on Global Power and Wealth* [M]. Beijing: Peking University Press, 2003.

[30] Garten, Jeffrey E. Is America Abandoning Multilateral Trade [J]. *Foreign Affairs*, 1995, (74): 50 - 62.

[31] Gawande, Kishore, Wendy L. Hansen. Retaliation, Bargaining, and the Pursuit of 'Free and Fair' Trade [J]. *International Organization*, 1999, (53): 117 – 159.

[32] Golden, Miriam. The Dynamics of Trade Unionism and National Economic Performance [J]. *American Political Science Review*, 1993, (87): 439 – 54.

[33] Goldstein, Judith. The Political Economy of Trade: Institutions of Protection [J]. *American Political Science Review*, 1986, (80): 161 – 184.

[34] Goodman, John B., Debora Spar, and David B. Yoffie. Foreign Direct Investment and the Demand for Protection in theUnited States [J]. *International Organization*, 1996, (50): 565 – 591.

[35] Grossman, Gene M., Elhanan Helpman. *Interest Groups and Trade Policy* [M]. Princeton: Princeton University Press, 2002.

[36] Harding, Harry. *A Fragile Relationship: The United States and China since* 1972 [M]. Washington, D. C.: The Brooking Institution, 1992.

[37] Hartle, Thomas, Bruce Russett. Public Opinion and the Common Defense: Who Governs Military Spending in theUnited States [J]. *American Political Science Review*, 1992, (86): 905 – 915.

[38] Henisz, Witold J., Edward D. Mansfield. Votes and Vetoes: The Political Determinants of Commercial Openness [J]. *International Studies Quarterly*, 2006, (50): 189 – 211.

[39] Henisz, Witold J. The Institutional Environment for Economic Growth [J]. *Economics and Politics*, 2000, (12): 1 – 31.

[40] Hiscox, Michael J. Commerce, Coalitions, and Factor Mobility: Evidence from congressional Votes on Trade legislation [J]. *American Political Science Review*, 2002, (96): 593 – 608.

[41] Hiscox, Michael J. *International Trade and Political Conflict: Commerce, Coalitions, and Mobility* [M]. Princeton, N. J.: Princeton University Press, 2001.

[42] Hiscox, Michael J. Class Versus Industry Cleavages: Inter – Industry Factor Mobility and the Politics of Trade [J]. *International Organization*, 2001, (55): 1 – 46.

[43] Hiscox, Michael J. The Magic Bullet? The RATT, Institutional Reform, and Trade Liveralization [J]. *International Organization*, 1999,

(6): 669—698.

[44] Holsti, Ole R. *Public Opinion and American Foreign Policy* [M]. Ann Arbor: University of Michigan Press, 2004.

[45] Horlick, Gary N., Geoffrey D. Oliver. Antidumping and Countervailing Duty Law Provision of the Omnibus Trade and Competitiveness Act of 1988 [J]. *Journal of World Trade*, 1989, (23): 5-49.

[46] Irwin, Douglas A. Tariff Incidence inAmerica's Gilded Age [EB/OL].: *NBER Working Paper* No. 12162, 2006.

[47] Irwin, Douglas A. *Political Economy and International Economics* [M]. Cambridge, Mass.: MIT Press, 1991.

[48] Irwin, Douglas A. *Against the Tide: An Intellectual History of Free Trade* [M]. Princeton, N. J.: Princeton University Press, 1996.

[49] Lawrence, Broz, J., Michael Brewster Hawes. Congressional Politics of Financing the International Monetary Fund [J]. *International Organization*, 2006, (60): 367-399.

[50] Lohmann, Susanne, Sharyn O' Halloran. Divided Government anD U. S. Trade Policy: Theory and Evidence [J]. *International Organization*, 1994, (48): 592-632.

[51] James, William E. The Rise of Anti-dumping: Does Regionalism Promote Administered Protection [J]. *Asian-Pacific Economic Literature*, 2000, (14): 14-26.

[52] Johnson, Chalmers. *MITI and the Japanese Miracle: The Growth of Industrial Policy*: 1925-1975 [M]. Stanford, CA: Stanford University Press, 1982.

[53] Kapstein, Ethan B. Winners and Losers in the Global Economy [J]. *International Organization*, 2000, (54): 359-384.

[54] Katzenstein, Peter J. *Between Power and Plenty: Foreign Economic Policies of Advanced Industrial States* [M]. Madison: University of Wisconsin Press, 1978.

[55] Katzenstein, Peter J. *Small States in World Markets: Industrial Policy in Europe* [M]. Ithaca: Cornell University Press, 1985.

[56] Keohane, Robert O. *After Hegemony: Cooperation and Discord in the World Political Economy* [M]. Princeton, NJ: Princeton University Press, 1984.

[57] Knecht, Thomas, M. Stephen Weatherford. Public Opinion and Foreign Policy: The Stages of Presidential Decision Making [J]. *International Studies Quarterly.*, 2006, (3): 705-727.

[58] Mayhew, David. *Congress: The Electoral Connection* [M]. New Haven, Conn.: Yale University Press, 1974.

[59] Krugman. Paul R. *Strategic Trade Policy and the New International Economics* [M]. Cambridge, MA: MIT Press, 1986.

[60] Krugman, Paul R., Maurice Obstfeld. *International Economic: Theory and Policy* [M]. New York: Harper Collins Publishers, 1994.

[61] Kurzer, Paulette. Unemployment in Open Economies: The Impact of Trade, Finance and European Integration [J]. *Comparative Political Studies*, 1991, (24): 3-30.

[62] Kusnitz, Leonard A. *Public Opinion and Foreign Policy: America's China Policy* [M]. Westport: Greenwood Press, 1984.

[63] Ladewig, Jeffrey W. Domestic Influences on International Trade Policy: Factor Mobility in the United States, 1963-1992 [J]. *International Organization*, 2006, (60): 69-103.

[64] Lilley, James R., Wendell L. Willkie II. *Beyond MFN: Trade with China and American Interests* [M]. The AEI Press, 1994.

[65] Magee, Stephen P., William A. Brock and Leslie Young. *Black Hole Tariffs and Endogenous Policy Theory* [M]. Cambridge: Cambridge University Press. 1989.

[66] Mansfield, Edward D., Marc L. Busch. The Political Economy of Non-tariff Barriers: A Cross-National Analysis [J]. *International Organization*, 1995, (49): 723-749.

[67] Margolis, Michael. Gary Mauser. *Manipulating Public Opinion: Essays on Public Opinion as a Dependent Variable* [M]. Belmont: Wadsworth, 1989.

[68] McCubbins, Mathew, Thomas Schwartz. Congressional Oversight Overlooked: Police Patrols and Fire Alarms [J]. *American Journal of Political Science*, 1984, (28): 165-79.

[69] McCubbins, Mathew, Roger Noll, Barry Weingast. Administrative Procedures as Instruments of Political Control [J]. *Journal of Law, Economics, and Organization*, 1987, (3): 243-78.

[70] Midford, Paul. International Trade and Domestic Politics [J]. *International Organization*, 1993, (47): 535 -564.

[71] Milner, Helen V. *Interests, Institutions, and Information: Domestic Politics and International Relations* [M]. Princeton: Princeton University Press, 1997.

[72] Monroe, Alan D. Public Opinion and Public Policy, 1980 - 1993 [J]. *Public Opinion Quarterly*, 1998, (62): 6 - 28.

[73] Morgenthau, Hans J. 1978. *Politics Among Nations* [M]. New York: Knopf.

[74] Nollen, Stanley D., Dennis P. Quinn. Free Trade, fair Trade, Strategic Trade, and Protectionism in the U. S. Congress, 1987 -88 [J]. *International Organization*, 1994, (48): 491 -525.

[75] Pastor, Robert A. *Congress and the Politics of US Foreign Economic Policy*, 1929 - 1976 [M]. Berkeley: University of California Press, 1980.

[76] Powlick, Philip J. The Attitudinal Bases for Responsiveness to Public Opinion among American Foreign Policy Officials [J]. *Journal of Conflict Resolution*, 1991, (35): 611 - 641.

[77] Prestowitz, Clyde V. Jr. *Changing Places: How We Allowed Japan to Take the Lead* [M]. New York: Basic Books, 1988.

[78] Rogowski, Ronald. *Commerce and Coalitions: How Trade Affects Domestic Political Alignments* [M]. Princeton: Princeton University Press, 1989.

[79] Samuelson, Paul A. Where Ricardo and Mill Rebut and Confirm Arguments ofMainstream Economists Supporting Globalization [J]. *Journal of Economic Perspectives*, 2004, (18): 135 -146.

[80] Schattschneider, E. E. *Politics, Pressures and The Tariff: A Study of Free Private Enterprise in Pressure Politics, as Shown in the* 1929 -1930 *Revision of the Tariff* [M]. New York: Prentice -Hall, 1935.

[81] Smith, Alastair. International Crises and Domestic Politics [J]. *American Political Science Review*, 1998, (92): 623 - 638.

[82] Sobel, Richard. *The Impact of Public Opinion on U. S. Foreign Policy Since Vietnam* [M]. New York: Oxford University Press, 2001.

[83] Tsebelis, George. *Veto Players: How Political Institutions Work*

[M]. Princeton, N. J.: Princeton University Press, 2002.

[84] Vogel, Ezra. *Japan as Number One: Lessons for Americans* [M]. Cambridge, MA: Harvard University Press, 1979.

[85] Vogler, David J. *The Politics of Congress* [M]. Dubuque: Wm. C. Brown Communications, Inc, 1993.

[86] Waltz, Kenneth. *Theory of International Politics* [M]. New York: McGraw Hill Publishing Company, 1979.

[87] Wittkopf, Eugene. *Faces of Internationalism: Public Opinion and American Foreign Policy* [M]. Durham: Duke University Press, 1990.

[88] Wood, Adrian. *North – South Trade, Employment, and Inequality: Changing Fortunes in a Skill – Driven World* [M]. Oxford: Clarendon Press, 1994.

[89] Zanardi, Maurizio. Anti – dumping: What are the Numbers to Discuss atDoha? [J] *The World Economy*, 2004, (27): 403 – 433.

[90] Zeng, Ka. Trade Structure and the Effectiveness of America's 'Aggressively Unilateral' Trade Policy [J]. *International Studies Quarterly*, 2002, (1): 93 – 115.

三、主要参考网站

[1] 美国国会图书馆网站，http://thomas. loc. gov/。

[2] 美国国会参议院财政委员会，http://financialservices. house. gov/。

[3] 美国财政部，http://www. ustreas. gov/。

[4] 美国《华尔街日报》，http://www. chinese. wsj。

[5] 美国贸易代表办公室，http://www. ustr. gov/。

[6] 美国彭博社新闻网站，http://www. bloomberg. com。

[7] 美国人口普查局网站，http://www. census. gov/。

[8] 美国商务部，http://www. commerce. gov/。

[9] 美国政府出版局网站，http://www. gpoaccess. gov/index. html。

[10] 美国国会众议院筹款委员会网站 http:// waysandmeans. house. gov/。

[11] 英国《金融时报》，http://www. ftchinese. com。

[12] 中国贸易救济网，http://www. cacs. gov. cn。

[13] 中国商务部，http://www. mofcom. gov. cn/。

附录　常用英文缩略语

文中使用了以下缩略语：

AFL－CIO，American Federation of Labor and Congress of Industrial Organizations，美国劳工总会与产业劳工组织

AFMA，American Fiber Manufacturers Association，美国纤维制造商协会

AISI，American Iron and Steel Institute，美国钢铁协会

AMTAC，American Manufacturing Trade Action Coalition，美国制造业贸易行动委员会

APEC，Asia－Pacific Economic Cooperation，亚太经合组织

ATC，Agreement on Textiles and Clothing，纺织品与服装贸易协定

ATMI，American Textile Manufacturers Institute，美国纺织制造商协会

AYSA，American Yarn Spinners Association，美国纺纱商协会

BRICs，Brazil，Russia，India，and China，金砖四国（巴西、俄罗斯、印度及中国）

CAFTA－DR，Central American Free Trade Agreement，中美洲自由贸易协定

CCC，Commodity Credit Corporation，商品信用公司

CEA，Council of Economic Advisers，经济顾问委员会

CFIUS，Committee on Foreign Investments in the United States，美国外资委员会

CIA，Central Intelligence Agency，中央情报局

CITA，Committee for the Implementation of Textile Agreements，美国纺织品协议执行委员会

CPSC，Consumer Product Safety Committee，消费品安全协会

CPTI，Committee on Pipe and Tube Imports，美国钢管进口委员会

FAS, Foreign Agricultural Service, 对外农业服务局

FDA, Food and Drug Administration, 食品与药物管理局

FTAA, Free Trade Area of the Americas, 美洲自由贸易区

GATT, General Agreement on Tariffs and Trade, 关税与贸易总协定

GDP, Gross Domestic Product, 国内生产总值

IIPA, International Intellectual Property Alliance, 美国国际知识产权联盟

IMF, International Monetary Fund, 国际货币基金组织

ILO, International Labor Organization, 国际劳工组织

IMF, International Monetary Fund, 国际货币基金组织

IPR, Intellectual Property Rights, 知识产权

ISDS, Investor State Dispute Settlement mechanism, 投资者与东道国争端解决机制

ITC, International Trade Commission, 国际贸易委员会

LTA, Long - Term Arrangement, 长期协议

MAI, Multilateral Agreement on Investment, 多边投资协议

MFA, Multi Fiber Arrangement, 多种纤维协定

MFN, Most Favored Nation, 最惠国

MFT, Most Favour Treatment, 最惠国待遇

NADA, National Auto Dealers Association, 全美汽车经销商协会

NAFTA, North American Free Trade Area, 北美自由贸易协定

NAM, National Association of Manufacturers, 全国制造商协会

NBER, National Bureau of Economic Research, 美国国家经济研究局

NCC, National Cotton Council of America, 美国全国棉花协会

NCTO, National Council of Textile Organizations, 美国纺织组织全国委员会

NDN, New Democratic Network, 新民主党网络

NEC, National Economic Council, 国家经济委员会

NEI, National Export Initiative, 国家出口计划

NES, National Export Strategy, 国家出口战略

NME, Non - market Economy, 非市场经济地位的经济体

NSC, National Security Council, 国家安全委员会

NTA, National Textile Association, 美国全国纺织协会

NTB, Non - tariff Barrier, 非关税壁垒

OASIA，Office of the Assistant Secretary for International Affairs，国际事务助理部长办公室

OECD，Organization for Economic Cooperation and Development，经济合作和发展组织

OMAs，Orderly Marketing Agreements，有序市场安排

PAC，Political Action Committee，政治行动委员会

PNTR，Permanent Normal Trade Relation，永久性正常贸易地位

QE，Quantitative Easing，量化宽松政策

R－V，Ricardo－Viner Model，李嘉图—维纳模型

SEAMS，the National Association for the Sewn Products Industry，美国全国缝制产品工业协会

SED，Strategic Economic Dialogue，战略经济对话

SITC，Standard International Trade Classification，国际贸易标准分类

SMA，Steel Manufacturers Association，钢铁生产商协会

SOEs，State－owned Enterprises，国有企业

SSEs，State－supported Enterprises，政府支持的企业

SSINA，Specialty Steel Industry Of North America，北美特殊钢工业协会

S－S，Stolper－Samuelson model，斯帕尔帕—萨缪尔森模型

STA，Short－Term Arrangement，短期协议

STR，Office of the Special Trade Representative，特别贸易代表办公室

TAA，Trade Adjustment Assistance，调整援助

TiSA，Trade In Service Agreement，国际服务贸易协定

TPA，Trade Promotion Authority，贸易促进权

TPLs，Tariff Preference Levels，反对关税优惠配额

TPP，Trans－Pacific Partnership Agreement，跨太平洋伙伴关系协定

TTIP，Transatlantic Trade And Investment Partnership，跨大西洋贸易与投资伙伴关系协定

USDA，United States Department of Agriculture，美国农业部

USITC，United States International Trade Commission，美国国际贸易委员会

USTR，Office of the United States Trade Representative，美国贸易代表办公室

USW，United Steelworkers，美国钢铁工人联合会

VERs, Voluntary Export Restraint Agreements, 自动出口限制协定
VEU, Validated End - user, 合法终端用户
WB, World Bank, 世界银行
WTO, World Trade Organization, 世界贸易组织

后 记

这是一本关于美国贸易政策中贸易保护的研究专著。该书主要是从美国国内政治的视角，通过建构公众—国会—政府的框架，分析了美国贸易保护主义的出笼过程。在具体分析中，主要采用了理论结合实证的分析方法诠释每个部分，首先从学理上研究，然后以中美摩擦具体案例进行实证分析。

本书中的部分内容已经发表在《世界经济与政治》、《美国研究》、《教学与研究》以及《当代世界与社会主义》。在此，再次感谢这些期刊审稿专家与编辑等的意见。

此外，我要感谢我的恩师、复旦大学美国研究中心的倪世雄教授和朱明权教授、清华大学的赵可金副教授。他们渊博的学识、严谨的治学态度和对学生的关爱，永远都是我学习的榜样。特别是倪世雄教授，他在百忙之中，专门抽出时间为本书作序，支持与鼓励至此，恐是无以复加。

另外，我的同学冯彦雲、孙霞、夏路、杨晓燕、沈本秋、陈玉聃、甘钧先、潜旭明以及王志等都给予我启发与帮助。

我还要感谢我的同事、山东财经大学的黄丽丽、张义凤和杨春艳等给我的支持。特别感谢2014级研究生李丹同学为本书提供的技术支持。

本书是2010年教育部青年基金项目“气候变化与美国贸易保护主义”（项目编号：10YJCGJW004）成果的一部分，感谢山东财经大学科研配套资金的支持。

诚如王缉思所言，学者人微言轻，坐而论道，不负太多实际责任，其见解会同政府和政策产生距离。本书错漏之处在所难免，敬请读者批评指正。

李淑俊
2015. 8
山东济南